Hoffmann und Campe *Kritische Wissenschaft*

Redaktion Hans Helmut Röhring
Anneliese Schumacher-Heiß

Kurt Sontheimer / Wilhelm Bleek

Die DDR

Politik Gesellschaft Wirtschaft

5. erweiterte, neubearbeitete Auflage

Hoffmann und Campe

CIP-Kurztitelaufnahme der Deutschen Bibliothek

Sontheimer, Kurt:
Die DDR: Politik, Gesellschaft, Wirtschaft / Kurt Sontheimer; Wilhelm Bleek. –
5. erw., neubearb. Aufl. – Hamburg: Hoffmann und Campe, 1979.
(Kritische Wissenschaft)
ISBN 3-455-09062-1
NE: Bleek, Wilhelm:

1. Auflage, 1. bis 5. Tsd. 1972
2. Auflage, 6. bis 10. Tsd. 1972
3. Auflage, 11. bis 15. Tsd. 1973
4. erw., neubearb. Auflage, 16. bis 25. Tsd. 1975
5. erw., neubearb. Auflage, 26. bis 30. Tsd. 1979

Umschlagentwurf Jan Buchholz und Reni Hinsch
Gesetzt aus der Borgis Garamond-Antiqua
Gesamtherstellung Süddeutsche Verlagsanstalt, Ludwigsburg
Printed in Germany

Inhalt

Vorwort zur 4. Auflage

Seit den Jahren 1971/72, in denen dieses Buch konzipiert, geschrieben und in erster Auflage gedruckt wurde, hat sich das politische, gesellschaftliche und wirtschaftliche System der DDR in vielfacher Weise fortentwickelt und gewandelt. Der VIII. Parteitag der SED hatte im Juni 1971 mit der Ablösung Walter Ulbrichts durch Erich Honecker als Ersten Sekretär zwar schon einen entscheidenden Einschnitt in der Führung der DDR gebracht, doch die personalpolitischen, ideologischen und programmatischen Konsequenzen dieses Führungswechsels haben sich erst in den folgenden Jahren deutlicher abgezeichnet. Wie stark der Schatten Walter Ulbrichts über dem politischen System der DDR lag, kann man unter anderem daran ermessen, daß man ihn nach seinem Abtritt als mächtigster Mann der DDR noch zu seinen Lebzeiten weitgehend totschweigen mußte. Erst nach seinem Tod im August 1973 wird ihm auch im offiziellen Selbstverständnis der DDR wieder die seiner historischen Bedeutung angemessene Rolle zugebilligt. Auch auf den Gebieten der zwischendeutschen Beziehungen und erst recht der internationalen Stellung der DDR waren die letzten Jahre eine Periode langwieriger, aber kontinuierlicher Veränderungen. Nach mühsamen Verhandlungen zwischen der Bundesrepublik und der DDR ist mit dem Grundlagenvertrag eine erste Voraussetzung für die Normalisierung der Beziehungen beider deutschen Staaten geschaffen worden. Ob sie voll und ganz erreicht wird, hängt indes weniger von Verträgen selbst, als von der künftigen Politik und der politischen Situation der beiden Staaten ab. Eine für sie höchst erfreuliche Veränderung hat die DDR auf der Bühne der internationalen Politik erfahren: noch vor wenigen Jahren nur von den kommunistischen Staaten und wenigen Ländern der Dritten Welt anerkannt, hat sie inzwischen mit über 100 Staaten der Welt diplomatische Beziehungen aufgenommen und ist neben der Bundesrepublik vollberechtigtes Mitglied der UNO geworden. Sie hat damit ein in langen Jahren angestrebtes außenpolitisches Ziel erreicht.

Die DDR hat diese Aufwertung ihrer deutschland- und weltpolitischen Stellung anläßlich ihres 25jährigen Bestehens im Oktober 1974 und zum 30. Jahrestag der »Befreiung vom Faschismus« Anfang Mai 1975 gebührend gefeiert. Die beiden Jubiläen waren Anlaß für wirtschaftliche Wettbewerbe und Selbstverpflichtungen, einen wahren Ordensregen und eine einschneidende Verfassungsänderung. Auch im ideologischen Selbstverständnis und in der Gesellschaftspolitik drücken Erich Honekker und seine Führungsmannschaft dem zweiten deutschen Staat immer mehr ihren eigenen Stempel auf, der ihn deutlich von den Jahren unter Walter Ulbricht abhebt. Diese Veränderungen und Wandlungen seit 1971 werden im Mai 1976 auf dem IX. Parteitag der SED festgeschrieben werden und damit zu einem gewissen Abschluß kommen.
In der Neubearbeitung unseres Buches versuchen wir, die relevanten Entwicklungen der letzten Jahre zu berücksichtigen und einzuarbeiten. Neben dieser Aktualisierung des Werkes war uns die Präzisierung mancher Passagen wichtig, die in der ersten Ausgabe vielleicht zu summarisch ausgefallen sind. Wir können dabei auf Anregungen und Kritik zurückgreifen, die unserem Buch in großer Fülle durch Rezensionen, Hinweise von Kollegen und Ratschläge von Freunden zuteil wurden. Bei einem in der Bundesrepublik auch heute noch so umstrittenen Gegenstand wie dem zweiten deutschen Staat kann es nicht ausbleiben, daß wir nicht alle diese Verbesserungsvorschläge und Einwände gleichermaßen berücksichtigen konnten, kamen sie doch von sehr verschiedenartigen politischen Standpunkten und Interessenlagen. Aber bei der Neubearbeitung haben wir uns mit unserem Buch das ursprüngliche Ziel gesetzt, grundlegende Informationen über das politische, gesellschaftliche und wirtschaftliche System der DDR in verständlicher Form zu vermitteln, dabei das Selbstverständnis der DDR angemessen zu berücksichtigen und mit der eigenen politischen Wertung nicht hinter dem Berg zu halten. Trotz mancher Einwände sind wir auch weiterhin der Meinung, daß sich die wertende Beurteilung nicht vermeiden läßt und auch gar nicht vermieden werden kann, wenn man die Verhältnisse interpretieren will. Obwohl in diesem Buch Beschreibung und Erklärung und andererseits Wertung immer wieder zusammenfließen, haben wir uns gleichwohl bemüht, beides nach Möglichkeit voneinander abzusetzen und damit überprüfbar zu machen. Für unser Buch heißt das: Es ist von politischen Wissenschaftlern der Bundesrepublik über die Deutsche Demokratische Republik geschrieben worden. Die DDR soll einerseits in der politisch-ideologischen Perspektive zu Worte kommen und erklärt werden, in der sie sich selbst versteht; als demokratische Bürger der Bundesrepublik werden wir andererseits auch Fragen stellen, die über

dieses offizielle Selbstverständnis hinausgehen und es gegebenenfalls einer Kritik unterziehen. Durch solches Fragen soll das politische und gesellschaftliche Leben in der DDR nicht vorschnell verurteilt werden, vielmehr wollen wir auf Widersprüche und Entwicklungsschwierigkeiten weisen, die es in ähnlicher und andersartiger Form auch in der bundesrepublikanischen Wirklichkeit gibt. Dieses Buch weiß sich deshalb über sein Informationsinteresse hinaus einem bekannten Buchtitel Robert Havemanns als Motto verpflichtet: »Fragen – Antworten – Fragen.«

München, August 1975

Kurt Sontheimer
Wilhelm Bleek

Vorwort zur 5. Auflage

Seit der letzten umfangreichen Neubearbeitung unseres Buches im Sommer 1975 (4. Auflage) haben sich in der DDR keine einschneidenden Veränderungen ergeben, weder in der Zusammensetzung von Partei- und Staatsführung noch in den Grundlinien ihrer Politik. Der IX. Parteitag der SED vom 18. bis 22. Mai 1976 hat – wie von uns vorausgesagt – die personelle und ideologische Linie der Nach-Ulbricht-Ära bestätigt. Allerdings wurde die Herrschaft der gegenwärtigen SED-Elite im Gefolge des ideologischen Differenzierungsprozesses im kommunistischen Lager, der globalen Entspannungsbemühungen und der weltweiten Energie- und Wirtschaftskrise einigen Zerreißproben unterworfen. Sie kamen unter anderem in den Affären um Wolf Biermann und Rudolf Bahro, in der Kontroverse um die Einführung des Wehrunterrichts, in der Ausweisung westdeutscher Journalisten, schließlich in der Diskussion um die D-Mark als »zweite Währung« der DDR-Bevölkerung zum Ausdruck.

Wir haben diese jüngsten Vorgänge, auch wenn ihre Hintergründe zum Teil noch im Bereich der Spekulation und Vermutung liegen, in den Text eingearbeitet und selbstverständlich alle Daten und faktenorientierten Informationen des Buches auf den Stand vom Oktober 1978 gebracht. Zur politischen und methodischen Absicht und Anlage des Buches verweisen wir auf das vorstehende Vorwort zur Neubearbeitung des Jahres 1975.

München, November 1978

Kurt Sontheimer
Wilhelm Bleek

1. Kapitel

Die Teilung Deutschlands und die Entstehung der DDR

1. Das Scheitern der Viermächtekontrolle über ganz Deutschland

In der politischen Terminologie der DDR und des Ostblocks wird der Prozeß, der zwischen 1945 und 1949 zur Entstehung zweier deutschen Staaten in West und Ost geführt hat, konsequent als *Spaltung* Deutschlands bezeichnet. Westliche Historiker und Politiker bevorzugen eher den Begriff der *Teilung*, der weniger dynamisch ist und stärker auf eine scheinbar unvermeidliche historische Entwicklung als auf die aktive Verantwortung von Männern und Mächten abhebt. Darin drückt sich ein bezeichnender Unterschied in der historischen Beurteilung der Vorgänge aus, die zur Auflösung der deutschen Einheit geführt haben. Im Westen herrscht die Tendenz vor, den Zusammenbruch der im Februar 1945 in Jalta lose vereinbarten und im Juli in Potsdam konkretisierten gemeinsamen alliierten Deutschlandpolitik nach Kriegsende der immer stärker zutage tretenden Interessendifferenz zwischen den Westmächten und der Sowjetunion zuzuschreiben, die sich aus dem expansionistischen Charakter der Politik Stalins zwangsläufig habe ergeben müssen. Östliche Beobachter hingegen sehen den Prozeß der Trennung Deutschlands in zwei Staaten stets als Werk der imperialistischen westlichen Besatzungsmächte, die in Verbindung mit den reaktionären Kräften Westdeutschlands die Schaffung eines einheitlichen, antifaschistischen und demokratischen Deutschlands auf der Grundlage der Potsdamer Beschlüsse verhindert hätten. Wird in der westlichen Literatur die Entstehung der deutschen Teilung eher als ein differenzierter Prozeß gesehen, bei dem die nicht ausgleichbare Interessenlage der Großmächte als Haupterklärung dient, so versucht die ostdeutsche und sowjetische Literatur den Spaltungsprozeß als das Ergebnis einer aktiven imperialistischen Politik der Westmächte zu deuten. Sie bürdet die konkrete Verantwortlichkeit für die Spaltung den an diesem Prozeß beteiligten westlichen Politikern und Militärs sowie den hinter ihnen stehenden Gruppen und Kräften auf. Angesichts dieser verschiedenartigen Interpretationen erscheint es angezeigt, den Versuch zu machen, die historischen Vorgänge in aller Kürze zu rekonstruieren, die zum Zusammenbruch der im Alliierten Kontrollrat institutionalisierten Viermächtekontrolle über Deutschland geführt haben. Es ist, wie sich zeigen wird, die Darstellung eines nicht durch Vereinbarung, sondern nur mehr durch gegenseitige Abgrenzung lösbaren internationalen Interessenkonflikts.

Der Überfall der Hitlerschen Armeen auf die Sowjetunion im Sommer 1941 hatte die Vereinigten Staaten, Großbritannien und die Sowjetunion zu einer gemeinsamen Kriegskoalition gegen das nationalsozialistische Deutschland und seine wichtigsten Bündnispartner (Italien und Japan) zusammengeschweißt. In den Konferenzen der Großen Drei von Teheran (November 1943) und Jalta (Februar 1945) wurde dieses Bündnis wirksam bekräftigt, das im östlichen Sprachgebrauch als »Antihitlerkoalition« bezeichnet wird. Trotz der Verschiedenartigkeit der Gesellschaftssysteme der verbündeten Länder, trotz der brutalen Diktatur Stalins hatte Hitlers wahnwitzige und verbrecherische imperialistische Politik es zuwege gebracht, die führenden liberalen und kapitalistischen Mächte des Westens mit der kommunistischen Sowjetunion zu einem Bündnis zusammenzuführen. Sein unmittelbares Ziel war die militärische Niederringung Hitlerdeutschlands und der anderen »Achsenmächte«, während die weiterreichenden Kriegsziele auf die endgültige Ausschaltung Deutschlands als eine den Weltfrieden bedrohende Macht ausgerichtet waren. Die Kriegskoalition war zwar von Interessenkonflikten nie völlig frei, doch das gemeinsame Interesse an der Niederringung und Beherrschung des faschistischen Gegners machte eine gemeinsame Politik möglich, die vor allem in den Beschlüssen von Jalta und (in bezug auf das künftige Schicksal des besiegten Deutschlands) im Potsdamer Abkommen ihren Niederschlag fand. Erst als der Krieg gewonnen, der gemeinsame Feind niedergerungen war, traten die fundamentalen Interessengegensätze zwischen den Mächten dieser Kriegskoalition wieder stärker hervor und machten nach und nach die ursprünglich intendierte gemeinsame Politik unmöglich.

Stalin, Churchill und Roosevelt hatten sich im Februar 1945 auf der Krimkonferenz in Jalta, wie das Kommuniqué verlauten ließ, über »gemeinsame Richtlinien und Pläne für die Behandlung Deutschlands« nach der vollständigen Unterwerfung des Hitler-Regimes geeinigt. Kernstück dieser Vereinbarung war die vorläufige Aufteilung Deutschlands in Besatzungszonen und die Übernahme der obersten Regierungsgewalt über Deutschland durch die vier alliierten Regierungen.

Die Aufteilung Deutschlands in zunächst drei, dann – durch das in Jalta beschlossene Hinzutreten Frankreichs – vier Besatzungszonen vollzog sich nach dem Plan einer von den Regierungschefs der drei Großmächte

eingesetzten *European Advisory Commission*, die ihren Vorschlag für die Zonenaufteilung im Jahre 1944 ausgearbeitet hatte. Die Alliierten waren sich zu diesem Zeitpunkt – und auch in Jalta noch nicht – noch keineswegs darüber klar, welche konkrete Gestalt sie dem künftigen Deutschland geben sollten. Die Amerikaner und Briten debattierten verschiedene Pläne für eine Zerstückelung Deutschlands in mehrere Staaten, denen auch Stalin zunächst einige Sympathie entgegenbrachte, die er aber nie dauerhaft unterstützt hat. Am 9. Mai 1945, dem Tag nach der Kapitulation der deutschen Wehrmacht, erklärte Stalin, daß die Sowjetunion nicht die Absicht habe, Deutschland zu zerstückeln oder zu vernichten. Damit war klar, daß die sowjetrussische Politik nach erfolgter Abtrennung der deutschen Ostgebiete jenseits von Oder und Neiße zunächst an der Beibehaltung der Einheit Deutschlands interessiert war, um so mehr, als sie dank ihrer enormen Kriegsverluste vor allem der Frage der Reparationen größte Bedeutung beimaß, die sie nur dann günstig für sich entscheiden konnte, wenn Deutschland als Ganzes behandelt wurde und der vereinten Macht der Sieger unterworfen blieb. So kam es, daß nach der unergiebigen Erörterung verschiedenartiger Pläne zur Zerstückelung Deutschlands die Bestimmungen des Potsdamer Abkommens vom Sommer 1945 den Akzent wieder stärker auf die Einheit Deutschlands legten. Zwar hielt man an der Aufteilung in Zonen fest, entwickelte aber ein ganz Deutschland betreffendes Programm.
Das von den drei Regierungschefs der USA, UdSSR und Großbritanniens ausgehandelte und unterzeichnete Potsdamer Abkommen, dem kurz nach seiner Unterzeichnung Frankreich (allerdings mit einigen Vorbehalten) als vierte Besatzungsmacht beitrat, war der Versuch der alliierten Siegermächte, Grundsätze für eine gemeinsame Politik gegenüber dem besiegten Deutschland festzulegen und in den einzelnen Zonen durchzuführen. Ziel des Abkommens war es, den deutschen Nationalsozialismus und Militarismus auszurotten, damit Deutschland nie wieder den Frieden bedrohen könnte. Zu diesem Zweck wurde nicht nur die Auflösung der deutschen Wehrmacht, aller nationalsozialistischen Organisationen sowie die Bestrafung der Nazi- und Kriegsverbrecher beschlossen, sondern auch die Zerschlagung des deutschen Rüstungspotentials und die Entflechtung der deutschen Wirtschaft. Es sollten durch diese und ähnliche Maßnahmen nach und nach die Voraussetzungen für die Entwicklung und den Aufbau demokratischer Verhältnisse in ganz Deutschland geschaffen werden, damit das deutsche Volk zu gegebener Zeit wieder »seinen Platz unter den freien und friedlichen Völkern der Welt einnehmen wird«. In allen nachfolgenden Auseinandersetzungen zwischen den vier Mächten über Deutschland standen das

Potsdamer Abkommen und seine Auslegung im Mittelpunkt.
Die sowjetische und die DDR-Historiographie werfen den Westmächten vor, das Potsdamer Abkommen verletzt zu haben, und nehmen für sich in Anspruch, im Bereich ihrer Zone die Grundsätze des Abkommens konsequent verwirklicht zu haben, während sie in den Westzonen »von Anfang an mißachtet und gröblichst verletzt« worden wären. Umgekehrt haben sich jedoch auch die Westmächte stets auf Geist und Inhalt des Potsdamer Abkommens berufen, um ihre abweichende Politik gegenüber der Sowjetunion zu rechtfertigen. An diesem Streit erkennt man, daß Abkommen und Verträge nur dann Grundlage für eine gemeinsame Politik sein können, wenn die Interessenlage der beteiligten Mächte nicht durch zu starke Widersprüche charakterisiert ist.
Zur Verwirklichung der gemeinsamen, ganz Deutschland betreffenden Angelegenheiten war der Alliierte Kontrollrat, bestehend aus den vier Oberbefehlshabern der alliierten Streitkräfte in den Besatzungszonen, geschaffen worden. Für die Funktionsfähigkeit und das politische Gewicht des Kontrollrates hing alles davon ab, wieweit die vier Mächte zu einheitlichen Richtlinien über die Behandlung Deutschlands gelangen konnten. Das war anfangs durchaus noch der Fall; nicht minder wichtig war, wie solche Richtlinien in den jeweiligen Zonen durchgeführt wurden. Da dem Kontrollrat eine eigene Exekutive fehlte, die Durchführung seiner Beschlüsse also in der Hand der jeweiligen Zonenbefehlshaber lag, ergaben sich aus der verschiedenartigen Interpretation der Kontrollratsgesetze sowie ihrer unterschiedlichen Anwendung im konkreten Fall bereits erhebliche Abweichungen von einer einheitlichen Besatzungspolitik gegenüber ganz Deutschland.
Die Alliierten hatten in Potsdam zwar beschlossen, daß bis auf weiteres keine zentrale deutsche Regierung gebildet werden sollte, doch wollten sie wenigstens »einige wichtige zentrale deutsche Verwaltungsabteilungen« errichten, und zwar für Finanzen, Transport und Verkehr sowie Außenhandel und Industrie. Die Errichtung dieser zentralen deutschen Stellen ist durch den permanenten Einspruch der französischen Besatzungsmacht verhindert worden, die auf keinen Fall die Entstehung einer deutschen Zentralregierung fördern wollte, solange nicht wenigstens ihre Ansprüche auf die Annexion des Saargebiets und auf Teilnahme an der Kontrolle des Ruhrgebiets erfüllt wurden. Die Einrichtung zentraler deutscher Verwaltungsstellen hätte möglicherweise zum Ausgangspunkt einer einheitlichen deutschen Verwaltung unter alliierter Kontrolle werden können. Sie hätte für den Kontrollrat dann auch jenes notwendige Gegenüber geschaffen, das zu kontrollieren seine eigentliche Aufgabe sein sollte.

Durch die Vorherrschaft der einzelnen Besatzungsmächte in ihren Zonen wurden auch jene Bestimmungen des Potsdamer Protokolls, die zumindest die wirtschaftliche Einheit Deutschlands erhalten und die »gleiche Behandlung der deutschen Bevölkerung« durch die Militärregierungen sichern sollten, faktisch unterlaufen. Die Militärgouverneure regierten in ihren Zonen praktisch nach ihrem Gutdünken, da wegen des Veto-Prinzips im Kontrollrat in vielen Fragen keine Einigkeit zu erzielen war, und sie führten die in Potsdam beschlossenen gemeinsamen Maßnahmen wie z. B. die Entnazifizierung und Entmilitarisierung Deutschlands nach teilweise verschiedenen Konzeptionen durch. Auch die Absicht, »den Wiederaufbau eines deutschen politischen Lebens auf einer demokratischen Grundlage« vorzubereiten, wurde unterschiedlich realisiert. Angesichts der Verschiedenartigkeit der politischen Vorstellungen von Amerikanern und Sowjets und auch angesichts der Verschiedenartigkeit der Interessen der einzelnen Besatzungsmächte gegenüber dem Stück Deutschland, das sie beherrschten, ist es nicht verwunderlich, daß auch da, wo einheitliche Beschlüsse des Kontrollrats vorlagen, ihre Anwendung zu höchst unterschiedlichen Ergebnissen führte.
Das auf der Potsdamer Konferenz deutlich herausgestellte Prinzip, das gesamte Deutschland ungeachtet der Einteilung in Zonen als eine wirtschaftliche Einheit zu behandeln, ist schon in Potsdam an einer entscheidenden Stelle durchbrochen worden, die sich bald als eine wesentliche Ursache für die wachsenden Spannungen zwischen der Sowjetunion und den Westmächten und für die aus ihr entspringende Teilung Deutschlands erweisen sollte.
Im Hinblick auf die von Deutschland zu leistenden Reparationen, auf die man sich in Jalta grundsätzlich verständigt hatte und an denen der Sowjetunion verständlicherweise besonders viel gelegen war, hatte man in den diesbezüglichen Potsdamer Abmachungen das Prinzip der Einheit des deutschen Wirtschaftsgebietes aufgegeben zugunsten einer Unterscheidung zwischen Reparationen aus dem Bereich der Ostzone und dem Bereich der Westzonen. Die Sowjetunion, so hatte man vereinbart, sollte ihre Reparationsforderungen vorab aus ihrer eigenen Zone befriedigen, während die USA, England und Frankreich samt allen anderen zu Reparationen berechtigten Ländern ihre Forderungen aus den »westlichen Zonen« (der Begriff taucht so bereits im Potsdamer Abkommen auf) decken sollten. Darüber hinaus erklärten sich die Westmächte bereit, den Russen 25 % jener industriellen Ausrüstung der westlichen Zonen zu überlassen, die für eine künftige deutsche Friedenswirtschaft nicht nötig sei. Dadurch sollte den Sowjets, die auf dem Gebiet ihrer Zone ja nur über einen geringen Teil der gesamtdeutschen Industriekapazität verfügten,

ein gewisser Ausgleich gewährt werden. Für 15 dieser 25 % sollten die Sowjets jedoch eine Gegenleistung in Form von Nahrungsmitteln und anderen Waren aus ihrem Besatzungsgebiet erbringen.
An der Frage dieser Gegenleistung entzündete sich äußerlich der Konflikt zwischen West und Ost in der Viermächteverwaltung Gesamtdeutschlands. Er lähmte den Kontrollrat immer mehr und führte schließlich in Verbindung mit der Fusionierung der Westzonen und der Vorbereitung eines deutschen Weststaates zum völligen Zusammenbruch der Viermächtekontrolle über Deutschland. General Clay, der amerikanische Militärgouverneur, ließ schon im Mai 1946 die Reparationslieferungen aus dem Westen an die Sowjetunion kurzerhand einstellen, weil diese ihrer Verpflichtung zur Lieferung von Nahrungsmitteln nicht nachgekommen war und Reparationen aus der laufenden Produktion der Ostzone entnahm. Doch diese Maßnahme war eher ein Symptom für die wachsende Entfremdung zwischen den Alliierten als deren Ursache. Ursache der Uneinigkeit über die Behandlung Deutschlands als wirtschaftliche Einheit war in erster Linie die zunehmende Unvereinbarkeit des russischen und amerikanisch-britischen Standpunkts über die Tunlichkeit von umfangreichen Demontagen und Reparationen in einem zerstörten Land, das selbst nicht genug zum Leben hatte. Während Amerikaner und Engländer sehr bald erkennen mußten, daß die elementare Lebensfähigkeit der von ihnen besetzten Teile Deutschlands entscheidend vom Wiederaufbau ihrer Wirtschaft abhing, betrachteten die Russen unter dem Druck ihrer immensen Reparationsbedürfnisse ihre Zone und auch einen Teil des westdeutschen Industriepotentials zunächst in erster Linie als Ausbeutungsobjekt. Die Amerikaner und Engländer hatten jedoch kein Interesse daran, durch ihre eigene Unterstützung der deutschen Bevölkerung mit Lebensmitteln bei gleichzeitiger Demontage der Industrie, mit deren Produkten die notwendigen Einfuhren hätten bezahlt werden können, gewissermaßen auf dem Umweg Reparationen an die Sowjetunion zu leisten.
Die amerikanische Deutschlandpolitik war gegen Ende des Zweiten Weltkrieges und in den ersten beiden Jahren der Besatzungspolitik durch widersprüchliche Interessen bestimmt. Die liberale Linke, die sich auf den verstorbenen Präsidenten Roosevelt berief, verlangte die enge Kooperation mit Rußland und die weitgehende Zerstörung der wirtschaftlichen Lebensgrundlagen des besiegten Deutschland, wie sie in dem Plan Henry Morgenthaus ihren schärfsten und in der Besatzungsdirektive JCS 1067 vom 26. April 1945 ihren leicht gemilderten Ausdruck gefunden hat. Diesen Kräften lag vor allem an einer Ausrottung des deutschen Militarismus, des preußischen Junkertums und des Großkapitals und an

einer strengen Durchführung der Potsdamer Beschlüsse in diesem Sinne. Diese Politik wurde anfangs auch von Außenminister Byrnes und Militärgouverneur Clay unterstützt, bis ihnen angesichts der fortdauernden wirtschaftlichen Misere des besiegten deutschen Volkes klar wurde, daß diese Politik der Rache zum ökonomischen Zusammenbruch ihres Zonengebietes und auch zu einer Schwächung des europäischen Wirtschaftspotentials führen mußte, die letztlich zu Lasten der Amerikaner selbst gehen würden. Hinzu kam, daß die Verantwortlichen für die amerikanische Besatzungspolitik gegenüber den einschneidenden und teilweise inhumanen Folgen der sowjetischen Besatzungspolitik einschließlich der Vertreibung von Millionen Flüchtlingen aus den Ostgebieten in ihren liberalen und humanitären Empfindungen getroffen waren und der russischen Politik, die sie gleichzeitig mit massiven Reparationsforderungen unter Druck hielt, immer mehr zu mißtrauen begannen. Auch in Washington gewannen ab 1946 mehr und mehr die Kräfte an Boden, die nicht mehr in dem besiegten Deutschland, sondern in der weit nach Mitteleuropa vorgedrungenen Sowjetunion die eigentliche Gefahr für die Zukunft sahen.
So kam es zu einer allmählichen Korrektur der amerikanischen Besatzungspolitik gegenüber Deutschland, zum von George F. Kennan formulierten außenpolitischen Konzept einer Politik der Eindämmung Rußlands bis hin zu dem Bemühen konservativer Kreise, die brachliegende deutsche Wirtschafts- und Verteidigungskraft der Westzonen möglichst schnell in ein zu schaffendes atlantisches Bündnis zu integrieren. Dies hatte die Bildung eines westdeutschen Staates zur Voraussetzung. Im Herbst 1947 fiel in Washington die Entscheidung, in dieser Richtung voranzugehen, was jedoch die Mitwirkung der beiden anderen westlichen Besatzungsmächte, Großbritannien und Frankreich, notwendig machte.
Großbritannien war relativ schnell zu einer Zusammenarbeit zu bewegen. Sie führte dazu, das vorgesehene Demontageprogramm der deutschen Industrie stark zu begrenzen und ab 1. Januar 1947 eine gemeinsame wirtschaftliche Verwaltung der amerikanischen und britischen Zone (die sogenannte Bizone) ins Leben zu rufen. Großbritanniens Außenminister Bevin, obwohl ein »Linker«, hatte für eine Politik der Zusammenarbeit mit der Sowjetunion auf Kosten Deutschlands nicht allzu viel übrig und konnte als nüchterner Realist auf die Unterstützung der britischen Konservativen um Winston Churchill rechnen, der in der sowjetischen Nachkriegspolitik schon sehr früh eine drohende Gefahr für Europa gesehen hatte. Im übrigen war Großbritannien damals selbst in so großen wirtschaftlichen Schwierigkeiten, daß es seine Besatzungs-

zone ohnehin nur mit amerikanischer Hilfe ausreichend versorgen konnte.
Frankreichs nationalistisch orientierte Besatzungspolitik stellte den amerikanischen Deutschlandplänen zunächst größere Hindernisse entgegen. De Gaulle und sein Außenminister Georges Bidault waren an Deutschlands Einheit überhaupt nicht interessiert. Ihnen ging es darum, Deutschland so schwach und geteilt wie nur möglich zu halten und den französischen Anspruch auf die Saar und auf Mitbeteiligung an der Kontrolle über die Ruhr durchzusetzen. Erst als 1948 Robert Schuman Außenminister wurde, bereitete sich unter amerikanischem Druck in Verbindung mit der Marshall-Plan-Hilfe für den Aufbau der europäischen Wirtschaft die »europäische Sinneswandlung« Frankreichs vor, die schließlich zur deutsch-französischen Partnerschaft führte. Frankreich vereinigte 1948 schließlich auch sein Zonengebiet wirtschaftlich mit der Bizone, so daß der Weg für eine gemeinsame Besatzungspolitik der drei Westmächte in Opposition zur sowjetischen Deutschlandpolitik frei wurde.
In der sowjetischen Deutschlandpolitik liefen zwei zum Teil widersprüchliche Intentionen nebeneinander her. Auf der einen Seite wollte man die sowjetisch besetzte Zone relativ schnell »sowjetisieren«, d. h. in ein kommunistisches System in direkter Abhängigkeit von der Sowjetunion verwandeln, auf der anderen Seite wollte man unter Bezug auf jene Abschnitte des Potsdamer Abkommens, welche die Einrichtung von gesamtdeutschen Institutionen vorsahen, die Voraussetzungen für eine Einflußnahme auf das gesamte Deutschland gewahrt wissen. Durch die Betonung der einheitlichen Politik für ganz Deutschland wollte man die amerikanischen Versuche einer mählichen Integration Westdeutschlands in den Westen nach Möglichkeit hemmen. Immerhin gelang es den Sowjets dadurch, bei den Besprechungen des Rates der vier Außenminister den Amerikanern den Schwarzen Peter der Verantwortlichkeit für die sich abzeichnende Teilung Deutschlands, die im Widerspruch zu den Intentionen des Potsdamer Abkommens stand, zuzuschieben. Wenn ihre Politik der Erhaltung der Einheit Deutschlands erfolglos blieb, so konnten die Sowjets jederzeit ihren Druck auf die Entwicklung des politischen Lebens in ihrer Zone verschärfen, ohne das Gesicht zu verlieren. So geschah es denn auch in zunehmendem Maße.
Die zahlreichen Konferenzen der vier Außenminister, in denen zwischen 1945 und 1949 erfolglos der Versuch gemacht wurde, der zunehmenden Differenzen zwischen den Großmächten, insbesondere im Bereich der Deutschlandpolitik, Herr zu werden, haben die sich abzeichnende Separierung des westzonalen vom ostzonalen Teil Deutschlands nicht aufhal-

ten können und wohl auch nicht ernsthaft wollen. Auch die Sitzungen des in Berlin tagenden Alliierten Kontrollrats verliefen immer ergebnisloser. Es war darum keine große Überraschung mehr, als der russische Zonenbefehlshaber Marschall Sokolowski am 20. März 1948 das Berliner Kontrollratsgebäude demonstrativ verließ, nachdem er von seinen westlichen Kollegen nicht die erbetene Auskunft über die kurz zuvor gefaßten Beschlüsse der Londoner Konferenz der Westmächte erhalten hatte, welche die Bildung eines westdeutschen Staates, der späteren Bundesrepublik, zum Gegenstand hatten. Mit dem Auszug der Sowjets aus dem Kontrollrat war die gemeinsame Viermächteregierung über Deutschland endgültig zusammengebrochen.

Als Antwort auf die neue Lage und nach Einführung der neuen westdeutschen Währung auch in West-Berlin begannen die Russen mit der Blockade Berlins, bei der sie die Absicht verfolgten, die westlichen Sektoren der Stadt durch Aushungern in den sowjetischen Machtbereich zu ziehen. Außerdem wollten sie durch die Blockade einen letzten Druck auf die Westmächte ausüben, damit diese von ihren Plänen zur Errichtung eines westdeutschen »Separatstaates« abließen. Dieser Anschlag auf West-Berlin ist dank der Luftbrücke und der Entschlossenheit der Westberliner Bevölkerung, ihre Freiheit zu bewahren, schließlich gescheitert. Die Sowjetunion lenkte ein, indem sie die Aufhebung der Blockade an die Bedingung der Einberufung einer Außenministerkonferenz in Paris knüpfte, die noch vor der Gründung des westdeutschen Staates stattfinden sollte. Auf der Pariser Viermächtekonferenz im Mai 1949 machten die Russen ein letztes Mal den Versuch, die Einheit Deutschlands unter Viermächtekontrolle zu erhalten. Sie verbanden ihre Forderung nach einer Rückkehr zu den Potsdamer Beschlüssen mit dem Vorschlag für einen Friedensvertrag, der mit einem gesamtdeutschen »Staatsrat« geschlossen werden sollte; ein Jahr nach seinem Abschluß sollten alle Besatzungsmächte Deutschland wieder verlassen.

Die Westmächte zeigten zu diesem Zeitpunkt an der Wiederherstellung der deutschen Einheit nach sowjetischem Plan nicht das geringste Interesse. Sie waren auf die westdeutsche Staatsgründung bereits so festgelegt, daß sie dem sowjetischen Außenminister in Paris den völlig unzumutbaren Vorschlag unterbreiteten, die Sowjetzone möge doch dem Geltungsbereich des kurz vor der Verabschiedung stehenden Bonner Grundgesetzes beitreten. Im Jahr der Gründung der NATO war das militärische Interesse der Westmächte, insbesondere der Amerikaner, an einer Einbeziehung Westdeutschlands in eine westliche Verteidigungsgemeinschaft gegenüber dem Ostblock bereits so stark, daß dieser letzte Versuch eines Viermächtegesprächs vor der Schaffung zweier voneinander völlig ge-

trennter deutscher Staaten notwendig scheitern mußte.
Sucht man die Gründe, die zum Zusammenbruch der auf der Potsdamer Konferenz entwickelten Konzeption einer Wahrung zunächst der wirtschaftlichen Einheit Deutschlands, der dann die Wiederherstellung auch seiner politischen Einheit folgen sollte, geführt haben, so liegen sie sowohl in der Einteilung Deutschlands in vier getrennte Zonen, was eine gemeinsame Besatzungspolitik für ganz Deutschland schon organisatorisch kaum möglich machte, wie in den immer unüberbrückbarer werdenden Differenzen, die sich aus der Verschiedenartigkeit der politischen Systeme zwischen Ost und West nahezu zwangsläufig ergeben mußten. Die Verschiedenartigkeit der politischen Systeme verhinderte das Zustandekommen einer tragfähigen gemeinsamen Konzeption für die Behandlung Deutschlands als Einheit, und sie führte gleichzeitig zu einer unterschiedlichen Besatzungspolitik in den einzelnen Zonen, durch die eine jeweils andere politische, gesellschaftliche, ökonomische und kulturelle Ausrichtung der Entwicklung Deutschlands bewirkt wurde. Es ist angesichts der Divergenz der politischen Ziele und Methoden eher erstaunlich, daß man in den ersten Jahren der Besatzungspolitik noch ein Minimum an Gemeinsamkeit, insbesondere bei der Formulierung der Potsdamer Beschlüsse selbst, hat erzielen können.
Vor dem Hintergrund dieser kaum überbrückbaren Interessendifferenz, die trotz voreiliger amerikanischer Hoffnungen auf die Schaffung einer Ära dauerhafteren Friedens nicht aus der Welt zu schaffen war, sind die konkreten Anlässe, die die Teilung Deutschlands zwischen 1946 und 1947 in die Wege leiteten, eher von sekundärer Bedeutung. An ihnen wurde nur der fundamentale Interessenkonflikt zwischen den Supermächten deutlich, der sich unter Umständen auch bei anderen Problemen als etwa der Reparationsfrage hätte manifestieren können. Möglicherweise wäre durch die von den Franzosen blockierte Einrichtung deutscher Zentralverwaltungsbehörden trotz der Einteilung in Zonen die Grundlage für eine neue staatliche Einheit Deutschlands gelegt worden. Andererseits ist es zweifelhaft, ob nicht auch in einem solchen Rahmen die schweren Konflikte hätten zutage treten müssen, die schließlich zum Zerfall der deutschen Einheit geführt haben. Die Teilung Deutschlands war sowohl eine Auswirkung der weltpolitischen Bipolarisierung zwischen den USA und der Sowjetunion, wie zugleich auch eine ihrer Ursachen. Spätestens seit 1947/48, mit dem Marshall-Plan und der separaten Währungsreform, war die deutsche Teilung unausweichlich geworden.
In der historisch interessanten Frage, wer den maßgeblichen Anteil am Zustandekommen der Spaltung Deutschlands gehabt hat, der Westen

oder der Osten, haben die Sowjetunion und die ostdeutsche Seite dokumentarisch den besseren Anschein für sich. Die Sowjets hatten hartnäkkig am Potsdamer Konzept der Aufrechterhaltung der Einheit Deutschlands festgehalten, weil sie sich auf diesem Wege zusätzlichen Einfluß auf den von ihnen nicht beherrschten westlichen Teil Deutschlands versprachen. Sie haben in immer neuen Noten an die Westmächte gegen die sich immer stärker abzeichnende Politik der Errichtung eines westdeutschen Staates unter westlicher Kontrolle protestiert, weil sie in ihm mit Recht ein gegen die Interessen der Sowjetunion in Mitteleuropa gerichtetes Staatswesen erblicken mußten. Sie haben alle Schritte, die zur Verselbständigung der beiden Teile Deutschlands geführt haben, erst dann in ihrem eigenen Machtbereich vollzogen, als die Westmächte sie in ihrem Herrschaftsbereich schon getan hatten: Der Währungsreform in den Westzonen und Westberlin folgte die Währungsreform in der Ostzone; der Verabschiedung des Grundgesetzes der Bundesrepublik durch den Parlamentarischen Rat folgte eine Woche später die Legitimierung des Verfassungsentwurfs der DDR durch den Volkskongreß; wenige Wochen nach der Konstituierung der verfassungsmäßigen Organe der neuen Bundesrepublik im September 1949 folgte am 7. Oktober die Gründung der Deutschen Demokratischen Republik. Von östlicher Seite wird den Westmächten eindeutig die Schuld an der Zerreißung und Spaltung Deutschlands in die Schuhe geschoben. Durch die Entfesselung des Kalten Krieges und die Vorbereitung für den Marshall-Plan, so heißt es, hätten die USA eine zielstrebige Politik der Beseitigung des Systems der Viermächteverwaltung in Deutschland eingeleitet. Die Westmächte hätten das Potsdamer Abkommen gebrochen; die Herauslösung der Westzonen aus dem deutschen Nationalverband habe gleichzeitig die Erhaltung der Machtgrundlagen für die restaurativen Kräfte der deutschen Vergangenheit bedeutet und somit das imperialistische Interesse der westlichen Großmächte mit dem reaktionären Interesse der deutschen Bourgeoisie verbunden.

An der östlichen Darstellung ist richtig, daß die Sowjets und auch die Repräsentanten der deutschen Politik in der Sowjetzone das Thema der Einheit und der Respektierung der Potsdamer Beschlüsse fast bis zum Überdruß wiederholt haben. Zugleich machten sie jedoch, sowohl in ihren Reden wie nicht zuletzt in ihren konkreten Handlungen bei der Umgestaltung der Sowjetzone in einen »antifaschistisch-demokratischen« Staat unter Führung der Arbeiterklasse klar, daß sie unter Demokratie nicht die freiheitlich-demokratische Grundordnung des liberalen Rechtsstaates mit kapitalistischer Wirtschaftsordnung im Sinne der westlichen Demokratiekonzeption verstanden, sondern eine Vorstufe der sozialistischen Demokratie sowjetischen Typs. Wer mit den Kommunisten die Entstehung des Faschismus aus den sozio-ökonomischen Verhältnissen des Kapitalismus erklärt, der muß natürlich auch die sozioökonomischen Voraussetzungen für das kapitalistische System beseitigen, wenn er eine demokratische Ordnung errichten will, in der es »Ausbeutung« nicht gibt. Darum rühmt sich die DDR, nur bei ihr seien, im Gegensatz zu den Westzonen, alle Bestimmungen des Potsdamer Abkommens gewissenhaft erfüllt worden. Die Bestimmungen des Potsdamer Abkommens, welche die Beseitigung des Nationalsozialismus und seiner Voraussetzungen vorsahen, sind in der sowjetischen Besatzungszone gründlicher angewendet und durchschlagender erfüllt worden als in den Westzonen, aber nichts berechtigte die Sowjets zu der Erwartung, daß die Amerikaner oder Engländer ihrem Glauben an die bürgerliche Freiheit und die freiheitliche Wirtschaftsverfassung abschwören und das deutsche Bürgertum völlig entmachten würden zugunsten der Herrschaft einer kommunistisch geführten Arbeiterklasse. Nichts sprach dafür, daß die westlichen Besatzungsmächte das Privateigentum an Produktionsmitteln für eine Quelle des Antidemokratismus halten und es darum abschaffen würden. Umgekehrt mußte die Entschiedenheit, mit der in der sowjetischen Zone Deutschlands Stück für Stück die soziale und politische Wirklichkeit umgewälzt und den Verhältnissen der Sowjetherrschaft angenähert wurde, bei den Westmächten, und erst recht bei den Westdeutschen, Widerstand gegen die sowjetischen Absichten für ein einheitliches Deutschland hervorrufen.

Die Verantwortung für die deutsche Teilung ruht nicht auf den Westmächten allein, wie die östlichen Darstellungen in monotoner Übereinstimmung behaupten. Eigentlich ist es angesichts der objektiv unvereinbaren Interessenlage der Großmächte USA und Sowjetunion im Kalten Krieg unangemessen, hier von Verantwortung oder gar Schuld zu sprechen, es sei denn, man geht auf Adolf Hitler zurück, der den Zweiten Weltkrieg schuldhaft entfesselte und damit die Niederlage Deutschlands heraufbeschwor. Die Besatzungsmächte, auch wenn sie vorübergehend in ihrem Interesse an der Vernichtung des Faschismus geeint waren, waren daran interessiert, ihr soziales System und ihre Ideologie in ganz Deutschland zur Herrschaft zu bringen. Wenn dies nicht gelang, so blieb ihnen nur die Möglichkeit, es in den Zonen zu tun, über die sie die Herrschaft besaßen.

Vergleicht man die sowjetische und westliche Besatzungspolitik jedoch aus deutscher Perspektive, so ergibt sich ein nicht unwesentlicher Unterschied. Die Westmächte konnten, auch wenn sie mit den besiegten Deutschen anfangs keineswegs zimperlich umgingen, im wesentlichen auf die Zustimmung der Deutschen zu den positiven Grundsätzen ihrer Politik rechnen. Die Sowjets hingegen setzten die Umwandlung ihrer Zone in die spätere DDR gegen das vorherrschende, tief verwurzelte antikommunistische Interesse der Mehrheit der Bevölkerung mehr oder weniger rücksichtslos durch. In den westlichen Zonen entsprach die Zusammenarbeit von Besatzungsmacht und den Deutschen im wesentlichen den allgemein propagierten Interessen an einer demokratischen Erneuerung und am Wiederaufbau von Wirtschaft und Gesellschaft, im Osten hingegen mußte die neue politische Entwicklung gegen den Willen der Mehrheit mit zum Teil terroristischen Methoden durchgesetzt werden. Nimmt man die Idee demokratischer Selbstbestimmung einigermaßen ernst, so kann – auch wenn die Deutschen zunächst in allen Zonen nicht die Freiheit hatten, über ihr politisches Schicksal selbst zu entscheiden – der westlichen Besatzungspolitik die größere demokratisch-moralische Legitimität nicht bestritten werden. Der bei den Deutschen anfangs so starke Wille zur Erhaltung der nationalen Einheit zerbrach notwendig an den unvereinbaren machtpolitischen Zielsetzungen der herrschenden Großmächte. So kam es, von den Deutschen zunächst ungewollt, zu der Jahre später noch intensiv diskutierten Priorität der Freiheit im westlichen Sinne vor der nationalen Einheit.

Wenn politische Systeme, die auf verschiedenen Wert- und Gestaltungsprinzipien beruhen, ein gemeinsames Objekt ihres Machtstrebens besitzen und es jeweils im Sinne ihrer Prinzipien umzugestalten suchen, dann ist ein gravierender Konflikt zwischen ihnen über kurz oder lang unausweichlich. Die probateste Lösung derartiger Machtkonflikte ist heutzutage das Mittel der Teilung, das ja nicht nur in Deutschland, sondern auch im asiatischen Raum (Korea, Vietnam) praktiziert wurde. Die Voraussetzungen für eine gemeinsame Deutschlandpolitik der Siegermächte waren trotz der Anti-Hitler-Koalition nicht gegeben, es sei denn, man wollte das besiegte Deutschland ganz sich selbst überlassen. Daran jedoch konnte keiner der Alliierten des ungeheuren Krieges gegen Hitler ein Interesse haben. So kam es, wie es angesichts der polarisierten Machtverhältnisse und der zunehmenden Unvereinbarkeit der politischen Ziele der einstigen Alliierten fast zwangsläufig kommen mußte: zur deutschen Teilung. »Die deutsche Teilung ... ist das Ergebnis der Verwandlung Kontinentaleuropas in ein Machtvakuum durch Hitlers Krieg und Hitlers Niederlage und der daraus resultierenden Zerreißung des machtlosen Europas in zwei Machtblöcke unter der Führung der Übermächte USA und UdSSR, die Randmächte Europas sind. In diesem Sinne ist sie nicht die direkte, wohl aber die indirekte Folge des Unheils, das das Dritte Reich über Europa gebracht hat.« (R. Loewenthal, in: Europa und die

Einheit Deutschlands, hrsg. von W. Hofer, Verlag Wissenschaft und Politik, Köln 1971, S. 307)

2. Die sowjetische Besatzungspolitik

Durch den Sieg über die Armeen Hitlers war die Sowjetunion erstmals in ihrer Geschichte tief nach Mitteleuropa vorgestoßen. Die sowjetische militärische Herrschaft über Polen, die Tschechoslowakei und die meisten Länder des Balkans schuf die unerläßliche Voraussetzung für die tiefgreifende Umgestaltung der inneren Machtverhältnisse in den von der Roten Armee befreiten und besetzten europäischen Ländern. Überall, zuletzt in der Tschechoslowakei 1948, kamen kommunistische Parteien an die Macht, deren Regime zu Satelliten der kommunistischen Supermacht wurden.

Es war klar, daß die Sowjets die ihnen überlassene Zone Deutschlands nicht aus ihrem hinzugewonnenen Machtbereich entlassen würden, was immer mit Deutschland als Ganzem geschehen würde.

Stalin hatte hinsichtlich der Behandlung Gesamtdeutschlands keinen von langer Hand vorbereiteten Plan. Zunächst spielte er, ebenso wie die Amerikaner, mit dem Gedanken der Zerstückelung Deutschlands in mehrere Staaten, aber Churchill, der Stalin gegenüber viel mißtrauischer war als Roosevelt, wollte eine derartige »Balkanisierung« Mitteleuropas nicht zulassen, um die sich abzeichnende Ausdehnung der sowjetischen Machtsphäre in Grenzen zu halten. Doch auch Stalin sah schließlich in der Erhaltung Gesamtdeutschlands für die sowjetischen Interessen gewisse Vorteile, und zwar vor allem auf wirtschaftlichem Gebiet hinsichtlich der von Deutschland zu leistenden Reparationen. So entschied er sich, nachdem die Abtrennung der ostdeutschen Gebiete an Polen gesichert war, für das Einheitskonzept, das dann auch in den Potsdamer Beschlüssen seinen Ausdruck fand. Als die Meinungsverschiedenheiten unter den Alliierten im Berliner Kontrollrat, die vorwiegend wirtschaftliche Fragen betrafen, heftiger wurden, trieb er die Umgestaltung seiner Zone in eine auch nach innen sowjetisierte Besatzungszone stärker voran. Im Zuge der politischen Absicherung ihres neugewonnenen Machtbereichs lag den Sowjets mehr daran, ihre Zone zu einem sicheren Vorposten der Sowjetmacht in der Mitte Europas auszubauen, als mit den Westmächten nach einer gemeinsamen Plattform für die Deutschlandpolitik zu suchen. Dessen ungeachtet ließ sich gerade die Karte der Einheit Deutschlands unter Berufung auf Potsdam propagandistisch gut ausspielen, da die Westmächte es ja waren, die zuerst getrennte Lösungen

für Deutschland anstrebten, um des Problems des Wiederaufbaus besser Herr zu werden. Die sich anbahnende Teilung Deutschlands wurde ergänzt und intensiviert durch die europäische Teilung, die symbolisiert wird durch den Eisernen Vorhang, der seither mitten durch Europa verläuft.
Die sowjetische Besatzungspolitik konnte sich auch im einzelnen auf die Potsdamer Abmachungen berufen, welche »die endgültige Umgestaltung des deutschen politischen Lebens auf demokratischer Grundlage« als Ziel proklamiert hatten. Es war nicht überraschend, daß die Durchführung dieser Bestimmung in der sowjetisch besetzten Zone anders ausfiel als in den drei Westzonen. Zwar haben die Russen keineswegs von vornherein einen strikten Kurs der »Sowjetisierung« ihrer Zone verfolgt, aber langfristig war es, wie erwähnt, das Ziel der sowjetischen Besatzungsmacht, in ihrem deutschen Machtbereich Verhältnisse zu schaffen, die sowohl ideologisch wie ökonomisch wie hinsichtlich der Organisation des Staates und der Gesellschaft dem sowjetischen Leitmodell der sozialistischen Demokratie entsprachen. Dieses Ziel wurde um so konsequenter angesteuert – und in der Phase nach Gründung der DDR vollends realisiert –, je stärker die Spannungen zwischen den Westmächten und der Sowjetunion wurden und je klarer die zunächst wirtschaftlich, dann militärisch motivierte Absicht der Westmächte zutage trat, für ihre Zonen einen eigenen Weg des Aufbaus der bürgerlichen Demokratie bis hin zur Errichtung eines westdeutschen Staates zu suchen und zu gehen.
Neben den Reparationen bzw. in Verbindung damit war die Sowjetunion nach dem Kriege aus Gründen der Sicherheit in erster Linie daran interessiert, durch die Zerschlagung des deutschen Nazismus und Militarismus (einschließlich des Rüstungspotentials) dafür zu sorgen, daß Deutschland nie wieder zu einer lebensbedrohenden Gefahr für den Frieden werden könnte. In dieser Zielsetzung waren sich die westlichen Aliierten anfangs mit den Russen im Prinzip noch einig, aber die konkrete Durchführung der Potsdamer Beschlüsse führte bald zu den geschilderten Differenzen. Sie wurden wechselseitig unüberbrückbar in dem Augenblick, in dem die Sowjetunion sich klar darüber wurde, daß Amerika die Einbeziehung der westdeutschen Zonen in die wirtschaftliche und militärische Organisation des Westens betrieb, wodurch der größere und potentiell mächtigere Teil Deutschlands wieder zu einer Gefahr für die Sowjetunion zu werden drohte. In den Augen der Sowjets war damit das wesentliche Kriegsziel der Anti-Hitler-Koalition verraten worden. Die vollständige Einbeziehung der späteren DDR in den Wirtschafts- und Verteidigungsrahmen des von der Sowjetunion geführten Ostblocks war

insofern nur die konsequente Antwort auf die Deutschland-Politik der westlichen Alliierten.

Die Sowjetunion sicherte sich die Befriedigung ihrer Wiedergutmachungsansprüche in erster Linie durch die Demontage von Betrieben. Über tausend Betriebe wurden ganz oder teilweise demontiert und nach Osten verfrachtet. 200 Betriebe, die ebenfalls auf der Demontageliste standen, wurden in Sowjetische Aktiengesellschaften (SAG) umgewandelt und produzierten fortan für sowjetische Rechnung. Man schätzt den Produktionsanteil der SAG an der Gesamtwirtschaft der Ostzone nach 1945 auf ca. 25 %.

Es war unter diesen Voraussetzungen für die neugebildeten deutschen Behörden der Zone besonders schwer, das Wirtschaftsleben wieder in Gang zu bringen; auch die landwirtschaftliche Produktion reichte nicht aus, um den dringendsten Bedarf an Lebensmitteln zu decken, zumal sich auch die Besatzungsmacht aus dem Lande selbst verproviantierte. Es lag politisch nahe, die Ankurbelung der landwirtschaftlichen Produktion mit einer durchgreifenden *Bodenreform* zu verbinden. Die Bodenreform wurde bis in ihre Einzelheiten von der sowjetischen Militär-Administration (SMA) vorbereitet und bereits Ende des Jahres 1945 in Angriff genommen.

Enteignet wurden alle Grundbesitzer, die über hundert Hektar Land besaßen. Zusammen mit dem Grund und Boden, der dem Staat gehörte, und dem Besitz ehemaliger Naziführer wurde der gesamte enteignete Grundbesitz einem Bodenfonds zugeführt, aus dem etwa eine halbe Million Personen, sowohl Umsiedler wie Landarbeiter und landarme Bauern, mit neuem Eigentum bedacht wurden. Nicht immer schuf man damals lebensfähige landwirtschaftliche Einheiten, so daß die Bodenreform zugleich auch ein Stück Vorbereitung der einige Jahre später begonnenen Kollektivierung der Landwirtschaft bedeutete.

Ebenso einschneidend wie die Bodenreform war die sogenannte *Industriereform*. Aufgrund einer Anordnung der SMA wurde der gesamte Industriebesitz des deutschen Staates sowie von Angehörigen der NSDAP und verwandter Organisationen beschlagnahmt. Sofern die davon berührten Betriebe nicht sogleich in sowjetische Aktiengesellschaften umgewandelt wurden, stellte man sie den neu eingerichteten deutschen Verwaltungsstellen zur Verfügung. Außerdem wurden alle Bereiche verstaatlicht, deren Besitzer bzw. deren Direktoren (bei Aktiengesellschaften) geflüchtet waren. Durch diese Bestimmungen wurde der größte Teil der Industrieanlagen erfaßt und enteignet. Im Lande Sachsen hat ein am 30. Juni 1946 noch relativ frei abgehaltener Volksentscheid die »Enteignung der Kriegsverbrecher«, und damit die weitge-

hende Entprivatisierung der Industrie, gutgeheißen.
Andere einschneidende Reformen betrafen den Bereich des Erziehungswesens und der Justiz. Die *Erziehungsreform* proklamierte die Schaffung eines einheitlichen Schulsystems und die Beseitigung des privaten Schulwesens. Schon seit 1946 gibt es in Ostdeutschland die Einheitsschule, mit einer achtklassigen Grundschule für alle, an die sich die Oberschule bzw. Berufsschule anschließt. In der *Justizreform* sorgte man für eine totale Entnazifizierung; kein Richter oder Staatsanwalt, der Mitglied der NSDAP gewesen war, konnte mehr auf Anstellung rechnen. Davon waren über vier Fünftel betroffen. Sie wurden durch »Volksrichter« ersetzt, politisch zuverlässige Personen, die in Schnellkursen auf ihre Aufgabe vorbereitet wurden.
Alle diese Reformen konnten sich auf allgemeine Richtlinien des Alliierten Kontrollrates berufen. Sie dienten nach sowjetischer Auffassung der Zerstörung des Nazismus und Militarismus sowie der Vorbereitung der Demokratie. Es war für die Sowjetunion wie auch für die Kommunistische Partei Deutschlands, mit der sie am engsten zusammenarbeitete, natürlich selbstverständlich, daß eine Neuordnung des demokratischen Lebens die Beseitigung jener sozialen und ökonomischen Bedingungen zur Voraussetzung hatte, die für das Entstehen des Faschismus verantwortlich gemacht wurden. Durch die Bodenreform sollte der verderbliche Einfluß der Junker und Großgrundbesitzer auf die deutsche Politik ein für allemal ausgeschaltet werden; durch die Industriereform wollte man die Produktionsmittel in die Hände des Volkes legen und nicht länger im Besitz von »Kriegsinteressenten« belassen; durch die Schulreform wollte man die Privilegierung sozialer Gruppen im traditionellen Schulwesen beseitigen; durch die Justizreform wollte man schließlich dafür sorgen, daß die »bürgerliche Klassenjustiz« ihr Ende fand, indem man die Rechtsprechung einem völlig neuen Personenkreis übertrug, der für die Übereinstimmung der Rechtsprechung mit den neuen politischen Zielen ausreichende Gewähr bot.
Insgesamt genommen bewirkten diese »Reformen« eine außerordentlich starke Umwandlung der sozialen und ökonomischen Verhältnisse in der deutschen Ostzone, die sich von der Entwicklung in Westdeutschland entscheidend abhob. Dennoch konnte man die getroffenen Maßnahmen, wenn man sie entsprechend interpretierte, auch aus den Potsdamer Beschlüssen herleiten, denn es wäre unrealistisch gewesen zu erwarten, daß die Sowjetunion unter dem Begriff Demokratisierung und Aufbau der Demokratie in Deutschland dasselbe verstehen würde wie ihre alliierten Partner aus dem Westen. Gerade wenn man die Schuld am Kriege und an der Entstehung des Nationalsozialismus und Militarismus

den ökonomischen Mächten des Kapitalismus zuschob, mußte man nach kommunistischer Auffassung das Wirken dieser Mächte nicht allein stärker kontrollieren oder (durch Entflechtungsmaßnahmen z. B.) einschränken, sondern wenn möglich auf Dauer ausschalten. Auf jeden Fall mußte gewährleistet sein, daß der demokratische Aufbau zugleich *antifaschistisch* war; dies konnte nach kommunistischer Version nur bedeuten, daß den Kräften des Bürgertums, die wesentlich zum Aufstieg des Faschismus beigetragen hatten, keine Möglichkeit mehr gewährt werden sollte, auf den demokratischen Prozeß maßgeblichen Einfluß zu nehmen.

3. Die Bildung politischer Parteien in der SBZ

Obwohl den Deutschen unmittelbar nach der Niederlage jede eigene politische Tätigkeit untersagt war, erließ die sowjetische Militärregierung für Deutschland (SMAD) schon einen Tag nach ihrer Konstituierung, nämlich am 10. Juni 1945, überraschend folgenden Befehl: »Auf dem Territorium der sowjetischen Besatzungszone in Deutschland ist die Bildung und Tätigkeit aller antifaschistischen Parteien zu erlauben, die sich die endgültige Ausrottung der Überreste des Faschismus und die Festigung der Grundlage der Demokratie und der bürgerlichen Freiheiten in Deutschland und die Entwicklung der Initiative und Selbstbetätigung der breiten Massen der Bevölkerung in dieser Richtung zum Ziel setzen.«

Überraschend war diese Anordnung für die Westmächte, weil sie die Zulassung politischer Parteien erst nach einem längeren Zeitraum planten und durchführten, wobei sie zunächst nur die lokale Ebene freigaben. Überraschend war sie aber auch für die deutschen Kommunisten, die sich ursprünglich ganz auf die Besetzung der deutschen Verwaltungsstellen mit geeigneten Persönlichkeiten konzentrieren sollten und mit der Zulassung politischer Parteien zu einem so frühen Zeitpunkt nicht rechneten.

Bereits am 30. April war unter der Leitung Walter Ulbrichts eine Gruppe von zehn deutschen Kommunisten von Moskau nach Frankfurt an der Oder geflogen worden, die den Auftrag hatten, die Rote Armee beim Aufbau der deutschen Verwaltung zu unterstützen. Die Gruppe, die im Hauptquartier der Sowjetarmee sofort zu arbeiten begann, war, wie Walter Ulbricht berichtet hat, »gut vorbereitet«, d. h., sie hatte konkrete Pläne für die Neuorganisation der deutschen Verwaltung unter sowjetischer Besatzungsherrschaft. Die erste Aufgabe, die sie in die Hand nahm, war der Aufbau der Bezirksverwaltungen in Berlin, wobei es vor allem darum ging, brauchbare Persönlichkeiten ausfindig zu machen. Dabei legte man Wert darauf, nicht nur Kommunisten einzusetzen, sondern auch vertrauenswürdige Nichtkommunisten zum Zuge kommen zu lassen, damit der Verdacht einer kommunistischen Machtergreifung gar nicht aufkommen konnte.

Auch die Kommunistische Partei selbst, die am 11. Juni, also einen Tag nach dem Sowjet-Befehl Nr. 2, ihre Gründungsversammlung abhielt, sprach sich in ihrem Gründungsaufruf gegen die sofortige Einführung des Sowjetsystems aus und forderte statt dessen die Errichtung eines »antifaschistisch-demokratischen« Regimes, in dem alle neuen politischen Parteien zusammenarbeiten sollten. Der Grund für die von den Kommunisten verkündete Auffassung, es wäre falsch, Deutschland das Sowjetsystem aufzuzwingen, war einerseits die praktische Überlegung, daß die sofortige Umwandlung Ostdeutschlands in einen Staat sowjetischen Musters nicht nur im Innern auf starke Widerstände stoßen müßte, sondern auch die Zusammenarbeit mit den westlichen Allierten in bezug auf ganz Deutschland von Anfang an gefährden würde, zum andern die theoretische Überlegung, daß man in Deutschland erst »die Sache der bürgerlich-demokratischen Umbildung, die 1848 begonnen wurde«, zu Ende führen und alle feudalen Überreste beseitigen müßte, bevor man den Schritt zum sozialistischen Staat wagen könnte; erst nach Einführung der bürgerlich-parlamentarischen Demokratie sei der Weg frei für eine sozialistische Demokratie. Die antifaschistisch-demokratische Phase der Aufbauzeit unter dem Schutz der sowjetischen Besatzungsmacht wird darum heute von der DDR auch als die notwendige Vorstufe zur Entfaltung der sozialistischen Demokratie unter Führung der Einheitspartei der Arbeiterklasse verstanden.

Wenige Tage nach der KPD, die von Wilhelm Pieck geleitet wurde, trat auch die SPD unter Führung von Otto Grotewohl mit einem Gründungsaufruf an die Öffentlichkeit. Einige Sozialdemokraten hatten zuvor in Gesprächen mit den Kommunisten versucht, eine einheitliche deutsche Arbeiterpartei auf die Beine zu stellen, doch die KPD dachte zu diesem Zeitpunkt noch nicht an eine sozialistische Einheitspartei. Sie wollte zunächst ihre eigene Kaderorganisation aufbauen, um gegebenenfalls zu einem späteren Zeitpunkt auf einer gefestigteren organisatorischen und ideologischen Basis einen Zusammenschluß herbeizuführen.

Interessanterweise ist der SPD-Aufruf in manchen Punkten sozialistischer ausgefallen als der der KPD. Bemerkenswert ist das Drängen der SPD nach organisatorischer Einheit der Arbeiterklasse, um Fehler der

Vergangenheit nicht zu wiederholen: »Die Fahne der Einheit muß als leuchtendes Symbol in der politischen Aktion des werktätigen Volkes vorangetragen werden!«

Die SPD-Genossen, die nach der Niederlage des Dritten Reiches im Bereich der sowjetisch besetzten Zone die Partei neu aufbauten, wollten mit ihrem Drängen nach politischer Einheit der Arbeiterklasse eine Lehre anwenden, die sie aus den Erfahrungen der Weimarer Republik gezogen hatten. Die erste deutsche Demokratie war in ihren Augen nicht zuletzt deshalb gescheitert, weil die deutsche Arbeiterbewegung gespalten war und ihre politischen Organisationen sich bekämpften, anstatt solidarisch gegen die faschistische Bedrohung zu handeln. Auch der gemeinsame Widerstand von Sozialdemokraten und Kommunisten gegen das nationalsozialistische Regime hatte zu dieser Einheitsperspektive beitragen. Doch Ulbricht erklärte für die KPD, die Zeit für eine organisatorische Einheit der deutschen Arbeiterbewegung sei noch nicht gekommen. Vordringlicher als die politische Vereinigung in einer Einheitspartei sei die einheitliche Zusammenarbeit der Arbeiterparteien.

Ende Juni bildete sich als dritte Partei die bürgerliche CDU, deren Programm das Privateigentum bejahte, sofern es an die Verantwortung für die Allgemeinheit gebunden bliebe, darüber hinaus aber den proklamierten christlichen Sozialismus durch die Forderung unterstrich, Bodenschätze, den Bergbau und andere monopolartige Schlüsselstellungen der Wirtschaft »der Staatsgewalt zu unterwerfen«. Die CDU forderte, ähnlich wie die verwandten Gründungsprogramme in den Westzonen, eine durchgreifende Erneuerung von Staat und Gesellschaft aus christlichem Geiste. Ihre ersten Führer waren Andreas Hermes und Walter Schreiber. Sie wurden Ende 1945 von der sowjetischen Militäradministration ihrer Ämter enthoben, weil sie die Art der Durchführung der Bodenreform kritisiert hatten. An ihre Stelle traten Jakob Kaiser und Ernst Lemmer, die der Gewerkschaftsbewegung nahestanden und stärker für eine christlich begründete Variante des Sozialismus und die Wahrung der deutschen Einheit eintraten.

Am stärksten der bürgerlichen Tradition verhaftet war das Programm der Liberaldemokratischen Partei (LDP), die für das Privateigentum, für eine freie Wirtschaft und für die Unabhängigkeit der Beamten und der Justiz eintrat. Ihr Führer war Wilhelm Külz.

Alle vier Parteien, deren Führungsgarnitur sich in der Regel aus den entsprechenden Parteien der Weimarer Republik rekrutierte, konnten im gesamten Gebiet der Ostzone wirken und schlossen sich bereits nach wenigen Wochen (am 14. Juli) zum »Block der antifaschistisch-demokratischen Parteien« zusammen. Aus je fünf Mitgliedern der vier Parteien wurde ein Ausschuß gebildet, der die gemeinsame Politik aufeinander abstimmen und festlegen sollte. Das Einstimmigkeitsprinzip sicherte dabei den Kommunisten, die mit der herrschenden Besatzungsmacht im Bunde waren, ein gewisses Übergewicht. In der Tat kam in dieser frühen Phase alles darauf an, zu erkunden und zu wissen, was die Besatzungsmacht für richtig und für annehmbar hielt. Dank der engen Verbindung von KPD und SMAD und dank dem Blockprinzip mit der notwendigen Einstimmigkeit der Beschlüsse konnten die drei übrigen Parteien eine gegen die Interessen der KPD und der Sowjets gerichtete Politik kaum durchsetzen.

Die Phase der Zusammenarbeit der beiden Arbeiterparteien auf der Basis organisatorischer Selbständigkeit währte nur kurz. In den letzten Monaten des Jahres 1945 drängte nun plötzlich die KPD auf den Zusammenschluß, dem sie sich vorher noch verweigert hatte. Schlechte Ergebnisse der Kommunisten bei den ersten Nachkriegswahlen in Österreich haben zur neuen Strategie der forcierten Integration sicherlich beigetragen. Die ostzonale SPD-Führung war inzwischen aufgrund der permanenten Begünstigung der KPD durch die sowjetische Besatzungsmacht und gewitzt durch negative Erfahrungen bei der vereinbarten Zusammenarbeit mit der KPD an der Bildung einer einheitlichen deutschen Arbeiterpartei längst nicht mehr so stark interessiert wie unmittelbar bei Kriegsende. Der Vorsitzende der SPD in den Westzonen, Dr. Kurt Schumacher, war von Anfang an ein strikter Gegner der Fusion und suchte auf seine Genossen in der Ostzone entsprechend einzuwirken. Doch die Macht der Verhältnisse war stärker als alle Skepsis. In den Fusionsgesprächen zwischen den Führungsgremien der beiden Parteien machte die KPD geschickterweise einige formale Zugeständnisse. Die Besatzungsmacht forcierte ihrerseits die Fusion durch Zwangsmaßnahmen gegen ihre Gegner. Sie übte vor allem Druck auf lokale Parteiorganisationen aus, die vielerorts auf unterer Ebene die Vereinigung schon vollzogen, noch bevor sie durch den Fusionsparteitag offiziell beschlossen wurde. Hinzu kam, daß die SPD in dieser Frage selbst gespalten war. Nachdem die Kommunisten sogar bereit waren, sich auf die bemerkenswerte These von einem »besonderen deutschen Weg zum Sozialismus« festzulegen, schwand der Widerstand gegen die Fusion schließlich auch bei den sozialdemokratischen Führern in der Ostzone, die ohnehin nur geringe wirksame Widerstandsmöglichkeiten gegen die Fusion sahen. Einzig die Berliner Sozialdemokraten, die im Westen der Stadt durch die westlichen Besatzungsmächte gestützt wurden, führten unter ihren Mitgliedern in ganz Berlin eine Urabstimmung über die Frage der Fusion durch. Dabei sprach sich eine überwältigende Mehrheit von 82 % gegen

eine Vereinigung mit der KPD aus. Damit war klar, daß die ostzonale SPD nicht völlig frei und aus eigener Überzeugung die geforderte Verschmelzung mit der KPD vollzog.
Der Vereinigungsparteitag, auf dem die Sozialistische Einheitspartei Deutschlands (SED) ins Leben gerufen wurde, fand am 21. und 22. April 1946 statt.Der Vorstand der neuen Partei setzte sich paritätisch aus Sozialdemokraten und Kommunisten zusammen; Wilhelm Pieck von der KPD und Otto Grotewohl von der SPD wurden zu Vorsitzenden der Einheitspartei bestimmt. Symbolischer Ausdruck der Einheit war der Händedruck der beiden Parteiführer. Er ziert das Emblem der SED.
DDR-Historiker feiern die Gründung der Sozialistischen Einheitspartei Deutschlands als »die größte Errungenschaft in der Geschichte der deutschen Arbeiterbewegung seit der Verkündung des Kommunistischen Manifestes« (Doernberg, Kurze Geschichte der DDR, 3. Aufl., Berlin 1968, S. 84). »Die Herstellung der Einheit der Arbeiterklasse festigte die Hegemonie der Arbeiterklasse in der antifaschistisch-demokratischen Umwälzung und sicherte deren konsequente Durchführung« (ebenda). Die Verschärfung des Klassenkampfes, so heißt es weiter, sowie die wachsende Gefahr der Spaltung Deutschlands habe eine schnelle Vereinigung der beiden Parteien notwendig gemacht, so daß gewisse politische und organisatorische Probleme noch nicht gleich hätten gelöst werden können. Doch schon 1947, also ein Jahr nach der Fusion, hat der Prozeß der Umwandlung der Partei in eine »Partei neuen Typus« begonnen. Es war die Entwicklung zu einer »politisch-organisatorisch wie ideologisch geschlossenen marxistisch-leninistischen Partei«. Die Sozialdemokratie konnte unter den bestehenden Machtverhältnissen nur der Verlierer bei der Fusion sein. Mit der neuen Partei SED, die die Einheit der Arbeiterklasse repräsentierte, ging man dann auf kommunistischer Seite zuversichtlich in die ersten Wahlen.
Im September 1946 fanden in der Ostzone die ersten Lokalwahlen statt, bei denen die neue Einheitspartei zwar überall etwas mehr als 50 % der Stimmen errang, jedoch unter dem von der Parteileitung erhofften Ergebnis blieb. Hinzu kam, daß die bürgerlichen Parteien in ihrer Wahlvorbereitung durch die Besatzungsmacht benachteiligt und behindert wurden. Die bald darauf (am 20. Oktober 1946) erstmals abgehaltenen Kreis- und Landtagswahlen brachten der SED zwar ebenfalls den Sieg, doch sie blieb in allen fünf Ländern der Zone mit ihrem Stimmenanteil knapp unter 50 %. Das erlaubte ihr zwar die Besetzung der wichtigsten Ämter in den fünf Landesregierungen (insbesondere die Besetzung der Innen- und Kultusministerien, auf welche die SED besonderen Wert legte), machte jedoch deutlich, daß von einer Übermacht der Partei der

Arbeiterklasse in diesen noch relativ freien Wahlen nicht gesprochen werden konnte. Aufschlußreich für die mögliche Stimmabgabe der Bevölkerung Ostdeutschlands bei wirklich freien Wahlen und ohne die erfolgte Zwangsfusionierung der SPD mit der KPD wurden die ebenfalls am 20. Oktober 1946 abgehaltenen Wahlen in Groß-Berlin. Dort errang die SPD 48,7 % der Stimmen, die SED nur 19,8 %. Insgesamt ergab dies zwar ein deutliches Übergewicht zugunsten der beiden Arbeiterparteien, aber es war doch eine deutliche Absage der Berliner Bevölkerung an die KPD zugunsten der Sozialdemokratie.

Dank der vollzogenen Fusionierung war die SPD für die von der Besatzungsmacht protegierte KPD in der Zone kaum ein Problem mehr. Der Weg zur Entwicklung der SED als einer kommunistischen Partei in enger Anlehnung an die Partei der Sowjetunion und getragen von den Lehren des Marxismus-Leninismus-Stalinismus war nunmehr frei. Er ist dann auch mit dem Zweiten Parteitag der SED systematisch beschritten worden. Am Ende dieses Weges stand die SED als eine kommunistische Partei sowjetischen Musters, in der das sozialdemokratische Element sich nicht mehr nennenswert zur Wirkung bringen konnte.

Die SED hat an der Aufrechterhaltung der Blockpolitik mit den ursprünglich bürgerlichen Parteien bis heute festgehalten. Zur Schwächung der bürgerlichen Kräfte, die sich nicht so einfach gleichschalten ließen, wurden 1948 mit Genehmigung der SMAD sogar zwei weitere Parteien gegründet, die Nationaldemokratische Partei Deutschlands (NDPD) und die Demokratische Bauernpartei Deutschlands (DBD). CDU und LDPD büßten ihre relative Eigenständigkeit zusehends ein und konnten unter der sich fest etablierenden Herrschaft der kommunistisch dirigierten SED kein nennenswertes politisches Eigenleben mehr entfalten. Der Block der Parteien wurde außerdem ergänzt durch die Einbeziehung der Massenorganisationen, insbesondere der Gewerkschaften (FDGB), die von Anfang an von den Kommunisten beherrscht waren, sowie durch den Demokratischen Frauenbund und die Freie Deutsche Jugend (FDJ). Damit war die *Nationale Front*, der am 4. Oktober 1949 offiziell vollzogene Zusammenschluß aller politischen Parteien und Gruppen unter Führung der SED, vollendet.

Es ist nicht weiter verwunderlich, daß die sowjetische Besatzungsmacht dafür Sorge trug, daß die sich bildende neue politische Führungselite in den zugelassenen Parteien ihrer Politik loyal ergeben war. Das war, wenn auch mit einem vielleicht etwas größeren Spielraum, in den Westzonen kaum anders. Wer unter den obwaltenden Verhältnissen politisch nicht so arbeiten konnte, wie er es für vertretbar hielt, wurde entweder in die politische Resignation oder zur Flucht in den anderen Teil Deutschlands gezwungen. Führende Politiker der Ost-CDU wie Hermes und Kaiser verlegten ihr politisches Betätigungsfeld in den Westen, Kommunisten wie Erich Honecker gingen aus dem Westen Deutschlands in den Osten. Nachdem personalpolitisch die Verhältnisse im Interesse der jeweiligen Besatzungsmächte geklärt worden waren, konnten diese darangehen, mit weitgehender Unterstützung der neuen politischen Parteien ihre Zonen nach ihren Vorstellungen zu verwalten und entsprechend umzugestalten. Deutschland war 1945 völlig ein Objekt der es regierenden Besatzungmächte. Da die Besatzungsmächte jedoch mit ihren eigenen Kräften das Land nicht verwalten konnten, bedurften sie der loyalen Mitwirkung von Deutschen für die Durchführung ihrer Absichten. Der Spielraum der Selbstgestaltung, der den deutschen Politikern und Verwaltern überlassen blieb, war anfangs gering, erweiterte sich jedoch auch in der SBZ zusehends. Gerade durch den antifaschistisch-demokratischen Block hatte sich die sowjetische Militäradministration ein brauchbares Instrument für die Durchsetzung ihrer Politik und für die scheinbare Aufrechterhaltung demokratischer Verhältnisse in ihrer Zone geschaffen. Auch die Deutschlandpolitik der Nationalen Front war ganz auf die Politik der Sowjetunion abgestimmt.

4. Durch »Einheit« auf den Weg der Trennung

Die SED und die mit ihr durch den antifaschistischen Block verbundenen politischen Gruppen haben unablässig das Thema der staatlichen Einheit Deutschlands betont. Sie beschuldigten die Westmächte und die mit ihnen zusammenarbeitenden Deutschen der Spaltung des Landes und der konsequenten Mißachtung der Potsdamer Beschlüsse. Zur Demonstration ihres Willens zur Wiederherstellung der deutschen Einheit wurden mehrere Volkskongresse veranstaltet, die auch von einer Anzahl vorwiegend kommunistischer Delegierter aus den Westzonen beschickt wurden. Ende 1947 fand der erste derartige Volkskongreß für Frieden und Einheit statt, bereits drei Monate später der zweite.
Der zweite Volkskongreß beschloß die Abhaltung eines Volksbegehrens über die Frage der deutschen Einheit. Dieses Volksbegehren, gegen dessen Inhalt ein Deutscher schlecht votieren konnte, da es sich für die Wiederherstellung der deutschen Einheit und für einen gerechten Frieden aussprach, wurde von 15 Millionen Deutschen, darunter auch Westdeutschen, in Unterschriften unterstützt. Man wollte damit auf die Konferenz der vier Außenminister einwirken, um sie in Übereinstim-

mung mit der sowjetischen Forderung zur Schaffung eines deutschen Einheitsstaates auf »demokratischer Grundlage« zu veranlassen.
Aus dem 2. Volkskongreß ging ein Deutscher Volksrat hervor, der sich als die rechtmäßige Vertretung des deutschen Volkes ausgab und einen Ausschuß einsetzte, der parallel zu den Beratungen des Parlamentarischen Rates in Bonn Richtlinien für die Verfassung einer sich auf das ganze Deutschland beziehenden deutschen demokratischen Republik auszuarbeiten hatte. Die dann vom 3. Volkskongreß im Mai 1949 angenommene Verfassung entsprach weitgehend einem schon 1946 von der SED vorgelegten ersten Entwurf. Die erste Verfassung der DDR war im wesentlichen eine den neuen Verhältnissen angepaßte Kopie der Weimarer Reichsverfassung. Daran zeigte sich erneut, daß auch die SED damals für eine parlamentarische Demokratie eintrat, was sie freilich nicht hinderte, die Verfassung im Sinne ihres Herrschaftsanspruchs und ihrer politischen Prinzipien anzuwenden bzw. zu unterlaufen. Auch beim Entwurf dieser Verfassung wahrte man bewußt den gesamtdeutschen Charakter, obwohl es klar war, daß sie nur für den ostdeutschen Teilstaat von Geltung sein würde. So proklamierte Art. I: »Deutschland ist eine unteilbare demokratische Republik.«
Schon bei einer früheren Gelegenheit hatte die unterschiedliche Beurteilung der Problematik der Einheit Deutschlands die Unausweichlichkeit der Spaltung offenkundig gemacht. Auf Anregung des bayerischen Ministerpräsidenten Ehard kamen im Juni 1947 die Ministerpräsidenten der deutschen Länder (mit Ausnahme des Saarlandes) zu einer Konferenz in München zusammen. Nach Auffassung Ehards sollten die Ministerpräsidenten über gemeinsame Maßnahmen zur Behebung der großen wirtschaftlichen Not beraten. Die fünf Ministerpräsidenten der sowjetischen Besatzungszone erschienen verspätet und forderten die Behandlung der Frage der deutschen Einheit als ersten Punkt der Tagesordnung. Die westdeutschen Ministerpräsidenten hatten jedoch von ihren Besatzungsmächten die Weisung erhalten, die Frage der deutschen Einheit nicht zu erörtern. Kompromisse wurden zwar gesucht, aber nicht gefunden. Die fünf Ministerpräsidenten aus der Ostzone reisten daraufhin wieder ab.
Sie konnten der Öffentlichkeit mitteilen, daß ihre westlichen Kollegen nicht bereit gewesen waren, über das zentrale deutsche Problem, nämlich die Schaffung eines deutschen Einheitsstaates, zu sprechen. Für die westdeutschen Minister hingegen sollte allein die Frage im Vordergrund stehen: »Wie kommen wir über den nächsten Winter?«
Die Propagierung der Einheit Deutschlands durch die SED und die mit ihr verbundenen Parteien und Massenorganisationen fiel den Zonenpoli-

tikern um so leichter, als der Westen jeden Versuch der Wiederherstellung der deutschen Einheit im Sinne der Forderung der sowjetischen Besatzungsmacht und der SED als einen Versuch zur Expansion des kommunistischen Einflusses auf deutschem Boden verstand und darum abblockte. Es war im übrigen nicht von ungefähr, daß das theoretische Organ der SED unter dem Namen »Einheit« erschien, womit sowohl die Einheit der Arbeiterklasse wie auch die nationale Einheit gemeint waren. Insofern kann die DDR hinsichtlich ihrer Einstellung und Politik zur Frage der deutschen Einheit heute ein ziemlich lückenloses Bekenntnis zur Wiederherstellung der Einheit Deutschlands auf der Grundlage der Potsdamer Beschlüsse nachweisen. Auch achteten die Sowjets und die ostdeutschen Politiker sehr genau darauf, daß alle faktischen Schritte, die zur Spaltung des Landes führten, von den Westmächten zuerst begangen wurden und darum von diesen zu verantworten wären. Die Sowjetunion protestierte Anfang Oktober 1949 unverzüglich gegen die Bildung einer westdeutschen Regierung und teilte den Westmächten, die sie für die Spaltung Deutschlands verantwortlich machte, mit, »daß sich aufgrund der Bildung der Bonner Separatregierung in Deutschland eine neue Lage herausgebildet« habe. Die neue Lage führte kurz darauf zur bestens vorbereiteten Konstituierung der Deutschen Demokratischen Republik als dem zweiten deutschen Staat. Der Deutsche Volksrat proklamierte am 7. Oktober 1949 die neue Republik, beschloß die Schaffung eines provisorischen Parlaments und einer provisorischen Regierung und konstituierte sich sogleich als Volkskammer im Sinne der neuen DDR-Verfassung. Wahlen für die neu geschaffene Volksvertretung sollten erst ein Jahr später erfolgen.

Die deutsche Bundesregierung unter Bundeskanzler Adenauer bezeichnete den neuen deutschen Staat als illegitim, da die Bevölkerung der Sowjetzone ihren politischen Willen nicht habe frei äußern können. Adenauer nahm entsprechend dem Grundgesetz der Bundesrepublik Deutschland für seine Regierung in Anspruch, allein die Interessen des gesamten deutschen Volkes zu vertreten. Die DDR könne in Fragen, die Gesamtdeutschland betreffen, kein Mitspracherecht in Anspruch nehmen. Für die DDR erklärte der neue Ministerpräsident Grotewohl (Staatspräsident wurde SED-Vorsitzender Wilhelm Pieck), seine Regierung habe ihre Legitimation vom Volke erhalten, sie sei die erste unabhängige deutsche Regierung.

Die offizielle Geschichtsschreibung der DDR bezeichnet die Staatsgründung als die sichtbare Krönung der antifaschistisch-demokratischen Umwälzung. Die DDR gilt als der »erste wahrhaft demokratische, friedliebende deutsche Staat, ... in dem die Macht der Arbeiterklasse und ihren Bundesgenossen, der werktätigen Bauernschaft und den anderen demokratischen Schichten gehört« (Doernberg, op. cit. S. 158). Auch der Anspruch auf Einheit, nationale Wiedergeburt und Wiedervereinigung wurde in der DDR von Anfang an erhoben, denn, so heißt die offizielle Version, »in Gestalt der Deutschen Demokratischen Republik entstand im Oktober 1949 die staatliche Basis für die nationale Wiedergeburt Deutschlands als friedliebender und demokratischer Staat« (Doernberg, op. cit. S. 159). Die von beiden Seiten erhobene Forderung nach Einheit bzw. Wiedervereinigung wurde so zum Instrument einer sich ständig vertiefenden Spaltung. Es ist das Paradoxe an der innerdeutschen Geschichte der Teilung Deutschlands, daß diese sich im wechselseitigen Pochen auf die nationale Einheit beständig vertiefte.

Die Forderung nach Wiedervereinigung und nach Einheit, die diesseits wie jenseits der Elbe immer von neuem progagiert wurde, war die dissonante Begleitmusik eines Spaltungsprozesses, der aus dem Deutschen Reich zwei deutsche Staaten werden ließ, die sich heute schon darüber streiten, ob sie noch einer gemeinsamen Nation angehören.

Es ist das Paradoxe der gesamtdeutschen Entwicklung nach der Errichtung zweier deutscher Staaten im Jahre 1949, daß beide Deutschlands die Wiedererringung der deutschen Einheit zu ihrem obersten politischen Ziel erklärten und gerade dadurch die Trennung noch stärker zementierten. In beiden deutschen Staaten wurde die Idee der nationalen Einheit ideologisch verstanden, in der Bundesrepublik als Ergebnis eines Aktes freier nationaler Selbstbestimmung, bei dem schon aufgrund der verschiedenen Bevölkerungszahlen (50 Millionen Einwohner im Westen, 17 Millionen in der DDR), aber auch im Vertrauen auf die zunächst sehr prononcierte negative Einstellung der Mehrheit der Bevölkerung zum SED-Regime ein Aufgehen der DDR in das demokratisch-kapitalistische System der Bundesrepublik mit Sicherheit erwartet werden durfte – in der DDR als eine notwendige historische Folgerung aus der Niederlage des Nationalsozialismus, der nur durch die Vollendung der bürgerlich-demokratischen Umwälzung und ihr Einmünden in den Sozialismus im Sinne der historischen Gesetzmäßigkeit der Entwicklung entsprochen werden durfte. Im Westen war man bis weit in die fünfziger Jahre hinein der illusorischen Auffassung, die Schaffung wahrer demokratischer Verhältnisse in der Bundesrepublik und die Leistungen des Wiederaufbaus müßten wie ein Magnet den anderen Teil Deutschlands anziehen und ihn schließlich reif und willig zur Wiedervereinigung machen. In der DDR, der man von seiten der Bundesrepublik jede demokratische Legitimität absprach, war man hingegen überzeugt, den Sinn der Geschichte nur dann zu erfüllen, wenn die nationale Einheit auf der Macht der Arbeiterklasse in ganz Deutschland beruhte. Das Insistieren auf Wiedervereinigung und Einheit bei totaler Gegensätzlichkeit der politischen Perspektiven ist zwar ein Indiz für die fortwirkende Kraft der Idee der Nation in der Nachkriegszeit, doch erwies sich diese Idee unter den Bedingungen des weltpolitischen Systems nach 1945 und angesichts der politischen Ohnmacht der Deutschen nicht mehr als durchschlagend genug, um sich gegenüber den ideologisch bestimmten gegensätzlichen Interessen der Supermächte zu behaupten. Ob sich die Beziehungen der beiden deutschen Staaten in der Ära des Kalten Krieges besser hätten entwickeln lassen, wenn man nicht gegenseitig Wiedervereinigungsansprüche erhoben hätte, ist eine spekulative Frage. Das deutsche Volk hat hüben wie drüben die Erfahrung machen müssen, daß die Mächtekonstellation nach dem Zweiten Weltkrieg die Wiederherstellung seiner Einheit nicht zugelassen hat und daß es dazu verurteilt ist, in zwei getrennten Staaten und politischen Systemen zu leben. Die Beziehungen zwischen den beiden Staaten sind erst ein Vierteljahrhundert nach ihrer Entstehung einigermaßen normalisiert worden, doch diese Normalisierung war zwangsläufig gebunden an die Respektierung der Verschiedenheit der gesellschaftlichen Systeme und die Anerkennung bestehender Grenzen innerhalb eines geteilten Deutschland. Die deutsche Teilung war auch für die Deutschen schließlich zu einer Normalität geworden, mit der sie sich wohl oder übel arrangieren mußten.

2. Kapitel

Das Selbstverständnis der DDR in Ideologie und gesellschaftlicher Wirklichkeit

1. Die Funktion der Ideologie im DDR-System

Die Ideologie ist im System der DDR-Erklärung Maßstab und Zielsetzung alles politischen und gesellschaftlichen Handelns; sie ist die Leitlinie, an der sich das sozialistische Bewußtsein auszurichten hat, das die politische Führung in einem Prozeß der permanenten Indoktrinierung allen ihren Werktätigen einzupflanzen hofft. »Unsere Ideologie durchdringt alle Sphären des Lebens« (W. Lamberz: Die wachsende Rolle der sozialistischen Ideologie bei der Gestaltung der entwickelten sozialistischen Gesellschaft, Dietz Verlag, Berlin 1972, S. 12). Gemäß einem in der DDR-Literatur häufig herangezogenen Zitat Lenins müsse die ideologische Arbeit für die Partei »stets die Grundlage und der Hauptinhalt unserer ganzen Arbeit sein«. Ziel dieser ideologischen Arbeit ist die Herausbildung des Menschen der sozialistischen Gesellschaft, die Entwicklung der sozialistischen Persönlichkeit in der sozialistischen Gesellschaft.

Die DDR-Ideologie behauptet ihre Identität mit der Theorie des Marxismus-Leninismus. »In ihrer gesamten Tätigkeit läßt sich unsere Partei vom Marxismus-Leninismus, der fortschrittlichsten, revolutionären Wissenschaft der Gegenwart leiten. Er ist die unerschütterliche Grundlage unserer theoretischen und ideologischen Arbeit.« (Kurt Hager: Die entwickelte sozialistische Gesellschaft, Dietz Verlag, Berlin 1971, S. 9) Die marxistisch-leninistische Ideologie gilt in ihrer Eigenschaft als Wissenschaft als ein Mittel der Erkenntnis, in ihrem revolutionären Bezug als eine »Anleitung zum Handeln«. Dadurch wird die Einheit von Theorie und Praxis im System hergestellt. Der Marxismus-Leninismus, so heißt es, vermittele als Instrument wissenschaftlicher Analyse »objektive Wahrheit«, als Anleitung zum praktischen Handeln setze er ein »leidenschaftliches Bekenntnis« voraus (Lamberz, a. a. O.). In der marxistisch-leninistischen Ideologie würden wissenschaftliche Prinzipien und Gesetze zu Überzeugungen und Normen für das gesellschaftliche Handeln.

Es gilt als eine wesentliche Aufgabe der führenden Partei, diese wissenschaftliche Ideologie der Arbeiterklasse »schöpferisch« weiterzuentwickeln und auf die konkreten Bedingungen der DDR-Gesellschaft anzuwenden. Schwieriger gestaltet sich jedoch die damit verbundene politische Aufgabe, die Herausbildung, Festigung und Weiterentwicklung des sozialistischen Bewußtseins in der Bevölkerung zu bewirken und stetig voranzutreiben.

Auf diesem Sektor hat die SED nach dem VIII. Parteitag ihre Bemühungen sichtbar verstärkt. Sie hat ihren Mitgliedern klarzumachen versucht, daß die Verbesserung der Lebensbedingungen der Menschen in der sozialistischen Gesellschaft nicht quasi automatisch auch zu einer Stärkung des ideologischen Bewußtseins der Arbeiterklasse und der übrigen Werktätigen führen müsse, daß es vielmehr gerade die Aufgabe der Partei sei, durch eine intensive ideologische »Massenarbeit« die sozialistischen Bewußtseinsinhalte zu vermitteln. Das sozialistische Bewußtsein sei in der beständigen Gefahr, von fremden Bewußtseinselementen, wie z. B. Selbstzufriedenheit, Trägheit, Routine etc. überwuchert zu werden. (Vgl. W. Lamberz, a. a. O., S. 19)

Das mögliche Auseinanderklaffen zwischen weitgehend hergestellten sozialistischen Produktionsverhältnissen und dem noch teilweise nachhinkenden sozialistischen Bewußtsein der breiten Massen ist das eigentliche Problem der DDR in der Phase der »entwickelten sozialistischen Gesellschaft«. Der VIII. Parteitag hat deshalb neben der Hauptaufgabe der Verbesserung der materiellen und kulturellen Lebensbedingungen des Volkes die Intensivierung der ideologischen Arbeit in den Vordergrund gestellt. Er wollte damit Tendenzen entgegentreten, die in der vorherigen Phase unter Walter Ulbricht um sich gegriffen hatten und die darauf hinausliefen, die »geschlossene theoretische Grundlage des Marxismus-Leninismus« aufzuweichen. Mit dieser Akzentuierung der ideologischen Arbeit war nicht allein die von der Partei schon immer als wichtig angesehene Aufgabe gemeint, das sozialistische Bewußtsein im Volke weiter zu entwickeln und zu festigen, sondern auch das Bemühen, in der wissenschaftlichen Forschung, also im Bereich des Erkennens, die Geschlossenheit der materialistischen Weltanschauung wieder stärker zur Wirkung zu bringen. Es gehe nicht an, so der Chefideologe Hager (a. a. O., S. 12), daß Einzelwissenschaften mit ihren Feststellungen und Begriffen an die Stelle des Marxismus-Leninismus träten. Für die Führung des Klassenkampfes könne es nur eine Wissenschaft geben, die Ideologie des Marxismus-Leninismus.

Die herrschende Ideologie liefert auch das geistige Gerüst, das es dem Bürger erlauben soll, seine verschiedenen sozialen Rollen richtig zu begreifen und diesem Verständnis entsprechend bewußt sozialistisch zu handeln. Mit den konkreten Problemen der Bewältigung des Alltags ist dieser ständig präsente ideologische Rahmen oft nur lose vermittelt, aber er schafft gleichwohl eine Atmosphäre, ein Medium der Sprache, ein Schema der persönlichen Orientierung, das in die konkrete Lebenswirklichkeit des einzelnen hineinreicht. Aus diesem Grunde erscheint es uns richtig, die Grundzüge des ideologischen Selbstverständnisses der DDR im folgenden genauer herauszuarbeiten. Dieses offizielle Selbstverständnis ist zwar nicht identisch mit dem realen Selbstverständnis der DDR-Gesellschaft, wie es heute von der Masse des DDR-Volkes empfunden und gelebt wird, aber es ist die allgegenwärtige Hülle, das Kategoriensystem einer sozialen Umwelt. Indem wir uns die herrschende Ideologie vergegenwärtigen, lernen wir das Koordinatensystem kennen, in dem die DDR politisch operiert, und wir erfahren zugleich die Ziele und Maßstäbe, an denen sie gemessen werden will; zugleich erfahren wir, wie das weltanschauliche Klima beschaffen ist, mit dem das reale Selbstverständnis der DDR-Gesellschaft sich abfinden und in dem es sich arrangieren muß.

Wir werden zunächst die herrschende politische Ideologie, die zugleich die Ideologie der Herrschenden ist, darstellen und dann der komplexen Frage nach dem realen Selbstverständnis der DDR-Gesellschaft nachgehen.

2. Das politisch-ideologische Selbstverständnis

a) Die ideologischen Gesamtperspektiven

Die offizielle Ideologie der DDR sieht die Gründung und Entwicklung des Staates und der Gesellschaft der DDR eingebettet in die welthistorische Gesetzmäßigkeit der Entwicklung, an deren Ende der Triumph des Sozialismus über den Kapitalismus und Imperialismus stehen wird. Nachdem auf der Grundlage der wissenschaftlichen Lehren von Marx und Engels die russische Oktoberrevolution unter Führung Lenins die erste entscheidende Bresche in das bis dahin noch geschlossene System des kapitalistischen Imperialismus geschlagen habe, sei »im Weltmaßstab« die Epoche des Übergangs vom Kapitalismus zum Sozialismus angebrochen.

Ausgangspunkt für die politische Arbeit der Kommunisten ist die These, daß die Durchsetzung des Sozialismus der einzig richtige und humane Weg sei, die grundlegenden Probleme unserer Zeit im Interesse der Völker zu lösen. Als Schrittmacher auf dem Weg zu diesem politischen

Ziel gilt nicht nur der politische Kampf zwischen den Systemen, der auch im internationalen Kontext als Klassenkampf bezeichnet wird, sondern ebensosehr die wissenschaftlich-technische Revolution unserer Zeit: »Die automatisierte Fabrik und das Atomkraftwerk verlangen gebieterisch den Sozialismus und Kommunismus.« (Hans Müller, in: Wissenschaftliche Entscheidungen – historische Veränderungen – Fundamente der Zukunft, Staatsverlag der DDR, 1971, S. 13)

Die weltgeschichtliche Epoche des Übergangs vom Kapitalismus zum Sozialismus wird nach herrschender kommunistischer Lehre bestimmt durch einen Grundwiderspruch, der die historische Entwicklung prägt: es ist der Widerspruch zwischen Sozialismus und Imperialismus. Dieser Widerspruch gewinne angesichts der Erfolge und der wachsenden internationalen Bedeutung der sozialistischen Länder in der internationalen Politik immer größere Bedeutung; er werde verstärkt durch sich stetig verschärfende Widersprüche innerhalb des kapitalistischen Systems selbst. Beide Faktoren führten zwangsläufig zu der Klassenauseinandersetzung zwischen Imperialismus und Sozialismus, von der die kommunistischen Ideologen meinen, daß sie mit historischer Notwendigkeit, wenn auch nicht unbedingt gradlinig, zum endgültigen Sieg des sozialistischen Systems führen muß.

»Das sich zugunsten des Sozialismus verändernde internationale Kräfteverhältnis, der wachsende Einfluß der sozialistischen Staatengemeinschaft auf die historische Entwicklung, die sich vertiefende allgemeine Krise des Kapitalismus, das Anwachsen des Klassenkampfes gegen den Imperialismus, die nationale Befreiungsbewegung beschleunigen im letzten Viertel unseres Jahrhunderts den revolutionären Weltprozeß. Sie bestärken uns in der Gewißheit, daß alle Länder der Erde unausweichlich zum Sozialismus und Kommunismus gelangen werden.« (Programm der SED von 1976)

Nachdem die revolutionäre Ablösung der kapitalistischen Gesellschaftsformation in der DDR als vollzogen gilt, ist es die historische Mission der Arbeiterklasse unter der Führung der marxistisch-leninistischen Partei, den Sozialismus aufzubauen und zu entwickeln. Sozialismus wird dabei als eine Entwicklungsphase im Rahmen einer einheitlichen kommunistischen Gesellschaftsformation gedeutet. Diese Phase bzw. Stufe wird, da nach marxistischer Auffassung alle politischen und gesellschaftlichen Verhältnisse von den Produktionsverhältnissen bestimmt sind, charakterisiert durch 1. das gesellschaftliche Eigentum an Produktionsmitteln, 2. die damit verbundene Beseitigung der Ausbeutung des Menschen durch den Menschen, 3. die Entfaltung der Produktivkräfte zum Zwecke der immer besseren Befriedigung der materiellen und kulturellen Bedürfnisse der Werktätigen, 4. die Herausbildung eines neuen, des sozialistischen Typs der Persönlichkeit, schließlich 5. durch die bewußte und planmäßige Leitung aller gesellschaftlichen Prozesse auf der Basis der vom Marxismus-Leninismus erkannten Gesetzmäßigkeiten.

Seit dem IX. Parteitag vom Mai 1976, auf dem das neue Programm der SED verabschiedet wurde, spricht man von der »Gestaltung der entwickelten sozialistischen Gesellschaft«. Es gilt als das Hauptziel der Partei, »weiterhin die entwickelte sozialistische Gesellschaft zu gestalten und so grundlegende Voraussetzungen für den Übergang zum Kommunismus zu schaffen.« Diese Gestaltung wird als »ein historischer Prozeß tiefgreifender politischer, ökonomischer, sozialer und geistig-kultureller Wandlungen« verstanden. Alle »Seiten und Bereiche des gesellschaftlichen Lebens« sollen dabei »planmäßig auf hohem Niveau« entwickelt werden. »Mit der Lösung dieser Aufgabe wird zugleich ein historischer Schritt auf dem Wege zum Kommunismus vollzogen.«

Die entwickelte sozialistische Gesellschaft, um deren weitere Gestaltung es in der gegenwärtigen Epoche geht, ist also die notwendige Vorstufe zum Kommunismus. Doch so fest die DDR-Ideologen am Kommunismus als ihrem Ziel festhalten, so sehr hüten sie sich davor, das große Endziel zeitlich zu fixieren. Im neuen SED-Programm heißt es dazu nur: »Die Schaffung der materiell-technischen Basis des Kommunismus, die Umwandlung der sozialistischen in kommunistische gesellschaftliche Verhältnisse und die Entwicklung kommunistischen Bewußtseins werden durch die Gestaltung der entwickelten sozialistischen Gesellschaft vorbereitet. Das Tempo des Aufbaus der entwickelten sozialistischen Gesellschaft und des Übergangs zum kommunistischen Aufbau wird bestimmt durch die Arbeit, das Bewußtsein, die schöpferische Initiative und das organisierte Handeln der Millionen Werktätigen in Stadt und Land.« Solche sehr allgemein gehaltenen Umschreibungen des weiteren Gestaltungsprozesses lassen der herrschenden Partei natürlich genug Spielraum, alles, was sie tut, als eine notwendige Vorbereitung auf die große kommunistische Verheißung interpretieren zu können. Was Kommunismus ist, das wird so idealistisch, um nicht zu sagen utopisch interpretiert, daß man aus dem Stadium der Vorbereitung wohl nie herauskommen wird: »Der Kommunismus«, so heißt es am Ende des SED-Programms von 1976, »ist die lichte Zukunft der Menschheit. In ihm ist jegliche Ausbeutung und Unterdrückung beseitigt, sind die Menschen von der Geißel des Krieges befreit. Der Kommunismus ist die Welt des Friedens, der Arbeit, der Freiheit, der Gleichheit und Brüderlichkeit. Im Kommunismus werden alle Völker dieser Erde, alle Menschen ihre Fähigkeiten und Talente voll entfalten können.«

b) Die Etappen der historischen Entwicklung der DDR

Die bisherige historische Entwicklung der DDR wird im offiziellen Schrifttum in drei zeitliche Abschnitte unterteilt:
Der Zeitabschnitt vom Kriegsende bis zur Gründung der Republik (1945–49) gilt als die »antifaschistisch-demokratische Umwälzung«. Ihr folgte eine zwölfjährige Periode des »Übergangs vom Kapitalismus zum Sozialismus« (1949–1961/62), die mit der Schaffung des DDR-Staates einsetzt und durch den Bau der Mauer in Berlin im August 1961 in etwa abgeschlossen wird. Erst durch den »zuverlässigen Schutz« der Grenzen seien die entscheidenden Voraussetzungen für den umfassenden und zielstrebigen Aufbau des Sozialismus (dritte Phase) in der DDR geschaffen worden. Diese dritte Periode hebt etwa mit dem Jahre 1962 an und soll die Gestaltung der »entwickelten sozialistischen Gesellschaft« zum Inhalt haben. Die Partei hat seit dem Beginn dieser dritten Phase verschiedene Formeln zur Charakterisierung verwendet. Sie sprach zunächst vom »umfassenden Aufbau des Sozialismus«, dann setzte Ulbricht die Formel »entwickeltes gesellschaftliches System des Sozialismus« durch, doch der VIII. Parteitag hob mit dem Übergang von Ulbricht zu Honekker die bescheidener klingende Formel »entwickelte sozialistische Gesellschaft« auf den Schild. Der Chefideologe der Partei, Kurt Hager, versichert jedoch, daß diese Begriffe im wesentlichen das gleiche bedeuten, obwohl sie jeweils verbindlich sind.
Die Formel vom entwickelten gesellschaftlichen System des Sozialismus, die für die letzte Phase der Ulbricht-Ära beherrschend war, ist von Ulbrichts Nachfolgern in der Parteiführung aufgegeben worden, weil sie sich nicht in direkter Übereinstimmung mit dem Sprachgebrauch der Sowjetunion und der anderen sozialistischen Länder befand, die sich als entwickelte sozialistische Gesellschaften bezeichnen. Nicht minder wichtig war für Honecker jedoch auch die Eliminierung des Begriffs *System*, denn nach den Worten Hagers habe die früher benutzte Bezeichnung vom entwickelten System des Sozialismus in der Praxis vielfach dazu geführt, »daß der klare Sinn und Inhalt unserer Politik schließlich unter einem Wust von aus der Systemtheorie entlehnten Begriffen verschwand« (Hager, a. a. O., S. 26). Wenn man versuche, das Wesen der sozialistischen Gesellschaft mit dem kybernetischen Systembegriff darzustellen, so werde der sozialökonomische und klassenmäßige Inhalt des Sozialismus positivistisch ausgehöhlt (ebenda, S. 27). Dementsprechend sind in der Entwicklung der DDR seit dem VIII. Parteitag auch die zuletzt von Ulbricht stark favorisierten Bemühungen, die Wissenschaft als »Produktivkraft« stärker in die Aufgabe der Gestaltung des Sozialis-

mus einzubeziehen, wieder korrigiert worden. Zeitweilig konnte (für die zweite Hälfte der sechziger Jahre) sogar von einem »technokratischen Sozialismus« (Rüdiger Thomas) in der DDR gesprochen werden, was auf eine gewisse Autonomie der Einzelwissenschaften hindeutete. Inzwischen jedoch hat die SED unter Honecker den Gesellschaftswissenschaftlern der DDR unmißverständlich klargemacht, daß die Einzelwissenschaften, wie z. B. die Systemtheorie, für den »wissenschaftlichen Kommunismus« nur eine dienende Funktion haben können. Wie dem auch sei: ob entwickeltes System des Sozialismus oder entwickelte sozialistische Gesellschaft, es handelt sich stets um die Idee des *reifen* Sozialismus, der die Gesamtheit der gesellschaftlichen Beziehungen durchdringt.

Man kann die von der DDR vorgenommene Periodisierung ihrer bisherigen Geschichte leichter verständlich machen, indem man sie schlicht als Entfaltungsprozeß eines neuen politischen Systems versteht. In der ersten Phase ging es um die Schaffung der Fundamente des Systems durch die sogenannte antifaschistisch-demokratische Umwälzung, in der zweiten um seine machtpolitische Durchsetzung, in der dritten um seinen zielstrebigen Ausbau. Für eine ferne Zukunft steht die Vollendung des Systems im Kommunismus auf dem Programm.

Auch wenn man den Sprachregelungen der kommunistischen Ideologie nicht folgt, wird man in der Unterscheidung dreier verschiedener Entwicklungsphasen eine sinnvolle Periodisierung der bisherigen Geschichte Ostdeutschlands nach 1945 erblicken dürfen. Die Jahre bis zur Gründung der DDR stellen, ähnlich wie in den Westzonen, eine in sich geschlossene historische Phase dar. Zwar haben sich, was das sachliche Gewicht angeht, die Beziehungen zwischen der sowjetischen Besatzungsmacht und den Besetzten auch nach der Bildung eines ostdeutschen Teilstaates zunächst nicht entscheidend verändert, gleichwohl ist die Konstituierung der DDR-Republik formal und für die innere Ordnung des Landes ein historischer Einschnitt. Als die DDR 1949 gegründet wird, sind aufgrund der vorausgegangenen »antifaschistisch-demokratischen Umwälzung«, die mit massiver sowjetischer Unterstützung durchgeführt wurde, die sozio-ökonomischen und politischen Bedingungen bereits geschaffen, die zum Aufbau einer sozialistischen Gesellschaft notwendig erscheinen: die Entmachtung der Bourgeoisie und die relativ unangefochtene politische Führung der Kommunistischen Partei. Von nun an geht es darum, auf diesen Grundlagen aufbauend, die sozialistische Wirtschafts- und Gesellschaftsordnung in allen Bereichen durchzusetzen. Da diese Arbeit durch Widerstände im Innern, durch die Rivalität mit dem angrenzenden westlichen System und insbesondere durch die Neigung zahlreicher DDR-Bewohner, in den deutschen Westen zu fliehen, teilweise empfindlich gestört wurde, konnte erst nach dem Bau der Mauer 1961 die mehr oder weniger ungestörte Durchsetzung und Entfaltung des Sozialismus in der DDR beginnen. Insofern beginnt mit dem Mauerbau auch eine Periode zunehmender innerer und äußerer Konsolidierung der DDR, die sich in einem wachsenden Selbstbewußtsein des Staates und der Gesellschaft der DDR manifestiert.

In der *ersten Phase*, der Periode »antifaschistisch-demokratischer Umwälzung«, die überleitet in den Aufbau des sozialistischen Systems, ist die Errichtung des Sozialismus noch nicht das erklärte Ziel der Kommunistischen Partei, vielmehr geht es um die Aufrichtung einer »parlamentarisch-demokratischen Republik mit allen demokratischen Rechten für das Volk« (KPD-Gründungsaufruf). Das politische Mittel, mit dem sich gleichwohl die dominierende Rolle der Kommunistischen Partei sichern läßt, ist die Blockpolitik, d. h. der Zusammenschluß aller politischen Parteien, auch der bürgerlichen, in einen »Block der antifaschistischen, demokratischen Parteien«. Die Führungsrolle der Kommunisten wird zusätzlich abgesichert durch den mehr oder weniger erzwungenen Zusammenschluß von KPD und SPD zu einer einheitlichen sozialistischen Arbeiterpartei (SED). Theoretisch war dieser Zusammenschluß 1946 in einem richtungweisenden Artikel des KPD-Ideologen Ackermann in der ersten Nummer des ideologischen Organs der SED »Einheit« mit der These von einem »besonderen deutschen Weg zum Sozialismus« gerechtfertigt worden. Ackermann vertrat damals die Auffassung, daß die Arbeiterklasse in Deutschland auf »relativ friedlichem Wege« zur Macht gelangen könnte, da die Bourgeoisie unter den besonderen Verhältnissen Deutschlands in der Nachkriegszeit nicht mehr über den militärischen und staatlichen Machtapparat verfüge, um dem Machtanspruch des Proletariats entgegenzutreten. So konnte die SED bei ihrer Gründung versichern: »Die Sozialistische Einheitspartei erstrebt den demokratischen Weg zum Sozialismus.« Doch die Vorstellung eines besonderen deutschen Weges zum Sozialismus wurde plötzlich für »grundfalsch« erklärt; aus der SED sollte eine »Partei neuen Typus« werden, für die von nun an das organisatorische Prinzip des *demokratischen Zentralismus* und die von Lenin formulierten Vorstellungen über Rolle und Aufgabe der Kommunistischen Partei verbindlich wurden. Damit war aus der SED eine Partei sowjetischen Typs geworden, die als revolutionäre Vorhut der Arbeiterklasse den vollständigen Übergang vom Kapitalismus zum Sozialismus zu bewerkstelligen hatte.

Diese erste Periode der Entwicklung Ostdeutschlands ist außerdem bestimmt durch einen Prozeß einschneidender Veränderung der ökonomischen und sozialen Struktur mittels Bodenreform und Industriereform, die zwar noch nicht die Kollektivierung der Landwirtschaft, noch eine totale Verstaatlichung der Industrie bedeuteten, jedoch dem Bürgertum seine ökonomischen Machtgrundlagen entzogen. Dieses Bürgertum, vertreten durch die in die Blockpolitik gespannten bürgerlichen Parteien, wird angesichts der als »nationaler Notstand« bezeichneten Sonderentwicklung Westdeutschlands zu einem »imperialistischen Separatstaat« in eine »Nationale Front« integriert. Diese Integration aller politischen und gesellschaftlichen Gruppen in eine gemeinsame Bewegung unter Führung der Sozialistischen Einheitspartei war die innerpolitische Voraussetzung für die nächste Phase, den Übergang der demokratischen in die sozialistische Revolution. Dieser Schritt konnte nach der Gründung des DDR-Staates unter Einsatz eines eigenen, wenn auch faktisch noch von den Sowjets abhängigen Staatsapparates vollzogen werden. Aus der »antifaschistisch-demokratischen Verwaltung« wurde der »Staat der Arbeiter und Bauern«, der von den Ideologen der Partei als eine bestimmte Form der Diktatur des Proletariats interpretiert wird. Im Juli 1952, auf der 2. Parteikonferenz der SED, hieß es dann auch schon: »Die politischen und ökonomischen Bedingungen sowie das Bewußtsein der Arbeiterklasse und der Mehrheit der Werktätigen sind so weit entwickelt, daß der Aufbau des Sozialismus zur grundlegenden Aufgabe in der Deutschen Demokratischen Republik geworden ist.«

Wirtschaftspolitisch ist die *zweite Phase* der DDR-Geschichte bestimmt durch die rigorose Einführung der Planwirtschaft nach sowjetischem Vorbild, innenpolitisch durch eine ebenso rigorose Festigung der Führungsrolle der SED im Sinne des Stalinismus. Zwar kommt es im Gefolge des XX. Parteitages der KPdSU von 1956 zu internen Anpassungsschwierigkeiten an die neue Situation der Entstalinisierung und auch zu tiefgehenden Meinungsverschiedenheiten über die richtige Wirtschaftspolitik, aber die forcierte Kollektivierung der ostdeutschen Landwirtschaft bis 1960 und die Einrichtung von handwerklichen Produktionsgenossenschaften, die ergänzt wird durch eine immer stärkere Zurückdrängung der noch verbliebenen privaten Betriebe, sind weitere Stationen auf dem Wege zum Aufbau des Sozialismus. Daß das Regime in dieser zweiten Phase anfänglich noch keineswegs etabliert war, erwies sich mit explosiver Deutlichkeit am 17. Juni 1953, als ein empörter Protest von Berliner Arbeitern gegen die Erhöhung ihrer Arbeitsnormen zu einem regelrechten Aufstand in der ganzen DDR führte, der nur mit Hilfe sowjetischer Panzer niedergeschlagen werden konnte.

Insgesamt ist die zweite Phase des Übergangs zum Sozialismus durch eine Fülle von Schwierigkeiten charakterisiert, die sich zum Teil auch in

internen Machtkämpfen der Führung bemerkbar machen, bei denen sich Walter Ulbricht als Führer der SED jedoch immer von neuem zu behaupten vermag. Die Schwierigkeiten sind sowohl ökonomischer wie politischer Natur. Ökonomisch bleibt die DDR weit hinter den Planzielen zurück, die sie sich gesteckt hat, insbesondere scheitert sie, zumindest hinsichtlich des Lebensstandards, an ihrem proklamierten Ziel, die Überlegenheit der sozialistischen Gesellschaftsordnung über die kapitalistische zu erweisen. Dies wird der DDR-Führung nicht zuletzt dadurch demonstriert, daß Hunderttausende von DDR-Bürgern, zumeist qualifizierte Arbeitskräfte, aus ökonomischen wie politischen Motiven über Westberlin die DDR in Richtung Bundesrepublik verlassen. Als die 1958 von Chruschtschow ultimativ verlangte Umwandlung Westberlins in eine entmilitarisierte »freie« Stadt dank der Standhaftigkeit der Westmächte zurückgewiesen wird, kommt es vor allem aus ökonomischen Erwägungen 1961 zum Bau der Berliner Mauer, die nun das Staatsgebiet der DDR gegenüber dem Westen völlig abriegelt.
Politisch war es in dieser Phase ebenfalls noch nicht gelungen, die gewünschte Solidarität der DDR-Bevölkerung mit ihrem Staat und die Loyalität der DDR-Bürger zur Regierung und der sie führenden Partei zu erreichen. Erst als die Mauer die Grenze nach Westdeutschland völlig abdichtete, konnte der Konsolidierungsprozeß des DDR-Staates einsetzen, der dann auch – nolens volens – zu einer stärkeren Identifikationsbereitschaft der Masse der DDR-Bevölkerung mit ihrem Staat führte. Der 13. August 1961 ist objektiv historisch wie auch im Selbstverständnis der SED ein Wendepunkt in der inneren Entwicklung der DDR.
Mit der Ende der fünfziger Jahre erzwungenen Kollektivierung der Landwirtschaft und der »zuverlässigen« Sicherung der Staatsgrenze gelangte die zweite Periode, die den Übergang vom Kapitalismus zum Sozialismus abschließt, an ihr Ende. Sie geht über in die *dritte*, die Gegenwart umspannende Phase des »umfassenden Aufbaus des Sozialismus«. Als maßgebliches Dokument für diesen Übergang in eine neue Phase kann das 1963 verabschiedete Programm der SED gelten, in dem das für die Ulbricht-Ära gültige ideologische Selbstverständnis der Einheitspartei seinen Ausdruck gefunden hat. Hatte die vorausgegangene Periode zwar zur Eroberung der Staatsmacht durch die sozialistischen Werktätigen geführt und überwiegend sozialistische Produktionsverhältnisse geschaffen, aber den Sozialismus selbst noch nicht durchgängig verwirklicht, so sollen in der neuen Phase alle Kräfte darauf konzentriert werden, den Sozialismus« in allen Bereichen der Gesellschaft auszubauen.
Diese Absicht wird in der häufigen Verwendung des Begriffes »allseitig«

erkennbar, der nicht allein für den Ausbau der sozialistischen Gesellschaftsordnung auf allen Ebenen und in allen Bereichen verwandt wird, sondern auch bei der Erziehung der sozialistischen Persönlichkeit ständig in Gebrauch ist. Im übrigen verlief diese dritte Phase in der DDR-Entwicklung auch im Vergleich zu den anderen sozialistischen Ländern besonders erfolgreich. Durch die Wirtschaftsreform mit der Einführung des Neuen Ökonomischen Systems der Planung und Leitung (NÖSPL) gelang es der DDR, schwerfällige zentralistische und bürokratische Planungstechniken abzubauen und moderne wissenschaftliche Techniken, wie sie auch in den entwickelten westlichen Industriegesellschaften genutzt werden (z. B. elektronische Datenverarbeitung, operations research, kybernetische Systemtheorie etc.), mit Erfolg anzuwenden. Diese neue Politik der Nutzung der »wissenschaftlich-technischen Revolution« für die Entwicklung des Sozialismus zeitigte in den Augen Ulbrichts so beachtliche Erfolge, daß er die ambitiöse Formel von der »relativ selbständigen sozialistischen Gesellschaftsformation des Sozialismus« in Umlauf setzte und die harmonische »Menschengemeinschaft«, die das Endziel des entwickelten Sozialismus ist, bereits weitgehend verwirklicht sah. Gelegentlich war Ulbricht, im Stolz auf seine gelungene Kombination von wissenschaftlich-technischem und wirtschaftlichem Fortschritt unter Beibehaltung des Primats der Politik geneigt, seinen »deutschen Sozialismus« den Bruderstaaten einschließlich der Sowjetunion als Beispiel zu empfehlen. Es besteht Grund zu der Vermutung, daß seine Ablösung durch Honecker von seiten der Sowjetunion nicht zuletzt deswegen gewünscht worden ist. Honecker hat dann auch schnell dafür gesorgt, daß sich die DDR in ihrer ideologischen Beurteilung des Ganges der Entwicklung wieder in Einklang mit der herrschenden Ideologie der Sowjetunion befand.
Die seit dem VIII. Parteitag unter der Führung Erich Honeckers modifizierte ideologische Position der DDR läßt sich in folgende Hauptpunkte zusammenfassen:
1. An die Stelle der Betonung einer relativen Eigenständigkeit des Sozialismus in der DDR tritt wieder die starke Anlehnung an die UdSSR als Führungsmacht des sozialistischen Lagers.
2. An die Stelle der Betonung einer gewissen Eigengesetzlichkeit von Wissenschaft und Technik tritt der klare Primat des Marxismus-Leninismus als bestimmender Grundlage der Erkenntnis und des Handelns.
3. An die Stelle allzu harmonistischer Vorstellungen von einer »sozialistischen Menschengemeinschaft« tritt die Betonung der noch fortwährenden Notwendigkeit des Klassenkampfes und die Erwähnung des Fortwirkens von Widersprüchen auch in der sozialistischen Gesellschaft.

Insgesamt handelt es sich in der Ära nach Ulbricht um eine gewisse Reideologisierung mit einer stärkeren Kontrolle und Aktivität der Partei auf dem ideologischen Sektor. Die SED gesteht zwar heute, verglichen mit der repressiven zweiten Phase der Entwicklung der DDR-Gesellschaft, eine gewisse ideologische Diskussion zu, doch läßt sie an der ideologischen Grundlegung des Systems durch den Marxismus-Leninismus nicht rütteln. Ziel der ideologischen Arbeit der Partei ist es deshalb, die politischen und gesellschaftlichen Institutionen, aber auch das Alltagsleben immer stärker nach den Grundsätzen der herrschenden Ideologie auszurichten.

c) Die interne Kritik am real existierenden Sozialismus

Diese Bemühungen haben in der Ära Honecker jedoch keineswegs den Erfolg gezeitigt, den sich die Parteiführung davon versprochen hatte. Trotz der gerade unter Honecker betriebenen Politik der Verbesserung der Lebensverhältnisse der DDR-Bevölkerung ist es nicht gelungen, die nach wie vor bestehende Kluft zwischen tönender Parteiideologie und erfahrener Wirklichkeit zu verkleinern. Die vom Ersten Sekretär Honekker eingeleitete Politik eines Konsumsozialismus, der gleichzeitig fest an die ideologische Kandare genommen wird, zeitigte widersprüchliche Wirkungen. Der wachsende Lebensstandard der Bevölkerung hat die Identifikation mit dem Sozialismus nicht unbedingt gestärkt, sondern verbreitet auch zur Artikulation der Unzufriedenheit über die räumliche und geistige Enge geführt, in der die DDR-Bürger nach wie vor leben müssen. Die Entfremdung zwischen der Partei- und Staatsbürokratie und dem Volk ist nicht wesentlich verringert worden. Die Entwicklung eines bürokratischen Sozialismus in Verbindung mit einem Interessenhorizont der breiten Bevölkerung, der sich vornehmlich an der Konsumkultur und am Lebensstil des Westens orientiert, muß vor allem diejenigen DDR-Bürger beunruhigen, die im Sozialismus und Kommunismus eine fortschrittliche Alternative zur kapitalistischen Gesellschaftsformation erblicken, insbesondere die der sozialistischen und kommunistischen Idee verpflichteten Intellektuellen und Schriftsteller. Honeckers Machtübernahme schien ihnen zunächst einen etwas größeren Freiraum zu verschaffen, denn er hatte 1971 erklärt, auf dem Gebiet von Kunst und Literatur könne es keine Tabus geben. Parallele, durch die Konferenz von Helsinki (1974) ausgelöste kritische Bewegungen in anderen sozialistischen Ländern, die allesamt im Zeichen der Wahrung der Menschenrechte standen, auf die sich in der Schlußakte von Helsinki auch die

Staaten des Ostblocks verpflichtet hatten, weckten auch bei zahlreichen Schriftstellern und Intellektuellen der DDR das Verlangen, »ihrer kritischen Solidarität« mit ihrem System stärker Ausdruck geben zu können. Kritische Solidarität meinte auch die Freiheit zur öffentlichen Kritik am real existierenden Sozialismus. In dem Maße, in dem einige DDR-Schriftsteller neue Freiräume literarischer Artikulation zu erkunden suchten, wuchs indes die Angst der Parteiführung vor möglichen intellektuellen Unruhestiftern. Nicht ohne Grund übrigens, denn nach den Worten eines der bedeutendsten DDR-Schriftsteller, Stefan Heym, nimmt der Schriftsteller in einer sozialistischen Gesellschaft eine bedeutendere Stellung ein als im Westen: »Die in der sozialistischen Welt vorherrschenden Restriktionen verleihen dem Wort des Schriftstellers mehr Gewicht, insbesondere, wenn er etwas sagt, was vorher noch nicht ausgesprochen wurde, oder was im Gegensatz zur offiziellen Doktrin steht.« (Vgl. Deutschlandarchiv, Oktober 1977, S. 1013)
Die schwelende Vertrauenskrise zwischen einem Teil der DDR-Schriftsteller und der Partei- und Staatsführung fand ihren dramatischen Höhepunkt in der Ausweisung des Liedermachers Wolf Biermann im November 1976. Biermann, der wie sein Freund, der Systemkritiker und Altkommunist Robert Havemann, in der DDR weder publizieren noch öffentlich auftreten konnte, durfte entgegen anderslautenden Versprechungen der Partei von einer Reise in die Bundesrepublik nicht mehr in seine sozialistische Wahlheimat, die DDR, zurückkehren. Über hundert seiner Kollegen unterschrieben eine Petition an die Parteiführung, ihre Entscheidung zu überdenken, aber die Partei hatte jetzt kein Interesse mehr, sich mit ihren kritischen Schriftstellern zu arrangieren. Die Unbotmäßigen wurden gemaßregelt, einige besonders negativ eingeschätzte Literaten und Künstler ebenfalls nach Westdeutschland abgeschoben, Robert Havemann einer ununterbrochenen Beschattung durch die Sicherheitsorgane unterworfen, was ihn freilich nicht hinderte, weiterhin Kritisches über die DDR in Westdeutschland veröffentlichen zu lassen. Die DDR-Führung nahm den durch diesen Aderlaß bewirkten künstlerischen Substanzverlust in Kauf, da ihr die Aufrechterhaltung der inneren Ruhe und Ordnung stets wichtiger war als die offene und auch (in Grenzen) systemkritische geistige Auseinandersetzung mit den Errungenschaften und Defiziten ihres sozialistischen Systems.
Die meisten der vom Regime verfolgten oder benachteiligten Schriftsteller verstanden sich als aufrechte Sozialisten, doch als Intellektuelle und Schriftsteller waren sie natürlich besonders sensibel für das gerade in der DDR so ausgeprägte Spannungsverhältnis zwischen sozialistischem Ideal und sozialistischer Wirklichkeit.

Dabei gehört es zu den schwierigsten Eigentümlichkeiten des DDR-Regimes, daß es zwar Berufs- und Publikationsverbote aussprechen, mißliebige Autoren mundtot machen, aber nicht wirksam verhindern kann, daß das verurteilte kritische Gedankengut nicht doch auf dem Umweg über die Massenmedien der Bundesrepublik seinen Weg über die Grenzen der DDR findet und auch dort, zumindest teilweise, bekannt wird. Die im Gefolge der Biermann-Ausweisung betriebene Kampagne der Parteiführung gegen mißliebige Schriftsteller hat von neuem offenbart, daß das System eine offene kritische Auseinandersetzung mit seinem offiziellen Selbstverständnis nicht toleriert, auch wenn dafür der Preis einer gewissen kulturellen Verarmung entrichtet werden muß. Die Sicherung ihrer Macht geht der SED über alles.

Dies hat in aller Deutlichkeit auch der Fall Bahro gezeigt. Rudolf Bahro, Mitglied der SED und zuletzt als Fachmann für Rationalisierung in einem Ostberliner Kombinat tätig, hatte in langjähriger Arbeit eine theoretisch anspruchsvolle Untersuchung »zur Kritik des real existierenden Sozialismus« verfaßt, die unter dem Titel »Die Alternative« im August 1977 in einem westdeutschen Verlag erschien. Bahro war sich der Provokation bewußt, die das Erscheinen seiner vernichtenden, jedoch keineswegs plumpen oder »bürgerlichen« Kritik am real existierenden Sozialismus für das SED-Regime bedeuten mußte. Er wurde gleich nach Erscheinen der ersten Auszüge aus seinem Werk in der westdeutschen Presse wegen angeblich »nachrichtendienstlicher Tätigkeit« verhaftet und bald darauf in einem Prozeß unter Ausschluß der Öffentlichkeit zu acht Jahren Zuchthaus verurteilt. In der »Alternative«, und das macht die geistige Brisanz des Buches aus, rechnet der Marxist Bahro mit den sozialistischen Systemen sowjetischer Prägung ab, indem er die wahren Intentionen des Marxismus an den realen Verhältnissen mißt, die sich in den sozialistischen Ländern herausgebildet haben: »Ich werde zeigen, daß in unseren Ländern eine Staatsmaschine herrscht, wie sie Marx in der Revolution zerbrechen wollte, um sie in keiner Form und unter keinem Vorwand auferstehen zu lassen.« (S. 36) Bahro verwirft den Anspruch der offiziellen Ideologie, eine entwickelte sozialistische Gesellschaft zu sein. Es sei nicht einmal gerechtfertigt, von einer frühsozialistischen Gesellschaft zu sprechen. »Wir haben Sozialismus im Larvenstadium« (S. 25). Seine Kritik richtet sich vor allem gegen »die Herrschaft des Apparats über die Gesellschaft«, gegen die »Verdoppelung der unförmigen Staatsmaschine in einen Staats- und Parteiapparat«, gegen einen Bürokratismus, der »einen spezifischen Menschentyp von konservativer Mittelmäßigkeit« erzeuge, gegen die Situation einer Arbeiterklasse, »die keine anderen Kader, keine anderen Organisationen besitzt, als die, von

denen sie beherrscht wird«, gegen die »quasi-theokratische Struktur« eines Systems, das er als einen »säkularisierten Gottesstaat« bezeichnet, in dem weltliche und geistige Autorität derart in einer Hand vereint seien, daß jede Distanzierung auch von Details der bürokratischen Praxis als ideologische Ketzerei verdächtigt würde.
Bedeutsam (und für die Herrschenden eventuell bedrohlich) ist Bahros Kritik, weil sie von einem überzeugten, theoretisch reflektierten Kommunisten kommt, weil es sich um eine Marxismus-immanente Auseinandersetzung handelt, die in den Kern der Probleme vordringt.
Der hohe theoretische Rang von Bahros Buch ist in der westlichen Linken schnell erkannt worden, während die bürgerlichen Kritiker vor allem die Qualität der Realanalyse rühmten. »Bahros Kritik ist eine revolutionäre Kritik von links. So versteht er sie auch selbst. Marx hat mit Bahro einen späten Schüler bekommen, den er sich besser nicht hätte wünschen können. Keinen Dogmatiker, nein, einen revisionistischen Ketzer.« (M. Hertwig, in Deutschlandarchiv, Okt. 1977, S. 1099) Bahros Buch demonstriert auf beachtlichem theoretischem Niveau, daß und warum in der DDR und in den anderen sowjet-kommunistischen Ländern eine tiefe Kluft besteht zwischen dem, was die offizielle Ideologie in pausenloser Agitation verkündet und geglaubt wissen möchte, und der erfahrbaren Wirklichkeit, des real existierenden Sozialismus. Die Partei macht alle Anstrengungen, das »sozialistische Bewußtsein der Bürger zu schärfen«, sie ist sogar bemüht, die ideologische Arbeit »lebensverbunden, differenziert« und »in ansprechenden Formen« zu gestalten (so im Wortlaut eines diesbezüglichen Politbüro-Beschlusses vom September 1977), aber sie stößt dabei natürlich schnell an Grenzen ihrer Wirksamkeit. Diese Grenzen liegen sowohl in der nicht aufhebbaren Diskrepanz zwischen ideologischem Bekenntnis und erfahrbarer Wirklichkeit wie nicht zuletzt darin, daß eine offene kritische Auseinandersetzung über die Qualität des DDR-Sozialismus im Interesse der Machterhaltung der Parteibürokratie nicht geführt werden kann, wie gerade die jüngsten Schwierigkeiten mit den Intellektuellen und Schriftstellern zeigen, die zwar zum großen Teil den Sozialismus und Kommunismus für die DDR wollen, ihn aber dort entweder gar nicht oder nur bürokratisch verzerrt zu entdecken vermögen.

3. Das reale Selbstverständnis der DDR-Gesellschaft

Einen sicheren wissenschaftlichen Zugang zum realen Verständnis, das die Bürger der DDR von ihrer Gesellschaft und ihren besonderen Lebensumständen haben, besitzen wir nicht, da empirische Umfragen und Analysen nicht möglich sind. Gleichwohl gibt es einige Anhaltspunkte, die es erlauben, ein ungefähres Bild der Lebenswirklichkeit des politischen und sozialen Systems der DDR zu vermitteln, wie sie sich unterhalb der Sphäre und Atmosphäre der offiziellen Ideologie gestaltet hat. Hermann Rudolph hat den bisher eindrucksvollsten Versuch gemacht (in: Die Gesellschaft der DDR – eine deutsche Möglichkeit?, Piper Verlag, München 1972), die tatsächliche, hinter dem Schleier der Ideologie und der Fassade des Staatsapparates verborgene Gestalt und das Selbstverständnis der DDR-Gesellschaft zu ergründen. Seinen »Anmerkungen zum Leben im anderen Deutschland« verdanken wir einige der im nachfolgenden geäußerten Einsichten.
Die Kluft zwischen einer alles erklärenden Ideologie, mit der die Deutschen in der DDR Tag für Tag leben müssen, und ihrer eigenen Lebenserfahrung ist groß. Dennoch ist der ideologische Strom, in den alles, was sich in der DDR vollzieht, getaucht wird, ein Element der Lebenswirklichkeit dieses Systems. »Alles wird mit der glatten, undurchsichtigen Schicht einer zweiten Wirklichkeit überzogen. Alles wird abgebunden von grobporigen Begriffen und Formeln, und nur, was in sie einbezogen ist, existiert eigentlich wirklich, gilt als wirklich und akzeptiert.« (Rudolph, op. cit., S. 82) Die gesellschaftliche Wirklichkeit bildet sich in der Auseinandersetzung, im Sich-Arrangieren mit dem vom politischen Regime gesetzten und begrenzten ideologischen Horizont. Auf der einen Seite bedeutet dies, daß alles gesellschaftliche Handeln sich irgendwie in den ideologischen Zusammenhang einfügt und in den entsprechenden Formeln interpretiert werden muß; auf der anderen Seite führt die aufdringliche Allgegenwart des Ideologischen zum Mißtrauen und zur Gleichgültigkeit gegenüber dem jeweiligen ideologischen Gehalt. Man nimmt die Ideologie nicht so ernst, wie sie genommen sein will. Man gibt dem Kaiser, was er auf diesem Gebiet von einem fordert, aber man identifiziert sich nicht innerlich mit dem, was man ihm gibt. Die Ideologie bleibt äußerlich, sie geht nicht als wirksame Motivation ins Bewußtsein ein, wie es eigentlich sein sollte. Gerade weil das ideologische Moment in dieser Gesellschaft so allesdurchdringend ist, bleibt der einzelne der Ideologie gegenüber leicht indifferent. Man nimmt sie hin, plappert ihre Formeln gegebenenfalls nach, aber sie ist in der Regel nicht integrierender Teil des individuellen Lebens und seiner Daseinsgestal-

tung. Das sozialistische Bewußtsein existiert darum erst sehr unvollkommen in den Köpfen der meisten Bürger des politischen Systems der DDR.
Trotzdem ist in den letzten Jahren, wie von zahlreichen Beobachtern festgestellt worden ist, das positive Bewußtsein der Zugehörigkeit der DDR-Bewohner zu ihrem Staatswesen und zu ihrer Gesellschaftsordnung als einem System eigener Art, das respektable Verdienste vorzuweisen hat, etwas gewachsen. Dieses Bewußtsein entwickelte sich erst in den sechziger Jahren. In der stalinistischen Ära der ersten zehn Jahre hatte die DDR-Führung die neuen sozialistischen Lebensformen dem Volk aufgenötigt und sie mit mehr oder weniger repressiver Gewalt durchgesetzt, ohne groß nach den Wünschen und Interessen der Bürger zu fragen. Damals konnte von einem realen Selbstverständnis der DDR-Gesellschaft noch kaum die Rede sein. Die Chance für die Bildung eines spezifischen Bewußtseins vom Eigenwert der DDR-Gesellschaft kam erst, als den meisten Bewohnern klar wurde, daß sie von der Bundesrepublik und vom Westen politische Lösungen zur Verbesserung ihrer Lage nicht mehr zu erhoffen hatten und die Mauer eine endgültige Trennungslinie schuf. Dies und die gleichzeitig einsetzende Lockerung der Herrschaftsmethoden von seiten der politischen Führung bewirkten nach und nach eine Veränderung der Grundeinstellung der breiten Bevölkerung. Die Gesellschaft der DDR erlangte angesichts ihrer Leistungen und Erfolge ein Selbstwertgefühl, wie sie es in den fünfziger Jahren noch nicht besessen hatte. Sie entdeckte nicht ohne Stolz, daß sie unter den Ländern des Ostblocks industriell das fortgeschrittenste und hinsichtlich des allgemeinen Lebensstandards das prosperierendste war; sie fand heraus, daß der »goldene Westen« nicht ganz so golden war, wie man ihr und auch sich selbst immer wieder suggeriert hatte; sie entwickelte plötzlich eine Art nationalen Stolz auf die eigenen Leistungen, sei es im Sport oder im Bereich des Bildungs- und Erziehungswesens.
Dieses unbestreitbar vorhandene neue Selbstwertgefühl der DDR-Gesellschaft kommt natürlich der herrschenden Ideologie entgegen, die solches schon immer auf ihre Weise artikuliert hatte, aber es stammt nicht unmittelbar aus der Ideologie, sondern ist ein Produkt des positiven Arrangements mit dem System. Die Modelle sozialistischen Verhaltens, die von der politischen Führung propagiert werden, sind nur insoweit sozial wirksam, wie sie auf Einstellungen treffen, die kein Spezifikum der sozialistischen Ideologie sind, z. B. das Interesse an Ordnung, an Bewertung und Anerkennung der beruflichen Leistung, an der Wahrung der Interessen der Gemeinschaft auf Kosten eines ausgeprägten Individualismus. Die Ideologie ist dafür nur eine Art rhetorisches Beiwerk. Das

bedeutet aber, daß der inzwischen erkennbare relative Erfolg der Bemühungen der Führung der DDR, das sozialistische System seinen Bürgern akzeptabel, ja verteidigungswert zu machen, vorwiegend auf der Aktivierung traditioneller deutscher Werthaltungen und Einstellungen beruht, weniger auf der Überzeugungskraft der kommunistischen Ideologie als solcher.

Die schwache Legitimität war die Achillesferse des DDR-Regimes in den fünfziger Jahren. Zwar war der gesamte politische Betrieb auch schon damals darauf ausgerichtet, diese Legitimität fortlaufend zu erzeugen, aber allein schon die Flüchtlingsbewegung nach dem Westen machte den Herrschenden klar, daß die Loyalität der Bürger zum neuen Regime nur schwach begründet war. Wie gerade die innere Entwicklung der DDR offenbart, hängt die Zustimmung der Bürger zu einem politischen System entscheidend davon ab, daß dieses System als rechtmäßig und gerecht erscheint und dem einzelnen persönliche Sicherheit sowie einen gewissen Wohlstand gewährleisten kann. Da die DDR-Bevölkerung jedoch von ihrer Führung seit 1946 durch permanenten Druck in die Richtung einer sozialistischen Gesellschaft gepreßt wurde, was ohne den massiven Einsatz der monopolistischen Zwangsmittel des staatlichen Machtapparates und seiner Justiz nicht möglich gewesen wäre, besaß das politische System in den ersten 12 Jahren seiner Existenz nur eine dünne und sehr oberflächliche Legitimationsbasis. Dies änderte sich in dem Maße, in dem sich seit den 60er Jahren die Lebensverhältnisse in der DDR unter dem Gesichtspunkt ziviler Erwartungen und Ansprüche spürbar verbesserten. »Je seltener man Schlange stehen muß, je geringer die Gefahr ist, einer extensiven Justiz ausgesetzt zu sein, je mehr die individuelle Leistung geachtet und prämiert wird, je genauer schließlich die Lebensaussichten einschließlich der Erwartung eines gemäßigten Wohlstandes zu kalkulieren sind - desto größer wird die Neigung, der DDR insgesamt und damit auch ihrem politischen System Rechtmäßigkeit zuzubilligen.« (Rudolph, op. cit., S. 104)

Die Legitimierung des Regimes erstreckt sich indes nicht ohne weiteres auf das von der herrschenden Partei propagierte ideologische Selbstverständnis, das wir oben referiert haben. Es ist zum Beispiel sehr die Frage, ob der Arbeiter in der DDR einen besonderen Stolz daraus zieht, in einem Arbeiter-und-Bauern-Staat zu leben; viel wichtiger ist ihm, daß er gerecht entlohnt wird, daß er an seinem Arbeitsplatz gute Bedingungen vorfindet und dort für voll genommen wird und nicht zuletzt, daß er in seiner Freizeit Mittel und Muße hat, den Dingen nachzugehen, die ihn als Privatmann interessieren. Dennoch sind auch aus dem politisch-ideologischen Bereich einige Grundüberzeugungen in das reale Selbstverständnis der DDR-Gesellschaft eingegangen: Die meisten Bürger sind heute überzeugt davon, daß ihr System mehr soziale Gleichheit und Gerechtigkeit verbürgt als das kapitalistisch-demokratische des Westens. Die meisten glauben, daß ihr Erziehungssystem sozial gerechter und gesellschaftlich effizienter ist als das der Bundesrepublik. Auch die Gesundheitsversorgung, die Garantierung des Arbeitsplatzes und ganz allgemein die soziale Sicherheit werden als Vorzüge des Systems angesehen. Man ist voller Genugtuung darüber, daß es die Auswüchse, die zum Teil schreienden Ungleichheiten und Ungerechtigkeiten, von denen ihnen aus der kapitalistischen Gesellschaft berichtet wird, im sozialistischen System der DDR nicht gibt. Dies alles hat auch zu einer etwas positiveren Einstellung gegenüber dem politischen System geführt.

Im übrigen erweist sich die Taktik des Regimes, alle seine Erfolge der Politik der Partei und den sozialistischen Taten der von ihr angeleiteten Bürger gutzuschreiben, insofern auch als ein Bumerang, als die bestehenden Mängel in der Versorgung oder im Wohnungsbau oder in der Organisation der Produktion automatisch der politischen Führung zur Last gelegt werden. Wer wie die politische Führung des DDR-Regimes für sich beansprucht, den Staat so weit vorangebracht zu haben, wer stets von neuem die Überlegenheit dieser Ordnung über die Bundesrepublik behauptet, der muß auch in Kauf nehmen, daß die Mißerfolge, Widrigkeiten und Mängel derselben Quelle zugeschrieben werden wie die Erfolge, nämlich dem politischen System.

Vier Faktoren haben, wenn wir der aufschlußreichen Analyse Rudolphs folgen, auf den Zustand der heutigen DDR-Gesellschaft eingewirkt: 1. die Zwänge und Eigengesetzlichkeiten einer modernen Industriegesellschaft, 2. die Dauerprägung durch das politische System und seine Ideologie, 3. die fortdauernde Wirkung traditioneller deutscher Eigenschaften, wie z. B. Ordnungsbedürfnis und Gemeinschaftstradition, schließlich 4. die stark nachwirkende historische Erfahrung der düsteren Nachkriegszeit, in der die Besatzungsmacht und die deutschen Machthaber der alten Gesellschaft das neue Kleid des Sozialismus mit Gewalt überstülpten. Aus diesen heterogenen Elementen hat sich die heutige Wirklichkeit der DDR-Gesellschaft geformt, in Auseinandersetzung mit ihnen ist sie zu dem geworden, was sie heute ist. Wie stellt sich die DDR-Gesellschaft heute dar?

Die DDR-Gesellschaft ist eine moderne Industriegesellschaft, d. h. ihr Alltag wird bestimmt durch das Prinzip einer sich laufend vermehrenden und verbessernden industriellen Produktion und Produktivität. Nicht von ungefähr gilt das ökonomische System als Kernstück des Gesellschaftssystems. Im Mittelpunkt des gesellschaftlichen Systems steht die

Arbeit, die auch die zentrale Kategorie der marxistischen Anthropologie ist. Während aber die Industriegesellschaften westlichen Typs stärker am Konsumenten orientiert sind und ihre Leistungen in der Regel an dem gemessen werden, was sie für die echten und manipulierten privaten Interessen des einzelnen erbringen, wird die Industriegesellschaft vom Typ der DDR überformt durch die Ansprüche des politischen Systems, das sich nicht an den Interessen der Individuen, sondern am Kollektivinteresse orientiert und darauf abzielt, privates und gesellschaftliches Interesse völlig zur Deckung zu bringen. Dadurch ist der Verfügungsspielraum, den die DDR-Gesellschaft dem Bürger läßt, insgesamt viel beschränkter und kontrollierter als in den westlichen Industriegesellschaften. Typisch für den möglichen strukturellen Gegensatz zwischen industriegesellschaftlicher und politischer Orientierung ist der in der DDR immer wieder aufbrechende Konflikt zwischen Fachmann und Funktionär; charakteristisch ist das Bestreben der DDR-Führung, diesen Konflikt durch Erziehung des unentbehrlichen Fachmanns zu bewußt sozialistischem Verhalten soweit wie möglich zu entschärfen.
Nicht zu übersehen sind an der DDR-Gesellschaft von heute gewisse typische deutsche Züge, die aus der nationalen Tradition herrühren. »Auch die DDR-Gesellschaft versteht sich noch weitgehend durch das Konglomerat von Lebensformen, Verhaltensmustern und Wertvorstellungen, durch das sich die Deutschen in ihrer Geschichte als deutsch empfanden und das sie in den Augen ihrer Nachbarn charakterisiert ... Sie schätzt Ordnung, Fleiß und Gewissenhaftigkeit, hat eine Schwäche für Gemütlichkeit ... und hält die Bereitschaft, sich einzufügen und zu disziplinieren, für eine hoch zu bewertende Tugend« (Rudolph, op. cit., S. 40/41). Es liegt auf der Hand, daß diese nationalen Charakteristika, die in der jüngsten Entwicklung Westdeutschlands viel stärker abgeschliffen wurden als im Osten, dem politischen System entgegenkommen. Nicht von ungefähr hat man des öfteren darauf hingewiesen, daß die DDR-Bevölkerung, abgesehen von der kurzen und wirren historischen Phase freiheitlicher Lebensordnung in der Weimarer Republik, in den letzten hundert Jahren immer in einer Art Obrigkeitsstaat oder Diktatur gelebt hat.
Schließlich darf nicht vergessen werden, daß die Nachkriegszeit für die DDR-Bevölkerung viel länger gedauert hat als für die Westdeutschen. Nicht nur waren die Lebensbedingungen in der DDR unter sowjetischer Herrschaft und unter dem stalinistischen Regime der fünfziger Jahre besonders hart, auch innerhalb des Ostblocks hatte die DDR-Bevölkerung nur eine stark eingeschränkte Bewegungsfreiheit. Es liegt auf der Hand, daß die inzwischen eingetretene relative Verbesserung der Le-

bensverhältnisse und der Freizügigkeit, verbunden mit einem Nachlassen des politischen Drucks, von den Ostdeutschen vor dem Erlebnishintergrund der tristen und grauen Jahre der Nachkriegszeit gesehen wird. Aus der Nachkriegsära stammt eine noch heute wirksame gewisse Immunisierung der DDR-Bevölkerung gegenüber der offiziellen Ideologie; andererseits hat sie in diesen Jahren lernen müssen, mit dem neuen Regime zu leben und sich in ihm einzurichten.

Das neue Selbstwertgefühl der DDR-Gesellschaft, das sich nicht zuletzt auch in Abwehr gegenüber dem Überlegenheitsanspruch der Bundesrepublik und der gelegentlichen Arroganz des Auftretens der Westdeutschen in der DDR gebildet hat, speist sich also aus vielerlei Quellen. Es ist, dies bleibt festzuhalten, nicht identisch mit den Glaubenssätzen der offiziellen Ideologie, aber es zeigt die Spuren der herrschenden Ideologie. Zwar wird die vom politischen System permanent versuchte Kanalisierung des gesellschaftlichen Handelns in Richtung auf ein sozialismusgemäßes Verhalten in der Praxis zumeist unterlaufen, aber nichtsdestotrotz kann der einzelne sein privates Interesse nur innerhalb der vom politischen System bereitgestellten und tolerierten Möglichkeiten verwirklichen; er kann es nicht gegen das System tun, nur gewissermaßen abseits vom System, denn »die Einbindung in die Formen und Dimensionen des politischen Systems, sei es noch so gebrochen und leer, verändert auch Bedürfnisstruktur, industrielle Sensibilität und überlieferte Verhaltensmuster: Es funktioniert sie zu Momenten seiner Selbsterhaltung genau so um wie die Aktionen des politischen Systems in Richtung auf das eigene Interesse« (Rudolph, op. cit., S. 44).

Das gestärkte Selbstbewußtsein und Gefühl nationaler Eigenart, das die Menschen in der DDR seit den sechziger Jahren erworben haben und das sowohl Ursache wie Folge der inneren Konsolidierung des ostdeutschen Staates ist, ist zwar nicht Staatsbewußtsein im Sinne der DDR-Ideologie, aber es ist ein politisch höchst relevantes Phänomen, das je länger je mehr der von der Bundesrepublik behaupteten Einheit der deutschen Nation die Grundlage entzieht. Der Sozialismus der DDR ist heute nicht mehr eine Sache allein der politischen Institutionen und der Ideologie, die man westlicherseits fast ausschließlich im Blick hat, er ist auch, in einer spezifisch deutschen Variante, in die sozialen Denk- und Verhaltensmuster der Ostdeutschen eingedrungen. Die DDR-Gesellschaft von heute liegt in einer Zwischenzone zwischen dem Alten, aus dem sie historisch herkommt, und dem Neuen, das die politische Führung aus ihr machen will. Wieweit es der SED gelingt, die »entwickelte sozialistische Gesellschaft« weiter in ihrem Sinne und in Richtung auf das Endziel des Kommunismus zu gestalten, hängt entscheidend davon ab, wie sehr sie das Vertrauen des Volkes für eine solche Politik gewinnen kann. Es war sicherlich ein Schritt in diese Richtung, daß Partei und Staatsführung sich nach dem VIII. Parteitag stärker auf die Erfüllung der Bedürfnisse der weniger privilegierten Bevölkerungsgruppen in der DDR konzentriert haben. Damit verknüpft die Partei ihr starkes Interesse an der Bildung und Festigung des ideologischen Bewußtseins der Massen mit einer Rücksichtnahme auf das reale Selbstverständnis der breiten Bevölkerung von ihrer Lage in der DDR-Gesellschaft. Die ideologisch für notwendig erachtete Politik der Abgrenzung der DDR von der Bundesrepublik läßt sich am ehesten in Verbindung mit einer Steigerung des Lebensstandards auch breitenwirksam durchsetzen. Doch kann allein eine Politik der Verbesserung der materiellen Grundlagen die notwendige Legitimierung des Systems durch die Bevölkerung noch nicht bewirken und das offizielle dem realen Selbstverständnis annähern. Robert Havemann, der wegen seiner nicht parteikonformen Ansichten aus seinen Ämtern entfernte Wissenschaftler und Kommunist, hat der SED und der DDR-Regierung empfohlen, dem Volk mehr Vertrauen zu schenken, denn nur so könne man auch Vertrauen gewinnen. Ob die Partei und ihre führenden Funktionäre diesem Rat so einfach folgen können, ist zweifelhaft.

3. Kapitel

Die SED und die Nationale Front

1. Die führende Rolle der Einheitspartei

Die DDR ist formal kein Einparteienstaat, doch die in einem Blocksystem und im organisatorischen Rahmen der Nationalen Front mit der SED verbundenen vier anderen Parteien besitzen keine echte Eigenständigkeit mehr. Sie haben die führende Rolle der SED ausdrücklich anerkannt. Faktisch handelt es sich bei der DDR also um einen Einparteienstaat, der jedoch aus einer Reihe von Gründen noch daran festhält, sich mit der führenden Rolle der Sozialistischen Einheitspartei innerhalb des Systems zufriedenzugeben und nicht auf die Beseitigung der anderen Parteien zu dringen. Wenn eine politische Partei den Prozeß der politischen Willensbildung in einem Staate so umfassend zu kontrollieren vermag wie die SED, wenn das »Bündnis«, das die herrschende Partei mit den anderen Parteien geschlossen hat, so eingerichtet ist, daß der Wille der SED sich immer durchsetzen kann und jede echte Opposition ausgeschaltet ist, dann dient die Aufrechterhaltung eines Mehrparteiensystems nicht dem Zweck der Machtverteilung, sondern in erster Linie dem Ziel der Integration aller Teile des Volkes in das von der Einheitspartei beherrschte politische System. Es ist dann nur mehr eine Frage politischer Zweckmäßigkeit, ob die führende Partei sich zur alleinigen Partei aufschwingen will, wie das in der Sowjetunion der Fall ist, oder ob sie in der Fortführung des Bündnisses der führenden Partei mit den anderen zugelassenen politischen Gruppen noch gewisse politische Vorteile erkennen kann. Die SED hat sich für die Beibehaltung des formalen Mehrparteiensystems entschieden. Die *Nationale Front*, in der »die Parteien und Massenorganisationen alle Kräfte des Volkes zum gemeinsamen Handeln für die Entwicklung der sozialistischen Gesellschaft« vereinigen, ist im Art. 3 der neuen DDR-Verfassung von 1968 als »Bündnis aller Kräfte des Volkes« verankert worden.

Die SED begründet sowohl die Beibehaltung des Mehrparteiensystems als auch ihre Vorherrschaft in ihm mit ihrem ideologischen Verständnis der DDR als sozialistischer Gesellschaft. Die kapitalistischen Herrschaftsverhältnisse, so argumentiert sie, seien zwar überwunden worden,

doch noch wirkten manche Widersprüche der alten Zeit nach, auch beständen noch mehrere Klassen und Schichten nebeneinander. Das eigentliche Ziel des Kommunismus, die klassenlose Gesellschaft, sei erst noch zu verwirklichen; erst dann werde die ganze Bevölkerung in der Arbeiterschaft aufgegangen sein. Dieses Ziel anzustreben, sei die Hauptaufgabe der Arbeiterklasse im Bündnis mit allen anderen Klassen und Schichten des Volkes. Dazu bedürfe es der straffen politischen Führung, ideologisch ausgedrückt: der *Diktatur des Proletariats*, welche die Überreste des Kapitalismus beseitigt und die neue sozialistische Ordnung gegen alle Anfeindungen von außen sichert. Diese etwas martialische Parole der marxistisch-leninistischen Revolutionstheorie wird zwar heute kaum mehr verwendet, doch der Tatbestand bleibt bestehen: Im Sozialismus als Übergangsgesellschaft zwischen Kapitalismus und Kommunismus darf an der Führungsstellung der Arbeiterklasse und der Partei als ihrer fortschrittlichsten Kraft nicht gerüttelt werden. Die anderen Klassen und ihre Parteien haben die »Freiheit«, sich unterzuordnen und sich der Einsicht in die als gesetzmäßig behauptete Entwicklung zu beugen. Allein die Partei der Arbeiterklasse wahrt und interpretiert die Gesetze des Marxismus-Leninismus und führt sie aus. Die übrigen Parteien dürfen ihr dabei wohl helfen, doch zweifeln sie die Führungsstellung der SED an, so verlieren sie ihre Existenzberechtigung im sozialistischen Staat. Art. 1 der Verfassung von 1968 in der Fassung vom 7. Oktober 1974 macht dieses Axiom von der Herrschaft der Arbeiterklasse, repräsentiert durch die SED, zur Grundlage der ganzen Verfassungs- und Staatsordnung: »Die Deutsche Demokratische Republik ist ein sozialistischer Staat der Arbeiter und Bauern. Sie ist die politische Organisation der Werktätigen in Stadt und Land unter Führung der Arbeiterklasse und ihrer marxistisch-leninistischen Partei.«
Die Beibehaltung des Mehrparteiensystems erklärt sich aber nicht nur aus dem ideologischen Verständnis der DDR als einer sozialistischen Gesellschaft, in der es noch mehrere Klassen und Schichten und damit mehrere Parteien als deren Interessenvertretung gebe. Dann müßte ja auch die sozialistische Gesellschaft der Sowjetunion mehrere Parteien neben der KPdSU haben. Das Mehrparteiensystem bringt vielmehr der SED in ihrer Führungsstellung in Staat und Gesellschaft auch einige sehr praktische Vorteile:

1. Die Beibehaltung eines Mehrparteiensystems wahrt den Schein einer gewissen demokratischen Vielfalt und läßt sich gegenüber bürgerlichen Demokratie-Vorstellungen leichter verteidigen als ein reines Einparteiensystem.
2. Die Parteien und Massenorganisationen außerhalb der SED sind

besser geeignet, die notwendige Integration aller Bürger in den DDR-Staat zu vollziehen, als die Kommunistische Partei selbst, die bei gewissen Schichten der Bevölkerung auf größere Vorbehalte stößt als die ursprünglich bürgerlichen Parteien.

3. Die Existenz anderer Parteien gestattet es der SED, ihre eigene Rolle als Partei der Arbeiterklasse besser zu profilieren und eine stärkere ideologische Geschlossenheit bei ihren Mitgliedern zu erreichen. Eine umfassende kommunistische Volkspartei müßte möglicherweise eine größere Flexibilität an den Tag legen als eine elitäre kommunistische Kaderpartei, die auf Geschlossenheit und Disziplin größten Wert legen kann.

Entscheidend für die Beurteilung der Machtverhältnisse bleibt, daß alle politischen und gesellschaftlichen Organisationen, die sich in der Nationalen Front um das Kernstück des politischen Systems, die SED, ranken, die beherrschende Rolle der Einheitspartei ernsthaft nicht in Frage zu stellen vermögen. Sie sind allesamt Hilfstruppen ohne selbständige Kommandogewalt. Im Art. 1 der DDR-Verfassung ist die Führungsrolle der »marxistisch-leninistischen Partei der Arbeiterklasse« inzwischen auch verfassungsrechtlich festgelegt. Damit ist klar zum Ausdruck gebracht, daß in der DDR die SED in alle Zukunft die Herrschaft maßgeblich ausüben soll.

Die SED ist unstreitig die zentrale politische Kraft im DDR-Staat. Sie beherrscht das Parteiensystem, sie beherrscht den gesamten Staatsapparat, sie hat das gesellschaftliche und kulturelle Leben unter ihrer Kontrolle. Die DDR ist *der Staat der* SED.

2. Die historische Entwicklung der SED

Die Sozialistische Einheitspartei Deutschlands ging im April 1946 aus dem durch die sowjetische Besatzungsmacht forcierten Zusammenschluß von SPD und KPD hervor. 600 000 Mitglieder der KPD und 680 000 Mitglieder der SPD bildeten eine große linke Massenpartei, deren Mitgliederzahl sich innerhalb von zwei Jahren auf fast 2 Millionen erhöhte (bei einer Bevölkerung von damals 19 Millionen).

Die ideologische Grundlage der Partei in der Anfangsphase war die These vom besonderen deutschen Weg zum Sozialismus. Sie zielte auf einen mittleren Weg zwischen Sowjet-Kommunismus und Sozialdemokratie. Zwar gab es von Anfang an Spannungen zwischen Sozialdemokraten und Kommunisten in der Einheitspartei, die eine mähliche Zurückdrängung des sozialdemokratischen Elements in der Partei zur Folge hatten – auch einige Altkommunisten waren davon betroffen –, aber bis zum Jahr 1948 blieb die SED im großen und ganzen die linke Massenpartei mit gewissen demokratischen Zügen, in der die Kommunisten zwar eine klare Führungsrolle besaßen, jedoch keineswegs die unumschränkte Herrschaft ausübten. Zwischen 1946 und 1948 war die SED eine sozialistische Volkspartei.

Dies änderte sich ein Jahr vor der Gründung der DDR fast schlagartig. Im Gefolge des Widerstandes der jugoslawischen Kommunisten unter der Führung Titos gegen den Führungsanspruch der Sowjetunion und angesichts der Verschärfung des Kalten Krieges sah die Sowjetunion sich veranlaßt, alle kommunistischen Parteien ihres Machtbereiches eng an die Kommunistische Partei der Sowjetunion zu binden und die organisatorischen und ideologischen Prinzipien der KPdSU auch für die anderen Parteien verbindlich zu machen. So kam es ab 1948 zur Umwandlung der SED in eine marxistisch-leninistische Kampfpartei, die streng auf die Übernahme des sowjetischen Vorbildes verpflichtet wurde. In der Ostzone wurde der Umwandlungsprozeß der SED unter der Parole der Schaffung einer »Partei neuen Typs« vollzogen. Historisch neu war der Parteityp freilich nicht. Vielmehr handelte es sich um die konsequente Anwendung der sowjetischen Prinzipien der Parteiorganisation und Parteiführung, wie Lenin sie zuerst entwickelt hatte und wie sie von Stalin interpretiert wurden, auf die SED.

Im Zuge der Schaffung der Partei neuen Typs wurde die SED von »feindlichen Elementen« gesäubert, kompromißlos auf die Lehren des Marxismus-Leninismus verpflichtet, insbesondere auf das Leninsche Prinzip des *demokratischen Zentralismus.*

Ein Politbüro aus sieben Mitgliedern und zwei Kandidaten wurde gebildet, das an Stelle des paritätisch aus KPD- und SPD-Genossen besetzten Zentralsekretariats zum Führungsorgan der Partei wurde. Walter Ulbricht wurde Chef des neuen Sekretariats der Partei und damit Herr über den Parteiapparat. Das zu Anfang beachtete Prinzip der paritätischen Besetzung aller Funktionen wurde aufgehoben. Die Einführung einer Kandidatenzeit vor der endgültigen Aufnahme in die SED diente als politischer und sozialer Filter für die Parteimitgliedschaft, für die man sich erst »bewähren« mußte. Alle diese organisatorischen Änderungen und die parallel vorgenommenen massiven Parteisäuberungen drängten das sozialdemokratische Element in der Einheitspartei stark zurück. Schon vor dieser Phase hatten führende sozialdemokratische Genossen wie Gustav Dahrendorf und Erich Gniffke die SED und die SBZ aus Protest gegen den politischen Kurs der Partei und die Eingriffe der Besatzungsmacht verlassen. Jene ehemaligen Sozialdemokraten, die

wie Otto Grotewohl und Friedrich Ebert noch in Führungsstellungen der Partei verblieben, paßten sich teils aus Einsicht, teils aus Resignation dem neuen Kurs an. In der einfachen Mitgliedschaft blieben zwar trotz der Säuberungsaktionen und der ideologischen Gleichschaltung der SED mit der KPdSU sozialdemokratische Anschauungen lebendig. Doch in der neuen Organisationsstruktur der SED besaßen die Mitglieder kaum Rechte und Einflußmöglichkeiten. Alle Macht konzentrierte sich bei den Funktionären, vor allem im hauptamtlichen Parteiapparat.
Man hat den Prozeß der Umgestaltung der SED nach 1948 im Westen vielfach als Stalinisierung der Partei bezeichnet. Tatsächlich ist die Partei damals ganz auf das sowjetische Parteimodell und die bedingungslose Anerkennung der sowjetischen Führungsrolle verpflichtet worden. Politbüro-Mitglied Anton Ackermann, der 1946 die These vom besonderen deutschen Weg zum Sozialismus vertreten hatte, mußte sie zwei Jahre später als falsch widerrufen und definierte die Partei neuen Typs ganz einfach als »eine Partei nach dem Vorbild der Partei Lenins und Stalins«.
Zum Zwecke der für notwendig erachteten Parteisäuberungen wurde eine Zentrale Parteikontrollkommission eingerichtet, die unzuverlässige Genossen überprüfte und alle Gegner des neuen Kurses entfernte, darunter auch jene Mitglieder, deren soziale Herkunft keine Gewähr für die Wahrung des Klassenstandpunktes zu bieten schien. Die Säuberungen führten auf allen Parteiebenen zu einem klaren Übergewicht der linientreuen Kommunisten über die Sozialdemokraten; sie waren jedoch nicht so umfassend, daß die SED durch sie ihren Charakter als Massenpartei verloren hätte. Im Zuge der Umgestaltung der Partei behielt die SED also noch ihre relativ breite Massenbasis bei, doch trat der demokratische Charakter des Parteilebens immer stärker in den Hintergrund zugunsten der Ausbildung zuverlässiger Parteikader. Die neue Organisationsstruktur der SED sicherte dem zentralen Parteiapparat die absolute Macht. Durch ihre sogenannte Kader-Politik sorgte die Parteiführung zielstrebig für die Besetzung aller wichtigen Partei- und Staatsämter mit Persönlichkeiten, die sich den Parteidirektiven ohne Widerspruch unterwarfen. Gleichzeitig wurde das einzelne Parteimitglied selbst auf die aktive Mitwirkung in der Partei verpflichtet.
Als dann im Oktober 1949 die DDR gegründet wurde, hatte die SED ihre politisch führende Rolle im System bereits fest etabliert und konnte sie in Verbindung mit dem Aufbau des neuen Staates auch zielstrebig festigen. An der obersten Spitze hatte man das Prinzip der Parität beibehalten: Der Kommunist Wilhelm Pieck wurde zum Präsidenten, der Sozialdemokrat Otto Grotewohl als der andere Parteivorsitzende zum Ministerpräsiden-

ten der neuen Republik ernannt. Walter Ulbricht begnügte sich scheinbar mit der Position eines stellvertretenden Ministerpräsidenten, doch als er 1950 zum Generalsekretär der SED gewählt wurde, war auch nach außen hin klar, wer die führende Stellung in Partei und Staat besaß. Innerhalb kurzer Zeit war es gelungen, die SED unter Ulbricht zur alles beherrschenden Macht im neuen Staat zu machen und rivalisierende politische Gruppen aus- bzw. gleichzuschalten.

Gleichwohl verlief der Prozeß der Sicherung und Festigung der Macht der SED nicht ohne gewisse Schwankungen und innere Schwierigkeiten. Eine erste ernsthafte Belastungsprobe für die stalinistisch ausgerichtete Partei kam mit dem Tode Stalins am 6. März 1953. Die SED hatte unter ihrem Generalsekretär Walter Ulbricht alle Schritte und Wendungen der Politik Stalins getreulich mitgemacht und den Stalin-Kult besonders eifrig gefördert. Stalins Tod versetzte die Parteiführung vorübergehend in Ratlosigkeit über die neue politische und ideologische Entwicklung. Hinzu kam, daß in der Bevölkerung der DDR nach Stalins Tod Hoffnungen auf einen Abbau der Repression und eine gewisse Liberalisierung laut wurden, zu deren Wortführern sich auch einige Politbüromitglieder (Zaisser und Herrnstadt) machten, die im Zentralkomitee auf die Ablösung Ulbrichts und auf eine Änderung der stalinistischen Parteilinie drängten. Das Politbüro beschloß zwar unter dem Druck der neuen Machtverhältnisse in der Sowjetunion und angesichts der Unzufriedenheit im Lande nach anfänglichem Widerstand Ulbrichts eine Änderung des Kurses der Partei; es gab sogar einige Fehler zu, aber nicht Ulbricht, sondern die auf Veränderung drängende »revisionistische« Gruppe wurde schließlich aus der Macht entfernt. Zur Machtbehauptung Ulbrichts trug in dieser Phase wesentlich der gegen die diktatorische SED-Herrschaft gerichtete Aufstand vom 17. Juni 1953 bei, der die neue Führung der Sowjetunion dazu zwang, Ulbricht zu stützen und weiter an ihm festzuhalten.

In den folgenden Jahren konnte Ulbricht seine Macht in der Partei weiter festigen. Sie überdauerte, entgegen der Entwicklung in anderen kommunistischen Staaten wie Polen und Ungarn, sogar die schwierigste Periode in der inneren kommunistischen Politik der Nachkriegszeit, die Phase der durch Chruschtschow auf dem XX. Parteitag der KPdSU von 1956 eingeleiteten Entstalinisierung. Zwar führte die Verurteilung Stalins durch Chruschtschow auch in der Führungsspitze der SED zu gewissen Anpassungen – Ulbricht selbst war bereit, Stalins bis dahin unerschütterte Position als Klassiker des Marxismus den Verhältnissen zu opfern –, aber die Parteiführung vermied geschickt eine intensive parteiinterne Diskussion über die Frage der Beurteilung Stalins und suchte die inneren

Schwierigkeiten durch eine Politik kleiner Zugeständnisse an die Bevölkerung zu beheben. In Verbindung mit den Ereignissen in Ungarn und Polen vom Herbst 1956 bildeten sich jedoch auch innerhalb der SED zahlreiche aktive Gruppen, die auf eine entschiedenere Abkehr von den Prinzipien des Stalinismus hinarbeiteten.

Die Kritik am Stalinismus der Partei kam vor allem von seiten der akademischen Intelligenz innerhalb der SED. Eine Gruppe um den Philosophie-Dozenten Wolfgang Harich forderte die proklamierten Ziele des Sozialismus: Freiheit von Ausbeutung und Unterdrückung jeder Art, auch gegen die bürokratischen und stalinistischen Entartungen des Sozialismus im eigenen Lande, durchzusetzen. Diese innersozialistische Opposition wollte weder ein Zurück vom sozialistischen zum kapitalistischen System, noch propagierte sie einen »Dritten Weg« zwischen beiden, wie im Westen oftmals behauptet worden ist. Ihr einziger »revisionistischer« Verstoß lag darin, die Prinzipien des Sozialismus ernst zu nehmen, die für dessen offizielle Vertreter oft nur Lippenbekenntnisse waren und der Verschleierung des eigenen Herrschaftsanspruchs dienten. In dieser Hinsicht ähnelten die Bestrebungen Harichs und seiner Freunde jenem »Sozialismus mit menschlichem Gesicht«, wie er sich 12 Jahre später in der Tschechoslowakei unter Dubček eine Zeitlang Bahn brechen konnte. Obwohl 1956 eine gefährliche Aufweichung der ideologischen Geschlossenheit und Festigkeit der Einheitspartei unverkennbar war, gelang es Ulbricht, die Oppositionsgruppen auszuschalten. Harich und seine Freunde bekamen den Prozeß gemacht und landeten im Zuchthaus. Im obersten Machtapparat der Partei entfernte Ulbricht jene Genossen, die seine Politik kritisierten und auf die Verwirklichung innerer Reformen im Sinne der Entstalinisierung drängten sowie ein weniger feindseliges Verhältnis zur Bundesrepublik anstrebten (Schirdewan, Oelßner und andere). Die tragische Entwicklung in Ungarn im Herbst 1956 hat entscheidend zur Machtbehauptung Ulbrichts in dieser zweiten für ihn kritischen Phase beigetragen.

Unter der wendigen Führung Walter Ulbrichts hat die SED als Partei alle inneren Schwierigkeiten ihrer Entwicklung überstanden; sie konnte schließlich in der Anfang der sechziger Jahre einsetzenden Phase der inneren Konsolidierung der DDR ihrer inzwischen fest etablierten Herrschaft einen weniger militanten Anstrich geben. Mit der offiziell verkündeten Beendigung der Etappe des Übergangs vom Kapitalismus zum Sozialismus war endlich auch der Zeitpunkt für die Partei gekommen, sich ein *Programm* zu geben, das sie aufgrund der Unklarheit der politischen Perspektiven vorher nicht zu formulieren bereit war. Allerdings ist die SED in diesem Bemühen durch das Beispiel der KPdSU angeleitet worden, die sich 1961 ebenfalls ein neues Programm gab. Inhaltlich lehnte sich das auf dem VI. Parteitag (1963) verabschiedete Programm der SED stark an das sowjetische Vorbild an. Es propagierte den Sieg des Sozialismus in Deutschland durch einen friedlichen, ökonomischen, politischen und geistigen Wettkampf unter Führung der Partei der Arbeiterklasse.

Die Veränderungen der ideologischen und politischen Grundlinie der SED seit dem Abgang Walter Ulbrichts Anfang der 70er Jahre haben dieses erste Parteiprogramm der SED von 1963 obsolet werden lassen. Schon der VIII. Parteitag setzte im Juni 1971 eine Kommission zur Revision des Programms ein. Aus ihrer Arbeit ist ein völlig neues, das zweite Parteiprogramm der SED hervorgegangen, das auf dem IX. Parteitag im Mai 1976 verabschiedet wurde. War das Programm von 1963 ein ausführlicher Katechismus für den Sieg des Sozialismus in ganz Deutschland, so ist das geltende Programm mehr eine knapp gefaßte Regierungserklärung der herrschenden Partei der DDR. Es verzichtet auf alle früher propagierten gesamtdeutschen Bezüge und Erwartungen. Im Mittelpunkt steht die »schrittweise Verbesserung des Lebensniveaus aller Werktätigen« durch »hohe Leistungen in der sozialistischen Produktion und ein stabiles Wirtschaftswachstum«. Zwar wird zum Abschluß in euphorischen Worten der Kommunismus als die »lichte Zukunft der Menschheit« und das »edle Ziel« der SED gepriesen, doch das Schwergewicht des neuen Parteiprogramms liegt ganz auf der ideologischen Erklärung der Gegenwart und der Beschreibung der politischen Schritte für die nächste Zukunft. Das Parteiprogramm von 1976 trägt unverkennbar die Handschrift Erich Honeckers, dessen politische Linie die ideologische Abgrenzung von der »BRD« mit der pragmatischen Stabilisierung der SED-Herrschaft im Inneren verbindet. Zeitweise hat man daran gedacht, der Partei einen neuen Namen – vielleicht »Kommunistische Partei der DDR« – zu geben, um damit die Konzentration auf den ostdeutschen Teilstaat und den Kommunismus als allmählich näherrückendes Endziel auszudrücken. Schließlich hat man es bei der »Sozialistischen Einheitspartei Deutschlands« belassen, wohl um keine neuerliche Unruhe in der Bevölkerung zu provozieren.

Die SED ist heute keine stalinistische Partei mehr wie in den fünfziger Jahren, als ihre Herrschaft auf direkter Machtausübung (einschließlich der Anwendung von Terror) auf allen Gebieten des politischen und gesellschaftlichen Alltags basierte und die Mitgliederschaft lediglich ein folgsames Instrument in den Händen der Spitzenfunktionäre sein durfte. Sie ist heute eine große Massenpartei, die zwar autoritär geführt wird, in der es aber gleichwohl zu Meinungsstreit und Kontroversen innerhalb der Mitgliederschaft kommen kann und darf. Sie hat sich weitgehend auf die Rolle der indirekten – kaum weniger wirksamen – Planung und Steuerung der Wirtschaft und Gesellschaft zurückgezogen. Die allgemeine Verbesserung der Lebensbedingungen im Lande hat dazu beigetragen, daß die führende Rolle der SED inzwischen von einer wachsenden Zahl von Bürgern in der DDR als mehr oder weniger legitim anerkannt wird. Diese Entwicklung hat sich seit dem Übergang von Ulbricht zu Honecker als Erstem Sekretär der SED (1971) eher noch verstärkt. Dazu hat nicht nur die seit dem VIII. Parteitag verstärkte Berücksichtigung der Lebensbedürfnisse der Bevölkerung auf dem Gebiet der Konsumgüterversorgung, des Wohnungsbaus sowie des Sozial- und Gesundheitswesens beigetragen, auf die wir noch eingehen werden, auch der nach außen so reibungslos vollzogene Wechsel an der Spitze der Partei hat die Stabilität ihrer Herrschaft zweifellos erhöht. Über zwei Jahrzehnte schien die Herrschaft der SED und des sozialistischen Systems sowjetischer Provenienz in der DDR unauflösbar mit der Person Ulbrichts verbunden zu sein. Jetzt sind mit und neben Honecker neue Leute an die Spitze der SED getreten, die einerseits in der Kontinuität der Führungsstellung der Partei in Staat und Gesellschaft stehen, andererseits aber auch in der Lage sind, diese Herrschaft in ihren Formen und Inhalten zu modifizieren. Die DDR ist nicht mehr der Staat Walter Ulbrichts, und sie wird auch nicht der Staat Erich Honeckers werden; in den 30 Jahren ihrer staatlichen Existenz hat sich die Führungsstellung der Sozialistischen Einheitspartei so sehr mit dem gesamten politischen und gesellschaftlichen System verwoben, daß die SED den Wechsel von Personen und den damit verbundenen Wandel von Programmen überdauern dürfte. Einschneidende Änderungen in der DDR können nur mehr aus der SED selbst kommen, nicht aber gegen sie durchgeführt werden.

3. Die Organisation der SED

Das für die Organisation der SED grundlegende Dokument ist ihr Parteistatut. Das derzeit geltende, auf dem IX. Parteitag im Mai 1976 verabschiedete Statut ist bereits das fünfte in der Geschichte der Einheitspartei. In den ersten zehn Jahren nach der Vereinigung von 1946 machte die Entwicklung der SED von einer sozialistischen Massenpartei zu einer kommunistischen Kaderpartei eine häufige Revision der Statuten notwendig. Konstitutives Prinzip der inneren Parteiorganisation ist seit dem vierten Parteistatut von 1963 der *demokratische Zentralismus*.

Diese von Lenin begründete und praktizierte Formel, die auch in die neue Verfassung der DDR eingegangen ist, besagt zweierlei:
1. Alle leitenden Parteiorgane müssen demokratisch gewählt werden und sind gegenüber den Organisationen, die sie gewählt haben, zu ständiger Rechenschaftslegung verpflichtet;
2. alle Beschlüsse der höheren Parteiorgane sind für die unteren Gliederungen der Partei verbindlich, sie sind auf der Basis einer straffen Parteidisziplin durchzuführen; die Minderheit hat sich den Beschlüssen der Mehrheit unterzuordnen.
Demokratischer Zentralismus enthält also, wie auch der Begriff selbst zum Ausdruck bringt, eine demokratische Komponente, die durch die Institution der Wahl der Parteiorgane ausgefüllt wird, und eine hierarchische Komponente. Durch das Mittel des Zentralismus wird sichergestellt, daß die Beschlüsse der obersten Parteigremien für alle untergeordneten Gliederungen der Partei gelten und von ihnen ohne Widerspruch ausgeführt werden.
In der Praxis des Parteilebens dominiert zweifellos das Prinzip des hierarchischen Zentralismus auf Kosten des Prinzips der Demokratie. Die Möglichkeit der demokratischen Wahl von Parteigremien ist faktisch eingeschränkt durch die Mitwirkung übergeordneter Parteiorgane bei der Aufstellung der meisten Kandidatenlisten und durch die Kontrolle des Wahlverfahrens. Hauptamtliche Sekretäre der Partei, die im SED-Machtapparat auf allen Ebenen eine zentrale Stellung einnehmen, sind »entsprechend den Instruktionen des Zentralkomitees« zu wählen, werden also faktisch von oben eingesetzt. Dadurch wird die demokratische Komponente stark ausgehöhlt.
Der Zentralismus sichert somit die Einhaltung und Durchführung der Anordnungen der obersten Parteiführung. In der Regel ist es so, daß die Parteiführung, konkret: das Zentralkomitee oder das aus ihm hervorgehende Politbüro, die politischen Grundsatzentscheidungen festlegt, den institutionellen Rahmen für die Ausführung der Beschlüsse bestimmt und die Verantwortung für die Durchführung bestimmten nachgeordneten Einheiten der Partei überträgt. Der Befehlsmechanismus, der dabei wirksam wird, kann starr und diktatorisch sein, er kann aber auch Raum lassen für eine »schöpferische« Anwendung der Grundsatzentscheidung. Im Gegensatz zum starren Befehlsprinzip der stalinistischen Phase der Partei ist in den letzten Jahren eine größere Flexibilität der Parteiführung bemerkbar geworden, die vor allem darauf abzielt, eine konstruktive Mitarbeit möglichst vieler Parteimitglieder zu erreichen. Zum demokratischen Zentralismus gehört auf der anderen Seite notwendig die Parteidisziplin, zu der die Mitglieder der SED in den Statuten ihrer Partei

in einer besonders nachdrücklichen Weise verpflichtet werden. Die Parteidisziplin soll die Einheit und Geschlossenheit im Handeln der Partei sicherstellen. Der einzelne ist als Mitglied der SED verpflichtet, überall die Interessen der Partei im Auge zu haben und den Willen der Partei nicht nur zu respektieren, sondern stets auch dafür zu kämpfen, daß er in die Tat umgesetzt wird. Verlangt wird nicht nur die Übereinstimmung des Mitglieds mit den Grundsätzen und Zielen der Partei, gefordert wird die aktive Mitarbeit am sozialistischen Aufbau. Das Statut der SED enthält einen umfangreichen Pflichtenkatalog, angefangen bei der Verpflichtung zum Schutz der »Einheit und Reinheit der Partei« bis hin zu der moralisierenden Forderung an die Mitglieder, gegen »Schönfärberei aufzutreten und gegen die Neigung, sich an Erfolgen zu berauschen«.

Das hierarchische Prinzip des Zentralismus in Verbindung mit der Parteidisziplin sichert im allgemeinen die Durchführung der Beschlüsse der obersten Parteigremien (Zur Organisation der SED vgl. das Schaubild 1 auf S. 74). Die machtpolitisch wichtigste Instanz der SED ist das *Politbüro*, obwohl es im Statut unter den »höchsten Parteiorganen« eher beiläufig erwähnt wird. Von ihm heißt es im Parteistatut lediglich, daß es zwischen den Plenartagungen des Zentralkomitees dessen politische Leitung übernehme. Das SED-Politbüro entspricht in etwa dem Parteipräsidium einer westlichen Massenpartei. Es tagt in der Regel wöchentlich und trifft alle Beschlüsse von politischer Tragweite. Es ist die permanente politische Führung der Partei und bedient sich der Unterstützung des Sekretariats des Zentralkomitees. Das Politbüro wird vom Zentralkomitee gewählt. Es besteht zur Zeit aus 19 Vollmitgliedern und 8 Kandidaten, entspricht also größenmäßig in etwa einem normalen westlichen Regierungskabinett. Die Durchführung der Grundsatzbeschlüsse des Politbüros als des politischen Führungsgremiums der SED und damit der DDR insgesamt wurde früher durch eine weitgehende personelle Identität von führenden Regierungsmitgliedern und Politbüromitgliedern gewährleistet. Heute sind nur noch der Vorsitzende und die beiden 1. Stellvertreter des Vorsitzenden des Ministerrates sowie der Verteidigungsminister und der Minister für Staatssicherheit (Stoph, Krolikowski, Alfred Neumann, Hoffmann, Mielke) Vollmitglieder des Politbüros, stellen also nur ein Viertel dieses Gremiums. In dieser personellen Entflechtung spiegelt sich gegenüber früheren Verhältnissen der Rückzug auf indirekte Methoden der Machtausübung und Kontrolle wider. Es ist bezeichnend, daß der Bereich der äußeren und inneren Sicherheit die Ausnahme von der Regel darstellt; hier verzichtet die Partei nicht auf die direkte Leitung durch Personalunion.

Aufbau der SED

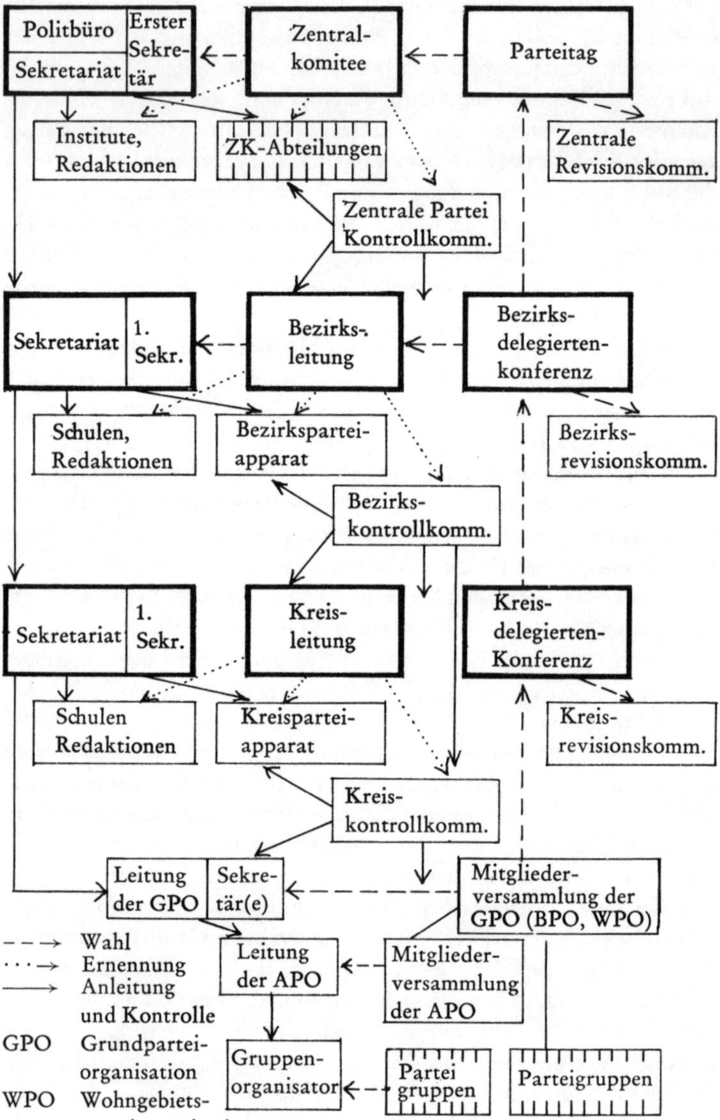

- - → Wahl
· · · → Ernennung
——→ Anleitung und Kontrolle

GPO Grundparteiorganisation
WPO Wohngebietsparteiorganisation
BPO Betriebsparteiorganisation
APO Abteilungsparteiorganisation

Nach: Bestimmungen des Statuts der SED

Das Politbüro ist ein kollektives Leitungsorgan, in dem allerdings der *Generalsekretär* eine hervorgehobene Stellung innehat. Diese Position war 1950 für Walter Ulbricht eingerichtet worden, der damit faktisch vor den beiden Gründungsvorsitzenden der Einheitspartei, Pieck und Grotewohl, rangierte. Konsequenterweise wurde dann auch 1954 die Funktion des Vorsitzenden abgeschafft. Ulbricht ließ nach Stalins Tod den Titel des Generalsekretärs zugunsten der Bezeichnung »Erster Sekretär« fallen, doch im Statut von 1976 wird der ursprüngliche Titel wieder aufgenommen. Hinter dieser protokollarischen Aufwertung für Erich Honecker steht das Beispiel der kommunistischen Partei der Sowjetunion, aber auch der CSSR, Rumäniens und Nordkoreas. Der Generalsekretär der SED ist der Parteichef und damit der mächtigste Mann im politischen System der DDR.
In direkter Verbindung mit dem Politbüro steht das *Sekretariat des Zentralkomitee.* Ihm wird im Statut die Leitung der laufenden Parteiarbeit, hauptsächlich die Durchführung und Kontrolle der Parteibeschlüsse und die Auswahl der Kader zugesprochen. Das Sekretariat ist die Spitze der Parteiexekutive. Zur Zeit sind im Sekretariat zehn hauptamtliche Sekretäre unter Leitung des Generalsekretärs tätig. Nicht nur ist dieser der mächtigste Mann in Partei und Staat, auch Sekretäre wie der für Internationale Verbindungen zuständige Hermann Axen, Günter Mittag als Sekretär für Wirtschaft und Paul Verner als Sekretär für Sicherheit haben mehr Einfluß als die meisten Minister im Staatsapparat.
Die Sekretäre stehen an der Spitze des Sekretariats als dem zentralen Parteiapparat mit über tausend hauptamtlichen Mitarbeitern. Es ist in verschiedene Abteilungen gegliedert, die neben einer Anzahl rein parteibezogener Angelegenheiten wie etwa Kaderarbeit und -schulung in etwa den großen Tätigkeitsbereichen der allgemeinen Politik entsprechen. Das Partei-Sekretariat dirigiert von Berlin aus die gesamte Maschinerie der SED, die sich personell aus etwa 60 000 hauptamtlichen und ca. 300 000 ehrenamtlich tätigen Funktionären zusammensetzt (bei einem gegenwärtigen Mitgliederbestand von etwa 2 Millionen).
Ein fester Bestandteil des Parteiapparats sind nicht nur die Institute der SED zur marxistisch-leninistischen Forschung und Kaderausbildung, auf die noch einzugehen sein wird, sondern auch die Redaktionen der *Parteizeitungen* und *-zeitschriften.* Ihre zentrale Bedeutung nicht nur für den inneren Aufbau der Partei, sondern auch für die Führungsstellung der SED in Staat und Gesellschaft wird deutlich, wenn man sich die Auflagenhöhe der DDR-Zeitungen vergegenwärtigt. Zwar besitzt die SED von den 40 Tageszeitungen mit ihrem Zentralorgan »Neues Deutschland« und ihren 14 Bezirkszeitungen nur knapp die Hälfte, doch

von der Gesamtauflage von 7,8 Millionen fallen auf das »ND« über 1 Million und auf die SED-Bezirkszeitungen 4,1 Millionen. Auch die Tageszeitungen des Jugendverbandes FDJ (»Junge Welt«) und des Freien Deutschen Gewerkschaftsbundes (»Tribüne«) stehen unter der direkten Anleitung des Parteiapparats. Getreu den Leninschen Parolen sind die Massenmedien in der DDR der »kollektive Organisator und Agitator« der sozialistischen Gesellschaft unter Führung der SED.
Nach dem Parteistatut sind Politbüro und Sekretariat lediglich die ausführenden Organe des *Parteitags* und des *Zentralkomitees* als den höchsten Organen der Partei. Doch beide Organe fungieren in erster Linie als Legitimations- und Akklamationsorgane für Beschlüsse, die von Politbüro und Sekretariat vorbereitet und gefaßt worden sind. Von ihnen gehen kaum eigene Initiativen aus, sie dienen vielmehr der Bestätigung und Publizierung von Entscheidungen, die in den faktischen Führungsgremien der Partei gefällt worden sind. Dennoch sind die Parteitage und die Tagungen des Zentralkomitees nicht völlig funktionslos und unbedeutend. Die von ihnen veröffentlichten Beschlüsse informieren die Bevölkerung über Grundsatzentscheidungen für die nächste Zukunft, sie haben eine wichtige Rolle für die Aufklärung und Bildung der öffentlichen Meinung. So ist auf dem VI. Parteitag im Januar 1963 der Übergang zu den Wirtschaftsreformen des Neuen Ökonomischen Systems verkündet worden; der VIII. Parteitag im Juni 1971 hat den Wechsel von Ulbricht zu Honecker als Erstem Sekretär der SED vollzogen; auf der 10. Tagung des Zentralkomitees Anfang Oktober 1973 hat der zuständige Minister ein umfassendes Wohnungsbauprogramm für die Jahre 1976 bis 1990 verkündet. Für die Bevölkerung der DDR sind die Tagungen des Zentralkomitees in jüngster Zeit vor allem dadurch von Bedeutung, daß die SED auf ihnen die parteiamtliche Einschätzung der wirtschaftlichen Entwicklungen und Perspektiven verkündigt.
Die personellen und programmatischen Beschlüsse der Parteitage und Tagungen des Zentralkomitees sind gewissermaßen die Seismographen, an denen die Außenwelt den Trend der politischen Entwicklung der SED und damit der DDR ablesen kann.
Parteitage der SED fanden bisher neunmal statt, früher im Abstand von vier, seit 1971 von fünf Jahren. Man hat sich damit dem Rhythmus der Fünfjahrespläne angepaßt. Zuletzt wurde der IX. Parteitag vom 18. bis 22. Mai 1976 veranstaltet. Das *Zentralkomitee* (ZK) gilt als das höchste Organ der SED zwischen den Parteitagen. Es entsendet die Vertreter der Partei in die leitenden Organe des Staatsapparates und der Wirtschaft, wählt das Politbüro und die leitenden Funktionäre des ZK-Sekretariats. Es umfaßt zur Zeit, nach der 9. Tagung am 13./14. Dez. 1978, 145 Mitglie-

der und 52 Kandidaten und ist darum ein eher schwerfälliges Gremium. Nach dem Statut soll das ZK mindestens jedes halbe Jahr eine Plenartagung abhalten; in der Regel tagt es jährlich viermal, jeweils ein bis zwei Tage. Es arbeitet zwischen den Sitzungen mit ständigen und Ad-hoc-Kommissionen. Unter den ständigen Kommissionen ist die Zentrale Parteikontrollkommission (ZPKK) die wichtigste, weil sie die gesamte Personalpolitik und die politische Arbeit der nachgeordneten Parteiinstanzen zu überwachen hat, um »Einheit und Reinheit der Partei« zu wahren, wie es in Art. 44 des Parteistatuts heißt.
Man hat im Westen die Organisation der SED oft als diktatorisch oder totalitär bezeichnet. In der Tat sichert das Organisationsprinzip des demokratischen Zentralismus der Führungsspitze den beherrschenden Einfluß auf die Partei sowie auf die Formulierung und Durchführung ihrer Politik in Staat und Gesellschaft. Die hauptamtlichen Funktionäre, die nur zum geringeren Teil gewählt und zum größeren Teil von den übergeordneten Parteigremien bestellt werden, bestimmen in der Tat das äußere Erscheinungsbild der Partei viel mehr als die einfache Mitgliederschaft. Doch darf man in dieser Tendenz zur Oligarchisierung und Bürokratisierung nicht eine Eigenheit nur der kommunistischen Staatsparteien sehen. Sie ist auch in den westlichen Massenparteien zu beobachten und hat ihren Grund in den komplexen politischen Führungsaufgaben, die die Parteien in der wirtschaftlichen und gesellschaftlichen Entwicklung übernehmen. Ohne einen großen Apparat können sie die Verantwortung nicht ausüben, die ihnen in fast allen Staaten der Welt zugefallen ist. Die einfachen Parteimitglieder haben es demgegenüber immer schwerer, ihre demokratischen Rechte auf innerparteiliche Mitbestimmung durchzusetzen. Diese überall zu beobachtende Tendenz zur Entfremdung der Führungselite und des Apparats von der Mitgliederschaft der Parteien wird in der DDR noch verstärkt durch die historische Erfahrung der SED-Elite, daß sie ihre Vorstellung vom Sozialismus in einer diesen Ideen weitgehend feindlich gegenüberstehenden Bevölkerung durchsetzen mußte. Selbst der eigenen Mitgliederschaft konnte die Führungsspitze der SED in den späten 40er und in den 50er Jahren kaum trauen, wie die zahlreichen Parteisäuberungen – in der Regel durch das Mittel der Umtauschaktion von Parteibüchern – und der hohe Anteil von SED-Mitgliedern unter den DDR-Flüchtlingen offenbarten. Aus dieser Zeit wirkt ein wechselseitiges Mißtrauen zwischen SED-Führung und Bevölkerung nach, das erst langsam schwindet. Die Partei ist der Auffassung, sich nur behaupten zu können, wenn sie nach außen ein einheitliches und geschlossenes Bild abgibt. Innerparteilich gibt es heute sicherlich mehr Diskussionen und Einflußmöglichkeiten als

in den Jahren der totalitären Herrschaft. Doch erst langsam lernt auch die Parteiführung, daß es ihrem Ansehen in der Bevölkerung nicht schadet, sondern eher nützt, wenn sie eine größere Vielfalt von Meinungen zuläßt. Die Grundprinzipien des Sozialismus und der Herrschaft der Arbeiterklasse durch die Partei dürfen dabei natürlich nicht in Frage gestellt werden.
Die Einheit der Partei wird heute nicht mehr einfach durch das Mittel der Diktatur von oben hergestellt. Alle leitenden Organe der Partei sind auf das Prinzip der Kollektivität verpflichtet, d. h. sie sind gehalten, »die vor der Partei stehenden Probleme, die Aufgaben und die Planung der Arbeit im Kollektiv zu beraten und zu entscheiden« (SED-Statut).
Auf diese Weise ist jedenfalls für alle Leitungsgremien der Partei ein gemeinsamer Prozeß der Beratung vorgeschrieben, der das Fällen einsamer Entschlüsse durch führende Parteimitglieder ausschaltet. Praktisch bedeutet das Prinzip der Kollektivität, daß so lange diskutiert wird, bis sich eine gemeinsame Linie herausbildet. Dabei wird natürlich je nach Lage das Gewicht bestimmter führender Parteigenossen, insbesondere die Auffassung des Generalsekretärs der Partei, von ausschlaggebender Bedeutung sein, aber das ist ein natürlicher Vorgang in allen politischen Entscheidungsgremien.
Der Generalsekretär der Partei, das ihm unterstellte Sekretariat und das von ihm geleitete Politbüro bilden die Spitze der Machtpyramide der Partei. Die breite Basis der Partei sind die sogenannten *Grundorganisationen* (GPO). Unter ihnen versteht man die kleinsten Parteieinheiten (den früheren kommunistischen Zellen entsprechend), von denen es in der heutigen DDR über 54 000 gibt. Zählt man auch die Abteilungsorganisationen (APO) dazu, die in den Grundorganisationen von Betrieben und Verwaltungen für einzelne Arbeitsbereiche gebildet werden können, so gibt es 84 000 Parteigruppen an der Basis. Die Grundorganisationen gelten als das wichtigste »Bindeglied zwischen der Partei und den Massen« (Honecker). Sie werden nicht nur in Wohngebieten (WPO) gebildet, sondern auch in den Betrieben (BPO), den Landwirtschaftlichen Produktionsgenossenschaften, den Einheiten der Volkspolizei und Volksarmee, den Schulen und Hochschulen (Territorial- und Produktionsprinzip). Zweck dieser Einrichtung ist es, die Beschlüsse der Partei in allen Bereichen des Lebens zu verwirklichen und den Bürgern, die nicht in der Partei sind, das Bewußtsein der ständigen Präsenz der Partei zu vermitteln. Bei den Grundorganisationen handelt es sich um kleine überschaubare Einheiten, die schon mit drei Mitgliedern gebildet werden können. Auf der Ebene der Grundorganisationen werden die Leiter in geheimer Wahl gewählt; hier hat das Wahlgeheimnis oft noch

eine echte Funktion, während es bei den allgemeinen Wahlen zu den Volksvertretungen kaum mehr eine Rolle spielt. Die Grundorganisationen werden in Ortsgruppen, diese wiederum auf Kreisebene zusammengefaßt, was nicht nur territorial gemeint ist, da von den 263 Kreisorganisationen der SED, die es heute in der DDR gibt, über 30 nicht auf Kreisebene, sondern innerhalb großer Volkseigener Betriebe oder in Universitäten und anderen Körperschaften bestehen. Die nächsthöhere Ebene der Parteigliederung ist dann die der Bezirke, entsprechend der verwaltungsmäßigen Aufgliederung des Landes in vierzehn nach Städten benannten Bezirken plus dem Bezirk (Ost)Berlin. Die fünfzehn Bezirkssekretäre spielen im Rahmen der Partei eine relativ wichtige Rolle: sie verfügen ihrerseits über größere Sekretariate, in der Regel sind die Bezirkssekretäre auch Miglieder des Zentralkomitees. Damit schließt sich der Kreis, der Parteispitze und Parteibasis verbindet.
Angesichts der zentralen Bedeutung der Partei für alle Bereiche der Verwaltung, Gesellschaft und Wirtschaft hat die SED stets großen Wert auf die Auswahl und Schulung der sogenannten *Kader* gelegt. Unter Kader versteht man die Parteimitglieder, die Funktionen, vor allem leitende Funktionen im Berufsleben, innehaben. Die Kader sind die planmäßig herangebildete Elite des politischen Systems, mit der die SED ihre Ziele anstrebt und durchsetzt. Zur Kaderpolitik gehört die ideologische und fachliche Auswahl und laufende Beobachtung der Parteimitglieder, aber auch ihre entsprechende Fortbildung. Im Rahmen der Parteiorganisation spielen daher die Kaderabteilungen, eine Art von Personalabteilungen für SED-Mitglieder, und die Institutionen der Parteischulung eine große Rolle. An den Schulen und Instituten der Partei studieren jährlich ca. 100 000 Parteimitglieder und Kandidaten. Sie erfahren eine allgemeine ideologische und ökonomische Fortbildung, können aber auch ein regelrechtes Studium mit einem Diplom oder der Promotion abschließen. An der Spitze dieser Parteischulen in Betrieben, Kreisen und Bezirken steht die Parteihochschule »Karl Marx« in Ostberlin, an der das oberste Führungspersonal der SED aus- und fortgebildet wird. Für die Entwicklung des ideologischen Lehrgebäudes und für die Forschung auf den der Partei wichtigsten Gebieten spielen das Institut für Marxismus-Leninismus (IML), das Institut für Gesellschaftswissenschaften und das Zentralinstitut für sozialistische Wirtschaftsführung eine bedeutsame Rolle.
Infolge der wechselnden äußeren und inneren Bedingungen, unter denen die Partei seit 1945 zu arbeiten hatte, ist der Parteiapparat immer wieder umorganisiert worden, um seine Effektivität und Schlagkraft zu erhöhen. In den letzten Jahren galt das Interesse in besonderem Maße einer

Organisationsstruktur, die auf der einen Seite die Machtstellung der Partei in allen Lebensbereichen noch wirksamer zu sichern vermag, andererseits die stets drohende bürokratische Entfremdung des Apparates von der Masse seiner Mitglieder und der Gesamtbevölkerung vermeidet. Gerade in den letzten Jahren hat man aus dem zweiten Grund modernen, wissenschaftlich fundierten Führungsmethoden größere Aufmerksamkeit geschenkt. Die Parteiführung hat das hierarchische Prinzip des Zentralismus deswegen zwar nicht gelockert, weil auf ihm die unangefochtene Herrschaft der Parteiführung basiert, aber sie hat in wachsendem Maße dafür Sorge getragen, daß die einzelnen Parteimitglieder eigenverantwortlich und mit größerer Effektivität arbeiten können. Die leitenden Prinzipien der neuen Wirtschaftspolitik mit größerer Eigenverantwortlichkeit der Betriebseinheiten wurden auch auf die Gliederungen der Partei übertragen.
Es ist bezeichnend für die gewandelte Stellung der Partei gegenüber der heutigen Gesellschaft der DDR, daß sie ein eigenes Institut für Meinungsforschung besitzt. Die Partei kann und will nicht mehr über die Wünsche und Einstellungen der Bevölkerung hinweggehen, wie sie das in den 50er Jahren oft genug tat. Daß die Ergebnisse dieser Umfragen aber weitgehend geheim bleiben, bezeugt zugleich, wie sehr der ideologische Anspruch einer demokratischen Selbstherrschaft der Werktätigen und die Realität der Führungsmacht der SED noch auseinanderklaffen. Die Ergebnisse der Meinungsforschung benutzt die SED nicht nur, um notwendige Daten für ihre Politik zu erhalten und gegebenenfalls auf die Anliegen der Bevölkerung einzugehen, sondern auch, um die Einstellungen in der Bevölkerung erfolgreicher als bisher lenken und beeinflussen zu können. So haben Umfragen zur Zeit von Willy Brandts Gesprächen in Erfurt (1970) der SED-Führung signalisiert, wie weitverbreitet sozialdemokratische und gesamtdeutsche Vorstellungen in der eigenen Bevölkerung noch waren; die Konsequenz war eine verschärfte Politik der ideologischen Abgrenzung und Befriedigung der individuellen Lebensbedürfnisse bei gleichzeitiger Normalisierung der offiziellen Beziehungen beider deutscher Staaten. Die Herrschaftsstruktur der SED ist heute nicht mehr eingleisig; sie verläuft nicht nur von oben nach unten, sondern auch in umgekehrter Richtung. Indem die Partei und ihre Führungsspitze auf Anregungen und Fragen von »unten« eingehen, stabilisieren sie ihren Führungsanspruch und werden den Erfordernissen der wirtschaftlichen und technischen Entwicklung gerecht.
Die SED bietet darum heute nicht mehr das Bild einer mit diktatorischer Befehlsgewalt von oben geführten Partei, sondern gibt bei aller Wahrung des unbedingten Führungsanspruchs der obersten Parteigremien der

eigenverantwortlichen Tätigkeit ihrer Unterorganisationen jetzt größeren Raum. Die zunehmende Durchdringung der konkreten Parteiarbeit mit den komplexen Sachfragen, die sich bei der Bewältigung der gestellten wirtschaftlichen und sozialen Aufgaben ergeben, hat zu einer gewissen ideologischen Entkrampfung des Parteistils beigetragen und rationaler, sachbezogener Argumentation größeres Gewicht auch innerhalb der Partei verschafft. Diese Tendenz, die von westlichen DDR-Forschern als »konsultativer Autoritarismus« (Ludz) umschrieben wurde, findet übrigens auch in der sozialen Zusammensetzung der Partei ihren Ausdruck. Die SED entwickelt sich stärker in Richtung auf eine sogenannte Volkspartei. Sie ist die *Staatspartei* der DDR.

4. Soziale und innerparteiliche Struktur der SED

Die SED nennt sich die Partei der Arbeiterklasse und des werktätigen Volkes, doch sie ist keine Arbeiterpartei im strengen Sinne des Wortes mehr. Zwar hat sie ihre Mitgliederwerbung stets in erster Linie auf Arbeiter und Bauern konzentriert, doch sind in den letzten Jahren in wachsendem Maße Männer und Frauen in leitende Stellungen der Partei gerückt, die keine Arbeiter sind, sondern sich in den Universitäten und Fachschulen der DDR als Fachleute qualifiziert haben. Nach der jüngsten Statistik aus dem Jahre 1977 sind 56,1 % der Mitglieder Arbeiter, 5,2 % Genossenschaftsbauern, 20 % Angehörige der Intelligenz und 11,5 % Angestellte. Obwohl damit der Anteil der Arbeiter gegenüber der auf dem VII. Parteitag im Jahre 1967 genannten Zahl (45,6 %) angestiegen ist, liegt er noch beträchtlich unter dem Anteil der Arbeiterschaft an der Gesamtbevölkerung. Die Arbeiter sind in der SED im Vergleich zur Sozialstruktur der Gesamtbevölkerung unter-, die Vertreter der Intelligenz und Angestelltenschaft überrepräsentiert. Dieses Faktum würde sicherlich noch deutlicher, wenn die Parteistatistik – wie es bis heute meist geschieht – nicht den beim Parteieintritt ausgeübten, sondern den derzeitigen Beruf erfassen würde. So mancher Arbeiter hat sich seit dem Eintritt in die Partei zum leitenden Angestellten und Angehörigen der Intelligenz hochgearbeitet. Die Partei selbst hat immer wieder versucht, durch verschärfte Eintrittsbedingungen für Nicht-Arbeiter den Anteil der Arbeiterschaft unter den Mitgliedern zu erhöhen. So ist seit dem VIII. Parteitag der Anteil von Arbeitern unter den Neuaufnahmen auf fast 80 % hochgeschraubt worden. Doch zur reinen Arbeiterpartei wird die SED nie werden, es sei denn, das kommunistische Endziel der klassenlosen Gesellschaft rücke näher und die ganze Bevölkerung wäre in

der Arbeiterschaft aufgegangen. Bevor dieses inhaltlich vage gefaßte utopische Ziel erreicht wird, bedarf die SED der qualifizierten Fachleute und Intellektuellen aus anderen Schichten und Klassen, um ihren Führungsaufgaben in Staat und Gesellschaft gerecht zu werden. Es hat daher wenig Sinn, die soziale Zusammensetzung der Partei gegen ihren ideologischen Anspruch ausspielen zu wollen, sie sei die Partei der Arbeiterklasse. Wesentlich problematischer für die SED-Führung muß hingegen die Tatsache sein, daß zwar über die Hälfte der werktätigen Bevölkerung in der DDR Frauen, aber nur 31 Prozent der Parteimitglieder weiblichen Geschlechts sind, wobei dieser Prozentsatz zur Spitze der Parteigremien hin noch weiter absinkt. In dieser Unterrepräsentierung deutet sich an, daß die Gleichstellung der Frauen in der DDR zwar in den Rechtsnormen und in den offiziellen Verlautbarungen der Politik, aber im gesellschaftlichen und politischen Alltag noch längst nicht voll verwirklicht ist.
Bei der Bedeutung, die in der DDR auf die schulische und wissenschaftliche Ausbildung als Voraussetzung des wirtschaftlichen Wachstums gelegt wird, wundert es nicht, daß das Bildungsniveau der Mitgliederschaft der SED ständig angewachsen ist. Heute haben schon über ein Viertel aller Mitglieder und Kandidaten der Partei ein abgeschlossenes Hoch- bzw. Fachhochschulstudium hinter sich. Noch deutlicher wird diese Einbeziehung von akademischen Fachkräften in die Parteiarbeit auf der Ebene des hauptamtlichen Personals der Partei: alle Sekretäre in den 263 Kreisleitungen haben eine Hochschulausbildung, von den Sekretären in den Großbetrieben verfügen 94 Prozent darüber. Die akademische Qualifikation der Partei nimmt zur Spitze der Partei hin überproportional zu.
Das ausdrückliche Ziel der Partei ist es heute, fachlich wie ideologisch qualifizierte Funktionäre heranzubilden. Diese beiden Ziele standen in den Anfangsjahren der SBZ – DDR in einem gewissen Widerspruch, denn die politisch zuverlässigen Kader hatten eine geringe fachliche Qualifikation, während die Intelligenz weitgehend als politisch unzuverlässig galt. Im Gefolge der Wirtschaftsreformen nach 1963 gelangten jedoch zahlreiche Fachleute, vor allem Ökonomen, an die Spitze des Partei- und Staatsapparats.
Peter Christian Ludz hat diese Veränderungen in der Qualifikationsstruktur der SED mit empirischer Gründlichkeit und methodischer Subtilität in seinem Buch über »Parteielite im Wandel« (Köln-Opladen, erstmals 1968) untersucht. Aus der Analyse des Aufstiegs, der sozialen Werte und des Verhaltens der alten und der neuen Elite zueinander folgert er, daß in der Parteielite der SED zwei Gruppen zu unterscheiden seien, die »strategische Elite« aus den altgedienten politischen Funktio-

nären und die »institutionalisierte Gegenelite«, die sich aus den neuen Fachleuten rekrutiert. Diese Eliten stünden sich als Kräfte der Beharrung und der Dynamik gegenüber.

In der Öffentlichkeit sind diese Ergebnisse der Untersuchung von Ludz meist so verstanden worden, als ob in den Führungsgremien der SED zwei geschlossene Elite-Gruppen um die Macht kämpften. Dabei hat man übersehen, daß die beiden Elitebegriffe idealtypisch gemeint waren und nicht als feindliche Fraktionen von Parteifunktionären innerhalb des Machtapparates verstanden werden durften. Ludz hat im übrigen sein Buch zu einer Zeit geschrieben, in der die Parteiführung in einem gewissen Nachholbedarf tatsächlich die fachliche Qualifikation mehr zu betonen schien als die politische. Seit dem VIII. Parteitag ist diese Linie, die eine Herrschaft von Technokraten andeutete, wieder korrigiert worden. Fachliche und politische Qualifikation mögen innerhalb der SED-Führung gelegentlich in einem Spannungsverhältnis stehen, sie sind aber kein sich ausschließender Gegensatz. Insgesamt scheint ein gegenseitiger Assimilationsprozeß in der Führungsschicht der DDR stattgefunden zu haben, der auf der einen Seite die alte, noch stark ideologisch geprägte Führungsgruppe der Partei in den Stand gesetzt hat, die Notwendigkeit fachlich-rationaler Beratung anzuerkennen, wie andererseits die Fachleute selbst bereit waren, ihre fachliche Orientierung in den größeren ideologischen Zusammenhang einzuordnen und eine enge Zusammenarbeit zwischen Wissenschaft, Praxis und Ideologie für sinnvoll zu halten.

Zu Anfang des Jahres 1978 hat die Veröffentlichung eines »Manifestes des Bundes Demokratischer Kommunisten Deutschlands« durch den »Spiegel« den Vermutungen um eine parteiinterne Oppositionsgruppe in der SED wesentlichen Auftrieb gegeben. Dieses Manifest geißelt in rüden Worten den Herrschafts- und Lebensstil der Parteielite, prangert die bürokratische Wirtschaftsmisere an und beklagt die Abhängigkeit der DDR von der Sowjetunion. Die Diskussion um die Echtheit dieses Dokuments soll hier nicht fortgesetzt werden, obwohl seine inhaltliche und semantische Inkonsistenz eher skeptisch stimmt.

Die eigentliche Frage ist vielmehr, ob es in der Führung und im Funktionärskorps der SED jenen Dissens bis hin zum organisierten Widerstand gegen die herrschende Mannschaft um Erich Honecker gibt, den vor allem das genannte westdeutsche Nachrichtenmagazin immer wieder unterstellt. Er wird zum einen bei den versierten Wirtschaftsfachleuten der SED vermutet, denen Honeckers Kurs aus volkswirtschaftlicher Sicht unsolide und wirr erscheint, worauf im Kapitel über die Gesellschaftspolitik und das Wirtschaftssystem noch einzugehen sein wird. In

diesem Zusammenhang wird meist der Name von Günter Mittag genannt, der 1963 mit Erich Apel die Wirtschaftsreformen des Neuen Ökonomischen Systems (NÖSPL) einleitete und mit einer Unterbrechung in den Jahren 1973–1976, in denen er im Ministerrat als 1. Stellvertreter des Vorsitzenden tätig war, seit 1962 Sekretär des ZK für Wirtschaft ist. Gegen diese Vermutung ist einzuwenden, daß Mittag, ein promovierter Ökonom, sicherlich nicht im Oktober 1976 von Erich Honecker auf dem Höhepunkt seines politischen Ansehens nach dem IX. Parteitag und der Übernahme des Staatsratsvorsitzes wieder in die Schlüsselposition des Parteiapparates für Wirtschaftsfragen berufen worden wäre, wenn er grundlegende Meinungsverschiedenheiten mit dem Generalsekretär hätte. Des weiteren wird auf Willi Stoph verwiesen, als langjähriger Ministerpräsident in den 60er Jahren ein Konkurrent zu Erich Honecker um die Nachfolge Walter Ulbrichts 1971 und 1973 nach dessen Tod auf das Amt des Staatsratsvorsitzenden abgeschoben. Doch 1976 wurde Stoph, ein in Fragen der Innen- und vor allem Wirtschaftspolitik versierter Altfunktionär, vermutlich auf Veranlassung, sicherlich jedoch mit Billigung Honeckers wieder an die Spitze des Ministerrates berufen. Auch von Paul Verner, einem altgedienten Apparatschik, der Honecker im Amt des ZK-Sekretärs für Sicherheit folgte, ist keine grundsätzliche Opposition zu Person und Politik des Generalsekretärs zu vermuten. Bei näherem Hinsehen auf die personelle und politische Konstellation der SED erweisen sich somit alle Spekulationen über tiefgreifende Konfrontationen in der Parteispitze als Ausgeburt einer von den innerparteilichen Kämpfen westlicher Staaten beflügelten Phantasie und als Folge der Geheimniskrämerei, mit der sich die Partei- und Staatsspitze der DDR umgibt.
Erich Honecker hat es vielmehr verstanden, sowohl die mit ihm in Konkurrenz um Ulbrichts Nachfolge stehenden altgedienten Funktionäre in Amt und Würden zu belassen und in seine Mannschaft zu integrieren, als auch jüngere Funktionäre in die Parteispitze zu heben, die ihm durch ihren Aufstieg zu Loyalität verpflichtet sind. Bezeichnenderweise ist die überwiegende Zahl der jüngeren Mitglieder in Politbüro und Sekretariat des ZK aus Spitzenfunktionen der Freien Deutschen Jugend (FDJ) hervorgegangen, als deren Vorsitzender von 1946 bis 1955 Honekker seine politische Karriere in der DDR begann und die zu Recht als die »Kaderschmiede der Partei« bezeichnet wird. Prototyp dieses neuen Typs des jüngeren Parteifunktionärs, der ideologische Standfestigkeit mit fachlichem Wissen, gesellschaftlicher Gewandtheit und Sprachenkenntnis verbindet, war Werner Lamberz (geboren 1929). Er galt bis zu seinem Tod durch einen Hubschrauberabsturz in Libyen Anfang März

1978 sogar als möglicher Nachfolger Erich Honeckers, falls dieser aus irgendwelchen Gründen aus seinem Amt ausscheiden würde. Nachfolger von Lamberz als ZK-Sekretär für Agitation und Politbüromitglied wurde der gleichaltrige Joachim Hermann, als früherer Staatssekretär für gesamtdeutsche bzw. westdeutsche Fragen mit der Deutschlandpolitik gut vertraut und seit 1971 Chefredakteur des »Neuen Deutschland«.

Zwischen diesen Spitzenfunktionären mögen sehr wohl durch Alter, Ausbildung und Lebenserfahrung bedingte Mentalitätsunterschiede bestehen, doch von einer Opposition oder Gegen-»Fraktion« zu sprechen, erscheint weit übertrieben. Die »Fraktionsmacherei und Gruppenbildung« gehört auch zu den im Parteistatut geächteten Todsünden eines Kommunisten, obwohl sie, wie die Geschichte der SED in den 50er Jahren und auch der KPdSU lehrt, in Umbruchzeiten immer wieder vorkommt. Eine siegreiche »Fraktion« gerät ohnehin nie unter dieses Verdikt, es trifft lediglich die Unterlegenen. Doch für die Gegenwartslage der Sozialistischen Einheitspartei sind solche Überlegungen weitgehend Spekulation. Lediglich auf der mittleren und unteren Ebene der Parteihierarchie mag es Funktionäre geben, die mit dieser oder jener Erscheinung unzufrieden sind oder gar, wie Rudolf Bahro, durch den Vergleich von ideologischem Anspruch der SED und gesellschaftlich-politischer Wirklichkeit der DDR zu einer grundsätzlichen, ja vernichtenden Kritik an der Politik der Parteispitze kommen. Die Führungsgruppe hingegen ist relativ geschlossen, sie ist durch die gemeinsame politische Karriere in der DDR, vor allem aber durch das Interesse an der Aufrechterhaltung ihrer Herrschaftsposition geeint. Es gehört zu dem kaderpolitischen Geschick Honeckers, sich, soweit man das von außen beurteilen kann, beim Aufstieg zum ersten Mann der SED, und damit der DDR, keinen prinzipiellen Feind gemacht, sondern auch die möglichen Konkurrenten mit Ansehen und politischer Macht bedacht zu haben. Zu einer einschneidenden Änderung der Partei- und Staatsspitze wird es darum nur im Gefolge einer Umwälzung der äußeren Bedingungen der SED-Herrschaft, genauer: in der Politik und im Führungspersonal der Sowjetunion und der KPdSU kommen. Ulbricht ist 1971 vor allem über seinen Starrsinn in der Deutschlandfrage und seine schulmeisterlichen Attitüden gegenüber der Sowjetunion gestürzt. Doch heute sind die großen kontroversen Fragen der Deutschland- und Außenpolitik stärker in den Hintergrund getreten; die in der DDR sich abzeichnende Konzentration auf die Innenpolitik berührt eher Detailfragen der ökonomischen und sozialen Entwicklung, nicht jedoch Entscheidungen grundsätzlicher Natur.

5. Partei und Staat

Staatliche Organisationen und Parteiorganisationen sind in der DDR, wie schon erwähnt, nicht identisch, aber gemäß ihrer führenden Rolle im Staat durchdringt die Partei selbstverständlich den gesamten Apparat des Staates und der Gesellschaft. Das Instrument dieser Durchdringung sind die Kader, die in den staatlichen Verwaltungen, den Betrieben und an anderer Stelle tätigen Parteimitglieder. So sind die Parteigenossen, die in der staatlichen Verwaltung arbeiten, als bewußte Parteimitglieder und nicht wie in der westlichen Tradition als parteiunabhängige Staatsbeamte tätig. Sie sind verpflichtet, in erster Linie die Weisungen ihrer Partei zu beachten. Über jedes Parteimitglied gibt es eine Kaderakte, in der seine persönlichen Daten, seine Zeugnisse, seine Beurteilungen am Arbeitsplatz, seine Verwandten und Freunde, Verbindungen zum Ausland, Einkommens- und Vermögensverhältnisse, politische und gesellschaftliche Zuverlässigkeit und dergleichen mehr erfaßt sind. Diese Kaderakte erlaubt es den Kaderabteilungen, beim Arbeitsplatzwechsel und in der allgemeinen Personalpolitik der Partei eine ausschlaggebende Rolle in einzelnen Behörden und Betrieben zu spielen. Auf diese Weise steuert die Partei durch den gezielten Einsatz der Parteimitglieder die Durchsetzung ihrer Politik in allen Bereichen des wirtschaftlichen und gesellschaftlichen Lebens. Sie hat damit ein Instrument in der Hand, mit dem sie die soziale Mobilität der ganzen Gesellschaft regulieren kann. Kaderabteilung und Kaderakte begleiten den einzelnen wie ein Schatten durch das ganze Leben, sie verleihen dem Alltag in der DDR oft einen Anflug jener Orwellschen Vision der totalen Steuerung und Überwachung, die der britische Schriftsteller in seinem politischen Zukunftsroman »1984« so beklemmend beschrieben hat.

Allerdings ist heute das Problem der Durchsetzung von Betrieben und staatlichem Apparat mit Mitgliedern der SED nicht mehr von entscheidender Bedeutung, denn die SED-Herrschaft ist im DDR-Staat so fest etabliert, daß man es nicht mehr nötig hat, den Staatsapparat über die Parteimitglieder fest in die Hand zu bekommen.

Die Parteivertreter im Staatsapparat haben deshalb heute weniger die Funktion, den Parteiwillen mit allen Mitteln zu realisieren, als vielmehr die Aufgabe, auf Mängel und Schwierigkeiten im Staatsapparat aufmerksam zu machen und sie der Partei als der alles kontrollierenden Instanz des politischen Lebens zur Kenntnis zu bringen, damit Abhilfe geschaffen werden kann.

Nach dem politischen Abtritt Walter Ulbrichts (1971) und seinem Tod (1973) zeigte sich die Differenzierung des Verhältnisses von Partei- und

Staatsapparat auch auf der Ebene der Führungspositionen. Erich Honekker begnügte sich damit, Ulbricht als Ersten Sekretär der SED und als Vorsitzender des Nationalen Verteidigungsrates zu beerben, den Vorsitz im Staatsrat überließ er seinem Vorgänger und, nach dessen Tod, Willi Stoph. Honecker und Stoph bildeten zusammen mit Horst Sindermann, dem Vorsitzenden des Ministerrates, eine Art Führungstroika, in der sich aber die hervorgehobene Führungsstellung Honeckers als des ersten Mannes der Partei auch in der Öffentlichkeit immer deutlicher ausprägte. Nach den Volkskammerwahlen von 1976 kam es dann zu umfassenden personellen Veränderungen in Staatsrat, Ministerrat und Präsidium der Volkskammer, aus denen sich die heutige Zusammensetzung der Staatsspitze in der DDR ergeben hat. Honecker übernahm das Amt des Staatsratsvorsitzenden und wurde damit auch nach außen hin der erste Mann der DDR; er vereint jetzt die gleichen Spitzenfunktionen in Partei und Staat, die auch sein Vorgänger Walter Ulbricht innehatte; doch entscheidend war gewiß sein Bemühen, dem Beispiel Leonid Breschnews nachzueifern, der 1975 ebenfalls zusätzlich zur Parteiführung die Rolle des Staatsoberhauptes übernommen hatte. Willi Stoph, bisheriger Vorsitzender des Staatsrates, wurde Vorsitzender des Ministerrates, ein Amt, das er bereits von 1964 bis 1973 innehatte. Der bisherige Vorsitzende des Ministerrates Horst Sindermann wurde neuer Präsident der Volkskammer. Schließlich schied Günter Mittag aus dem Ministerrat aus und übernahm erneut die Funktion des ZK-Sekretärs für Wirtschaft.

Durch dieses jüngste personalpolitische Revirement, das in eine Periode verstärkter Anforderungen und wachsenden Problemdrucks auf die DDR-Wirtschaft fiel, sollte das ökonomische Führungspotential im Staats- und Parteiapparat gestrafft und der Machteinfluß der Partei gestärkt werden. Beispielhaft für die angestrebte stärkere Verzahnung von Partei und Staat waren die Veränderungen im Staatsrat. Nicht nur übernahm Honecker den Vorsitz, auch von den weiteren 14 SED-Mitgliedern in diesem Gremium sind heute acht gleichzeitig Angehörige des Politbüros der Einheitspartei. Damit ist die Führungsstellung der Partei in Staat und Gesellschaft der DDR auch vor der Öffentlichkeit noch stärker herausgestellt worden als bisher. Für die Parteielite der SED ist dies nicht ganz unproblematisch, denn in relativ florierenden Zeiten verschafft ihr das zwar mehr öffentliches Ansehen, in schlechten Perioden jedoch wird die Kritik am Staatsapparat mit Vorliebe an der Parteispitze dingfest gemacht. Honeckers Ämterfülle gibt ihm einerseits die Chance, als DDR-Landesvater anerkannt zu werden, enthält aber auch das Risiko, mit seinem Namen für ein System zu stehen, dem Unzulänglichkeiten und enttäuschte Erwartungen angelastet werden. Die Ämterkumulation in der Partei- und Staatsspitze ist also keinesfalls nur von Vorteil für die Machtausübung, sie kann im Blick auf die feste Verankerung und Anerkennung der Parteiherrschaft auch zum Nachteil ausschlagen.

6. Die übrigen Parteien der Nationalen Front

Die Nationale Front, hervorgegangen aus der Volkskongreßbewegung für die Einheit Deutschlands, offiziell gegründet am 7. Oktober 1949, dem Staatsgründungstag, ist ein Zusammenschluß aller politischen Parteien und Massenorganisationen der DDR, in dem die SED, wenn auch nicht zahlenmäßig, die führende Rolle innehat. Zunächst war der Nationalen Front vor allem eine gesamtdeutsche Funktion zugedacht worden. Die in ihr zusammengeschlossenen Parteien sollten die deutschlandpolitische Konzeption der SED nach außen und innen propagieren. Nachdem die SED ihre gesamtdeutschen Ambitionen weitgehend aufgegeben hat und sich ganz auf die Abgrenzung der sozialistischen DDR von der kapitalistischen Bundesrepublik beschränkt, ist das Ziel der Nationalen Front heute die Vereinigung aller Kräfte des Volkes zum gemeinsamen Handeln für die Entwicklung der sozialistischen Gesellschaft (Art. 3 der DDR-Verfassung von 1968). Dieser Wandel von der gesamtdeutschen zur innerstaatlichen Funktion drückt sich auch im Namen aus: Ursprünglich war sie die »Nationale Front des demokratischen Deutschland«, heute firmiert sie als »Nationale Front der DDR«.
Damit ist klar ausgesprochen, daß die Nationale Front als Ganzes und in ihren formal selbständigen Gliederungen auf die politische Zielsetzung der SED ausgerichtet ist. Man könnte die Nationale Front auch das Bündnis der staatstragenden Parteien und gesellschaftlichen Gruppen in der DDR nennen, bei dem der Staatsinhalt und Staatszweck durch die Partei der Arbeiterklasse, die SED, festgelegt wird. Die politischen Parteien neben der SED haben deshalb keine wirklich eigenständige, sondern nur mehr eine subsidiäre Funktion. Dem steht die formelle Selbständigkeit der Parteien und Massenorganisationen, die immer wieder betont wird, nicht entgegen. Seit dem Beginn der fünfziger Jahre sind die vier kleineren Parteien und die Massenorganisationen in ihren Programmen darauf festgelegt, die politische Führungsrolle der SED anzuerkennen und für die Gestaltung einer wahrhaft sozialistischen Gesellschaft einzutreten.
Der Block der antifaschistisch-demokratischen Parteien, der bereits auf das Jahr 1945 zurückgeht und aus dem die Nationale Front hervorwuchs,

kann deshalb nur im formalen Sinne als ein Mehrparteiensystem bezeichnet werden. Ihm ist jede innere politische Dynamik dadurch genommen, daß das Stärkeverhältnis der Parteien und Massenorganisationen in den Vertretungskörperschaften der Republik, deren oberste die Volkskammer ist, unveränderbar ist. Dort haben die Vertreter der SED konstant 110, die übrigen vier Parteien je 45 Sitze (ohne die Berliner Vertreter), während den Massenorganisationen ein unterschiedliches Kontingent an Mandaten zugeteilt wird. Die Spitze hält der Gewerkschaftsbund (FDGB) mit 60 Sitzen. Nur auf lokaler Ebene werden geringfügige Schwankungen im Stärkeverhältnis der Parteien und Organisationen zugelassen.

Die Nationale Front wie die in ihr zusammengefaßten Parteien und Massenorganisationen sind ein Instrument der SED zur Propagierung und Durchführung der von ihr bestimmten Politik. Das zeigt sich deutlich in den Aufgaben und der Organisation der Nationalen Front. Die Nationale Front hat eigene Ausschüsse auf Orts-, Wohnbezirks-, Kreis- und Bezirksebene; an ihrer Spitze stehen ein Nationalkongreß und als Leitungsgremium der Nationalrat unter dem formell parteilosen Chemie-Professor Erich Correns als Präsidenten. Die wichtigste Aufgabe dieser Ausschüsse und Gremien ist die Verbreitung von richtungsweisenden Beschlüssen wie z. B. von »Thesen zum 25. Jahrestag der DDR« und die Vorbereitung der Wahlen zu den staatlichen Vertretungsorganen sowie den Richter- und Schöffenstellen. Die Nationale Front stellt die Kandidaten für die Wahlen auf einer geschlossenen Einheitsliste auf und stellt sie den Wählern auf von ihr organisierten Versammlungen vor. Kraft dieser Einheitsliste, die en bloc angenommen werden muß, steht das Wahlergebnis von vornherein, also bereits vor der Wahl, fest; es differiert lediglich in der Zahl der abgegebenen Stimmen, doch geht es hier nur um minimale Unterschiede, nämlich darum, ob die Wahlbeteiligung näher bei 99 oder bei 100 % liegt.

Parteien, die keine politische Dynamik durch den direkten Appell an den Wähler gewinnen können, sind mumifizierte Gebilde. Daß sie im Interesse der SED dennoch am Leben gehalten werden, weist aber darauf hin, daß sie innerhalb des politischen Systems eine gewisse, für notwendig gehaltene Funktion zu erfüllen haben.

In richtiger Einschätzung der antikommunistischen Einstellung in weiten Teilen des deutschen Volkes hielten Sowjets und deutsche Kommunisten nach 1945 es für besser, die bürgerlichen Schichten in eigenen Organisationen zu organisieren, ihnen einen gewissen Spielraum eigener Aktivität zu belassen und sie durch Einbeziehung in die politische Verantwortung an die im wesentlichen von den Kommunisten beherrschte neue Ordnung heranzuführen und zu binden. Der Block der antifaschistisch-demokratischen Parteien hatte die Funktion, die Basis der politischen Verantwortung so breit wie möglich zu machen und die SED von der politischen Alleinverantwortung zu entlasten. Die SED war stets stark genug, die für notwendig gehaltenen politischen Grundsatzentscheidungen zu treffen, aber diese Entscheidungen sollten auch von den bürgerlichen Parteien mitgetragen und mitverantwortet werden. Dies war der Sinn der Blockpolitik.

Die Sowjets gingen sogar so weit, nachdem sie 1945 die Christlich-Demokratische Union (CDU) und die Liberal-Demokratische Partei Deutschlands (LDPD) zugelassen hatten, nach dem formellen Abschluß der Entnazifizierung (1948) die Bildung zweier neuer »bürgerlicher« Parteien zu unterstützen, der Nationaldemokratischen Partei (NDPD) und der Demokratischen Bauernpartei (DBD), um mit Hilfe dieser Parteien dem Regime noch fernstehende Gruppen fester an das neue System zu binden und andererseits das Gewicht der schon bestehenden bürgerlichen Parteien (LDPD und CDU) zu mindern. Der Nationaldemokratischen Partei wurde mit Duldung der Besatzungsmacht und der SED sogar eine begrenzte antikommunistische Propaganda gestattet. Sie sollte zur politischen Auffangorganisation für ehemalige Nationalsozialisten und Nationalkonservative werden. Die Partei selbst sah sich in der »nationalbolschewistischen« Tradition des nach der deutschen Niederlage von Stalingrad von kommunistischen Emigranten in der Sowjetunion ins Leben gerufenen Offiziersbundes des Nationalkomitees Freies Deutschland. Die Zulassung dieser Partei diente also in erster Linie dem Zweck der Integration des nationalen Bürgertums in das sozialistische System. Darüber hinaus hatte diese Partei im Zeitpunkt der Staatsgründung noch die besondere Aufgabe, die nationale Tradition und das gesamtdeutsche »Anliegen« der DDR zu betonen.

Das Bündnis der Klassen und Parteien in der DDR dokumentiert sich auch nach außen, indem die SED den Vertretern der anderen Parteien gewisse repräsentative Funktionen überläßt. So gehören neun der 24 Mitglieder des Staatsrates nicht der SED an, darunter die vier Vorsitzenden der Blockparteien und der formell parteilose Präsident des Nationalrates der Nationalen Front. Lange Zeit stellte die LDPD mit Johannes Dieckmann (1949–1969) und dann die CDU mit Gerald Götting (ab 1969) den Präsidenten der Volkskammer, doch seit den Wahlen von 1976 ist auch dieses Amt mit Horst Sindermann in den Händen der SED. Im Ministerrat stellen die ehemals bürgerlichen Parteien zur Zeit den Justizminister, die Minister für Post- und Fernmeldewesen und für Umweltschutz sowie den Vorsitzenden des Staatlichen Vertragsgerichts. Doch alle wesentlichen Staatsfunktionen, insbesondere auf dem Gebiet der Wirtschaft und Sicherheit, sind fest in den Händen der SED. Von den 235 höchsten Staatsfunktionären – Ministern, Minister-Stellvertretern und Staatssekretären – sind nur acht Mitglieder der kleinen Parteien CDU, DBD, LDPD und NDPD. Alle anderen 227 sind SED-Mitglieder. Die kleinen Parteien haben keinen Einfluß auf die wichtigen politischen Entscheidungen, sie dienen lediglich als Dekorum, als »Transmissionsriemen« der SED-Politik und als Mittel zur vollständigeren Integration der Gesellschaft.

Ein für die Integrationsfunktion der ehemals bürgerlichen Parteien im sozialistischen System der DDR beispielhafter Vorgang war die Vergesellschaftungsaktion im Frühjahr 1972. Bis dahin spielten die privaten Betriebe mit staatlicher Beteiligung, die sogenannten halbstaatlichen Betriebe, in einigen Industriezweigen wie der Textil- und der Leichtindustrie noch eine wesentliche Rolle, stellten sie doch in diesen Sparten noch über ein Viertel der Produkte her. Schon auf der 4. Tagung des ZK der SED im Dezember 1971 wurden Vorschläge zur Überführung dieser Betriebe in Volkseigentum gemacht, doch erst auf dem Parteitag der LDPD im Februar 1972 wurde der breiteren Öffentlichkeit durch eine Rede des Parteivorsitzenden Manfred Gerlach mitgeteilt, daß die Komplementäre und Inhaber von Privatbetrieben ihre Anteile an den Staat verkaufen wollten. Weitere Absichtserklärungen in dieser Richtung wurden auf dem Parteitag der CDU im April 1972 geäußert. Im Juli schon war die Umwandlungsaktion vollzogen: innerhalb weniger Monate waren so durch die Vergesellschaftung halbstaatlicher Betriebe über 10000 neue Volkseigene Betriebe (VEB) entstanden, der Anteil der halbstaatlichen Betriebe an der industriellen Bruttoproduktion war von rund 10 auf weniger als 1 Prozent gesunken. Natürlich waren die entscheidenden Beschlüsse von der SED ausgegangen, doch in der Aktion selbst wurde die Eigeninitiative der »bürgerlichen« Parteien und ihrer Anhänger bewußt herausgestellt. Ihre Parteiführer und Presseorgane betonten immer wieder den Beitrag ihrer Parteien (neben der SED) zur sozialistischen Entwicklung der DDR-Gesellschaft. Sie setzten sich ein für die Propagierung des sozialistischen Staatsbewußtseins unter den Klassen und Schichten außerhalb der Arbeiterklasse und für die Durchsetzung sozialistischer Produktionsverhältnisse in allen Teilen der Wirtschaft. Indem die ehemals bürgerlichen Parteien mithelfen, die soziale Basis ihrer eigenen Organisation aufzuheben, tragen sie dazu bei, sich selbst überflüssig zu machen. Sie tun das heute wissentlich und willentlich und sind sich klar darüber, daß sie nur noch in dieser Übergangsphase eine gewisse Integrations- und Legitimationsfunktion für das sozialisti-

sche System der DDR unter der unangefochtenen Führung der SED besitzen.
Die Fortexistenz bürgerlicher Parteien mildert unter den gegebenen Verhältnissen die sonst unvermeidbare Allgegenwart der SED. Zwar ist die SED unstreitig die bestimmende Kraft in der Nationalen Front, und diese selbst bezeichnet sich seit Jahren als Ausdruck einer »breiten sozialistischen Volksbewegung«, aber es macht für den Alltag der DDR-Politik und für einen Teil der vom Regime zur politischen Aktivität angetriebenen Bürger doch einen Unterschied aus, ob noch andere Parteien im Spiele sind und ob DDR-Bürger sich im sozialen Rahmen einer ihrer Herkunft nach bürgerlichen Partei oder allein in den Formen und Begriffen kommunistischer Parteipolitik politisch artikulieren können. Insofern bedeutet die Aufrechterhaltung des Mehrparteiensystems trotz allem eine Art Relativierung der Einheitsparteienherrschaft, die für einen Teil der Bürger unstreitig gewisse Vorzüge gegenüber einem reinen Einparteiensystem besitzt.
Die ehemals bürgerlichen Parteien zählen auch Arbeiter und Bauern zu ihren Mitgliedern, aber das Schwergewicht liegt doch bei den früheren Mittelklassen. Der Mitgliederstand beträgt bei der CDU mehr als 110 000 Mitglieder, bei der DBD etwa 90 000, der LDPD 70 000 und der NDPD rund 80 000 Mitglieder.
Diese Zahlen liegen weit unter dem Mitgliederstand der SED von 2 Millionen, die damit jeden sechsten wahlberechtigten Bürger der DDR in ihren Reihen weiß. Im Gegensatz zur SED ist es den übrigen Parteien nicht erlaubt, ihre Parteiorganisation auf Betriebe, Jugend- und Frauenverbände und dergleichen mehr zu erstrecken. Die anderen Parteien neben der SED sind für einen jungen DDR-Bürger, der um des politischen Interesses oder der Karriere willen einer Partei beitreten will, kaum attraktiv, denn sie sind politisch auf die Aussterbeliste der kommunistischen Gesellschaft gesetzt. Die SED wird die übrigen Parteien aus den genannten Opportunitätsgründen noch eine Weile konservieren, doch von innen her sind sie einer natürlichen Auszehrung durch Mitgliederschwund und Profilverlust ausgesetzt. Wie lange die ehemals »bürgerlichen Parteien« dem System noch nützlich sind, ist schwer abzusehen. Schädlich können sie der SED nicht mehr werden.

4. Kapitel

Der Staatsaufbau

1. Demokratische Verfassung von 1949 – Sozialistische Verfassung von 1968/74

In den 25 Jahren ihrer staatlichen Existenz hat die DDR schon zwei Verfassungen zur Grundlage ihrer Staats- und Gesellschaftsordnung gemacht, die Verfassung von 1949 und die Verfassung von 1968, die 1974 in wesentlichen Artikeln geändert wurde. 1949 gab sich die Deutsche Demokratische Republik bei ihrer Gründung eine Verfassung, deren Anspruch die gesamtdeutsche Geltung und Einheit war – ähnlich dem Grundgesetz der Bundesrepublik Deutschland – und die sich in vielem an die Weimarer Reichsverfassung von 1919 anlehnte und sie fortentwikkelte. Im Grundrechtsteil wurden ebenfalls soziale Rechte und Pflichten aufgenommen, im Verhältnis von Legislative und Exekutive wurde nach den Erfahrungen des Endes der Weimarer Republik das eindeutige Primat und die Verantwortlichkeit des Parlaments herausgestellt, in der vertikalen Gewaltenteilung wurden zwar die Länder belassen, aber in ihren Wirkungsmöglichkeiten eindeutiger als in der Bundesrepublik dem Gesamtstaat unterstellt. Die erste Verfassung der DDR war eine sozialstaatlich modifizierte radikaldemokratisch-bürgerliche Verfassung. Sie entsprach der ersten Periode der Nachkriegsgeschichte der SBZ-DDR. Nach der Niederschlagung des Faschismus wollte man nicht gleich die sozialistische Ordnung einführen, sondern erst die antifaschistisch-demokratische Fortsetzung der bürgerlichen Revolution von 1848 vollenden, wie es im offiziellen Selbstverständnis der DDR heißt. Die weitere Entwicklung führte mit dem im Jahre 1952 propagierten »Aufbau der Grundlagen des Sozialismus« rasch über diese erste Verfassung hinweg; sie vollzog sich weitgehend außerhalb des Verfassungstextes. Die Aufhebung der Länder und der Länderkammer (1952/58), die Einführung der Wehrpflicht (1955) und die Ersetzung des Staatspräsidenten durch die kollektive Staatsführung des Staatsrates (1960) sind zwar noch in formellen Verfassungsänderungen festgehalten worden. Andere einschneidende Änderungen der Staats- und Rechtsstruktur wurden lediglich durch sogenannte verfassungsdurchbrechende Gesetze geregelt, die von der Volkskammer mit verfassungsändernder Mehrheit (stets einstimmig) angenommen wurden. Entscheidende Wandlungen vollzogen sich schließlich außerhalb jedes rechtlichen Rahmens, teilweise gegen den ausdrücklichen Inhalt und Sinn der Verfassung von 1949. Diese war zum Schluß in weiten Teilen eine bloße Normenhülse, ohne rechtliche und gesellschaftliche Relevanz. Es war nur konsequent, daß Walter Ulbricht 1967 die Ausarbeitung einer neuen Verfassung als Ausdruck der veränderten gesellschaftlichen Verhältnisse forderte.

Diese Verfassung ist nach Vorarbeiten durch die SED und einer von der Volkskammer eingesetzten Kommission, nach einer umfassenden Volksaussprache und einem Volksentscheid, in der ihr 94,5 Prozent der Wähler zustimmten, am 9. April 1968 in Kraft getreten. Sie ist die heute geltende Verfassungsurkunde der DDR. In einer Reihe von programmatischen Grundsätzen wird das ideologische Selbstverständnis einer sozialistischen Demokratie artikuliert. Dazu gehören vor allem folgende Verfassungsgrundsätze, die nicht bloß die Staatsorganisation, sondern auch das gesamte gesellschaftliche Leben binden:

1. Die Führung des Staates durch die Arbeiterklasse und ihre marxistisch-leninistische Partei (Art. 1).

2. Die Neufassung des Prinzips der Volkssouveränität: nach Art. 2 Abs. 1 der DDR-Verfassung üben die Werktätigen alle Macht ohne Trennung der Gewalten aus mit dem Ziel, die entwickelte sozialistische Gesellschaft zu fördern.

3. Als Grundlagen der sozialistischen Gesellschaftsordnung gelten a) das Bündnis der Arbeiter mit den Bauern und anderen Werktätigen, b) das sozialistische Eigentum an den Produktionsmitteln, c) die Leitung und Planung der gesellschaftlichen Entwicklung nach den fortgeschrittensten Erkenntnissen der Wissenschaft (Art. 2 Abs. 2).

4. Als wichtigstes Strukturprinzip der Verfassungsordnung gilt der demokratische Zentralismus, der als »tragendes Prinzip des Staatsaufbaues« bezeichnet wird (Art. 47).

5. Die DDR verpflichtet sich auf die »Prinzipien des sozialistischen Internationalismus« unter besonderer Berücksichtigung des »brüderlichen Bündnisses« mit der Sowjetunion (Art. 6).

6. Die Gewährung von Grundrechten wird an die allgemeinen Verfassungsgrundsätze der sozialistischen Demokratie gebunden und gleichzeitig mit der Wahrnehmung entsprechender Pflichten verknüpft (Art. 21).

Diese Prinzipien gelten auch heute noch als die tragenden Grundsätze der sozialistischen Demokratie in der DDR. Daneben gibt es eine ganze Reihe von Bestimmungen in der Verfassung von 1968, die durch die nachfolgende Entwicklung schon bald in Frage gestellt und abgeändert worden sind. Es sei nur auf die durch Ulbrichts Abgang bewirkte Minderung der Rolle des Staatsrates hingewiesen, auf die noch im einzelnen einzugehen sein wird. Verfassungsurkunden sozialistischer Staaten weisen offensichtlich nicht jene rechtliche und normative Beständigkeit auf, wie sie in der westlichen Staatsrechtslehre als Zeichen der Rechtsstaatlichkeit einer Verfassungsordnung für unabdingbar gehalten wird. Den Grund hierfür wird man in den fundamentalen Unterschieden des Verständnisses von Recht und Verfassung suchen müssen, die in sozialistischen Staaten beide eine Funktion der Politik sind und eindeutig der politischen Entwicklung unter Führung der Partei unterworfen werden. Die Verfassung der DDR von 1968 ist das politische Programm der SED zur Zeit ihrer Verabschiedung. Mit dem Wandel der Politik der Partei vor allem durch den Abtritt Ulbrichts sind zum Beispiel die deutschlandpolitischen und auch bestimmte gesellschaftspolitische Formulierungen der Verfassung von 1968 obsolet geworden. Man kann sagen, daß die jeweils aktuellen Grundsatzbeschlüsse, auch das Programm und das Statut der SED zum materiellen Verfassungsrecht der DDR im Sinne der für die Staats- und Gesellschaftsordnung grundlegenden Aussagen, Regelungen und Werte zu rechnen sind. Das formelle Verfassungsrecht in der Verfassungsurkunde ist darum nicht irrelevant, vielmehr wird die Partei bestrebt sein, ihren Grundsätzen durch die Aufnahme in die Verfassung Beständigkeit und erhöhte Öffentlichkeitswirkung zu geben. Für unsere Beschäftigung mit Verfassung und Staatsaufbau bleibt aber wichtig festzuhalten, daß man sie nur von diesem Grundverständnis von Recht und Verfassung als einem Mittel sozialistischer Politik her verstehen kann.

Die umfassenden Änderungen und Ergänzungen, die die Verfassung der DDR von 1968 zu deren 25. Jahrestag am 7. Oktober 1974 erfuhr, haben diese allgemeinen Überlegungen bestätigt. Die Kurzfristigkeit des dabei angewandten Verfahrens – die Absicht der Verfassungsänderung wurde der Öffentlichkeit erst durch den Beschluß der Volkskammer vom 27. September 1974 bekannt – mag die Bevölkerung der DDR und manche westliche Beobachter überrascht haben. Doch der Inhalt dieser Verfassungsänderung zeichnete sich schon lange ab und war nur ein verfassungsrechtlicher Nachvollzug der gewandelten Staatspraxis und einfachen Gesetzgebung seit dem VIII. Parteitag im Jahr 1971. Große Teile dieser Verfassungsänderung von 1974 bestehen aus Anpassungen an Veränderungen im ideologischen Sprachgebrauch, wenn z. B. nicht mehr von dem »System« des Sozialismus und der »sozialistischen Menschengemeinschaft«, sondern von der »entwickelten sozialistischen Gesellschaft« gesprochen wird und nicht die »Planung«, sondern die »Lei-

tung« an die erste Stelle im Aufgabenkatalog der staatlichen Organe getreten ist. Andere Änderungen tragen den vorangegangenen Wandlungen im deutschland- und außenpolitischen Selbstverständnis der SED, in der Gesellschafts- und Wirtschaftspolitik der DDR und in der Machtverteilung zwischen den einzelnen Staatsorganen Rechnung. Wir werden auf sie im inhaltlichen Zusammenhang eingehen. Mit diesen Verfassungsänderungen von 1974 ist die DDR-Verfassung nicht mehr »Ulbrichts Grundgesetz« (Dietrich Müller-Römer), wie sie einmal in problematischer Personalisierung von Politik und Verfassungsentscheidung genannt worden ist. Heute denkt niemand daran, sie nun »Honeckers Grundgesetz« zu nennen; auch im Westen hat man eingesehen, daß Existenz und Gestalt des zweiten deutschen Staates nicht mehr allein von der einen Führungspersönlichkeit abhängen.
Wie lange nun wird diese Verfassung der DDR in der Fassung vom 7. Oktober 1974 Bestand haben? Erich Honecker hat auf der nachfolgenden 13. Tagung des ZK der SED mit Stolz verkündet: »Nunmehr verfügt die Deutsche Demokratische Republik über eine Verfassung, die in jeder Beziehung unseren Gegenwarts- und Zukunftsaufgaben entspricht.« Daran ist richtig, daß die Verfassung nun den Vorstellungen entspricht, die die derzeitige SED-Spitze über die gegenwärtige Situation und die zukünftigen Aufgaben hat. Die Entwicklung der Zusammensetzung und der Politik dieser Führung erscheint heute relativ stabil, doch können einschneidendere Änderungen auch unter dem Einfluß der Weltpolitik über längere Dauer nicht ausgeschlossen werden. Die Geschichte der beiden Verfassungen der DDR, ihres faktischen Obsoletwerdens und ihrer formalen Änderungen zeigt, wie sehr Verfassungen von der politischen Entwicklung abhängig sind – was im Prinzip für alle Staaten mit Verfassungen gilt.

2. Der Staat als Instrument der Politik der SED

a) Bürgerliche und kommunistische Staatstheorie

In der kommunistischen Staatstheorie ist der für die demokratische Verfassungslehre in Deutschland noch immer bedeutungsvolle Dualismus von Staat und Gesellschaft hinfällig geworden. Staat ist nicht ein der Gesellschaft entgegengesetztes, sie regulierendes Gebilde von eigener Substanz und eigenem Gewicht, sondern ein bloßes Mittel der Gesellschaft zur Durchsetzung ihrer politischen Ziele. Staat wird identisch mit Staatsapparat. Der Staat hat kein eigenes »Wesen« mehr, keine Eigenge-

setzlichkeit seiner Bestimmung, sondern dient als Instrument der Herrschaft der Arbeiterklasse und der sie führenden Partei.
Geht man von einem den Prinzipien der westlichen Demokratie angemessenen Staatsverständnis aus, so ist die theoretische Qualifizierung des Staates als eines Mittels der Gesellschaft zur Durchsetzung der in ihr in einem Konkurrenzkampf politischer und gesellschaftlicher Machtgruppen ermittelten Ziele auch der liberalen westlichen Staatslehre keineswegs fremd. Nur die etatistische, von Hegel herkommende deutsche Staatslehre glaubt irrtümlicherweise, an dem Gegensatz von Staat und Gesellschaft noch grundsätzlich festhalten zu müssen. Was gleichwohl den Staatsbegriff westlicher Demokratien von der Staatsvorstellung des Kommunismus unterscheidet, ist eine andere Konzeption von der Struktur der Verbindung des Staates mit dem gesellschaftlichen System. Während in der westlichen Demokratietheorie der einheitliche staatliche Wille aus der Vielheit von Willensströmungen einer pluralistisch organisierten Gesellschaft hervorgeht, ist die DDR-Gesellschaft aufgrund der beherrschenden Rolle der Kommunistischen Partei in sich schon durch das Prinzip der Einheit bestimmt. Während im liberal-demokratischen Staat auf der Grundlage einer pluralistisch organisierten Gesellschaft die Struktur der Willensbildung erst im Endeffekt monistisch ist, geht dem kommunistisch-demokratischen Staat von Anfang an eine monistisch strukturierte Gesellschaft voraus. Daraus ergibt sich, auch wenn man an der westlichen Theorie vom Staat als der politischen Organisationsform der Gesellschaft festhält, eine jeweils andere Funktion des Staates im Verhältnis zur Gesellschaft.
In der westlichen Gesellschaft vom Typ der Bundesrepublik hat der Staat, wie insbesondere Rudolf Smend betont hat, eine Integrationsfunktion, denn er muß einen vielgestaltigen, in sich uneinheitlichen gesellschaftlichen Willen in einen für die Gesellschaft verbindlichen einheitlichen Staatswillen transformieren. Es ist dieser Umsetzungsprozeß der politischen Meinungs- und Willensbildung des *Volkes* in dem Prozeß der *staatlichen* Willensbildung, der im System der westlichen Demokratien dem Staat und seinen Organen ein besonderes Gewicht im Verhältnis zur Gesellschaft verleiht. Der Staat ist hier nicht bloßes Transmissionsgerät eines schon gegebenen einheitlichen Willens des Volkes (= Gesellschaft), sondern er ist diejenige Organisation, in der mittels bestimmter Regeln, wie z.B. des Mehrheitsprinzips und der Bindung der Staatsorgane an Verfassung und Gesetze, die notwendige Einheit staatlichen Handelns erzeugt wird.
In einer Gesellschaft hingegen, in der aufgrund der Beseitigung der Klassengegensätze und vermittels der Herrschaft einer alle gesellschaftli-

chen Bereiche durchdringenden politischen Partei eine Konkurrenz gesellschaftlicher Gruppen und ihrer Interessen gar nicht mehr stattfindet, braucht der Staat die Aufgabe der Vereinheitlichung eines in sich heterogenen gesellschaftlichen Willens nicht mehr zu leisten. Er ist reines Ausführungsorgan eines bereits vorhandenen einheitlichen Volkswillens. Wenn nach Auffassung der kommunistischen Ideologie die für die bürgerliche Demokratie und ihren politischen Prozeß konstitutiven gesellschaftlichen Widersprüche grundsätzlich beseitigt sind, die allesamt auf den Grundwiderspruch zwischen Kapital und Arbeit zurückgeführt werden, dann hat in der sozialistischen Demokratie die gesellschaftliche Organisation tatsächlich schon geleistet, was in der bürgerlichen Demokratie die wesentliche Aufgabe des Staates ist, nämlich die Integration der pluralistischen Vielheit zur Einheit. Der Staat hat dann eine rein instrumentale Funktion, nämlich die Durchführung des bereits gegebenen einheitlichen gesellschaftlichen Willens. Es bedarf dann keiner besonderen staatlichen Mechanismen der Integration mehr, denn die notwendige staatliche Einheit ist immer schon vorgegeben, sie muß nicht erst durch das Prinzip der Mehrheitsherrschaft oder der Herrschaft auf Zeit oder durch die Kunst des Kompromisses mehr oder weniger unvollkommen hergestellt werden. Aus diesem theoretischen Zusammenhang ergeben sich eindeutige Konsequenzen für die Rolle und Funktion der »staatlichen Leitung« (so der Text der neuen DDR-Verfassung) im politischen System der DDR: Der Staat ist eine bloße Funktion der sozialistischen Gesellschaft. Die Einheitlichkeit der sozialistischen Gesellschaft wird durch die Herrschaft der Arbeiterklasse und diese wiederum durch die Führung der SED im gesellschaftlichen Prozeß vermittelt. Die einzelnen Staatsorgane sind nichts anderes als notwendige organisatorische Einrichtungen zur Sicherung der gesellschaftlichen Machtstellung der Arbeiterklasse und ihrer Partei sowie zur Durchführung ihrer politischen Ziele. Die neue DDR-Verfassung spricht mit Bedacht von der sozialistischen Gesellschaft und »ihrem« Staat (Art. 2 Abs. 1). Da die Machtfrage in der Gesellschaft bereits gelöst ist, kann der Staat der sozialistischen Gesellschaft nie eine gewisse Eigenständigkeit und autonome Vermittlungsfunktion gegenüber der Gesellschaft in Anspruch nehmen, wie das für die Staaten der westlichen Demokratien gilt (die freilich aus kommunistischer Sicht auch nur als Herrschaftsinstrumente einer Klasse, nämlich der Bourgeoisie, erscheinen); er ist Machtinstrument und Vollzugsorgan des gesellschaftlichen Willens. Daraus folgt, daß der Staat und seine Organe nicht die zentrale politische Organisation des DDR-Regimes darstellen. Die politisch zentrale Rolle hat die Partei der Arbeiterklasse inne. In ihrem Schoße, insonderheit durch das Politbüro, das Sekretariat des ZK und den Generalsekretär, fallen die für das Staatsleben der DDR maßgeblichen politischen Entscheidungen, nicht im Staatsapparat. Die Partei gibt die politischen Richtlinien und Impulse; sie dirigiert und kontrolliert den Prozeß der politischen Willensbildung und der politischen Entscheidung, dessen Ergebnis für alle Staatsorgane verbindlich ist.

b) Formale Trennung von Partei und Staat

Trotz der faktischen Identität zwischen Parteiwillen und Staatswillen gibt es in den Ostblockstaaten in der Regel keine Identität der Institutionen von Partei und Staat. Man könnte sich vorstellen, daß das Politbüro identisch wäre mit der Regierung, der Generalsekretär der SED zugleich Staats- und Regierungschef (falls man die Unterscheidung dieser beiden höchsten Funktionen überhaupt noch für notwendig hält), das Zentralkomitee der SED könnte als Volkskammer fungieren und so fort. Es hat jedoch gute Gründe, daß die Verschmelzung der Partei mit dem Staat nicht total ist, d. h. nicht zur Identität der Institutionen führt. Der Hauptgrund ist, daß die formale Trennung der Institutionen der Partei von denen des Staates die notwendige Voraussetzung für die jederzeit mögliche Aktivierung der Gesellschaft und des Staates durch die führende Partei ist. Ein Herrschaftsgebilde, in dem Partei und Staat auch in ihren Institutionen völlig miteinander verschmolzen wären, wäre im Endeffekt ein Staatswesen ohne Dynamik, ohne die Impulse vermittelnde und mobilisierende Kraft einer politischen Bewegung. Er wäre ein relativ starres Herrschaftsgebilde, das sich, wie das in autoritären Regimen und Militärdiktaturen der Fall ist, in erster Linie an den privaten Machtinteressen der gerade Herrschenden orientieren würde.
Es hat also einen guten Sinn, daß Parteiinstanzen und staatliche Organe auch in der DDR nicht zusammenfallen. Gewiß, die Personalunion der Führungskräfte von Partei und Staat sowie die bereits in unserer Darstellung der SED erwähnte Priorität der Parteidirektiven für alle im Staatsapparat tätigen Parteimitglieder garantieren im wesentlichen, daß der Wille der Partei vom Staat und seinen Organen durchgeführt wird, aber gerade weil die Partei zugleich außerhalb des Staatsapparates steht, ist sie in der Lage, den Staat zum Instrument der Durchführung ihres Willens zu machen; gerade weil sie die führende Macht in der Gesellschaft ist, kann sie kontinuierlich auf die Gestaltung dieser Gesellschaft Einfluß nehmen.
Für die DDR kommt aufgrund ihrer historischen Entwicklung noch hinzu, daß die SED auch andere politische und gesellschaftliche Gruppen neben sich duldet, solange diese ihren Führungsanspruch nicht in Frage

stellen. Auch deshalb erscheint die Verschmelzung von Staats- und Parteiorganisationen nicht möglich. Wieweit eine solche Fusion von Staat und Gesellschaft schließlich zum Abbau des Staates selbst führen kann, eine Vision, die in der marxistischen Theorie als Endziel der Geschichte proklamiert wird, steht in der DDR wie auch in der Sowjetunion vorerst noch nicht zur Diskussion. Die Herrschaft der SED ist selbstverständlich an die Machtausübung durch den staatlichen Machtapparat gebunden. Sie kann letzten Endes nur durch ihn und durch das von ihm in Anspruch genommene »Monopol der physischen Gewaltsamkeit« (Max Weber) verbürgt werden. Ein Verzicht auf den Staatsapparat wäre gleichbedeutend mit einem Verzicht auf die Herrschaft.

c) Die Gewalteneinheit

Ist der Staat somit in erster Linie das Machtinstrument der herrschenden Sozialistischen Einheitspartei, so ist seine Organisation so einzurichten, daß dieser instrumentale Charakter so effektiv wie möglich ausgestaltet ist. Eine unabdingbare Voraussetzung dafür ist das Prinzip der *Gewalteneinheit.* Schon in der ersten Verfassung von 1949 hatte man sich trotz zahlreicher Relikte des liberalen Gewaltenteilungssystems westlicher Prägung für diesen Grundsatz entschieden. Er ist in der neuen Verfassung in der Formel vom »demokratischen Zentralismus« als dem »tragenden Prinzip des Staatsaufbaus« und in dem »Grundsatz der Einheit von Beschlußfassung und Durchführung« verankert (Art. 47, 48).
Der Grundsatz der Gewalteneinheit bedeutet, daß die verschiedenen Staatsorgane nicht in einem System sich gegenseitig beschränkender Machtkompetenzen aufeinander zugeordnet sind, wie das (wenn auch nur im Prinzip) für die westlichen Demokratien gilt (vgl. Montesquieus berühmten Satz: »... arrête le pouvoir«), sondern daß sie grundsätzlich als eine Einheit operieren, für die und in der die jeweiligen Staatsorgane lediglich verschiedenartige Funktionen wahrnehmen. Die Gewaltenvereinigung ist im übrigen nur die notwendige staatsrechtliche Folgerung aus der Prämisse, daß die DDR-Gesellschaft durch die Herrschaft einer einzigen Klasse bestimmt wird, deren Interesse der Staat mittels der diese Klasse führenden Partei zu realisieren hat. Einheit der Gesellschaft hat Einheit der Staatsgewalt zur Folge, und zwar auch dann, wenn diese Einheit der Gesellschaft noch nicht voll realisierbar ist, wenn also noch Reste anderer sozialer Klassen vorhanden sind. Gerade dann dient der Staatsapparat dazu, diesen Prozeß der Vereinheitlichung durch die Fortsetzung des Klassenkampfes gegen die Restbestände von Klassen voranzutreiben.

Lange Zeit ist durch die Vermeidung des Begriffs »Regierung« die Idee der Gewalteneinheit und die Absetzung vom bürgerlich-parlamentarischen Dualismus von Regierung und Parlament auch verbal zum Ausdruck gebracht worden. Erst durch das Ministerratsgesetz von 1972 ist dieser Begriff nach 20 Jahren wieder eingeführt worden. Durch die Änderung von 1974 wurde er schließlich in die Verfassung übernommen. Doch auch in seiner Funktion als »Regierung der Deutschen Demokratischen Republik« (Art. 76 Abs. 1) ist der Ministerrat Organ der Volkskammer und wird wie alle anderen Staatsorgane nur in deren Auftrag tätig. Legislative und Exekutive unter Einschluß der Kontrolle der Justiz sind nach den Verfassungsbestimmungen der DDR letztlich in der Hand eines Organs, der Volkskammer. (Zum Aufbau der Staatsorgane der DDR vgl. das Schaubild 2 auf S. 103.)

3. Die Volkskammer

Als tragendes Prinzip des Staatsaufbaus in der DDR gilt die »Souveränität des werktätigen Volkes«, verwirklicht auf der Grundlage des demokratischen Zentralismus (Art. 47 der Verfassung von 1968/74). Sie wird ausgeübt durch die Volkskammer als »das oberste staatliche Machtorgan« (Art. 48). Die in der Verfassung festgelegten Kompetenzen der Volkskammer scheinen diesen Anspruch der Omnipotenz des Parlaments zu bestätigen. Die Volkskammer entscheidet über »Grundfragen der Staatspolitik«, sie »ist das einzige verfassungs- und gesetzgebende Organ« in der DDR, sie soll die »Hauptregeln für das Zusammenwirken der Bürger, Gemeinschaften und Staatsorgane« festlegen, und sie wählt die Mitglieder aller anderen oberen Staatsorgane, wie den Staatsrat, den Ministerrat, den Vorsitzenden des Nationalen Verteidigungsrates, den Präsidenten und die Richter des Obersten Gerichtes und den Generalstaatsanwalt. Sie hat die Arbeit dieser übrigen Staatsorgane zu kontrollieren und kann deren Träger jederzeit abberufen (Art. 48–50).
Trotz dieser in der Verfassung niedergelegten Kompetenzfülle kann man aber kaum davon sprechen, daß die Volkskammer ein *Macht*organ, geschweige denn das *oberste* Machtorgan der DDR sei. Alle ihre Beschlüsse und Aktionen in den genannten Zuständigkeiten bestätigen letzten Endes nur Entscheidungen, die faktisch in den zentralen Führungsgremien der herrschenden Partei gefaßt wurden. Reale Macht würde die Volkskammer ausüben, wenn sie über Alternativen entscheiden könnte oder die zu bestätigenden Vorschläge, seien sie personeller oder sachlicher Natur, abzuändern in der Lage wäre. Dies ist jedoch

praktisch nicht der Fall. Mit wenigen Ausnahmen faßt die Volkskammer alle ihre Beschlüsse einstimmig. Die bemerkenswerte Ausnahme der jüngsten Zeit war eine Abstimmung über ein Gesetz zum Schwangerschaftsabbruch, das von einigen Abgeordneten der CDU abgelehnt werden durfte. Einstimmigkeit setzt voraus, daß es keine öffentlichen Kontroversen gibt und geben darf. Ein Parlament, das grundsätzlich einstimmige Beschlüsse faßt, ist kein Macht-, sondern ein Akklamationsorgan.

Die im Vergleich zu den Verfassungsbestimmungen geringe politische Bedeutung der Volkskammer kommt auch in ihrer Arbeitsweise zum Ausdruck. Sitzungen des Plenums der Volkskammer sind in den Jahren seit 1949 immer mehr zur Ausnahmeerscheinung geworden. In den letzten Jahren ist die Volkskammer nur viermal jährlich zu eintägigen Plenarsitzungen zusammengetreten. Käme den derzeit 15 Ausschüssen der Volkskammer nicht wenigstens eine gewisse Bedeutung zu, die freilich weniger in der Beratung der Gesetzentwürfe als in der Kontrolle über deren Durchführung liegt, so müßte man die Volkskammer als ein relativ arbeitsloses Verfassungsorgan bezeichnen.

Niedrig ist auch die Zahl der verabschiedeten Gesetze. Sie liegt im Durchschnitt bei etwa zwölf pro Jahr. Daraus folgt, daß die Volkskammer sich nur mit den grundsätzlicheren Fragen der Staats- und Gesellschaftsgestaltung befaßt und ihre Befugnis zur Rechtssetzung zu einem erheblichen Teil an die anderen oberen Staatsorgane, insbesondere an den Ministerrat und den Staatsrat, abgetreten hat. Das Recht zur Gesetzesinitiative, d. h. zur Einbringung von Gesetzen in die Volkskammer, liegt zwar auch bei den Abgeordneten der Parteien und Massenorganisationen in der Volkskammer sowie bei deren Ausschüssen und sogar beim Freien Deutschen Gewerkschaftsbund, der dadurch eine herausgehobene Stellung unter den Massenorganisationen besitzt, die überwiegende Zahl der Gesetzentwürfe wird aber vom Ministerrat eingebracht. Mit ihm hat für eine Zeitlang der Staatsrat als Initiator konkurriert, ist dann aber durch seinen Machtschwund nach 1971 in den Hintergrund getreten. Auch die Verfassungsbestimmung von 1968, daß alle Gesetzentwürfe zur Prüfung ihrer Verfassungsmäßigkeit und zur Vorbereitung der Verhandlungen in der Volkskammer dem Staatsrat zugeleitet werden müssen (Art. 65 Abs. 2), ist nach 1971 nicht beachtet und schließlich 1974 formell aufgehoben worden. Auf jeden Fall ist kein einziger Gesetzentwurf aus der Volkskammer selbst hervorgegangen. Die faktische Gesetzesinitiative geht von den Führungsgremien der SED aus, die dann den Ministerrat mit der Ausarbeitung der Gesetzentwürfe beauftragen. Dieser Auftrag wird in enger Zusammenarbeit mit den zuständigen Abteilungen des ZK-

Staatsorgane in der DDR

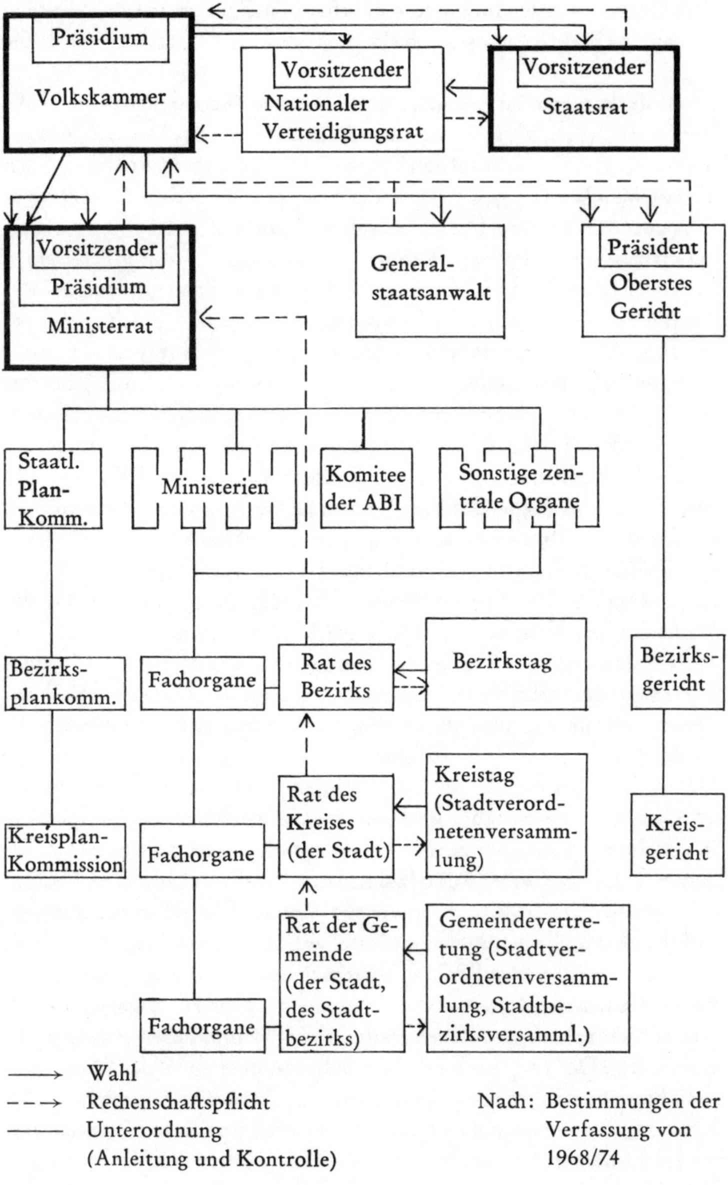

Nach: Bestimmungen der Verfassung von 1968/74

Sekretariats durchgeführt. Die Volkskammer ist also im wesentlichen nur formal am Gesetzgebungsverfahren beteiligt. Nur etwa die Hälfte aller Gesetze werden im Plenum überhaupt diskutiert, die geschlossene Annahme eines Gesetzes durch alle Fraktionen der Volkskammer ist die Regel.
Die Volkskammer hat 500 Abgeordnete, davon 66 aus dem Bezirk Groß-Berlin, die, ebenso wie die Berliner Abgeordneten des Deutschen Bundestages, mit Rücksicht auf den Viermächte-Status der Stadt nicht bei den allgemeinen Wahlen gewählt, sondern von der Ostberliner Stadtvertretung entsandt werden. Die Abgeordneten unterteilen sich entsprechend der Organisation, der sie im Rahmen der Nationalen Front angehören, in Fraktionen, doch spielt die Zugehörigkeit zur Fraktion nur bei der Besetzung von Organen der Volkskammer eine Rolle, bei der im allgemeinen darauf geachtet wird, daß solche Organe mit Vertretern der verschiedenen politischen Gruppen und Massenorganisationen besetzt werden. Eine politische Eigenständigkeit der Art, daß sie eine unabhängige Politik verfolgen, besitzen die Volkskammerfraktionen nicht. Stärkste Fraktion ist (einschließlich der Berliner Vertreter) die SED mit 127 Mitgliedern, es folgen der Freie Deutsche Gewerkschaftsbund mit 68, sodann die vier Blockparteien mit je 52, die Freie Deutsche Jugend mit 40, der Demokratische Frauenbund mit 35 und der Kulturbund mit 22 Abgeordneten. Die meisten Vertreter der Massenorganisationen in der Volkskammer kann man praktisch der SED zuschlagen, aber auch die vier Fraktionen der Blockparteien haben ein so geringes politisches Eigengewicht, daß man die Volkskammer, ohne den faktischen Verhältnissen Gewalt anzutun, als *die Volksvertretung der* SED bezeichnen kann.
Die Mitglieder der derzeit amtierenden Volkskammer wurden am 17. Oktober 1976 gewählt; ihre Neuwahl ist, nachdem die Wahlperiode durch die Verfassungsänderung von 1974 von vier auf fünf Jahre verlängert wurde, im Herbst 1981 fällig. Aus dem ideologischen Selbstverständnis als »Vertreter der Werktätigen« und der faktischen Bedeutungslosigkeit der Volkskammer als politisches Entscheidungsorgan erklärt es sich, daß die Mitglieder der Volkskammer (MdV) in soziologischer Sicht kaum mit jenem Typ des »Berufsparlamentariers« zu vergleichen sind, wie er sich in den westlichen Parteienstaatsdemokratien immer mehr durchsetzt. Der sozialen Herkunft nach sind über 52 % der Volkskammerabgeordneten Arbeiter, gefolgt von knapp 15 % Angestellten und 11 % Abgeordneten aus Handwerk, Gewerbe und freien Berufen. Berücksichtigt man den zur Zeit tatsächlich ausgeübten Beruf, so korrigiert sich das offizielle Bild vom Arbeiter auf der Parlamentsbank: die haupt-

amtlichen Funktionäre von Partei, Staat und Massenorganisationen stellen etwa 40 % der Volksvertreter, weitere 30 % üben Tätigkeiten im Bereich des Handels, des Handwerks, der allgemeinen Verwaltung und in sozialen Einrichtungen aus. Auch in der sozialen Zusammensetzung der Volkskammer zeigen sich also die beiden Gesichter der DDR-Gesellschaft: auf der einen Seite das offizielle Gesicht von der Herrschaft der Arbeiterklasse, auf der anderen Seite das tatsächliche Gesicht der Herrschaft der Funktionäre der Arbeiterpartei.

Die Abgeordneten der Volkskammer sollen laut Verfassung in »freier, allgemeiner, gleicher und geheimer Wahl« gewählt werden (Art. 54). Sie sind während der fünfjährigen Wahlperiode verpflichtet, ständig enge Verbindung mit den Wählern zu halten, deren Vorschläge und Kritiken zu beachten und ihnen die Politik des sozialistischen Staates zu erläutern (Art. 56). Sie sollen regelmäßig Sprechstunden und Aussprachen durchführen und den Wählern Rechenschaft über ihre Tätigkeit ablegen. Auf diesem Wege soll die direkte Verbindung von den Volksvertretern zur gesellschaftlichen Basis hergestellt werden. Die formelle Abhängigkeit des Abgeordneten von seinen Wählern geht sogar so weit, daß er bei gröblicher Verletzung seiner Pflichten »von den Wählern gemäß dem gesetzlich festgelegten Verfahren abberufen werden« kann (Art. 57 Abs. 2).

Man hat aus diesen Bestimmungen gefolgert, daß die Volksvertreter in der DDR einem *imperativen Mandat* durch die Wähler unterliegen, aber es ist undenkbar, daß der Abgeordnete Instruktionen seiner Wähler zu beachten hätte, die nicht auf der Linie der SED liegen, so daß in diesen Bestimmungen der Verfassung nichts anderes zu sehen ist als ein Bekenntnis zur Volksdemokratie unter Betonung des rätedemokratischen Elements. Es ist faktisch ausgeschlossen, daß der Einfluß der Wähler von unten dem durch das Prinzip des demokratischen Zentralismus rechtlich wie faktisch gesicherten Einfluß von oben entgegenwirkt. Die genannten Bestimmungen dienen in erster Linie dazu, eine gewisse »Volksverbundenheit« des Abgeordneten sicherzustellen und der Gefahr einer zu großen Entfremdung zwischen Wählern und Gewählten entgegenzuwirken.

Wie eng die Grenzen des Wählereinflusses auf die Abgeordneten auch hinsichtlich ihrer Kontrolle und möglichen Abberufung gesteckt sind, zeigt sich an der praktischen Ausgestaltung dieses Rechtes. Die Wähler können die Abberufung eines Abgeordneten auf einer von der Nationalen Front einberufenen Versammlung nur vorschlagen, die Entscheidung über die Abberufung trifft jedoch allein die Volkskammer. Zwar sind in den ersten Wahlperioden einige Mandatsniederlegungen vorgekommen, doch ist ein Volksvertreter von den Wählern bisher noch nicht abberufen worden. Ein solcher Fall ist auch theoretisch kaum denkbar, denn die sozialistische Staatsverfassung geht von der Übereinstimmung von individuellen und kollektiven Interessen aus und verlangt, daß die Bevölkerung das Vertrauen in die Einsicht und die Entscheidungen der Partei gemäß den Gesetzmäßigkeiten des Marxismus-Leninismus haben muß. Die Abberufung eines Volksvertreters in der DDR erscheint nur möglich, wenn er gröblich gegen Parteibeschlüsse oder gegen das Ansehen von Partei- und Staatsorganen in der Öffentlichkeit verstoßen hat. Diese Gefahren aber soll schon das Verfahren der Kandidatenauslese und der Wahl vermeiden helfen. So handelt es sich im Ganzen bei der Volkskammer, ungeachtet der ihr zugeschriebenen weiteren Kompetenzen formeller Natur, um ein politisch relativ bedeutungsloses Organ. Seine Bezeichnung als »oberstes staatliches Machtorgan« mag im Rahmen der sozialistischen Demokratie-Konzeption zwar berechtigt sein, weil die Volkskammer das Organ darstellt, in dem »die politische Macht der Werktätigen« ihren organisierten Ausdruck im Staat findet, doch die eigentliche Macht im Staate hat, gestützt auf die Macht der führenden Partei, der Ministerrat und der Staatsrat.

4. Die Funktion der Wahlen

Die Wahlen zur Volkskammer und zu den anderen politischen Vertretungsorganen lassen sich mit Wahlen im westlichen Sinne, bei denen der Bürger die Freiheit der Entscheidung zwischen personellen und zum Teil sachlichen und weltanschaulichen Alternativen hat, nicht vergleichen. Die Möglichkeit der Wahl, d. h. Auswahl zwischen Personen und Parteien, entfällt, da seit Beginn der Existenz der DDR dem Volk stets eine von der Nationalen Front vorbereitete Einheitsliste vorgelegt wird. Die Einheitsliste, in der die politischen Parteien und Massenorganisationen entsprechend der ihnen zugeteilten Mandatszahl berücksichtigt sind, ist bereits identisch mit dem Wahlergebnis. Wenn von den ostdeutschen Verfassungsinterpreten trotzdem die Freiheit der Wahl behauptet wird, so wird diese These mit dem Hinweis auf die gesellschaftliche Realität der DDR begründet, in der es im Gegensatz zu den kapitalistischen Ländern keine Ausbeutung mehr gebe, der Bürger vielmehr in seiner produktiven Arbeit für die sozialistische Gesellschaft »frei« geworden sei. Freiheit basiert somit auf der Einsicht in das gesellschaftlich Notwendige. Im übrigen, so heißt es, könne in der DDR jeder Bürger seine Wahlhandlung in freier Entscheidung durchführen.

Es ist auch oft angezweifelt worden, daß die Wahlen in der DDR *geheim* seien. Formal ist dem Erfordernis der Geheimhaltung dadurch genügt, daß in den Wahllokalen Einrichtungen (z. B. Wahlkabinen) bestehen müssen, die eine geheime Stimmabgabe möglich machen. Dieses Recht wird faktisch ausgehöhlt durch die von den Parteien und Massenorganisationen propagierte Praxis der offenen Stimmabgabe. Niemand, so lautet die Argumentation, könne dem Bürger das Recht nehmen, seine Zustimmung zu den Kandidaten der Nationalen Front und zur Politik von Partei und Regierung öffentlich zu bekunden. Faktisch wird dadurch natürlich ein sozialer Druck auf jene ausgeübt, die unter anderen Voraussetzungen von ihrem Recht auf geheime Stimmabgabe Gebrauch machen würden. Dennoch würde auch eine echte Sicherung der geheimen Stimmabgabe am vorfabrizierten Wahlergebnis nichts ändern; allenfalls die Zahl ungültiger Stimmen könnte zunehmen.
Auch die in der Wahlordnung von 1963/65 erstmals zugestandene Möglichkeit, mehr Kandidaten aufzustellen, als Mandate zu vergeben sind, hat wenig am Charakter der Wahlen als akklamatorische Bestätigung eines vorab festgelegten Ergebnisses geändert. Nach dieser Bestimmung sind diejenigen Kandidaten gewählt, die mehr als 50 % der gültigen Stimmen auf sich vereinen. Überspringt eine größere Zahl von Kandidaten diese Hürde, als Sitze in der Volkskammer zu vergeben sind, so entscheidet nicht die Anzahl der auf den einzelnen Kandidaten abgegebenen Stimmen, sondern ihre Reihenfolge auf dem Wahlvorschlag. Ein Kandidat auf den zu vergebenden vorderen Plätzen würde also nur durchfallen, wenn ihm mehr als die Hälfte der Wähler ihre Stimme nicht geben, indem sie auf ihrem Stimmzettel eine Änderung vornehmen. Das aber ist unter den Bedingungen der Stimmabgabe in der DDR ein höchst irrealer Fall. Wahlen in der DDR bringen somit keine Entscheidungen im Sinne einer Aus-Wahl, sondern sollen lediglich die Politik des Staates unter Führung der herrschenden Partei bestätigen und das politische System durch die mit der Wahl verbundenen Aufklärungskampagnen und wirtschaftlichen Selbstverpflichtungen stützen und stärken.
Man verkennt den Sinn der Wahlen im sozialistischen System, wenn man sie nach dem herkömmlichen Verständnis als Mittel der *Zustimmung* oder *Ablehnung* einer Politik und ihrer Repräsentanten interpretiert. Wahlen haben in den sozialistischen Ländern *nur* die Funktion der Zustimmung zum herrschenden System. Weil dieses System sich eo ipso als fortschrittlich versteht, weil es per definitionem dem Wohle des Volkes dient, weil es allein »ein friedliches Leben«, die »sozialistische Lebensweise der Bürger« und »die freie Entwicklung des Menschen« sichert (vgl. Art. 4 der DDR-Verfassung), darum kann es nach offizieller

Auffassung gar keine berechtigte Opposition geben, denn dies wäre gleichbedeutend mit einer Option für Krieg, für Ausbeutung und für Unfreiheit. Dementsprechend können auch nicht verschiedene politische Alternativen, auch nicht Alternativen über verschiedenartige Wege zum Sozialismus, angeboten werden.

Wahlen haben primär eine reine Akklamationsfunktion. Gleichzeitig dienen sie auch der politischen Mobilisierung und Erziehung der Massen. Durch die großangelegte Vorbereitung der Wahlen, die Wahl*kampf* zu nennen eine Irreführung wäre, sollen die Bürger enger an das System gebunden und für die Ziele aktiviert werden, welche die führende Partei der Gesellschaft und dem Staate weist. Der Wahlakt gewinnt dadurch den Charakter einer Demonstration für den Sozialismus. Der Wahltag ist darum nicht wie in den pluralistischen Demokratien westlicher Prägung ein Tag der politischen Entscheidung, in der die Souveränität des Volkes konkret manifestiert wird, er ist ein Tag der Selbstbestätigung des politischen Systems, in den Augen der SED sogar ein Festtag. Es ist darum auch der Ehrgeiz der politischen Führung, möglichst alle wahlberechtigten Bürger zur Wahl zu bringen. Vor allem Jugendliche aus FDJ-Gruppen besuchen am Morgen und notfalls wiederholt im Laufe des Wahltages die Wähler – nicht nur die alten und gebrechlichen, die der Hilfe auf dem Gang zur Wahlurne bedürfen – und machen ihnen noch einmal die Bedeutung der Stimmabgabe für die große Sache des Sozialismus deutlich. Diesem sozialen Druck sich zu entziehen, wäre sicherlich ein unsinniger Widerstandsakt, der nur Gefahren für das berufliche Fortkommen und das Ansehen in der Nachbarschaft heraufbeschwören könnte. So wird die Stimmabgabe zum Ritual und lediglich die Promillesätze interessieren, die die Wahlbeteiligung von 100 % trennen. 1963 lag die Wahlbeteiligung bei 99,25 %, 1967 bei 98,82 % 1971 bei 98,48 % und 1976 bei 98,58 %. Bei den letzten Wahlen stimmten 99,86 % für und nur 0,14 % gegen den Wahlvorschlag der Nationalen Front. Festzuhalten bleibt nur, daß in den Großstädten die Wahlbeteiligung meistens etwas geringer ist und die ungültigen und die Nein-Stimmen zahlreicher als in den ländlichen Gebieten. So sprachen sich im Wahlkreis Dresden 0,34 % gegen den Vorschlag aus, an dessen Spitze der damalige Staatsratsvorsitzende und baldige Ministerratsvorsitzende Willi Stoph stand. Auch der Vorschlag im Wahlkreis Karl-Marx-Stadt mit Erich Honecker erhielt 0,22 % Gegenstimmen. Bei den gleichzeitigen Wahlen zur Stadtverordnetenversammlung in Ost-Berlin, aus denen indirekt die Berliner Abgeordneten zur Volkskammer hervorgehen, lagen die Gegenstimmen mit 0,39 % am höchsten. Diese dem westlichen Beobachter unbedeutend erscheinenden Schwankungen in der Stimmabgabe zeigen einen für das

Verständnis der DDR-Gesellschaft interessanten Tatbestand auf, der nicht auf die Kandidaten bezogen werden darf, sondern soziologisch erklärt werden muß: In der von einem Netz an gesellschaftlichen Massenorganisationen überzogenen DDR ist die Anonymität und damit die Möglichkeit zum Abweichen vom offiziell Selbstverständlichen in den Großstädten relativ größer als in den Mittelstädten und vor allem auf dem Lande. Daher sind auch bei den Wahlen zur Berliner Stadtverordnetenversammlung stets nennens- und zählenswerte Neinstimmen zu verzeichnen. Im Vergleich zu westlichen Wahlergebnissen mögen solche Unterschiede irrelevant erscheinen, doch für die Partei- und Staatsführung der DDR sind sie durchaus ein Indikator für Problemlagen und eine notwendige Konzentration der Propagandaarbeit, wenn man, wofür alles spricht, voraussetzen darf, daß die Ergebnisse echt sind.
Wahlverfahren und Kandidatenaufstellung werden im Wahlgesetz geregelt. Nachdem über lange Jahre das Wahlgesetz von 1963 in verschiedenen Novellierungen gültig war, wurde zur Volkskammerwahl 1976 am 24. Juni 1976 ein neues Wahlgesetz verabschiedet. Es hat die geschilderten Prozeduren im Prinzip beibehalten, lediglich in Anlehnung an die Verfassungsänderung von 1974 auch das passive Wahlrecht von 21 auf 18 Jahre herabgesetzt. Damit konnten 1976 erstmals 15 achtzehn- bis zwanzigjährige Abgeordnete in das oberste DDR-Parlament einziehen. Neu ist auch die Festschreibung der schon geübten Praxis, die von den demokratischen Parteien und Massenorganisationen aufzustellenden Kandidaten zuvor von den Kollektiven, in denen sie tätig sind, prüfen und vorschlagen zu lassen. Faktisch ist dadurch nur eine weitere Ebene der Akklamation der Parteibeschlüsse in das System eingefügt worden.
Im Vergleich zum eigentlichen Wahlakt kommen im Stadium der Vorbereitung der Wahl im begrenzten Umfang Auswahlmöglichkeiten zur Wirkung, wenn auch nicht durch den Wähler selbst. Die Kandidaten, die schließlich in der Einheitsliste der Nationalen Front genannt werden, müssen zuvor ausgewählt worden sein, und zwar von ihren eigenen Organisationen, schließlich von der Nationalen Front selbst. Die SED als führende Kraft der Nationalen Front erhält durch die Prozedur der Kandidatenaufstellung die Möglichkeit, ihr nicht genehme Kandidaten der anderen Parteien und der Massenorganisationen gar nicht in die Einheitsliste aufzunehmen. Sie hat auch nach der ersten Zusammenstellung der Liste noch die Chance, Umstellungen, die ihr notwendig erscheinen, durchzusetzen. Denn alle Kandidaten müssen sich auf »Wählervertreterkonferenzen« den Wählern vorstellen. Auf solchen Konferenzen kann es noch dazu kommen, daß dem Entscheidungsorgan der Nationalen Front von der Wählerorganisation vorgeschlagen wird,

bestimmte Kandidaten besser nicht aufzustellen. Auf diesem Wege hat man in erster Linie die »bürgerlichen« Kandidaten getestet und sie nach Bedarf durch »geeignetere« ersetzen lassen.
Mit dem Mittel der Einheitsliste und der Organisation der Wahlvorbereitung und -durchführung hat die SED ein zuverlässiges Instrument der Herrschaftslenkung entwickelt. Die Wahlen dienen zwar nicht mehr der Auswahl verschiedener Programme und Personen, sind aber ein bedeutungsvoller Akt der Akklamation. Der eigentliche Wahltag ist für die »sozialistische Demokratie« nur der Abschluß einer umfassenden »Wahlbewegung«, in der eine Volksaussprache über die Grundfragen der Politik sowie über lokale und individuelle Probleme stattfinden soll. Die Kandidaten und Abgeordneten fungieren so als Mittler zwischen Bevölkerung und Regierung; sie propagieren nicht nur die Regierungspolitik, sondern vermitteln auch Informationen und Kritik – im erlaubten Rahmen der sozialistischen Ordnung – von unten nach oben. Die Abgeordneten sollen in einem ständigen Erfahrungsaustausch mit der Bevölkerung stehen, als eine Art von »Ombudsman« der sozialistischen Gesellschaft fungieren. Wahlen, Abgeordnete und Volkskammer haben daher in der DDR primär eine Integrationsfunktion.

5. Der Staatsrat

Bis 1960 stand an der Spitze des Staatsaufbaus der DDR ein Präsident der Republik. Die Einrichtung dieses Amtes war 1949 bei der Verabschiedung der ersten DDR-Verfassung ein Zugeständnis der SED an bürgerlich-demokratische Verfassungsvorstellungen; der SED schwebte schon damals ein Kollektivorgan als Staatsoberhaupt vor. So war die Verwaisung des Präsidentenamtes durch den Tod Wilhelm Piecks im Jahr 1960 für die SED der gegebene Zeitpunkt, ihre ursprüngliche Konzeption durchzusetzen. An die Spitze der DDR trat der Staatsrat, an dessen Spitze sich wiederum Walter Ulbricht als Staatsratsvorsitzender setzte. Er behielt diese Funktion auch nach seiner Ersetzung als Erster Sekretär der SED durch Erich Honecker (1971) bis zu seinem Tode (1. August 1973) bei. Danach übte Willi Stoph dieses Amt aus; nach den Wahlen vom 17. Oktober 1976 schließlich übernahm es Erich Honecker. Der Staatsrat, dessen genaue Mitgliederzahl in der Verfassung nicht festgelegt ist, besteht zur Zeit aus seinem Vorsitzenden, fünf stellvertretenden Vorsitzenden, weiteren 18 Mitgliedern und einem Sekretär. Von den 24 Mitgliedern gehören 15 der SED an. Die Zusammensetzung auch dieses Staatsorgans der DDR zeichnet sich also durch eine Dominanz der SED nebst bewußter Repräsentanz der anderen, ehemals bürgerlichen Parteien aus, die vier der stellvertretenden Vorsitzenden stellen. Das Gremium ist im übrigen zwar ein Kollektivorgan, doch sein Vorsitzender ist durch die alleinige Zuweisung einiger Kompetenzen, wie z. B. der außenpolitischen Repräsentation, deutlich herausgehoben.

In der Verfassung von 1968 sind Organisation und Kompetenzen des Staatsrates ausführlich verankert worden, nachdem sie sich in den vorhergehenden acht Jahren seit Einführung dieser Institution schon entsprechend eingespielt hatten. Dem Staatsrat wurden nicht nur repräsentative Funktionen wie die Vertretung der DDR nach außen und die Festsetzung und Ausschreibung der Wahlen, sondern auch umfangreiche legislative und gouvernementale Kompetenzen zugesprochen. Er hatte zwischen den – spärlichen – Tagungen der Volkskammer diese generell zu vertreten, alle Vorlagen an die Volkskammer im vorhinein zu behandeln und auf ihre Verfassungsmäßigkeit zu prüfen und besaß selbst Rechtsetzungsbefugnis durch eigene Erlasse und Beschlüsse. Der Staatsrat schlug die Kandidaten für den Vorsitz im Ministerrat, im Nationalen Verteidigungsrat und für die obersten Richter vor, er setzte in der Regel auch die Tagesordnung der Volkskammer fest.

Der Staatsrat war nach diesen Verfassungsbestimmungen und unter seinem Vorsitzenden Walter Ulbricht bis 1971 dasjenige Staatsorgan der DDR, dem die größte Machtfülle und Öffentlichkeitswirkung zugeschrieben wurde. Wichtige Direktiven zur weiteren Gestaltung der Gesellschafts- und Bildungspolitik, der Wirtschaftsstruktur und Rechtsordnung gingen vom Staatsrat aus; auch in den von der Volkskammer verabschiedeten Gesetzeswerken der 60er Jahre wurde immer die Initiative des Staatsrates hervorgehoben. Die Verfassungspraxis kehrte das Verhältnis von Volkskammer und Staatsrat genau um: Der Staatsrat war kein der Volkskammer unterstelltes Organ, sondern wurde zum Nebenparlament, das gleichzeitig die Volkskammer in ihrer Arbeit anleitete. Mit dem Staatsrat hatte sich Ulbricht ein Verfassungsorgan geschaffen, dessen Kompetenzfülle ihn als den Vorsitzenden an die Spitze aller Staatsorgane auf dem Gebiet der Repräsentation, der Regierung und der Gesetzgebung stellte. Von dieser Position aus konnte Ulbricht alle anderen Organe anleiten und beeinflussen. Man hat die Staatsratskonstruktion der DDR zu Recht als eine institutionelle Machtordnung charakterisiert, die Ulbricht auf den Leib geschrieben war, und die Verfassung von 1968 als »Staatsratsverfassung« (Gottfried Zieger) und »Ulbrichts Grundgesetz« (Dietrich Müller-Römer) bezeichnet. Die Belastungsprobe für diese Konstruktion mußte in dem Moment kommen,

wo ihr eigentlicher Träger die Voraussetzungen seiner Machtstellung, die Führerschaft in der Partei, verlor.
Der Abtritt Walter Ulbrichts als Erster Sekretär der Partei im Juni 1971 hat denn auch die Bedeutung des Staatsrates sofort in Frage gestellt. Ulbricht blieb zwar Vorsitzender des Staatsrates, doch hatte das einschneidende Folgen für die Institution. Von einem Tag auf den andern erlosch die Tätigkeit des Staatsrates weitgehend, er trat kaum mehr zusammen, faßte keine richtungsweisenden Beschlüsse mehr und verlor jede Publizität. Selbst eine eigene Schriftenreihe und Zeitschrift wurden eingestellt, ebenso wie die Festansprache des Vorsitzenden zum Jahreswechsel. Das Absterben der Institution war so total, daß es selbst vor den in der Verfassung von 1968 festgelegten Kompetenzen keinen Halt machte: Obwohl in Art. 80 bestimmt war, daß der Vorsitzende des Ministerrats vom Vorsitzenden des Staatsrates der Volkskammer vorgeschlagen wird, sind nach dem VIII. Parteitag weder 1971 Willi Stoph noch 1973 Horst Sindermann vom Staatsratsvorsitzenden, sondern vom Ersten Sekretär der SED im Namen des Zentralkomitees der Partei nominiert worden.
Dieser Vorgang zeigt die faktischen Machtverhältnisse in der DDR auf. Der Staatsrat war so lange das mächtigste Organ, als sein Vorsitz vom Ersten Sekretär der SED in Personalunion wahrgenommen wurde. Ulbricht benutzte den Staatsrat, um die Beschlüsse der Partei und seine faktische Machtfülle als Parteiführer mit der Aura des höchsten Staatsorgans zu versehen. Mit dem Wegfall dieser personellen Voraussetzungen degenerierte die politische Statur des Staatsrates. Unter seinem als Parteichef entmachteten Vorsitzenden Ulbricht wurde er fast aller Kompetenzen entkleidet – lediglich die Akkreditierung von Botschaftern mag für Ulbricht in den beiden letzten Jahren seines Lebens eine persönliche Genugtuung gewesen, weil sich darin die von ihm so lange erstrebte weltweite Anerkennung der DDR dokumentierte. Die umfangreichen Änderungen in den Verfassungsartikeln über den Staatsrat (Art. 66–75), die zum 7. Oktober 1974 verkündet wurden, haben nur verfassungsrechtlich kodifiziert, was sich längst zuvor in der politischen Praxis eingespielt hatte. Der Staatsrat vertritt nun nicht mehr generell die Volkskammer, sondern erfüllt nur die Aufgaben, die ihm speziell durch die Verfassung oder Gesetze und Beschlüsse der Volkskammer übertragen worden sind. Er ist aus dem Gesetzgebungsverfahren ausgeschlossen und hat auch keine eigene Rechtsetzungsbefugnis. Der Staatsrat prüft nicht mehr die Verfassungsmäßigkeit von Gesetzesvorhaben und hat auch nicht die Funktion eines Verfassungsgerichts: bei Zweifeln an der Verfassungsmäßigkeit von Rechtsvorschriften entscheidet nicht mehr er,

sondern die Volkskammer (Art. 89 Abs. 3 in der Fassung von 1974). Geblieben ist dem Staatsrat die völkerrechtliche Vertretung der DDR – die früher allein seinem Vorsitzenden anvertraut war –, die Festlegung von militärischen Dienstgraden und diplomatischen Rängen, die Verleihung von Orden, das Amnestie- und Begnadigungsrecht und die Verkündigung der von der Volkskammer beschlossenen Gesetze. Der Staatsrat ist heute nur noch das »kollektive Staatsoberhaupt der Deutschen Demokratischen Republik« (Erich Honecker in der Begründung der Verfassungsänderung vor der Volkskammer).

Immerhin wurde nach dem Tode Walter Ulbrichts und der Übernahme des Staatsratsvorsitzes durch Willi Stoph (1973) die repräsentative Stellung des Staatsrates gegenüber der Außenwelt und der eigenen Bevölkerung wieder stärker herausgestellt. Das hat sich noch verstärkt, seit 1976 Erich Honecker den Vorsitz übernahm und weitere Politbüromitglieder der SED in das Gremium einzogen (Hager und Norden zusätzlich zu Ebert, Honecker, Sindermann, Stoph, Tisch und Verner). Diese Wiederherstellung der Personalunion von Parteileitung und Staatsratsvorsitz hat aber bislang nicht dazu geführt, daß der Staatsrat jene Übermacht über die übrigen Staatsorgane gewonnen hätte, die er unter Ulbricht besaß.

Die wechselvolle Geschichte der Bedeutung des Staatsrates im politischen System der DDR ist kennzeichnend für zwei Grundmerkmale dieser Ordnung: Ausschlaggebend für die Über- und Unterordnung auch der Staatsorgane ist letztlich die »Verfassung« der Partei, das Gewicht, das den einzelnen Funktionsträgern in der Parteiorganisation zukommt. Nicht der formell erste Mann im Staate, der Staatsratsvorsitzende, sondern der führende Mann der SED ist der mächtigste Mann in der DDR. Für die geschriebene Verfassung eines sozialistischen Staates wie der DDR folgt daraus: Sie entspricht solange der Verfassungswirklichkeit, wie die ihr zugrunde liegenden faktischen Machtverhältnisse weiterbestehen. Ändern sich diese, so können die Bestimmungen der Verfassung leicht zu leeren Buchstaben werden, die keine Bedeutung mehr haben. Der faktische Verfassungswandel geht unbeirrt über die Verfassungsurkunde hinweg, die erst nach einiger Zeit der politischen Entwicklung angepaßt wird.

6. Der Ministerrat

Vom Machtschwund des Staatsrates nach 1971 profitierte vor allem der Ministerrat, der zuvor durch die Machtfülle des Staatsrates eingeschränkt worden war. Deutlichster Ausdruck dieser Veränderung ist das derzeit geltende Gesetz über den Ministerrat vom 16. Oktober 1972, das jüngste in einer ganzen Reihe von Gesetzen und Rechtsbestimmungen über diese Institution. Dessen Kompetenzausweitungen für den Ministerrat sind 1974 in Art. 76 der geänderten Verfassung übernommen worden. Vom Ministerrat heißt es heute wieder, er sei die *Regierung* der DDR, ein Begriff, der jahrzehntelang vermieden wurde.

Nach den Bestimmungen des Ministerratsgesetzes von 1963 und der Verfassung von 1968 reduzierten sich die Hauptaufgaben des Ministerrates weitgehend auf die Planung und Leitung der Volkswirtschaft. Der Ministerrat war eine Art »Superwirtschaftsministerium«. Er sollte die wissenschaftlich begründeten Prognosen ausarbeiten, die Gestaltung des ökonomischen Systems des Sozialismus organisieren und die planmäßige Entwicklung der Volkswirtschaft einleiten (Art. 78 alte Fassung). Das sind im planwirtschaftlichen System der DDR sicherlich sehr zentrale und umfangreiche Kompetenzen, und der Ministerrat braucht einen großen Apparat, an seiner Spitze die Staatliche Plankommission, um sie wahrzunehmen. Doch übte er diese Funktionen nur im Auftrag der Volkskammer und des Staatsrates aus, war somit ein reines Exekutiv- und Administrationsorgan. Der Ministerrat hatte keinen Einfluß auf die »Richtlinien der Politik«, diese wurden ihm vom Staatsrat und faktisch von der Parteiführung vorgegeben. An letzterem hat sich auch heute nichts geändert, doch die Grundsatzkompetenz ist vom Staatsrat auf den Ministerrat übergegangen. Er »organisiert« nicht bloß, sondern »leitet«, er beschränkt sich nicht auf die ökonomische Politik, sondern bestimmt die ganze »Staatspolitik« (Art. 76 Abs. I neue Fassung).

Das Ministerratsgesetz von 1972 und die geänderte Verfassung von 1974 enthalten einen Katalog vielfältiger Kompetenzen auf dem Gebiet des Bildungswesens, der Durchführung der Außenpolitik, der Leitung und Kontrolle der nachgeordneten Verwaltung, der Sozialpolitik, wenn auch aus verständlichen Gründen im sozialistischen System der DDR das Hauptgewicht seiner Tätigkeit stets auf der Lenkung der Volkswirtschaft ruhen wird.

Der Ministerrat ist ein Kollektivorgan, das nach dem Kabinettsprinzip arbeitet, in dem der Vorsitzende nur *primus inter pares* ist. Entsprechend der Praxis seit 1971 sieht die Verfassungsänderung von 1974 in Art. 79 vor, daß der Vorsitzende des Ministerrates von der stärksten Fraktion der

Volkskammer – der SED – vorgeschlagen und von der Volkskammer mit der Bildung des Ministerrates beauftragt wird.
Von Oktober 1973 bis Oktober 1976 hatte Horst Sindermann dieses oberste Regierungsamt inne, dann übernahm es wieder Willi Stoph, der schon von 1964 bis 1973 Vorsitzender des Ministerrates gewesen war und bereits in den Jahren davor während Grotewohls langer Krankheit dieses Amt faktisch versehen hatte. Neben dem Vorsitzenden stehen zwei Erste Stellvertretende Vorsitzende des Ministerrates und weitere neun Stellvertretende Vorsitzende, darunter jeweils ein Minister der verbündeten Parteien. Dazu kommen zur Zeit 28 einfache Mitglieder des Ministerrates, von denen die meisten an der Spitze der 30 Ministerien stehen, aber auch das Amt für Preise, die Staatsbank und die Staatliche Plankommission – gleich mit ihren drei Spitzenfunktionären – sind im Ministerrat vertreten. Daneben besteht noch eine ganze Palette von obersten Verwaltungsbehörden wie den Staatssekretariaten für Berufsbildung und für Kirchenfragen und den Staatlichen Ämtern für Jugendfragen und für Erfindungs- und Patentwesen, deren Leiter aber keinen Kabinettsrang haben. Dennoch ist der Ministerrat der DDR mit zur Zeit 42 Mitgliedern ein relativ großes Gremium, was wiederum die Einrichtung eines Leitungsgremiums in Gestalt des *Präsidiums des Ministerrats* mit sechzehn Mitgliedern notwendig macht. Es koordiniert als eine Art engeres Kabinett die Regierungsarbeit und sorgt für die Durchführung der Parteibeschlüsse.
Die Mitglieder des Ministerrats werden nach Art. 79 der Verfassung von der Volkskammer auf die Dauer von fünf Jahren gewählt. Wie wenig es sich um eine parlamentarische Konstituierung der Regierung handelt, zeigt sich an der Bestimmung des Ministerratsgesetzes, daß der Vorsitzende des Ministerrats auch zwischen den Volkskammertagungen Minister berufen und deren nachträgliche Wahl beantragen kann. Faktisch sind für die Bestellung eines Ministers die Beschlüsse des Politbüros und des Sekretariats des ZK der SED ausschlaggebend, die meist kurz vor der Volkskammersitzung gefällt und auf den Tagungen des ZK sanktioniert werden.
Seit Gründung der DDR besteht die Verfassungspraxis, in die Regierung bzw. den Ministerrat Abgeordnete aller Parteien zu berufen. Von den derzeit 42 Mitgliedern des Ministerrates gehören je einer den vier Parteien neben der SED an. Sie sind gewissermaßen die »Konzessionsschulzen« für das Bündnis der Nationalen Front. Die weiteren Führungspositionen in allen Ministerien sind fast hundertprozentig mit Mitgliedern der SED besetzt.
Seit den personellen Umbesetzungen in Partei- und Staatsapparat im

Oktober 1973 und 1976 zeigt sich auch in der Zusammensetzung des Ministerrates deutlicher als zuvor das Primat der SED. Fünf Mitglieder des Ministerrates gehören gleichzeitig dem Politbüro der SED als dem machtvollsten Parteigremium an, darunter mit Stoph, Krolikowski und Alfred Neumann der Vorsitzende und die beiden Ersten Stellvertretenden Vorsitzenden, Heinz Hoffmann als Verteidigungsminister und Erich Mielke als Minister für Staatssicherheit. Hinzu kommen noch der derzeitige Minister für Allgemeinen Maschinen-, Landmaschinen- und Fahrzeugbau und der Vorsitzende der Staatlichen Plankommission als Kandidaten des Politbüros.

Auf diese Weise ist die Verzahnung von Parteielite und Staatsapparat auf dem für die DDR derzeit wichtigsten Gebiet der wirtschaftlichen Entwicklung und der Sicherheit auch personell abgesichert worden. Partei und Staat, Politbüro und Ministerrat sind zwar nicht identisch, stehen aber zueinander in einem Verhältnis von Grundsatzanweisung und Kontrolle auf der einen und Konkretisierung in Regierungs- und Verwaltungsmaßnahmen auf der anderen Seite.

Die Organisation der obersten staatlichen Verwaltung in der DDR hat im Laufe der Jahre eine Reihe von Änderungen erfahren, die im einzelnen nachzuzeichnen nicht nötig erscheint. Änderungen in der Struktur der Ministerien und der staatlichen Ämter, die im Rang den Ministerien gleichgestellt sind, wie z. B. die Staatliche Plankommission, sind verständlicherweise häufig, wenn ein Regierungsapparat ganz auf seine Effizienz im Vollzug ausgerichtet ist. Bezeichnend für die Vorrangstellung der wirtschaftlichen Aufgaben des Staates im Rahmen der Organisationsstruktur ist die große Zahl von Fachministerien (etwa zwölf) für den Bereich der Wirtschaft und der Industrie. Es gibt beispielsweise ein Ministerium für Werkzeug- und Verarbeitungsmaschinenbau neben einem Ministerium für die chemische Industrie und so fort. Auch der Bereich der Kultur ist mehrfach gegliedert. Außer einem Ministerium für Kultur gibt es den Minister für Volksbildung, den Minister für das Hoch- und Fachschulwesen sowie den Minister für Wissenschaft und Technik. Die ministerielle Organisation der DDR ist insofern auch ein Indikator für die besonderen Schwerpunkte der staatlichen Tätigkeit: sie liegen auf dem Gebiet der Industrie und der Wirtschaft und auf dem Gebiet der Wissenschaft und Bildung. Ein eigenes Ministerium für Staatssicherheit kann jedoch ebensowenig fehlen wie die klassischen Ministerien der Auswärtigen Angelegenheiten, des Innern, der Finanzen und der Justiz. Die aufgefächerte Ministerialstruktur macht die Koordination zu einer wichtigen Aufgabe des Ministerrats. Sie ist auch in der Verfassung gefordert.

7. Die Verwaltungsgliederung

Die DDR ist ein zentral verwalteter Staat. Nicht nur die Organisation der Partei und der anderen politischen Organisationen, auch der Aufbau des Staates entspricht dem Prinzip des demokratischen Zentralismus. Diesem Prinzip mußten bereits im Jahre 1952 die fünf Länder der Ostzone weichen, die auch nach der Verfassung von 1949 noch in einem System des Föderalismus mit der zentralen Staatsgewalt verbunden waren, also über eine eigene Staatlichkeit verfügten und ihre Interessen in einer der Volkskammer nebengeordneten *Länderkammer* wahrnahmen, die in ihrer Konstruktion dem Deutschen Bundesrat vergleichbar war. 1952 jedoch wurden die Länder im Zuge der »weiteren Demokratisierung des Aufbaus und der Arbeitsweise der staatlichen Organe« dazu verpflichtet, eine territoriale Neuordnung vorzubereiten und sich selbst abzuschaffen. Aus dieser Reform gingen an Stelle der fünf Länder 14 Bezirke (ohne Ost-Berlin) hervor, die der Einfachheit halber nach den jeweiligen Hauptstädten der Region benannt wurden. Die DDR hat heute folgende Bezirke: Schwerin, Rostock, Neubrandenburg, Potsdam, Frankfurt, Cottbus, Magdeburg, Halle, Erfurt, Gera, Suhl, Dresden, Leipzig und Karl-Marx-Stadt (früher Chemnitz). Die zuvor von den Organen der Länder wahrgenommenen Aufgaben gingen seit 1952 auf die neuen Bezirke über. Gleichzeitig wurde eine Neueinteilung der Kreise vorgenommen, wobei ebenfalls die Berücksichtigung der wirtschaftlichen Aspekte ein Hauptkriterium war. Die Länderkammer bestand zwar zunächst noch weiter (bis 1958), aber durch diese Neuordnung der Verwaltungseinheiten auf dem Gebiet der DDR war die Voraussetzung für die Organisation einer zentral gelenkten staatlichen Verwaltung geschaffen, die den Untergliederungen: den Bezirken, Kreisen, Städten und Gemeinden nichts mehr von ihrer früheren Autonomie auf bestimmten Bereichen der öffentlichen Verwaltung beließ. Die DDR ist heute ein zentraler Verwaltungsstaat, in dem es eine regionale oder lokale Selbstverwaltung nur in dem sehr engen Rahmen der vom Zentralstaat erlassenen Gesetze gibt. Die Verfassung der DDR von 1968/74 bezeichnet die Untergliederungen des staatlichen Verwaltungsaufbaus als »die örtlichen Volksvertretungen und ihre Organe« (Art. 81–85). Auf allen Ebenen der Staatsverwaltung gibt es ein gewähltes Vertretungsorgan; es nennt sich Bezirks- und Kreistag für die Bezirke und Kreise, Stadtverordnetenversammlung und Gemeindevertretung für die Städte und Gemeinden. Neben diesen Volksvertretungen stehen der jeweilige Rat des Bezirkes, des Kreises, der Stadt und der Gemeinde als kollektiv arbeitende Exekutive. Sie wird zwar von der Volksvertretung gewählt, ist aber

den übergeordneten Räten bis hin zum Ministerrat unterstellt, von denen sie angeleitet wird und deren Weisungen sie ausführt. Die Räte als die vollziehenden Organe haben daher für die regionale und lokale Verwaltung mehr Bedeutung als die örtlichen Volksvertretungen. Insgesamt gibt es in der DDR unterhalb der Ebene der 14 Bezirke 27 Stadtkreise, 191 Landkreise und knapp 9000 Gemeinden, zu denen noch die »Hauptstadt Berlin« (Ostberlin) kommt, die die Stellung eines 15. Bezirks der DDR einnimmt.
Die Verfassung hat die Städte und Gemeinden in Art. 41 neben den sozialistischen Betrieben zu den Gemeinschaften gezählt, »in denen die Bürger arbeiten und ihre gesellschaftlichen Verhältnisse gestalten«. Das in dieser Bestimmung anklingende rätedemokratische Element der Eigenverantwortung im jeweiligen gesellschaftlichen Bereich, sei es der Arbeitsplatz oder der Wohnort, ist in der Verfassungspraxis allerdings durch das zentralistische Moment der Einheitlichkeit der Staatsverwaltung überlagert worden. Daran hat auch das Gesetz über die örtlichen Volksvertretungen nichts geändert, das in Art. 85 der Verfassung von 1968 verlangt und am 17. Juli 1973 erlassen wurde. Durch dieses Gesetz ist die Stellung der örtlichen Volksvertretungen und ihrer Organe gegenüber den auf dem jeweiligen Gebiet ansässigen Betrieben, Kombinaten, Genossenschaften usw. erheblich gestärkt worden. Der hierarchische Aufbau des Systems der Volksvertretungen wurde durch die Bestimmung gelockert, daß die unteren Organe in die Willensbildung der oberen durch Konsultation einbezogen werden sollen. Dieses Gesetz darf aber nicht als Ansatz zur Wiederherstellung einer autonomen kommunalen Selbstverwaltung mißverstanden werden, sondern erstrebt eine Dekonzentration aus Gründen der Rationalisierung der einheitlichen Staatsverwaltung. Den örtlichen Organen wird mehr als den zentralen Instanzen zugetraut, an Ort und Stelle zu einer rationelleren Nutzung der wirtschaftlichen Ressourcen durch Einsparung von Arbeitskräften, höhere Schichtauslastung, Kooperation und dergleichen mehr zu kommen. Sie bleiben aber weiterhin den übergeordneten Räten unterstellt. Die örtlichen Volksvertretungen und ihre Organe sind in der DDR nicht Organe einer lokalen Selbstverwaltung, sondern örtliche Instanzen der einheitlichen Staatsmacht, die durch das Prinzip des demokratischen Zentralismus und der Führungsstellung der Partei der Arbeiterklasse geprägt wird.
Beamte im Sinne der deutschen Tradition des Berufsbeamtentums mit einem besonderen Rechtsstatus kennt die DDR nicht mehr. Sie hat alle öffentlichen Dienstverhältnisse dem allgemeinen Arbeitsrecht angeglichen und Schluß gemacht mit der hervorgehobenen rechtlichen und

sozialen Stellung der beamteten »Staatsdiener«. Im Sinne der Einheit von Staat und Gesellschaft ist diese Regelung nur konsequent. Es läßt sich nicht überzeugend nachweisen, daß die Abschaffung der im westdeutschen Grundgesetz noch verbrieften »hergebrachten Grundsätze des Berufsbeamtentums« zu einer Minderung der Qualität des öffentlichen Dienstes der DDR geführt hätten. Selbstverständlich können die Prinzipien eines parteipolitisch neutralen Beamtentums im politischen System der DDR keinen Ansatz mehr finden, weil die Parteilichkeit ein Prinzip der Politik selbst ist.

5. Kapitel

Das Rechtssystem

1. Die Funktion des Rechts im sozialistischen Staat

Dem sozialistischen Rechtsdenken ist jede Vorstellung eines überzeitlichen Rechts fremd, wie sie in der abendländischen Rechtsgeschichte in der Idee des Naturrechts ihren bedeutsamsten Ausdruck gefunden hat. Der Marxismus sieht das Recht jeweils nur in seiner konkreten gesellschaftlichen Funktion. Dementsprechend hat jede Epoche in der Entwicklung der Gesellschaft, jede »Gesellschaftsformation« ein eigenes, den zugrundeliegenden sozio-ökonomischen Bedingungen entsprechendes und auf sie bezogenes Recht. Nach marxistischer Vorstellung hat alles Recht Klassencharakter, d. h., es ist in seinem materialen Inhalt stets Ausdruck der Herrschaft einer bestimmten Klasse. Im sozialistischen Recht der DDR muß man darum den Ausdruck der Herrschaft der Arbeiterklasse und aller anderen Werktätigen sehen, bei denen nach der Verfassung von 1968 alle Macht in Staat und Gesellschaft liegt.
Die Rechtsordnung im sozialistischen Staat ist freilich nicht allein Ausdruck veränderter sozialer und ökonomischer Bedingungen, nicht einfaches Überbauphänomen im Sinne der Marx-Engelsschen Vorstellung vom Recht als einem Überbau über den die historische Entwicklung bestimmenden Produktivkräften, das Recht ist immer auch Instrument der gesellschaftlichen Praxis und insofern ein Mittel der bewußten Gesellschaftsgestaltung im Sinne des Sozialismus. »Das sozialistische Recht nimmt die objektiven Gesetzmäßigkeiten der sozialistischen Gesellschaft in sich auf und wirkt so als Hebel für deren bewußte Durchsetzung.« (Thesen zum Wesen und zur Entwicklung des sozialistischen Rechts [Univ. Halle], in: Staat und Recht, 1963, S. 1842 ff.) Die Hebelwirkung des Rechts weist ihm also eine gestaltende Funktion in Übereinstimmung mit den von der führenden Partei jeweils festgelegten objektiven Gesetzmäßigkeiten der Entwicklung zu, d. h., das Recht ist dabei nicht so sehr ein Mittel zur Sicherung der Ordnung und zur Gewährleistung der bestehenden Verhältnisse als ein Mittel zur beständigen Weiterentwicklung der sozialistischen Gesellschaft. Im Rechtspflegeerlaß des Jahres 1963, der auch die Grundfragen der sozialistischen Justiz

berührt, heißt es darum auch: »Das sozialistische Recht ist ein wichtiges Instrument unseres Staates, um die gesellschaftliche Entwicklung zu organisieren.«

Daraus folgt, daß die DDR, ähnlich wie die anderen sozialistischen Systeme, in der Rechtsordnung in erster Linie ein Mittel der Politik sieht. Die Politik und ihre handelnden Organe, insbesondere die führende sozialistische Partei, werden durch das sozialistische Recht nicht etwa begrenzt und in Schranken gehalten, sondern das Recht ist im Gegenteil Instrument zur Durchsetzung ihrer Politik, von der behauptet wird, daß sie im Einklang steht mit der objektiven historischen Entwicklung.

In einer neueren Veröffentlichung (Arlt/Stiller: Entwicklung der sozialistischen Rechtsordnung in der DDR, Berlin [DDR] 1973, S. 26/27) wird diese politische Funktion des Rechts unmißverständlich zum Ausdruck gebracht: »Das sozialistische Recht dient der ideologischen und organisatorischen Führung des Volkes durch die marxistisch-leninistische Partei der Arbeiterklasse. Die gesellschaftsgestaltende Funktion des Rechts ist auf die Erziehung der Menschen zu sozialistischen Persönlichkeiten gerichtet ... Das sozialistische Recht soll in gesamtgesellschaftlichem Maßstab feste moralische Grundhaltungen der Menschen herbeiführen, die für das sozialistische Zusammenleben der Mitglieder der Gesellschaft erforderlich sind. Es ist insofern organisierendes Instrument zur Herausbildung der sozialistischen Moral in allen Klassen und Schichten der Bevölkerung ... Auf diese Weise werden die Grundregeln des menschlichen Zusammenlebens in einem äußerst langwierigen, sich über Generationen erstreckenden Prozeß zur festen Gewohnheit der Menschen, die sie aufgrund ihrer inneren Überzeugung bewußt, ohne äußeren Zwang oder Druck von sich aus befolgen.«

Es gibt somit keine Eigenständigkeit des Rechts, die es rechtfertigen würde, die richterliche Gewalt von der gesetzgebenden und durchführenden zu trennen, auch keinen Gegensatz zwischen Recht und Politik. »Die sozialistische Rechtspflege ist keine eigenständige, von anderen Teilen des Staatsapparates getrennte ›Säule‹ der Macht, sondern innerhalb des gesellschaftlichen und staatlichen Organismus, der in seiner Gesamtheit die politischen und gemeinsamen Interessen der Werktätigen verwirklicht, eine spezifische Form staatlich-gesellschaftlicher Tätigkeit, die der Sicherung, dem Schutz und der Förderung der in der Verfassung und den Gesetzen verankerten Errungenschaften des werktätigen Volkes, der Wahrung der Rechte der Bürger und der Einhaltung der im Gesamtinteresse für verbindlich erklärten Verhaltensweisen und geregelten Gesellschaftsverhältnisse dient.« (Kommentar zur DDR-Verfassung, Berlin 1969, Bd. II, S. 428)

Der ideologische Hintergrund und instrumentale Charakter des Rechts in der sozialistischen Demokratie der DDR wird rein äußerlich schon daran erkennbar, daß ein großer Teil der Artikel der Verfassung von 1968 rein programmatischen Charakter hat.
So heißt es beispielsweise gleich im Art. 2 lapidar: »Der Mensch steht im Mittelpunkt aller Bemühungen der sozialistischen Gesellschaft und ihres Staates«, ferner: »Die Ausbeutung des Menschen durch den Menschen ist für immer beseitigt.« Auch die Gesetze, welche die Volkskammer erläßt, sind in der Regel mit ausführlichen Präambeln versehen, in denen die ideologischen Grundlinien des Gesetzes und die Besonderheit der sozioökonomischen Entwicklung der sozialistischen Gesellschaft, deren Ausdruck sie jeweils sind, ausführlich dargelegt werden. Diese Erläuterungen sind Stützen für die rechtliche Interpretation, die darum der juristisch-formalen Schulung weitgehend entbehren kann.
Während in den westlichen Rechtssystemen gerade der formale Charakter des Rechts und der Rechtsordnung eine herausragende Rolle spielt, und von daher Probleme des juristischen Verfahrens, des *due process of law* und der formalen Rangordnung von Rechtssätzen eine wichtige Funktion haben, ja gelegentlich sogar mit dem Rechtsstaatsprinzip schlechthin identifiziert werden, sind derartige formale Probleme im DDR-Recht ganz untergeordneter Natur. Es gibt keine klare Gliederung des Ranges, d. h. der normativen Kraft der verschiedenen Rechtsquellen; es gibt keine unabhängigen Justizorgane, welche die Rechtmäßigkeit der Staatsakte überprüfen, es gibt nicht die aus dem bürgerlichen Rechtsstaat bekannte relative Konstanz und Verläßlichkeit der Rechtsnormen. Da das Recht in erster Linie materialen Charakter hat, ist es in seiner Ausdeutung und Anwendung prinzipiell der Einwirkung der politischen Instanzen ausgesetzt, die seinen materialen Gehalt festlegen. Dem sozialistischen Recht fehlen insofern die für den bürgerlichen Rechtsstaat so wesentlichen Kategorien der Gewißheit und Beständigkeit des Rechts, auch seiner Voraussehbarkeit und Berechenbarkeit. Die Interpretation von Rechtsnormen, sei es der Verfassung, sei es der Gesetzgebung, ist im Rahmen der »sozialistischen Gesetzlichkeit« nicht in erster Linie eine Frage der Rechtsdogmatik, also der Juristen, sondern eine Frage der politischen Zweckmäßigkeit, also der Politiker. Darum ist die oberste politische Instanz des Staates, die Volkskammer – vor der Verfassungsänderung von 1974 war es der Staatsrat –, nicht aber ein gerichtliches Organ zur verbindlichen Interpretation der Verfassung und der Gesetze berufen.
Das Rechtssystem der DDR in seiner heutigen Gestalt geht von der Errichtung der sozialistischen Gesellschaft als einer vollendeten Tatsa-

che aus. Da die sozialistische Gesellschaft von ihr eigenen Grundwerten bestimmt sei und in ihrer einheitlichen Verfassung nicht mehr unter den für die bürgerliche Gesellschaft typischen Formen des Antagonismus leide, kann sie ihren Rechtsbegriffen auch einen »qualitativ neuen Inhalt« geben, auch wenn diese Begriffe mit denen des bürgerlichen Rechtsstaates oft wörtlich identisch sind. Der Sozialismus, so heißt es im offiziellen Kommentar zum Art. 86 der Verfassung, mit dem der Abschnitt über »Sozialistische Gesetzlichkeit und Rechtspflege« eingeleitet wird, bedeute die Erneuerung aller menschlichen Werte überhaupt, er bewirke die Herausbildung völlig neuer Lebensbedingungen und einer neuen Moral.

Das Recht dient in der sozialistischen Gesellschaft, in der der Mensch im Mittelpunkt stehen soll, als Mittel zur Einbeziehung des Bürgers in die sozialistische Gemeinschaft und zur sozialen Erziehung des einzelnen. Es hat darum, anders als die nur das »ethische Minimum« fixierenden Rechtsordnungen der bürgerlichen Gesellschaft, einen eminent moralischen Aspekt. Dieser moralische Aspekt wird in der Ausgestaltung des Systems der Justiz durch die bewußte Einbeziehung gesellschaftlicher Organisationen in das Gerichtsverfahren auch institutionell unterstrichen. Hilft so das Recht als Ganzes den politischen Kräften zur immer besseren Entwicklung der zu verwirklichenden sozialistischen Gesellschaft, indem es Ausdruck »sozialistischer Gesetzlichkeit« ist, so dient das Recht in seiner Wendung auf den einzelnen Bürger vornehmlich dazu, ihn zu einer »sozialistischen Persönlichkeit mit neuen moralischen und kulturell geistigen Idealen und Bedürfnissen« (Kommentar II, S. 407) zu entwickeln.

Das sozialistische Recht ist somit kein primär vom Individuum und dem Schutz seiner Interessen her konzipiertes Rechtssystem, wie dies für das Recht der liberalen bürgerlichen Gesellschaft im wesentlichen gilt. Es ist in besonderer Weise ein Sozialrecht, ein Recht der Gemeinschaft. Die Rechtsordnung insgesamt dient im Selbstverständnis der DDR den allgemeinen Interessen des sozialistischen Volkes, und sie verhilft gleichzeitig auch dem einzelnen Bürger dazu, in dieser Gemeinschaft seinen angemessenen Platz zu finden. Im sozialistischen Recht finden, dies wird unablässig betont, die *gemeinsamen* Interessen und Ziele der Bürger ihren Ausdruck, nicht die Rechte einzelner. Diese Orientierung an Gemeinsamkeit und Gemeinschaft verweist das sozialistische Recht notwendig auf eine Instanz, welche die gemeinschaftlichen Ziele und Interessen verbindlich formuliert: Diese kann in der sozialistischen Gesellschaft der DDR nur die führende Partei der herrschenden Arbeiterklasse sein: die SED.

2. Die Grundrechte

Die Besonderheit des Rechtssystems der sozialistischen DDR im Vergleich zu den vom bürgerlichen Rechtsstaat geprägten westlichen Demokratien zeigt sich nicht zuletzt an den Grundrechten und ihrer Funktion im Verfassungsleben. Grundrechte werden in der westlichen Staatstheorie vor allem als individuelle Freiheitsrechte gesehen, die der Staat zu respektieren hat. Die entwickelte sozialistische Gesellschaft, als welche die DDR sich versteht, kennt ebenfalls Grundrechte und mißt auch ihnen im Rahmen der Rechtstheorie große Bedeutung bei, aber aufgrund der veränderten gesellschaftlichen Voraussetzungen sind Grundrechte im sozialistischen System von anderem Stellenwert als in der bürgerlichen Gesellschaft. Sie sind nicht Rechte gegenüber dem Staat; sie garantieren nicht den Schutz einer staatsfreien Privatsphäre für den einzelnen, sondern sie wirken als Integrationsrechte, indem sie dem einzelnen die Mitwirkung am Leben des Staates garantieren. Eine Gesellschaft, die von Klassenantagonismen frei ist, hat es nach kommunistischer Auffassung nicht mehr nötig, einen Freiheitsbereich des einzelnen gegenüber dem Staat zu konstituieren, sie kann vielmehr von einer Übereinstimmung der politischen, materiellen und kulturellen Interessen aller Gesellschaftsglieder ausgehen. Die Grundrechte präzisieren im einzelnen diesen Anspruch des Bürgers auf politische Partizipation in den verschiedensten Bereichen des gesellschaftlichen Lebens. Darum wird das »Recht auf Mitbestimmung und Mitgestaltung« (Art. 21) als das maßgebliche sozialistische Grundrecht angesehen. Der sozialistische Staat glaubt von sich, die ökonomischen und politischen Grundlagen gelegt zu haben, die eine echte Mitwirkung aller Bürger an der gesellschaftlichen Entwicklung ermöglichen. Die Grundrechte garantieren ihm diese Mitwirkung und Mitgestaltung.

Die auf die Integration des Menschen in die gesellschaftlich-politische Ordnung abzielende Natur der sozialistischen Grundrechte wird durch eine andere Besonderheit des sozialistischen Rechtssystems noch unterstrichen, nämlich durch die auffallend starke Betonung von *Grundpflichten* als der notwendigen Ergänzung von Grundrechten. Rechte und Pflichten bilden nach Auffassung der Rechtstheoretiker der DDR eine untrennbare Einheit. Durch die Normierung bestimmter staatsbürgerlicher Pflichten, wie z. B. der Pflicht zur Arbeit, der Pflicht zur Erziehung etc. werden die entsprechenden Grundrechte konkret ergänzt. »Die sozialistischen Grundrechte schließen die Verpflichtung zu ihrer aktiven Ausübung ein, weil das allein ihre Realität und ihre Entfaltung verbürgt« (Kommentar II, S. 13).

Die neue Funktion der Grundrechte im Verfassungssystem der sozialistischen DDR hat auch zu einer Akzentverlagerung innerhalb der Systematik der Grundrechte geführt. Im Gegensatz zur Betonung der individuellen Freiheitsrechte im westlichen System stehen bei den sozialistischen Grundrechten die Betätigungsrechte im Vordergrund, und zwar:

1. das Recht und die Pflicht zu gesellschaftspolitischer Betätigung,
2. das Recht und die Pflicht zur Arbeit, weil nur durch die Einbeziehung in den sozialen Arbeitsprozeß der Mensch zur vollen Entfaltung seiner produktiven Fähigkeiten gelangen könne, und schließlich
3. das Recht und die Pflicht zur Bildung; durch Bildung nimmt der einzelne teil am allgemeinen kulturellen Prozeß und entwickelt seine geistigen Anlagen, die ihn wiederum befähigen, innerhalb des gesellschaftlichen Produktionsprozesses sein Bestes zu geben.

So sind die Grundrechte einesteils Integrationsrechte, zum anderen garantieren sie auf der Basis der Integration auch soziale Sicherheit und sozialen Schutz.

Grundrechte wie Grundpflichten sind selbstverständlich allein auf die sozialistische Gesellschaftsform bezogen und nur in ihr wirksam. Es kann also keine Betätigung von Grundrechten gegen die sozialistische Gesellschaftsordnung geben, auch die Indifferenz gegenüber der Gesellschaft wird grundrechtlich nicht geschützt, das heißt aber, daß die Grundrechte nur bestätigen, was der Staat ohnehin von seinen Bürgern will, nämlich die aktive Mitarbeit zum Wohle des Ganzen.

Von diesem Grundrechtsverständnis her wird man nicht erwarten dürfen, wie es von seiten westlicher Beobachter immer wieder geschieht, daß die Grundrechte im sozialistischen Staat Freiheiten gewährleisten, deren Ausübung sich gegen das von der führenden Partei bestimmte sozialistische Gesamtinteresse richten könnte. Der persönliche Rechtsschutz des einzelnen rangiert hinter den gesamtgesellschaftlichen Interessen. Nur wo diese nicht entscheidend tangiert werden, haben die Grundrechte eine begrenzte Schutzfunktion auch für das Individuum. Es handelt sich also um gesellschaftliche Grundrechte, nicht um solche des Individuums.

Der juristische Rechtsschutz des einzelnen Bürgers gegen Akte der Staatsgewalt ist im Rechtssystem der DDR von untergeordneter Bedeutung, denn die Verfassungs- und Rechtstheorie geht davon aus, daß die politischen, ökonomischen und ideologischen Voraussetzungen für die Entfaltung des Menschen im DDR-Staat bereits geschaffen sind und nicht erst durch den Spruch eines Gerichtes wirksam gesichert werden müssen. Grundrechte können von seiten des Bürgers in einem gerichtlichen Verfahren nicht geltend gemacht werden. Sie spielen darum auch in der Rechtspraxis der DDR eine ganz geringe Rolle. Dem Bürger ist zum Schutz seiner Rechte durch die Verfassung allein das Recht verblieben, Eingaben (Petitionen) bei den staatlichen Organen einzureichen. Eine Prüfung durch ein unabhängiges Gericht ist im System der Gewalteneinheit nicht möglich.

Im DDR-System entscheidet über eine Eingabe, in der ein individueller Rechtsschutz verlangt wird, grundsätzlich diejenige staatliche Stelle, in deren Verantwortungsbereich die angebliche Rechtsverletzung begangen worden ist. In der Praxis bedeutet dies freilich, daß die Aussichten, mit einem solchen Begehren durchzukommen, relativ gering sind, denn der für einen Verwaltungsakt und seine Durchführung Verantwortliche wird in der Regel wenig geneigt sein, eigene Fehler oder solche seiner Mitarbeiter zuzugeben. Zwar haften auch in der DDR die staatlichen Organe für alle Schäden, die sie objektiv rechtswidrig einem Bürger zugefügt haben, aber das Verfahren, durch Eingaben und danach durch das Mittel der Beschwerde zu seinem möglichen Recht und zu Schadenersatz zu kommen, ist wegen des Prinzips der Selbstentscheidung der betroffenen staatlichen Organe und wegen des Fehlens einer Verwaltungsgerichtsbarkeit dem Sinn des individuellen Rechtsschutzes zuwider.

Neben der Möglichkeit des Bürgers, durch Eingaben an die zuständigen Stellen sein individuelles Recht zu suchen, ist im DDR-System allgemein auch die Staatsanwaltschaft verpflichtet, die Einhaltung der »sozialistischen Gesetzlichkeit« zu überwachen, das heißt kontrollierend tätig zu werden, wenn sie Verstöße gegen die geltenden Rechtsnormen bei staatlichen Organen feststellt. Kompetente Darstellungen dieses Problems (vgl. Georg Brunner: Das System des öffentlich-rechtlichen Rechtsschutzes in der DDR, in: Probleme des DDR-Rechts, hrsg. von Lange, Meißner, Pleyer, Köln 1973, S. 81 ff.) weisen jedoch auf die konstante Überforderung der Staatsanwaltschaft hin, die dazu führe, daß sie gar nicht in der Lage sei, gegen jede Gesetzesverletzung einzuschreiten.

So kann von einem wirksamen individuellen Rechtsschutz des Bürgers gegenüber Akten der Staatsgewalt in der DDR nicht gesprochen werden. Der Grundsatz, daß die für den Rechtsakt verantwortliche Verwaltungsbehörde selber über die Eingabe entscheiden soll, wird theoretisch mit dem Prinzip der Identität von gesellschaftlichen und persönlichen Interessen im Sozialismus gerechtfertigt, das im sozialistischen Rechtsdenken eine beherrschende Stellung einnimmt. Da der Staat in seinen Organen grundsätzlich das gesamtgesellschaftliche Interesse repräsentiert, das auf jeden Fall höher einzustufen ist als das persönliche Interesse eines

einzelnen, kann der Rechtsschutz des Bürgers kaum wirksam zur Geltung kommen. Auch hier dient die Möglichkeit der Eingabe und der Beschwerde letzten Endes der Erziehung des Bürgers. »Dem Rechtsschutz soll sozusagen eine Erziehungsfunktion zukommen, indem er dem Bürger dazu verhilft, seine eigenen Interessen richtig zu erkennen.« (Brunner, a.a.O., S. 101)
Das Eingaberecht dient andererseits den staatlichen Organen als eine hilfreiche Informationsquelle, denn durch Eingaben und Beschwerden werden den Behörden mögliche Mißstände angezeigt, die den Staats- und Parteiapparat gegebenenfalls zum Handeln veranlassen können. »In der DDR ist der Rechtsschutz gegenüber der öffentlichen Gewalt grundsätzlich nur ein Nebeneffekt, der insofern gefördert wird, als er durch die jeweiligen Bedürfnisse des politischen Systems ... gedeckt wird.« (Brunner, a.a.O., S. 106)

3. Stufen der Entwicklung des Rechtssystems der DDR

Die Verfassung von 1949, die formell bis 1968, dem Zeitpunkt des Inkrafttretens der zweiten DDR-Verfassung, in Geltung blieb, war keine sozialistische Verfassung, sondern eine in weitgehender Anlehnung an die Weimarer Reichsverfassung von 1919 konzipierte bürgerlich-demokratische Verfassung mit einigen Konzessionen an die sozialistische Verfassungstheorie. Die Hauptkonzession war das Prinzip der Gewalteneinheit. Ihm widersprachen zwar eine stattliche Reihe einzelner Verfassungsbestimmungen, aber das Prinzip der Gewalteneinheit erwies sich in Verbindung mit der Blockpolitik als der eigentliche Hebel zur Schaffung einer sozialistischen Staats- und Gesellschaftsordnung. Die zweite, ebenfalls entscheidende Konzession an die Entwicklung einer Verfassung des Sozialismus war die Normierung der staatlichen Planung der Volkswirtschaft mit entsprechender Einengung des privaten Eigentumsrechts. Sie schaffte die Voraussetzung für die Einführung der Planwirtschaft und die Umgestaltung der Besitzverhältnisse zugunsten der Vorherrschaft des sozialistischen Eigentums.
Da eine Rechtsordnung nach marxistischer Auffassung den ihr zugrundeliegenden sozialökonomischen Bedingungen korrespondiert, konnte die Verfassung von 1949 noch keine ausgebaute sozialistische Konstitution sein wie die von 1968; vielmehr mußten erst die Voraussetzungen für die Entwicklung einer sozialistischen Ordnung Zug um Zug geschaffen werden, bevor die geschriebene Verfassung selbst Ausdruck dieser Ordnung sein konnte.

Während die Verfassung von 1949 formell in Kraft blieb, wurde die faktische Rechtsordnung der DDR in den 50er Jahren durch eine Fülle von einfachen Gesetzen, Verordnungen und Uminterpretationen der überkommenen Gesetze verändert. Erst in den 60er Jahren ging man daran, diese Änderungen zu systematisieren und in umfassenden Gesetzeskodifikationen zusammenzufassen und schließlich die Verfassung selbst diesem Wandel zur sozialistischen Gesellschaft durch die Ausarbeitung der neuen Verfassung von 1968 anzupassen. Bis dahin konnte der mögliche Widerspruch zwischen Gesetz und Verfassung ungeklärt bleiben, da eine Verfassungsgerichtsbarkeit nicht existierte.
Die schrittweise Einführung einer sozialistischen Gesellschafts- und Staatsordnung im Rahmen einer bürgerlich-parlamentarischen Verfassung zeigt im übrigen in aller Deutlichkeit, wie sehr im Sozialismus das Recht eine Funktion der Politik ist. Es hat keine eigene Kraft, die Politik in die Schranken des Rechts zu verweisen, wie es der bürgerlichen Auffassung vom Rechtsstaat entsprechen würde.
Auch in den verschiedenen Teilgebieten des Rechts, dem Zivilrecht, dem Strafrecht, dem Wirtschaftsrecht etc., mußte die DDR sich zunächst mit den überkommenen Rechtsgrundlagen, z. B. dem Bürgerlichen Gesetzbuch von 1896, behelfen. Deren Interpretation und Anwendung erfolgte allerdings von Anfang an im Sinne der volksdemokratischen und dann der sozialistischen Ordnung, setzte sich somit von der – kapitalistischen – Bundesrepublik ab und hatte mit dieser nicht mehr den Sinn, sondern nur den Wortlaut der Rechtsbestimmungen gemeinsam. Zahlreiche Gesetzesänderungen und -ergänzungen schränkten die Gemeinsamkeiten immer mehr ein, und schließlich ging die DDR daran, durch Neukodifikationen eine umfassende und lupenreine sozialistische Rechtsordnung zu schaffen. Mit dem Gesetzbuch der Arbeit (GBA) von 1961 und dem Familiengesetzbuch (FGB) von 1965 wurden zwei umfassende Sozialbereiche aus dem Bürgerlichen Gesetzbuch herausgenommen und neu geregelt, und was von diesem übrigblieb, wurde schließlich nach langen Vorarbeiten im Juni 1975 durch das Zivilgesetzbuch (ZGB) ersetzt. Diese erste geschlossene Kodifikation des Zivilrechts der DDR ist beispielhaft für deren neue sozialistische Rechtsordnung: Sie geht nicht mehr von der Trennung von öffentlichem und privatem Recht aus und basiert nicht auf dem traditionellen Leitprinzip der Privatautonomie des einzelnen, sondern soll als Instrument der staatlichen Leitung und zur Förderung sozialistischer Beziehungen zwischen den Bürgern dienen. Der Schutz des sozialistischen Eigentums steht an erster Stelle, wenn auch das persönliche Eigentum und Erbrecht der Bürger, soweit es den Interessen der Gesellschaft nicht zuwiderläuft, gewährleistet wird (vgl.

Art. 11 der DDR-Verfassung). Das Eigentums- und Vertragsrecht der sozialistischen DDR wird vor allem im Wirtschaftsrecht normiert, das aus dem Zivilrecht ausgegliedert und in zahlreichen besonderen Gesetzen und Verordnungen (z. B. für die Landwirtschaft im LPG-Gesetz von 1959) niedergelegt worden ist. 1968 hat sich die DDR auch ein neues Strafgesetzbuch und eine neue Strafprozeßordnung gegeben, die 1974 und zuletzt 1977 ergänzt und teilweise geändert wurden. Generell stehen Strafrecht und Strafvollzug in der DDR unter dem Erziehungsgedanken, der besonders in dem 1977 beschlossenen »Gesetz über die Wiedereingliederung der aus dem Strafvollzug entlassenen Bürger in das gesellschaftliche Leben« zum Ausdruck kommt. Bei politischen Delikten wie Landesverrat, Spionage, »staatsfeindlichem Menschenhandel« und »staatsfeindlicher Hetze« hingegen äußert sich ein massives Abschrekkungsprinzip in hohen Strafandrohungen bis hin zur Todesstrafe – die heute nur noch selten vollstreckt wird.
Inzwischen ist die Rechtsentwicklung in der DDR soweit vorangeschritten, daß eines der neuen Gesetzbücher schon einer Totalrevision unterzogen wurde. Bezeichnenderweise geschah das auf dem Gebiet des Arbeitsrechts, auf dem im Juni 1977 das Gesetzbuch der Arbeit von 1961 durch ein neues Arbeitsgesetzbuch (AGB) ersetzt wurde. Es ist wesentlich ausführlicher als sein Vorgänger und trägt der Forderung nach – noch – mehr Produktivität und Arbeitsdisziplin Rechnung.
Die DDR hat heute eine sozialistische Rechtsordnung, die sich eindeutig von der der Bundesrepublik unterscheidet. Ihr daraus den Vorwurf der juristischen Spaltung Deutschlands zu machen, wie es manche westdeutschen Kritiker tun, erscheint kurzschlüssig, denn auch die Bundesrepublik hat die überkommene Rechtsordnung des Deutschen Reiches fortentwickelt. Die unterschiedliche Rechtsentwicklung in den beiden Staaten ist Ausdruck des unterschiedlichen Weges, den die beiden deutschen Staaten in Politik und Gesellschaftsgestaltung eingeschlagen haben.
Die Entwicklung des sozialistischen Rechtssystems der DDR, welches in der neuen Verfassung seinen prägnanten Ausdruck gefunden hat – ohne daß die Verfassungsbestimmungen einer künftigen Fortentwicklung des sozialistischen Rechts einen Riegel vorschieben würden –, kann in verschiedene zeitliche Phasen eingeteilt werden, die man auch als Stufen auf dem Weg zur vollausgebildeten sozialistischen Gesetzlichkeit bezeichnen kann. Die erste Phase, die unmittelbar nach der Staatsgründung einsetzt und in der Umformung der SED zu einer Partei neuen Typus ihren politisch wirksamsten Ausdruck gefunden hat, fällt zusammen mit dem Prozeß der vollständigen Inbesitznahme der Staatsmacht durch die SED und der Sicherung der »Macht der Arbeiterklasse« nach innen und

nach außen. In dieser Phase wirkte der Staat mit den Mitteln des der Politik untergeordneten Rechts in erster Linie als Instrument der Repression gegen die früher herrschende Klasse, die er mit den Mitteln des Klassenkampfes niederrang. Für die Justiz stand in diesem Zeitraum die Bekämpfung aller wirklichen und vermeintlichen Gegner der neuen Ordnung im Vordergrund; sie wurden als »Klassenfeinde« verfolgt und »unschädlich« gemacht.

In der zweiten Phase, die man zeitlich von 1957 bis 1963 ansetzen kann, ging man nach dem Aufbau und der Sicherung der Grundlagen des Sozialismus an die weitere Entwicklung der sozialistischen Gesellschaft. Die Justiz hatte in dieser Phase in besonderer Weise die Aufgabe, die rechtlichen Voraussetzungen für die Erfüllung der volkswirtschaftlichen und sonstigen organisatorischen Aufgaben des Staates zu schaffen. Die letzte, gegenwärtige Phase, in der die sozialistische Demokratie vollendet werden soll und die unter dem Recht der »sozialistischen Gesetzlichkeit« steht, entspricht dem von der Partei und der Verfassung proklamierten umfassenden Aufbau des Sozialismus. In dieser Etappe der Entwicklung hat das Recht nicht vorrangig die Funktion, Instrument der Politik des Staates zu sein, es ist gleichzeitig auch ein Element der Gesellschaftspolitik. Die neue Richtung der Rechtspflege, wie man in der DDR die Justiz nennt, wird erkennbar an der Tendenz zum Aufbau gesellschaftlicher Gerichte sowie an der starken Betonung der erzieherischen Aufgaben der Rechtspflege, die im Recht und seinen Institutionen weniger ein Repressionsinstrument gegen den potentiellen Klassenfeind als ein Mittel der Bindung des Menschen an die Gemeinschaft sieht. Auf dieser Stufe wird eine neue Qualität des Rechts betont, nämlich seine volle Übereinstimmung mit den Interessen aller Bürger. Das Recht stehe ihnen nicht, wie vielfach im bürgerlichen Staat, feindlich gegenüber, die sozialistische Gesetzlichkeit sei vielmehr Ausdruck ihres eigenen Willens. Darum seien die Bürger der DDR heute nicht nur an der Erhaltung und Wahrung des Rechts interessiert, sondern auch an seiner aktiven Verwirklichung und an seiner gesellschaftlichen Kontrolle auf allen Ebenen. Die Bürger selbst seien die Garanten der »sozialistischen Gesetzlichkeit«.

4. Die sozialistische Gesetzlichkeit

Sozialistische Gesetzlichkeit ist die sozialistische Version des bürgerlichen Rechtsstaatsbegriffs. Zwar betont auch die sozialistische Rechtsauffassung die Verpflichtung zur strikten Beachtung der Rechtsnormen und gibt damit dem Bedürfnis nach Rechtsverbindlichkeit und Rechtssi-

cherheit Ausdruck, aber da diese Rechtsnormen immer in Verbindung mit den »objektiven Erfordernissen der gesellschaftlichen Entwicklung« gesehen werden, dienen sie nicht in der gleichen Weise als Schranke und Begrenzung wie im demokratischen Rechtsstaat westlicher Prägung. Zwar ist auch in dem westlichdemokratischen System das Recht als Ausdruck des politischen Willens des Volkes qualifizierbar, denn es wird durch die demokratisch gewählten Volksvertretungen gesetzt, und Recht wird »im Namen des Volkes« gesprochen, doch ist im Westen das einmal gesetzte Recht allein der Justiz anvertraut, somit einer direkten Steuerung durch die politischen Instanzen entzogen, und es soll seine Auslegung nicht an eine ideologisch bestimmte Interpretation des Standes der gesellschaftlichen Entwicklung gebunden sein. Die Bindung der sozialistischen Gesetzlichkeit an die sozialistische Politik, die auch in der Organisation der Justiz ihren Ausdruck findet, ist das wesentliche Unterscheidungsmerkmal des sozialistischen Rechtssystems von der westlichen Idee des Rechtsstaates.
Schon in der Rechtsetzung findet diese Besonderheit des sozialistischen Rechtswesens ihren Ausdruck. Die Verfassung als das Grunddokument des Staatslebens ist charakterisiert durch das Vorherrschen allgemeiner Grundsätze, die juristisch kaum faßbar sind. So lautet beispielsweise der erste Artikel des Abschnitts über »Sozialistische Gesetzlichkeit und Rechtspflege« (Art. 86): »Die sozialistische Gesellschaft, die politische Macht des werktätigen Volkes, ihre Staats- und Rechtsordnung sind die grundlegende Garantie für die Einhaltung und die Verwirklichung der Verfassung im Geiste der Gerechtigkeit, Gleichheit, Brüderlichkeit und Menschlichkeit.« Verfassungskommentare der DDR machen gar nicht den Versuch, die Verfassungsnormen juristisch zu präzisieren, sondern sind in der Regel wortreiche Umschreibungen der Verfassungsbestimmungen, wobei ideologische und historische Argumente den Vorrang vor juristischen Fragestellungen haben.
Auch die Gesetze der DDR enthalten vielfach bloße Rahmenregelungen, die ihre Konkretisierung erst durch die Verordnungen und Ausführungsbestimmungen der Exekutive erfahren und nur durch diese ihre eigentliche Rechtskraft entfalten. Außerdem macht die Rechtsetzung der DDR allgemein von sogenannten unbestimmten Rechtsbegriffen und Generalklauseln intensiven Gebrauch, die dann von den Gerichten nach Gesichtspunkten politischer Zweckmäßigkeit ausgelegt werden können. So war beispielsweise der Art. 6 der alten Verfassung (Verbot der Boykotthetze) die allgemeine Rechtsgrundlage für die umfassenden politischen Verfolgungsmaßnahmen in der stalinistischen Ära der DDR. Außerdem enthalten die Präambeln der DDR-Gesetze stets eine Fülle

allgemeiner politischer Grundsätze (z. B.: das Gesetz dient der Stärkung der sozialistischen Demokratie etc.), die seine Interpretation inspirieren sollen und die wegen ihres rein politischen Charakters wiederum auf die Abhängigkeit des Rechts von der Politik verweisen. Schließlich sind nicht alle geltenden Rechtsnormen in gleicher Weise gültig, sondern die Organe der Rechtspflege werden von Zeit zu Zeit angewiesen, bei ihrer Tätigkeit auf besondere *Schwerpunkte* zu achten, d. h. bestimmte Rechtsnormen besonders zu berücksichtigen, andere hingegen zu vernachlässigen. Da alle Richter überdies auf das Prinzip der Parteilichkeit der Rechtsprechung festgelegt sind, d. h. durch ihre Tätigkeit dazu beitragen sollen, die Beschlüsse der Partei und der von ihr gelenkten Staatsorgane zu verwirklichen, ist eine Sonderstellung der Justiz in Distanz zu den politischen Organen praktisch ausgeschlossen. Fazit: die Justiz der DDR ist Instrument der Politik.

Eine begrenzte Eigenständigkeit der Justizorgane kann man vielleicht darin sehen, daß das Oberste Gericht der DDR in einer Entscheidung aus dem Jahre 1967 festgelegt hat, es sei unstatthaft und ungesetzlich, eine Auslegung des Gesetzes vorzunehmen, die dessen eindeutigem Inhalt widerspreche. Dadurch ist einer völligen Willkür der Interpretation eine Schranke gesetzt, doch angesichts der juristischen Unbestimmtheit vieler Rechtssätze wird man diesem Rest an Unabhängigkeit der »dritten Gewalt« gegenüber direkten Eingriffen in die Rechtsprechung keine überragende Bedeutung beimessen dürfen. Das Urteil zeigt immerhin, daß die DDR im Rahmen ihrer Vorstellung von sozialistischer Gesetzlichkeit stärker als früher auf die Wahrung der Rechtssicherheit bedacht ist. Auch dies ist ein Ausdruck ihrer inneren Konsolidierung.

In dem Rahmen, der durch die ideologisch fundierte Konzeption sozialistischer Gesetzlichkeit abgesteckt ist, gewinnt das Recht als verbindliches Normensystem eine gegenüber der Anfangsphase wachsende Bedeutung für die sozialen Verhältnisse in der DDR. So selbstverständlich das Recht als ein Instrument der Politik der Arbeiterklasse interpretiert wird, diese Politik selbst bindet sich in ihrer Gestaltung in wachsendem Maße an die von ihr erlassenen Rechtsnormen, wobei eine Tendenz zur Präzisierung und Konkretisierung der Rechtsnormen in der Rechtsetzung unverkennbar ist. Damit gewinnt das DDR-Recht ein höheres Maß an Verläßlichkeit und schafft mehr Rechtssicherheit für die ihm unterworfenen Institutionen und Individuen. So werden beispielsweise die Aufgaben, die der VIII. Parteitag der SED dem Land für die nächste Zukunft gestellt hat, auch als Aufgaben an die für die Rechtspflege und Rechtsetzung zuständigen Organe interpretiert. Es gehe darum, insbesondere diejenigen Teile der Rechtsordnung auszubauen, »die den Reproduktionsprozeß der gesamten Wirtschaft regeln« (Arlt/Stiller, a.a.O., S. 18). Die planmäßige Entwicklung der sozialistischen Gesellschaft in ihrer jetzigen Phase ist ohne ein gewisses Maß an Rechtssicherheit nicht möglich. Darum kommt der Rechtspflege in der DDR heute eine gegenüber früher verstärkte soziale Funktion zu.

5. Die Organisation der Justiz

Die DDR-Verfassung spricht bezeichnenderweise nicht mehr von der Justiz und ihren Organen, sondern bezeichnet das gesamte Gerichtssystem als *Rechtspflege*. Damit soll zum Ausdruck gebracht werden, daß das Recht nicht allein Mittel der Konfliktregelung in der Hand des Staates ist, sondern vor allem ein Instrument zur Verwirklichung und Vervollkommnung der sozialistischen Gesellschaft. Weil das Recht diesen instrumentalen, die Politik stützenden Charakter hat, bedarf es der beständigen Pflege und ist auf die Teilnahme der Bürger bezogen. Die Rechtspflege dient nach den Worten der Verfassung (Art. 90) der Durchführung der sozialistischen Gesetzlichkeit, dem Schutz und der Entwicklung der DDR und ihrer Staats- und Gesellschaftsordnung.
Die Organe der Rechtspflege nehmen ihre Funktion innerhalb des von einer einheitlichen politischen Gewalt bestimmten sozialistischen Staates wahr. Weil die Justiz keine unabhängige Gewalt ist, sondern die sozialistische Gesetzlichkeit als Ausdruck des politischen Willens der Arbeiterklasse zu verwirklichen hat, ist es innerhalb der sozialistischen Machtlogik nur konsequent, wenn die Richter und Laienrichter (Schöffen) sowie die Mitglieder der sogenannten gesellschaftlichen Gerichte durch die politischen Organe, d. h. die Volksvertretungen, auf den jeweiligen Ebenen gewählt, d. h. bestimmt werden und ihnen gegenüber verantwortlich sind. Die Richter des Obersten Gerichts werden von der Volkskammer berufen, die der Bezirksgerichte durch die Bezirkstage und so fort, die gesellschaftlichen Richter durch die Betriebsversammlungen und Wohngemeinschaften. Richter sind, wie alle anderen gewählten politischen Vertreter, absetzbar. Die Unabhängigkeit, die dem Richter auch in der DDR-Verfassung zugesichert wird (Art. 96), meint zwar ebenfalls die Bindung des Richters an Gesetz und Recht, schließt seine Absetzbarkeit indessen nicht aus. Daß Unabhängigkeit nicht, wie im bürgerlichen Rechtsstaat, die Unabsetzbarkeit zur Folge hat, wird damit begründet, daß nur derjenige Richter wirklich unabhängig entscheiden könne, der vom Vertrauen des Volkes getragen werde. Die Unabsetzbarkeit widerspreche dem Prinzip der Volkssouveränität; sie sei ein bürger-

liches Prinzip, das den Richter vor seiner demokratischen Verantwortung gegenüber dem Volk bewahren solle. Da im politischen System der DDR das »Vertrauen des Volkes« allein durch die führende Partei artikuliert wird, erweist sich auch an dieser Auslegung des Prinzips richterlicher Unabhängigkeit die politische Einbindung der Justiz.

Innerhalb des Gerichtssystems ist das Prinzip des demokratischen Zentralismus ebenso verwirklicht wie in der Partei und den Organen des Staates. Höchstes Organ der Rechtsprechung ist das *Oberste Gericht*, das gegenüber der Volkskammer und dem Staatsrat verantwortlich ist. Von ihm sagt die Verfassung, es *leite* die Rechtsprechung der Gerichte und sichere die Einheitlichkeit der Rechtsanwendung. Leitung der Rechtsprechung bedeutet, daß das Oberste Gericht den nachgeordneten Gerichten auf Bezirks- und Kreisebene »verbindliche Hinweise« für die Rechtsanwendung geben kann. Auf diese Weise soll dafür Sorge getragen werden, daß alle Gerichte der DDR die Gesetze und andere Rechtsvorschriften »einheitlich und richtig« anwenden. Diese Leitungsfunktion geht weit über die Rolle oberster Gerichte in westlichen Verfassungssystemen hinaus. Dort setzen die obersten Gerichte anhand konkreter Urteile nur Maßstäbe und Präjudizien für die Auslegung des Rechts; sie geben keine verbindlichen Anweisungen an die unteren Gerichte, wie bestimmte Rechtsfragen zu behandeln seien.

Das Oberste Gericht nimmt diese Leitungsfunktion in erster Linie durch sein *Plenum* wahr, das als sein höchstes Organ gilt. Ihm gehören neben den obersten Richtern die Leiter der 15 Bezirksgerichte und der Militärobergerichte an. Durch Richtlinien und Beschlüsse dirigiert das seinerseits den obersten politischen Instanzen verantwortliche Oberste Gericht die Rechtsprechung der Untergerichte. Das Gericht kann dem Staatsrat auch Vorschläge zur Auslegung von Gesetzen machen sowie die Abänderung oder Aufhebung von gesetzlichen Bestimmungen anregen. Es berichtet der Volkskammer und dem Staatsrat in periodischen Abständen über seine Tätigkeit.

Die DDR-Rechtspflege kennt drei Arten von Richtern: 1. die Berufsrichter, 2. die Schöffen und 3. die Mitglieder gesellschaftlicher Gerichte. Nur die Berufsrichter müssen eine juristische Ausbildung nachweisen. Die Schöffen oder Beisitzer haben die gleichen Rechte wie die Berufsrichter; bei ihrer Auswahl spielt allein die gesellschaftliche Qualifikation eine Rolle. Sie wird nach zwei Richtungen bestimmt: 1. nach dem Wissen um die »Gesetzmäßigkeit der gesellschaftlichen Entwicklung«, also ideologisch, 2. nach dem »Einfühlungsvermögen in das Denken und Empfinden der Bürger«, also kollektivistisch. (Kommentar II zu Art. 94, S. 452)

Schöffen spielen in der DDR-Rechtsprechung auch zahlenmäßig eine überaus wichtige Rolle; viele Senate sind mit nur einem Berufsrichter als Vorsitzendem und zwei gleichberechtigten Schöffen besetzt. Die Schöffen amtieren für jeweils zwei Wochen und kehren dann wieder in ihren Beruf zurück. Insgesamt kommen im Jahr ca. 50 000 Männer und Frauen als Schöffen zum Zuge, bei einer Zahl von nur 1200 ständigen Berufsrichtern. Dieses Verhältnis gilt als Ausdruck der »wachsenden Einheit von Volk und Rechtspflege«.

6. Die gesellschaftlichen Gerichte

Eine Besonderheit der DDR-Rechtspflege sind die sogenannten gesellschaftlichen Gerichte. Sie kommen in zwei Varianten vor, als *Konfliktkommissionen* in den Betrieben und als *Schiedskommissionen* in den Wohnbezirken. Die Konfliktkommissionen wurden bereits im Jahr 1953 zur Klärung arbeitsrechtlicher Streitigkeiten in den Betrieben eingeführt, die Schiedskommissionen wurden erst zehn Jahre später eingerichtet. Beiden Kommissionen ist seit 1963 auch die verbindliche richterliche Entscheidung über kleinere Strafvergehen sowie über einfache Streitigkeiten aus dem Bereich des Arbeits- und Zivilrechts anvertraut. Durch die gesellschaftlichen Gerichte spricht das Volk unmittelbar Recht, wobei die Gesellschaftsgerichte in erster Linie der moralischen Erziehung des Bürgers im Sinne der Interessen des jeweiligen Kollektivs zu dienen haben. Durch die Einrichtung der gesellschaftlichen Gerichte wird der staatliche Justizapparat von zahlreichen kleineren Rechtsstreitigkeiten, sogenannten Bagatellsachen, entlastet; man sieht in ihnen bereits eine Vorstufe des Abbaus der Staatsgewalt, der zum Endziel der marxistischen Ideologie gehört. Die Mitglieder von gesellschaftlichen Gerichten wie auch die Schöffen als Beisitzer der staatlichen Gerichte sollen in ihrem persönlichen Verhalten vorbildlich sein, d. h., ihre politisch-moralische Qualifikation gilt als eine notwendige Voraussetzung ihrer Berufung. Da in den gesellschaftlichen Gerichten keine ausgebildeten Berufsrichter amtieren, sorgt im Falle der Schiedskommissionen der Minister der Justiz für die unentbehrliche juristische Unterweisung der Mitglieder der Gerichte, im Falle der Konfliktkommissionen hat der Gewerkschaftsbund die entsprechende Vorbildung der Mitglieder der Kommissionen übernommen.
Auch im beruflichen Richterkorps selbst ist es dem Staat gelungen, die früher bestehende und in westlichen Staaten in der Regel noch immer gegebene Vorherrschaft der Richter mit bürgerlichem Klassenhintergrund zu brechen. Nach offiziellen Informationen der DDR (siehe

Kommentar II, S. 455) kommen über zwei Drittel der Berufsrichter aus Arbeiterfamilien, von ihnen sind fast ein Drittel Frauen. Auch bei den Schöffen sind 45 % Frauen.
Wie immer man die Qualität der DDR-Justiz beurteilen mag, es ist nicht zu bestreiten, daß es der DDR bis zu einem gewissen Grade gelungen ist, die Justiz unter dem neuen Begriff der Rechtspflege und durch die starke Einschaltung von Laien in den Prozeß der Rechtsfindung in das gesellschaftliche System zu integrieren. Auch bei den staatlichen Gerichtsverfahren, insbesondere bei den Strafprozessen, treten die gesellschaftlichen Gruppen in Gestalt von gesellschaftlichen Anklägern und Verteidigern auf, um die Auffassung der gesellschaftlichen »Basis« über den zur Verhandlung stehenden Fall zu Gehör zu bringen. Selbstverständlich sind diese Argumentationen in der Regel an einem der marxistisch-leninistischen Ideologie entsprechenden Verständnis der Gesellschaft und der Funktion des einzelnen in ihr orientiert, aber auf diesem Wege dient das Gerichtsverfahren nicht allein der Aburteilung oder der Fällung von Entscheidungen, es ist gleichzeitig auch ein Forum für die Entfaltung und Anwendung der sozialistischen Moral. Inwieweit die Organisation der Rechtspflege tatsächlich zu einem Mittel der kollektiven Selbsterziehung und der Erziehung von einzelnen geworden ist, läßt sich verläßlich kaum beurteilen. Sicher ist, daß die bewußte Einbeziehung der Gesellschaft in die Rechtsprechung einer bürokratischen und inhaltlichen Isolierung des Justizapparates von den übrigen Bereichen des Staates und der Gesellschaft entgegenwirken kann. Immerhin werden heute schon ein Drittel aller Strafsachen von den gesellschaftlichen Gerichten entschieden, und in der großen Mehrzahl der Fälle gelingt es den Schieds- und Konfliktkommissionen, eine gütliche Einigung der betroffenen Parteien herbeizuführen. Der Appell an die normalen Gerichte steht den Betroffenen jeweils offen.
Die starke Einbeziehung gesellschaftlicher Gruppen in die Rechtsprechung ist nur der organisatorische Ausdruck der Überzeugung, daß die für die bürgerliche Gesellschaft typischen Konflikte und Rechtsstreitigkeiten in der entwickelten sozialistischen Gesellschaft im Grade ihrer Vervollkommnung abnehmen, ja schließlich fast ganz verschwinden. Der große historische Prozeß der Entwicklung der sozialistischen Gesellschaft, so heißt es, lasse immer weniger Raum für ein der Gesellschaft entgegenstehendes Denken und Handeln. Da die Grundlagen des Antagonismus beseitigt seien, gebe es tendenziell immer weniger Verstöße gegen das sozialistische Recht, immer weniger Fälle von Verletzungen der Gesetzlichkeit.
In der Tat ist in der DDR seit dem Ende des 2. Weltkrieges die Zahl der

Straftaten kontinuierlich zurückgegangen. Das scheint die Behauptung zu bestätigen, daß mit wachsendem Abstand von der kapitalistischen Ära und Durchsetzung der neuen sozialistischen Moral die Kriminalität als ein Relikt des Kapitalismus geringer und schließlich verschwinden werde. Dieser scheinbar exakte Beleg der Richtigkeit ideologischer Behauptungen aus der Statistik wird allerdings fragwürdig, wenn man weiß, daß seit 1968 mit dem neuen Strafgesetzbuch zahlreiche geringfügige Delikte nur noch als Verfehlungen eingestuft werden, die zuvor noch als Straftaten erfaßt wurden. Noch fraglicher wird die These vom Entstehen einer neuen Gesellschaft ohne Kriminalität, wenn man berücksichtigt, daß in der DDR im letzten Jahrzehnt entgegen dem allgemeinen Trend die Jugendkriminalität mit jugendspezifischen Delikten wie Rowdytum etc. zugenommen hat. Wie wenig diese Entwicklung den Parteiideologen in den Kram paßte, kann man daran ersehen, daß seit 1973 in den Statistischen Jahrbüchern der DDR jegliche Angaben zur Kriminalitätsstatistik völlig fehlten. Erst 1978 wurden sie wieder aufgenommen, allerdings nicht, was interessant gewesen wäre, nach den Altersgruppen der Straffälligen spezifiziert. An den neuesten Zahlen bleibt festzuhalten, daß die gesamte Kriminalität weiter zurückgegangen ist, hingegen die Fälle von Raub und Erpressung zugenommen haben.
In den Vorstellungen von einem allmählichen Abbau der staatlichen Justiz als eines Mittels gesellschaftlicher Disziplinierung und Repression schimmert das utopische Menschenbild der marxistischen Eschatologie durch, die Idee eines sozialistischen Menschen, der jenseits von aller Unterdrückung im Reich der verwirklichten Freiheit lebt, in einem Reich, in dem es keine Klassen und keine Konflikte mehr gibt.
Tatsächlich glaubt die DDR-Ideologie auch, daß im Zuge der Entwicklung des Sozialismus das Recht mehr und mehr eine Art sozialer Bestätigungsfunktionen zu erfüllen habe und als Mittel zur Entscheidung von Konflikten und zur Verhängung von Strafen gegen Rechtsbrecher immer mehr in den Hintergrund treten könne. Rechts*pflege* meint deshalb mehr als Recht*sprechung*; sie zielt auf die immer festere Verankerung der sozialistischen Gesetzlichkeit und Moral in den Gehirnen und Verhaltensweisen der Bürger. Dies freilich ist ein schwer erreichbares Ziel. Die politisch Herrschenden können nach wie vor nicht darauf verzichten, das System der Justiz ihren Machtinteressen dienstbar zu machen.

6. Kapitel
Sozialstruktur und Gesellschaftspolitik

1. Gesellschaft im Wandel

Die Gesellschaft steht im Mittelpunkt der Lehren des Marxismus-Leninismus wie auch der sozialistischen Politik. Alle menschlichen Erscheinungen und Beziehungen werden auf die gesellschaftlichen Verhältnisse zurückgeführt, und es ist das propagierte Ziel der sozialistischen Politik, durch die Veränderung der gesellschaftlichen Verhältnisse der Welt einen neuen, einen besseren, einen menschlicheren Inhalt zu geben. In einem Buch über die DDR, die sich als sozialistischer Staat und Sachwalter des Marxismus-Leninismus versteht, ist daher eigentlich in jedem Kapitel die Gesellschaft der zentrale Gegenstand. Im Kapitel über die Wirtschaft ist davon zu berichten, daß durch die Veränderung der Produktionsverhältnisse neue gesellschaftliche Beziehungen entstehen sollen; Bildung und Erziehung sollen die Menschen befähigen, ihre neue Verantwortung in Wirtschaft und Gesellschaft wahrzunehmen; das Recht soll im Sozialismus nicht mehr Herrschafts- und Straffunktion, sondern gesellschaftliche Erziehungsfunktion haben; der Staat und die ihn tragenden Parteien sollen nicht mehr Instrument der herrschenden Klasse, sondern Vorkämpfer für die neue Gesellschaft sein. Von den Vorstellungen, die im Marxismus-Leninismus diesem umfassenden Verständnis von Gesellschaft und Gesellschaftspolitik zugrunde liegen, war im Kapitel über das Selbstverständnis der DDR bereits die Rede. Wenn wir dennoch in einem besonderen Abschnitt die Gesellschaft der DDR behandeln, so leiten uns dabei zwei Vorüberlegungen. Erstens: Der Anspruch der Politik der DDR ist es, eine neue, eine sozialistische Gesellschaft zu schaffen. Anspruch und Wirklichkeit müssen aber nicht notwendigerweise identisch sein. So werden wir zu fragen haben: In welchem Umfang hat die sozialistische Politik ihre propagierten Ziele erreicht? Was hat sich verändert oder auch nicht verändert? Und wenn sich in der Gesellschaft der DDR etwas gewandelt hat, hat es sich auch in der vorgesehenen Richtung verändert? Zweitens: Das Ziel der sozialistischen Politik ist eine neue Gesellschaft, doch dieses Ziel muß mit Menschen und unter Bedingungen erreicht werden, die großenteils aus der alten Gesellschaft stammen. Die Verwirklichung des Anspruchs stößt immer wieder auf die harten Tatsachen der Wirklichkeit, die sich nur sehr langsam und in zähem Bemühen ändern lassen. Wenn wir dementsprechend zwischen Anspruch und Wirklichkeit, zwischen der Intention sozialistischer Politik und tatsächlicher Verfassung der Gesellschaft unterscheiden, dann unterstellen wir nicht, daß Anspruch und Politik des Sozialismus in der DDR von vornherein illusionär, wenn nicht gar ideologisch im Sinne eines falschen Bewußtseins seien. Der marxistisch-leninistische Anspruch, eine neue Gesellschaft zu formen und die auf Verwirklichung dieses Zieles gerichtete Politik gehören in der DDR vielmehr zu den unumstößlichen Faktoren, die auf die gesellschaftliche Wirklichkeit einwirken. Dennoch – und das haben wir im einzelnen aufzuzeigen – ist die reale Gesellschaft nur partiell mit ihrem ideologischen Selbstverständnis identisch. Die reale Verfassung der DDR-Gesellschaft ist allen offiziellen Verlautbarungen zum Trotz eher komplex als einheitlich, eher fragil als festgefügt, eher widersprüchlich als harmonisch. Wir wollen ungeachtet der Schwierigkeit des Unterfangens den Versuch machen, einige für die Gesellschaft der DDR wesentlichen Erscheinungen zu skizzieren und nach den Faktoren fragen, die diese Erscheinungen und ihren Wandel bewirken.

Der erste Faktor aller Gesellschaftsanalyse und -politik ist der Mensch in seinen demographischen Bezügen. Aus der Fülle der Daten zur *Bevölkerungsstruktur*, wie sie die DDR in ihren Statistischen Jahrbüchern und Taschenbüchern mitteilt und wie sie die »Materialien zur Lage der Nation« im Jahr 1971 vergleichend für die DDR und Bundesrepublik zusammengestellt haben, sollen indes nur zwei Aspekte herausgegriffen werden, die für das Verständnis der DDR-Gesellschaft fundamental sind: die allgemeine Bevölkerungsentwicklung und die Altersstruktur.

Die Bevölkerung der DDR hat von ca. 18,8 Millionen im Jahre 1949 auf 16,7 Millionen im Jahr 1977 abgenommen. Dieser gravierende Bevölkerungsverlust ist zwar auch durch den im Vergleich zu den Sterbefällen erheblichen Geburtenrückgang bewirkt worden, er ist jedoch in erster Linie eine Folge der *Fluchtbewegung* nach Westen in den Jahren bis 1961. Lediglich in den beiden Jahren nach dem Bau der Mauer hat die DDR einen geringen Bevölkerungszuwachs verzeichnen können, seither ist die Statistik wieder rückläufig. Insgesamt hat die DDR zwischen 1948 und 1960 einen Abwanderungsverlust in Höhe von fast 2,7 Millionen Menschen erlitten, der noch höher gewesen wäre, wenn in den ersten Jahren dieses Zeitraumes nicht Personen aus den vormals deutschen Ostgebieten in die DDR zugewandert wären (vgl. Dietrich Storbeck, Soziale Strukturen in Mitteldeutschland, Berlin 1964, S. 14 ff.).

Die Fluchtzahlen für die einzelnen Jahre spiegeln die politische und gesellschaftliche Entwicklung der DDR wider: sie waren 1953, dem Jahr des Volksaufstandes und des Beginns der Kollektivierungskampagne, am höchsten, gingen dann wieder zurück und erreichten 1960/61 ein erneutes Maximum, als die Maßnahmen zur Überführung der Landwirtschaft und des Handwerks in Genossenschaften verschärft wurden und die »Schließung der Staatsgrenze« drohte. Schon ein so enormer Bevölkerungsverlust hätte ausgereicht, die Wirtschaft jedes Staates vor größte Probleme zu stellen, für die DDR potenzierten sie sich noch durch die ungünstige Zusammensetzung des Flüchtlingsstromes. In jedem Jahr bis zum Bau der Mauer waren etwa die Hälfte aller Flüchtlinge Jugendliche unter 25 Jahren. Auch unter den erwachsenen Flüchtlingen dominierten die Personen im berufsfähigen Alter; neben zahlreichen Bauern und Handwerkern verlor die DDR auch einen beträchtlichen Teil ihrer Intelligenz. Die Fluchtbewegung verstärkte also die ohnehin schon ungünstige Altersstruktur der DDR-Bevölkerung. Heute sind fast 40 Prozent der Bevölkerung unter 15 Jahre und über 65 Jahre alt und kommen darum für den Arbeitsprozeß nicht in Frage. Für die Wirtschafts- und Gesellschaftspolitik jedes Staates sind dies belastende demographische Voraussetzungen, die sie nicht so schnell ändern kann, zumal der Altersaufbau sich auch ungünstig auf die Geburtenrate auswirkt. Die wesentlich größere Ausschöpfung des Potentials an berufsfähigen Menschen, vor allem durch Einbeziehung der Frauen und Rentner in den Arbeitsprozeß, ist die Konsequenz, die man in der DDR aus dieser Situation hat ziehen müssen. Die Gesellschaft der DDR wird noch über Jahre hinaus durch einen Mangel an Arbeitskräften bestimmt sein und darum alle Reserven ausschöpfen müssen.

Neben diesen demographischen Gegebenheiten ist die sozialistische *Gesellschaftspolitik* der zweite bestimmende Faktor der sozialen Realität der DDR. Gegenüber der mehr bewahrenden Sozialpolitik in westlichen Staaten zeichnet sich die Gesellschaftspolitik der sozialistischen Staaten durch ein entschiedenes Konzept der Gesellschaftsumgestaltung aus. Diese Politik hat das Bild einer »neuen Gesellschaft« vor Augen und versteht alle Maßnahmen der Gegenwart als Schritte zu dieser Zukunft. Lehre und Politik des Marxismus-Leninismus sind bekanntlich auf die Schaffung einer kommunistischen Gesellschaft gerichtet, in der nach dem berühmten Wort von Marx »anstelle von Klassen und Klassengegensätzen eine Assoziation (tritt), worin die freie Entwicklung eines jeden die Bedingung für die freie Entwicklung aller ist«. Die Unterschiede zwischen den Klassen, die auf den Besitz bzw. Nichtbesitz von Produktionsmitteln zurückgeführt werden, sollen aufgehoben sein, es

soll nur noch die Einheit aller Werktätigen geben, die über die Produktion, d. h. ihre Arbeit selbst bestimmen.
Dieses Ziel einer kommunistischen Gesellschaft kann nach marxistischer Ansicht nicht in einem einmaligen revolutionären Akt verwirklicht werden. Zwischen die kapitalistische und die kommunistische Epoche schiebt sich eine »Übergangsgesellschaft«, eine Gesellschaftsformation des Sozialismus, die zwar noch die »Muttermale« (Karl Marx) der alten kapitalistischen Gesellschaft an sich hat, doch auch schon die Keime der neuen kommunistischen Gesellschaft in sich trägt. Die Gesellschaftspolitik des Sozialismus hat die Aufgabe, die Zeichen der alten Gesellschaftsordnung nach und nach zum Verschwinden zu bringen und den Keimen des Neuen zur vollen Entfaltung zu verhelfen.
Da sich alle politischen und gesellschaftlichen, rechtlichen und kulturellen Zustände nach marxistischer Ansicht auf die jeweils herrschenden Produktionsverhältnisse zurückführen lassen, ist die Gesellschaftspolitik der sozialistischen Staaten primär auf die *Änderung der Eigentumsstruktur* gerichtet. Die Überführung des Privateigentums an Produktionsmitteln in Volkseigentum stand denn auch im Mittelpunkt der Gesellschafts- und Wirtschaftspolitik der DDR bis in die sechziger Jahre. Es begann in der Besatzungszeit mit der Enteignung des Großgrundbesitzes und der Großindustrie, setzte sich fort mit der Sozialisierung kleinerer Betriebe bis zur Kollektivierung der Landwirtschaft und dem – allerdings erst teilweise durchgeführten – Zusammenschluß der Handwerker zu Produktionsgenossenschaften. Nachdem im Frühjahr 1972 auch die meisten der halbstaatlichen Betriebe und etliche Produktionsgenossenschaften in Volkseigene Betriebe überführt worden sind, hat der volkseigene Sektor heute einen Anteil von über 82 % an der Nettoproduktion, während der private Sektor auf ganze 3,2 % geschrumpft ist. Zählt man zum volkseigenen Sektor noch die genossenschaftlichen Betriebe (14,0 %) hinzu, so kann man sagen, daß die Sozialisierung der Produktionsmittel in der DDR von heute fast vollständig vollzogen worden ist.
Alle diese Maßnahmen haben auf dem Gebiet des früheren Mitteldeutschland nicht nur eine neue Wirtschaftsordnung, sondern auch eine neue Sozialordnung geschaffen. Gegenüber der früheren Gesellschaftsstruktur sind ganze Klassen verschwunden und neue soziale Schichten entstanden. So waren 1977 nur noch 0,1 Prozent der Berufstätigen freiberuflich als Ärzte, Ingenieure, Architekten, Rechtsanwälte und dergleichen tätig, und auch bei diesen freien Berufen ist abzusehen, wann sie z. B. in sozialistischen Rechtsanwaltskollegien oder direkt in einem öffentlichen Arbeitsverhältnis aufgehen. Die Zahl der selbständigen

Handwerker, Einzelhändler und Gastwirte ist immer stärker geschwunden, an ihre Stelle sind die Mitglieder der Produktionsgenossenschaften des Handwerks und der Konsumgenossenschaften sowie die Beschäftigten der Staatlichen Handelsorganisation (HO) getreten. Mit den Genossenschaftsbauern und -handwerkern sind in der Sozialstatistik der DDR neue Klassen oder Schichten aufgetaucht, die heute fast 9 Prozent der Beschäftigten der DDR ausmachen. Doch die bei weitem dominierende Gruppe in der Sozialstatistik sind die Arbeiter und Angestellten mit 89,1 Prozent. Ein Blick auf die entsprechende Statistik der Bundesrepublik bewahrt uns davor, aus diesen Zahlen schon eine »Herrschaft der Arbeiterklasse« und insoweit eine Bestätigung des offiziellen Selbstverständnisses der sozialistischen Politik herauszulesen: der Anteil der Unselbständigen ist auch in der Bundesrepublik auf 85 Prozent gestiegen. Die Statistik selbst, so nützlich sie für einen ersten Überblick ist, sagt über Zusammensetzung und Lage der Arbeiterschaft noch wenig aus, hier kann nur eine qualitative Analyse weiterhelfen.
Ziel der sozialistischen Gesellschaftspolitik der DDR ist aber nicht nur eine äußere, sondern auch eine innere Umgestaltung der Gesellschaft. Es soll eine sozialistische Gesellschaft entwickelt werden, in der die menschlichen Beziehungen eine völlig neue Qualität gewonnen haben. Ulbricht hatte diese neue Gesellschaft als »sozialistische Menschengemeinschaft« charakterisiert, doch ist dieses Schlagwort seit dem VIII. Parteitag wieder in der Versenkung verschwunden, weil es harmonistische Vorstellungen und das baldige Erreichen eines noch ausstehenden Zieles vortäuschte. Seither wird wieder stärker betont, daß die Ziele des Sozialismus noch nicht alle auf der Erfolgsliste abzuhaken sind, sondern der Politik der Gesellschaftsveränderung als permanente Aufgaben vor Augen stehen müssen. Öffentliche und private Sphäre, gesellschaftliche und individuelle Interessen, Rechte und Pflichten sollen zu einer Einheit verschmelzen. Die früher in Klassen zerrissene Gesellschaft soll in einer Gemeinschaft »sozialistischer Persönlichkeiten« aufgehen. Diesem Ziel dienen die ständige politische und gesellschaftliche Agitation und die sozialistische Erziehung in allen Lebensbereichen und Institutionen, vom Kindergarten über Schule und Hausgemeinschaft bis hin zum Betrieb. Überall wird eine neue, die sozialistische Moral propagiert und eingeübt, eine Moral, die den Individualismus der bürgerlichen Vergangenheit überwinden und neue kollektive Lebensformen schaffen soll, in denen das Ich im Wir aufgeht.
Ist in der DDR tatsächlich eine *sozialistische* Gesellschaft entstanden, die sich eindeutig von ihrer nationalen und bürgerlichen Vergangenheit wie erst recht von der kapitalistischen Gegenwart ihres bundesrepublikani-

schen Nachbarstaates abhebt? Viele Eindrücke und Nachrichten aus der DDR scheinen dafür zu sprechen, daß es sich bei der DDR-Gesellschaft nicht um eine neue Gesellschaft im reinen Verständnis ihrer Ideologie als vielmehr um ein eigentümliches Amalgam sozialistischer Gesellschaftspolitik mit deutscher Sozialtradition und universalen industriegesellschaftlichen Tendenzen handelt. Wir denken dabei weniger an das unter dem Schlagwort »Preußen in der DDR« oft beschworene Fortwirken obrigkeitsstaatlicher und militärischer Traditionen in der DDR, sondern an Eigenheiten des Arbeitsethos, der Wohlfahrtsstaatlichkeit, des puritanischen Sozialverhaltens und Moralkodexes, die in den Kerngebieten des vormaligen preußischen Staates noch deutlicher als in den südlichen Regionen Deutschlands anzutreffen sind. Daneben stehen als allgemeine Erscheinungen Leistungsstreben, Konsumorientierung, die Herausbildung einer Facharbeiter- und Angestelltenschaft sowie die Ausdehnung des Dienstleistungs- und Verwaltungssektors, die wir in allen Gesellschaften mit entwickelter Industrie und Volkswirtschaft beobachten können. Natürlich sind das oft nur Ähnlichkeiten oder Äußerlichkeiten, doch man sollte bedenken, daß eine neue Gesellschaft nicht in der Retorte – isoliert von allen Umwelteinflüssen – entsteht und daß es in der menschlichen Geschichte trotz aller gegenteiligen Behauptungen keine »Stunde Null« gibt. Der Aufbau einer neuen Gesellschaft muß am Vergangenen anknüpfen, auch wenn er dieses Vergangene überwinden will. Von der Gesellschaftspolitik der DDR kann man sagen, daß sie bewußt preußisch-deutsche Sozialtraditionen und industriegesellschaftliche Tendenzen aufgenommen und in den Dienst der sozialistischen Staatsordnung gestellt hat. Deshalb ist es schwer auszumachen, was an der DDR-Gesellschaft spezifisch sozialistisch ist und was auf andere als politische und ideologische Ursachen zurückgeht.

Die DDR-Gesellschaft sollte, wie übrigens alle modernen Gesellschaften, als ein in sich komplexes und widersprüchliches Sozialgebilde verstanden werden. Vielfältige Faktoren – ihre Ausgangslage auf dem Gebiet der Bevölkerungs- und Wirtschaftsstruktur, ihre Verhaftung in der deutschen Sozialtradition, ihre Umformung durch das politische System und die technisch-industrielle Entwicklung – wirkten und wirken auf sie ein, überlagern sich, geraten in Widersprüche zueinander und bewirken so einen sozialen Wandel. Die DDR-Gesellschaft ist genausowenig wie andere Gesellschaften eine fertige Gesellschaft, ungeachtet des offiziellen Selbstbildes der »sozialistischen Gesellschaft« mit seinen falschen Harmonisierungen und seiner allumfassenden Pseudo-Geschlossenheit.

2. Die Arbeiter – eine herrschende Klasse?

Die für die DDR-Gesellschaft bezeichnende Überlagerung von offiziellem Selbstverständnis und realgesellschaftlichen Trends wird sofort deutlich, wenn wir uns jener Klasse zuwenden, die in der DDR angeblich die Herrschaft übernommen hat: der Arbeiterklasse.

Die DDR bezeichnet sich als einen Arbeiter-und-Bauern-Staat, als ersten deutschen Staat, in dem nicht mehr die Kapitalisten, sondern die Werktätigen herrschen. Die reale Selbstherrschaft der Werktätigen soll in dem Maße möglich werden, in dem sich die Qualifikationsstruktur aller Arbeiter anhebt, in dem sie fähig werden, die Produktion nicht nur auszuführen, sondern selbst zu planen und zu leiten. Das Postulat der Herrschaft der Arbeiterklasse beinhaltet daher auch, daß Arbeit als menschliche Tätigkeit im Sozialismus eine andere Qualität als im Kapitalismus gewinnt: sei sie dort von Ausbeutung und dem Gegensatz von körperlichem und geistigem Tun bestimmt, so werde sie im Sozialismus zu einer hochqualifizierten Tätigkeit, in der schließlich Arbeiterschaft, Genossenschaften, Bauern und Intelligenz zusammenwachsen und als einheitliche Klasse der Werktätigen ihre historisch neue Funktion als sozialistische Besitzer des Volkseigentums wahrnehmen.

Unabdingbare Voraussetzung für die Herrschaft der Arbeiterklasse ist die Überführung der Produktionsmittel in Volkseigentum. Diese Bedingung ist mit dem »Sieg der sozialistischen Produktionsverhältnisse« heute im wesentlichen erfüllt. Der Selbstbestimmung der Arbeiter über den Produktionsprozeß stünde damit theoretisch nichts mehr im Wege. In der Gesellschafts- und Wirtschaftsordnung der DDR muß es, wohlgemerkt, um *Selbst-*, nicht um *Mit*bestimmung gehen. Denn Mitbestimmung würde ja heißen, daß die Werktätigen neben anderen bestimmen würden, wo sie doch durch die Überführung der Produktionsmittel in Volkseigentum zu Gesamteigentümern geworden sind. Der Begriff Mitbestimmung wird daher in der DDR vermieden, für die konkreten Mitgestaltungsrechte der Werktätigen in den Betrieben bevorzugt man die Bezeichnung Mitwirkung.

Die Mitwirkung an der Gestaltung des Produktionsprozesses ist nun nicht bloß ein Recht, das der einzelne Werktätige in der DDR wahrnehmen oder auch nicht wahrnehmen kann. Durch das Volkseigentum ist er nicht nur Arbeitnehmer und Lohnempfänger, sondern zugleich – in unserem Sprachgebrauch – Arbeitgeber und Eigentümer. Seine Rechte sind daher zugleich Pflichten, die sich aus seiner Miteigentümerschaft am Volkseigentum ergeben. Wer seine Pflichten im sozialistischen Produktionsprozeß vernachlässigt oder seine Rechte mißbraucht, der verstößt nicht gegen einen Arbeitsvertrag mit einem Unternehmer, sondern er schädigt das gemeinschaftliche Eigentum und verletzt damit auch seine eigenen Interessen. Die Rechte, die sich für den einzelnen Arbeitnehmer aus dem Volkseigentum ergeben, sind daher in Wirklichkeit Pflichten, vorrangig ist es die Pflicht zur Steigerung der Arbeitsleistung und der volkswirtschaftlichen Produktivität.

Diese Gleichsetzung von Rechten und Pflichten, die für die ganze Rechtsordnung der DDR charakteristisch ist, wird im Arbeitsrecht besonders deutlich. Sie prägte schon das Gesetzbuch der Arbeit vom 12. April 1961 und ist in dem am 16. Juni 1977 verabschiedeten neuen Arbeitsgesetzbuch (AGB) noch verstärkt worden. Nach § 1 Absatz 1 Satz 2 dieses neuen Gesetzbuches soll das Arbeitsrecht nicht nur die verantwortungsbewußte Wahrnehmung der Grundrechte fördern, sondern auch die »ehrenvolle Pflicht zur Leistung gesellschaftlich nützlicher Tätigkeit durch die Werktätigen«. Immer von neuem wird den Werktätigen in der DDR eingehämmert, daß Arbeit nicht bloß eine Angelegenheit des Verdienens und der Sicherung des Lebensunterhaltes sei, sondern eine »Sache der Ehre und des Ruhms«. Es ist eine Ehre, Miteigentümer des Volkseigentums zu sein, und es ist ruhmvoll, am Fortschritt des ersten deutschen Arbeiterstaates mitzuwirken.

Doch welche konkreten Mitwirkungsrechte hat der einzelne Arbeiter in der DDR über das fundamentale Recht hinaus, seine Pflichten zu erkennen und freudig wahrzunehmen? Mitwirkung der Werktätigen an der Planung und Leitung ihres Betriebes heißt in der DDR beileibe nicht, daß die Arbeiter eines Betriebes die autonome Verfügungsgewalt über »ihren Betrieb« besäßen. Die vergesellschafteten Betriebe sind nicht in den Besitz der Arbeiter des jeweiligen Betriebes, sondern allein der Gesamtheit der Werktätigen und damit in die Verfügungsgewalt des Staates übergegangen. Rätedemokratische Experimente der Arbeiterselbstverwaltung, wie sie z. B. in Jugoslawien erprobt worden sind, werden in der DDR strikt abgelehnt. Sie würden die Planungs- und Leitungsgewalt der zentralen Organe gefährden und zu einem anarchischen Nebeneinander von sich selbst bestimmenden und verwaltenden Betrieben führen. Wie auf dem Gebiet der Staatsverwaltung kann es auch für die Wirtschaftsstruktur der DDR keine autonomen unteren Organe, sondern lediglich eine Dekonzentration der Entscheidungsbefugnisse aus Gründen größerer Effizienz und Stimulans geben. Immer aber muß, dem Prinzip des demokratischen Zentralismus entsprechend, die Kontroll- und Leitungsbefugnis der oberen Organe erhalten bleiben. Die Werktätigen in der DDR sollen ihre Herrschaft über den Produktionsprozeß nicht durch sich selbst, sondern durch die Partei der Arbeiterklasse und die

Gewerkschaften als ihre Repräsentanten ausüben. So war es auch nur konsequent, daß Ansätze einer Selbstverwaltung einzelner Betriebe schon bald nach 1945 gestoppt und die Betriebsräte 1948 aufgelöst wurden, während ihre Rechte auf die zentral geleitete Massenorganisation des Freien Deutschen Gewerkschaftsbundes übergingen.

Diese vom Grundprinzip des »demokratischen Zentralismus« hergeleitete Entscheidungs- und Machtstruktur zeigt sich auch auf der Ebene des einzelnen Volkseigenen Betriebes. Geleitet werden die Betriebe von Betriebsleitern bzw. Werksdirektoren, die von den übergeordneten staatlichen Instanzen eingesetzt werden, deren Pläne und Direktiven durchzuführen haben und diesen verantwortlich sind. Zur Durchführung der in den Plänen vorgeschriebenen wirtschaftlichen und gesellschaftlichen Ziele haben die Betriebsleiter ein umfassendes Weisungs- und Direktionsrecht; sie müssen nicht nur die volkswirtschaftliche Produktivität, sondern auch die gute politische und gesellschaftliche Entwicklung des Betriebes gewährleisten und darin allen Werktätigen ein Vorbild sein.

Das Prinzip der Leitung der Betriebe und das der Mitwirkung der Werktätigen sollen – nach der Theorie – einander ergänzen. Doch schon in den Bestimmungen des Gesetzbuches der Arbeit ergibt sich eine klare Rangfolge zwischen beiden Prinzipien. Das Schwergewicht liegt eindeutig bei dem zentralistisch leitenden auf Kosten des demokratisch mitwirkenden Elements. Ihr Recht auf Mitwirkung üben die Werktätigen in der Regel auch nicht direkt, sondern durch die Vermittlung der betrieblichen Gewerkschaftsleitungen aus. Die Betriebsgewerkschaftsleitungen sind die Interessenvertreter aller Beschäftigten in einem Betrieb, werden aber nur von den Gewerkschaftsmitgliedern des Betriebes gewählt und bedürfen der Bestätigung durch die übergeordneten Gewerkschaftsinstanzen, deren Weisungen sie unterworfen sind.

Neben den Betriebsgewerkschaftsleitungen gibt es weitere Institutionen der Mitwirkung der Werktätigen in den Betrieben der DDR: die ständigen Produktionsberatungen, die Institution des »sozialistischen Wettbewerbs« und die »Neuererbewegung«. Sie alle dienen jedoch weniger der Mitentscheidung als der bloßen Mitberatung und der Ausführung von Weisungen der zentralen Instanzen. Ihr Hauptzweck ist es, die Arbeitsproduktivität zu stimulieren, Rationalisierungsmaßnahmen zu ermöglichen, und die Werktätigen zu besserer Arbeitsleistung und stets von neuem zu sozialistischem, d. h. kollektivem und solidarischem Arbeitsverhalten zu motivieren. Dabei werden allerdings »ökonomische Hebel« wie Prämien, Leistungslohn und Auszeichnungen in Gestalt von Orden und Ehrentiteln (»Held der Arbeit«) angesetzt, die weit eher dem

individualistischen Konkurrenz- und Leistungsdenken entgegenkommen als dem Prinzip kollektiven Arbeitens und die neue soziale Differenzierungen nach Einkommen und Prestige zur Folge haben.
Diesen durch die volkswirtschaftlichen Erfordernisse erzwungenen anti-egalitären Tendenzen sucht man in der DDR durch die Betonung der gesellschaftlichen Bedeutung der Arbeit entgegenzuwirken, was am wirksamsten durch den Ausbau der Betriebe zu Mittelpunkten des gesamten sozialen Lebens geschieht. Die sozialen und kulturellen Einrichtungen der Betriebe der DDR sind in der Tat in vielem vorbildhaft: Klubs, Bibliotheken, Kulturhäuser und andere Einrichtungen der betrieblichen Fortbildung, die Verwaltung der Arbeiterwohnungsbaugenossenschaft und der Sozialversicherung, die günstigen Einkaufsgelegenheiten an der Arbeitsstätte, die Bereitstellung von Kinderferienlagern, alle diese Einrichtungen machen den Betrieb in der DDR zu einer Stätte, an der der Arbeiter nicht nur seine Arbeitskraft einsetzt und seinen Lohn empfängt, sondern in der er vielfältige soziale Rechte und gesellschaftliche Möglichkeiten wahrnehmen kann. Die Betriebszugehörigkeit spielt daher für die Beschäftigten in der DDR eine weit größere Rolle als für vergleichbare Arbeitnehmer in der Bundesrepublik.
Ob mit diesen Maßnahmen die von der führenden Partei angestrebte neue Qualität der Arbeit und des Lebensgefühls der sozialistischen Werktätigen erreicht worden ist, muß stark bezweifelt werden. Solche Zweifel brauchen nicht bloß einer allgemeinen Skepsis gegenüber dem ideologischen Selbstverständnis der DDR zu entspringen, sie können sich hinsichtlich des Bewußtseins der Arbeiterschaft in der DDR auch auf eine jüngst erschienene sozialwissenschaftliche Untersuchung stützen. Dieter Voigt hat in seinem Buch »Montagearbeiter der DDR« (Luchterhand Verlag, Darmstadt und Neuwied 1973) die Ergebnisse einer umfangreichen Befragung von Monteuren auf Industriebaustellen veröffentlicht, die er selbst noch in der DDR durchführen und dann in die Bundesrepublik bringen konnte. Er untersuchte alle wesentlichen Probleme, die mit der beruflichen, aber auch der privaten Situation der Montagearbeiter zusammenhängen. Das Hauptmotiv zur Arbeit und zur weiteren Qualifikation im Beruf fand Voigt im individuellen Einkommen und Fortkommen und den damit verbundenen Konsummöglichkeiten des einzelnen. Der Betriebsleitung, besonders aber den Funktionären von Partei und Gewerkschaft, steht die Mehrzahl der Montagearbeiter mit jenem Mißtrauen gegenüber, wie man es auch in westlichen Gesellschaften vielfach gegen »die da oben«, d. h. gegen Obrigkeit und Bürokratie hat. Die Freizeitaktivitäten der Arbeiter vollziehen sich weitgehend außerhalb der gesellschaftlichen Organisationen, also auf

informeller Basis. Im Selbstbild dieser Monteure gelten fachliches Können, Pünktlichkeit, hoher Lohn, Anpassungsfähigkeit innerhalb der Gruppe als die höchsten Werte. Durchgängig ausgeprägt ist das materielle Interesse: »Hauptsache: die Kohlen stimmen.« Die Montagearbeiter gehören zu den höchstbezahlten und von der Partei- und Staatsführung besonders umsorgten Arbeitern in der DDR. Dennoch haben sich unter ihnen, wie diese facettenreiche Untersuchung aufzeigt, noch kaum neue sozialistische Verhaltensweisen entwickelt, die sie eindeutig von ihren unter kapitalistischen Verhältnissen arbeitenden Kollegen unterscheiden. Natürlich nehmen die Werktätigen in der DDR die sie interessierenden sozialen und kulturellen Möglichkeiten, die ihnen der Betrieb bietet, gern in Anspruch. Auch fühlen sie sich in ihrem Arbeits- und Leistungsstolz angesprochen, wenn ihnen im Vorschlags- und Neuererwesen der DDR mehr Einfluß- und Initiativmöglichkeiten geboten werden als in den meisten bundesrepublikanischen Betrieben. Doch gegen die mit diesen Möglichkeiten verbundenen gesellschaftspolitischen Anforderungen und Konsequenzen immunisiert man sich weitgehend, man nimmt sie als notwendige rhetorische Übung hin, ohne sie für sein eigenes Sozialverhalten zu akzeptieren.

Nach allem bisher Gesagten wird man die eingangs gestellte Frage etwa so beantworten können: Für weite Teile der Arbeiterschaft ist die Formel von der »Herrschaft der Arbeiterklasse« eine Proklamation von oben, nicht aber eine gesellschaftliche und betriebliche Realität. In der Vergesellschaftung der Produktionsmittel wird nach marxistischer Lehre zwar die entscheidende Voraussetzung der Selbstherrschaft und Selbstbestimmung der Werktätigen gesehen, doch der bloße Austausch juristischer Eigentumstitel, die Überführung des privatkapitalistischen in den volkseigenen Besitz an Produktionsmitteln reicht noch nicht hin, die Vergesellschaftung zu einer positiven und korrekten Erfahrung für den Arbeiter zu machen. Die Vergesellschaftung hat praktisch die Wirkung einer Verstaatlichung. Die bloße Deklaration des »sozialistischen Eigentums an Produktionsmitteln« gewährleistet nicht, daß die Werktätigen tatsächlich aus Beherrschten zu Beherrschenden des Produktionsprozesses und damit zum echten Souverän der politischen und gesellschaftlichen Ordnung werden. Für die Masse der Arbeiterschaft ist die DDR weniger ein Arbeiterstaat als ein *Arbeitsstaat.* Fleiß, Ordnung, Disziplin, Findigkeit und Leistungswillen: alle diese gutdeutschen Arbeitertugenden stehen auch im Arbeitsalltag der DDR an erster Stelle. Der Slogan »Was des Volkes Hände schaffen, bleibt des Volkes Eigentum« ist eine tönende Leerformel, der keine neue Realität im Bewußtsein entspricht: Die meisten Arbeiter in der DDR haben nicht das von der Ideologie sugge-

rierte Gefühl, mit ihrem Beitrag zum Volkseigentum auch ihr eigenes Eigentum zu schaffen und zu mehren.
Die »Herrschaft der Arbeiterklasse« ist in der DDR die Herrschaft einer von der Arbeiterklasse deutlich abgehobenen Gruppe von Personen in den Spitzenfunktionen der Partei und des Staates, der Wirtschaft, der Wissenschaft und der Technik. Diese Eliten – der Begriff wird in der DDR wegen seines angeblichen Wertgehaltes abgelehnt – gehen immerhin zu einem Großteil aus der Arbeiterschaft hervor. Ausbildung und Leistung ermöglichen es dem Arbeiterkind, nicht nur im Beruf, sondern auch in der Gesellschaft aufzusteigen. Insbesondere das Bildungssystem der DDR hat sich als Instrument einer umfassenden sozialen Mobilität erwiesen. So mag es von der sozialen Herkunft her gesehen berechtigt sein, wenn man in der DDR diese durch ihre Qualifikation ausgezeichnete Gruppe als »Intelligenz der Arbeiterklasse« bezeichnet. Doch daß sie damit ein Teil der Arbeiterklasse bleibt, kann die gleiche soziale Herkunft und die gleiche formale Miteigentümerschaft am Volkseigentum nicht sicher gewährleisten. Die Eliten der DDR setzen sich vielmehr in ihrer gesellschaftlichen Reputation und ihrem Sozialverhalten immer wieder von der breiten Arbeiterschaft ab. In vielem übernimmt die »neue Intelligenz« der DDR wieder jene Eigenschaften und Haltungen, die als Charakteristika der alten Bourgeoisie und Intelligenz verpönt waren. Die Partei sucht diesen Erscheinungen, an denen sie selbst teilhat, zwar durch immer wiederkehrende Beteuerungen der Herrschaft der Arbeiterklasse und durch Appelle zur Erziehung sozialistischer Persönlichkeiten entgegenzuwirken, aber sie ist natürlich auf die Mitarbeit dieser Intelligenz- und Elitegruppe angewiesen und muß sie mit Mitteln wie Lohnanreizen und Prestigegewährungen stimulieren, die immer wieder die beklagten »kleinbürgerlichen« Verhaltensweisen zur Folge haben.
Wie schwierig und komplex das Problem der »Intelligenz der Arbeiterklasse« für die SED selbst ist, zeigt die fortwährende ideologische und theoretische Diskussion um den Klassen- und Schichtenbegriff. Nach dem für die marxistische Gesellschaftsanalyse zentralen Klassenbegriff kann es aufgrund der Produktionsverhältnisse in der DDR nur mehr die Klasse der Werktätigen geben, die höchstens noch nach den spezifischen sozialistischen Eigentumsformen in die Klasse der Arbeiter und die Klasse der Genossenschaftsmitglieder unterteilt werden kann. Die Intelligenz muß nach diesem Klassenschema als integraler Bestandteil der beiden Klassen verstanden werden. Doch damit würde man über die offensichtlichen Unterschiede vor allem in der Qualifikationsstruktur hinwegsehen und behaupten, daß sich körperliche und geistige Arbeit bereits angeglichen hätten, wo dieser Punkt doch erst in der kommunisti-

schen Gesellschaft der Zukunft erreicht werden kann. So hat man mit mehr oder weniger starker Betonung die Intelligenz als eine *Schicht* bezeichnet, die von manchen als ein besonderer Teil, von anderen als bloßer Verbündeter der Arbeiterklasse angesehen wird. Die Einzelheiten dieser sehr verwickelten Diskussion brauchen uns hier nicht zu interessieren. Insgesamt können wir sie als Indiz dafür nehmen, daß auch die marxistisch-leninistische Soziologie der DDR davor zurückschreckt, alle sozialen Verhältnisse über den Leisten der durch die Produktionsverhältnisse bestimmten Klassenstruktur zu schlagen und damit jene Probleme der Übergangsgesellschaft vom Sozialismus zum Kommunismus zu negieren, die auch bei völliger Sozialisierung der Produktionsmittel noch immer bestehen. So entdeckte man unterhalb und innerhalb der Klassen als Makrostruktur noch eine Mikrostruktur mit zahlreichen, allerdings nicht klassemäßig bedingten Unterschieden. Die neue Betonung, die seit dem VIII. Parteitag der SED in der DDR auf die – freilich nicht antagonistische – Widersprüchlichkeit der sozialistischen Gesellschaft gelegt wird, hat die differenziertere soziologische Betrachtungsweise gefördert. Sie kommt vor allem – wie es heißt – der Untersuchung der fließenden Übergänge, aber auch der noch bestehenden Unterschiede zwischen Arbeiterklasse und Intelligenz zugute.

3. Elite und Intelligenz im sozialistischen Leistungsstaat

Als die Kommunisten nach der Niederschlagung des Faschismus in der östlichen Besatzungszone Deutschlands die Macht übernahmen, konnten sie sich nur auf eine kleine Minderheit in der Bevölkerung stützen. Die Bereitschaft zur Mitarbeit und Loyalität im neuen System war unter der Intelligenz noch geringer als im Durchschnitt der Bevölkerung. Um so wichtiger war es für die Durchsetzung des sozialistischen Systems in Ostdeutschland, an die Schaltstellen von Politik, Wirtschaft und Gesellschaft politisch zuverlässige Personen zu bringen. Nach 1945 kam es der sowjetischen Besatzungsmacht und den deutschen Kommunisten zunächst darauf an, die politischen und administrativen Führungspositionen zu übernehmen. Durch eine konsequente Entnazifizierung wurden alle Personen aus ihren Ämtern entfernt, die in irgendeiner Weise die faschistische Herrschaft des Dritten Reiches mitgetragen hatten. Im Gegensatz zu den Westzonen beschränkte sich die Bewältigung des Faschismus in der SBZ-DDR weniger auf eine vorwiegend ideelle Auseinandersetzung mit der unbewältigten Vergangenheit, sie umfaßte neben der umwälzenden Änderung der Eigentumsordnung auch den radi-

kalen Austausch des politischen und administrativen Führungspersonals. An die Stelle der Träger und Mitläufer des faschistischen Systems trat eine neue Führungsschicht, die sich in den Nachkriegsjahren mehr durch ihre politische als durch ihre fachliche Qualifikation auszeichnete.
Das Führungspersonal des neuen Staates rekrutierte sich vor allem aus jener alten Garde von Kommunisten, die sich schon in der Zeit der Weimarer Republik folgsam gegenüber dem Kurs der Kommunistischen Partei und ihrer internationalen Zentrale in Moskau gezeigt hatte. Auf ihrem Lebensweg war diese Gruppe einem brutalen Ausleseprozeß unterworfen worden: Sie hatten entweder im Deutschen Reich die faschistischen Verfolgungen oder in der Sowjetunion die stalinistischen Säuberungen überstanden. Für diese Kommunisten bedeutete der Aufbau der DDR die langersehnte Verwirklichung ihres Traumes von einem Arbeiter- und Bauern-Staat auf deutschem Boden. Diesen sozialistischen Staat gegen alle Widerstände von innen und gegen alle Anfeindungen von außen fest zu etablieren, sahen sie als ihre Hauptaufgabe an. Politische Zuverlässigkeit und politische Geschlossenheit waren daher in der ersten Phase der DDR, in der das neue System unter schwierigen Bedingungen Zug um Zug geschaffen werden mußte, für die Zusammensetzung der DDR-Elite ausschlaggebend, die Frage der fachlichen Qualifikation mußte dahiner zurücktreten.
Doch kein Staats- und Gesellschaftssystem kann über längere Zeit auf die Mitarbeit von fachlich hochqualifizierten Gruppen der Intelligenz verzichten. Nach dem Zusammenbruch des Faschismus und den Folgen seines totalen Krieges waren Wirtschaft und Gesellschaft in der sowjetischen Besatzungszone nur durch die Mitarbeit von Teilen der »alten Intelligenz« wieder in Gang zu bringen. Die neue proletarische Elite suchte die alte Intelligenz von den Vorzügen des sozialistischen Systems zu überzeugen. Da dieses Vorhaben nur sehr beschränkt erfolgreich war, bemühte man sich, die Intelligenz wenigstens durch Spitzengehälter und soziale Privilegien an den neuen Staat zu binden. Für »besonders hervorragende Spezialisten« auf dem Gebiet der Entwicklung von Wissenschaft und Technik wurden seit 1952 Gehälter bis zu 15 000 Mark im Monat ausgeworfen, dem Dreißigfachen (!) des damaligen durchschnittlichen Monatseinkommens eines Arbeiters.
Die Politik gegenüber der akademischen Intelligenz war zweigleisig: Bei den administrativen, juristischen und pädagogischen Berufen wurde von vornherein auf die politische Zuverlässigkeit geachtet und ein vorübergehender Leistungsabfall in Kauf genommen; bei den für die wirtschaftliche und technische Entwicklung wichtigen Berufen hingegen war man

um Kontinuität bemüht und spielte die materiellen Anreize offen aus. So konnten sich Ingenieure, Architekten und Ärzte über lange Zeit den politischen und gesellschaftlichen Forderungen des Systems entziehen und sich dennoch an der Spitze der Einkommensskala der DDR halten. Das war im Hinblick auf die hohen Fluchtraten gerade dieser Berufsgruppen für die DDR eine schlichte Lebensnotwendigkeit. Nach Schließung der Grenze, vor allem aber nach Heranbilden einer »neuen Intelligenz der Arbeiterklasse« brauchte man diese Rücksichten gegenüber der »alten Intelligenz« nicht mehr zu nehmen. Ziel der SED war die Schaffung einer neuen Intelligenz, die politische und fachliche Qualifikation in sich vereinen, ein integraler Bestandteil der Arbeiterklasse sein und sich vorwiegend aus den werktätigen Klassen der Arbeiter und Bauern rekrutieren sollte.

Diese Aufgabe hatte zwei Aspekte. Auf der einen Seite mußte man eine breite Schicht hochqualifizierter Arbeitskräfte für alle Wirtschafts- und Gesellschaftsbereiche ausbilden. Dieses Ziel zu realisieren, war dem neuen Bildungssystem aufgetragen, auf das wir im nächsten Kapitel zu sprechen kommen. Auf der anderen Seite mußte der politischen Elite der DDR selbst daran gelegen sein, ihre eigene fachliche Qualifikation anzuheben. Mit fortschreitender Etablierung der DDR als eines sozialistischen Staates wurde es für die DDR-Führung immer wichtiger, die vielfältigen Leistungs- und Verwaltungsaufgaben in Staat, Gesellschaft und Wirtschaft nach dem neuesten Stand der wissenschaftlichen und technischen Entwicklung wahrnehmen zu können. Die frühere Dominanz der politischen Qualifikation konnte jetzt gegenüber der fachlichen Qualifikation zurücktreten, weil die politische Zuverlässigkeit der Amtsträger mit der Konsolidierung des politischen Systems der DDR zunehmend selbstverständlicher wurde.

Kaderpolitik, wie in den sozialistischen Staaten die Auswahl und Beförderung der Funktionäre im Staats- und Parteiapparat genannt wird, ist heute längst nicht mehr bloß an der Parteidisziplin orientiert, und richtige Gesinnung kann mangelnde wissenschaftliche Qualifikation nicht mehr ersetzen. Diese »Verfachlichung« der Parteiarbeit schlägt sich in der Vorbildung der leitenden Kader wie ganz allgemein in der Zusammensetzung der Partei nieder, auf die wir im Abschnitt über die Sozialstruktur der SED eingegangen sind. Nimmt man die weiteren Möglichkeiten der »Kaderqualifikation« auf Parteiakademien und im Fernstudium hinzu, so kann man fast von einer Akademisierung und Verschulung der politischen Karriere in der SED sprechen.

Dieser Wandel in der Sozial- und Qualifikationsstruktur der Partei und die Tatsache, daß die neue Intelligenz in der Gesellschaft der DDR eine zentrale Bedeutung gewonnen hat, war Anlaß zu vielerlei Deutungen und Mutmaßungen über die Elitestruktur der DDR-Gesellschaft. Ist hier nicht, so fragt man, eine neue Elite entstanden, die sich durch ihre fachliche Qualifikation nicht nur vor der übrigen Bevölkerung auszeichnet, sondern auch von ihr abhebt? Bilden die Inhaber der Führungspositionen in Staat und Partei nicht eine »neue Klasse« (Djilas), die den Primat der Macht beansprucht und sich vorwiegend aus sich selbst rekrutiert? Bahnt sich nicht auch in der DDR eine Herrschaft der Technokraten an, die sich als die Exekutoren und Verwalter wirtschaftlicher und industrieller Sachgesetzlichkeiten verstehen?

Die Vermutung, in der DDR habe eine neue politische Klasse die Herrschaft übernommen, gründet auf die Tatsache, daß eine relativ geschlossene Gruppe die Führungspositionen nicht nur in der Politik, sondern auch im Wirtschafts- und Gesellschaftssystem übernommen hat. Doch eine geschlossene Elite im Sinne einer »neuen Klasse« würde voraussetzen, daß sich ihre Mitglieder weitgehend aus sich selbst rekrutieren und im Gesellschaftsbild wie im Karrieremodell sichtbar von der übrigen Bevölkerung absetzen. Das ist trotz mancher Anzeichen, die in diese Richtung weisen, in der DDR nicht der Fall. Die politische, gesellschaftliche und wirtschaftliche Elite der DDR ist keine geschlossene Herrschaftskaste, sondern eine vielfältig strukturierte, mobile und keineswegs konfliktfreie Leistungselite, die auf der Basis des Leistungsprinzips zum integralen Bestandteil der Gesellschaft werden konnte.

Die wissenschaftlich-technische Elite in der DDR hat zwar ein eigenes Profil gewonnen, sie hat die politische Elite aber nicht verdrängt. Beiden Gruppen geht es nicht um wechselseitige Ausschaltung, sondern um Zusammenarbeit. Diese Kooperation ist alles andere als spannungsfrei, doch im Gegensatz zu früheren Zeiten handelt es sich bei den Divergenzen zwischen der mehr politisch und ideologisch und der mehr pragmatisch und ökonomisch orientierten Gruppe nicht um tiefergehende politische Konflikte, sondern um Unterschiede der Verhaltensweise, des Erfahrungshorizontes, der sozialen Leitbilder, bei grundsätzlich gleicher politischer Zielsetzung.

Unterhalb dieser eigentlichen Träger der Macht besitzt die DDR heute eine breite und in sich differenzierte Intelligenzschicht, wie sie Voraussetzung und Begleiterscheinung aller Industriegesellschaften ist. Die Akademiker in der DDR sind nicht alle Sozialisten, für viele ist die gesellschaftspolitische Betätigung nur lästige Pflichtübung und die Parteimitgliedschaft eine Art gesellschaftlicher Rückversicherung. Doch im Gegensatz zu früher sind sie heute loyale Bürger ihres Staates, dem sie überdurchschnittliche Möglichkeiten der beruflichen und damit der sozialen Mobilität verdanken. Die Chancen einer an Leistung orientierten sozialen Mobilität erzeugen allerdings auch ein Klima des Leistungsdrucks, das häufig zu psychischen Zusammenbrüchen und zu einem Konkurrenzdenken führt, die in der sozialistischen Gesellschaft eigentlich überwunden sein sollten. Man will sich und den anderen zeigen, daß man etwas geworden ist. Mit erstaunlicher Parallelität sind in der DDR übrigens jene Wellen und Moden nachvollzogen worden, wie sie in den Kauf- und Lebensgewohnheiten der Wohlstandsbürger der Bundesrepublik zu beobachten waren. Nach den Jahren des Mangels nimmt auch die Leistungsgesellschaft der DDR inzwischen die Züge einer gemäßigten Wohlstandsgesellschaft an.

Das wäre unbedenklich, wenn auch die ganze Bevölkerung in den Genuß dieser Entwicklung käme, gehört doch die Steigerung des allgemeinen Lebensstandards entgegen manchen Symptomen der asketischen Kinderjahre des Sozialismus zu seinen originären Zielen. Der Sockel des öffentlichen Wohlstandes, der allen Bürgern in Gestalt der Einrichtungen des Sozial- und Gesundheitswesens, der Möglichkeiten des Bildungssystems und der kulturellen Einrichtungen offensteht, ist in der DDR beträchtlich, doch scheint er den Bürgern bereits selbstverständlich geworden zu sein. Was soziale Mißstimmung schafft, ist vielmehr die große Spannweite privaten Konsums, vor allem die Lage der am Rande des Existenzminimums lebenden Rentner.

Seit dem VIII. Parteitag hat sich die SED das ausdrückliche Ziel gesetzt, diese Ungleichheiten zu überwinden, und zwar nicht nur die Disparitäten zwischen Kaufkraft und Konsumangebot, sondern auch in bezug auf die wirtschaftliche und soziale Lage der einzelnen Bevölkerungsgruppen. So wurde nicht nur allgemein das Angebot an Konsumgütern in quantitativer wie qualitativer Hinsicht beträchtlich gesteigert, sondern speziell auch die materielle Lebenslage der Rentner, der Familien mit mehreren Kindern und der unteren Einkommensgruppen verbessert. Das Gesundheitswesen wurde besser ausgestattet und der Wohnungsbau intensiviert. Daß dabei entsprechend den Beschlüssen z. B. 60 Prozent der Neubauwohnungen an Arbeiter vergeben werden sollen, bedeutet nicht eine Privilegierung, sondern zeigt eher auf, in welchem Umfang deren Wohnverhältnisse in den vergangenen Jahrzehnten hinter anderen Schichten der Bevölkerung zurückgeblieben waren. Besondere Vorsorge wurde getroffen, die Situation der berufstätigen Frauen zu erleichtern. Alle diese Maßnahmen sind Anzeichen dafür, daß die Partei- und Staatsführung erkannt hat, daß sie die konkreten Lebensbedürfnisse der Menschen in der DDR mehr als bisher berücksichtigen muß, wenn sie die Stabilität und Legitimität ihres Systems festigen will und der Sozialismus

für die Bürger in der DDR nicht nur eine Parole zur Ableistung von mehr Arbeitseinsatz, sondern auch ein Instrument zur Gewährleistung eines besseren materiellen Lebens sein soll.
Diese 1971 eingeleitete Politik stärkerer Berücksichtigung und Befriedigung der materiellen Lebensbedürfnisse der Gesamtbevölkerung hat die Partei- und Staatsführung der DDR allerdings unter einen Erwartungsdruck gesetzt, der ihren ökonomischen Möglichkeiten leicht über den Kopf wächst. Bezeichnend für das Spannungsverhältnis zwischen gesellschaftlichen Wünschen und wirtschaftlichen Realitäten war die Gewährung der letzten sozialpolitischen Verbesserungen im Jahr 1976. Vom IX. Parteitag der SED erwartete man die Erhöhung der Mindestlöhne und -renten, eine Arbeitszeitverkürzung für Schichtarbeiter, die Verbesserung des Mutterschutzes und anderes mehr. Als der Parteitag diese Hoffnungen nicht erfüllte, sondern sich mit allgemeinen Appellen zur Steigerung der Arbeitsproduktivität als Voraussetzung der Erhöhung des Lebensstandards begnügte, kam es zu zahlreichen Enttäuschungs- und Unmutsäußerungen. Fünf Tage nach dem Abschluß des Parteitages, am 27. Mai 1976, faßten das ZK der SED, der Ministerrat und der Bundesvorstand des FDGB dann einen entsprechenden Beschluß, durch den die offensichtlich für später vorgesehenen sozialpolitischen Verbesserungen vorgezogen wurden.
Sozialpolitik und Wirtschaftspolitik bilden zwar nach dem Anspruch des neuen SED-Parteiprogramms von 1976 eine harmonische Einheit, doch in Wirklichkeit stellen sie die DDR-Führung vor ein erhebliches Prioritätendilemma. Ökonomisch gesehen müssen höhere Sozialleistungen erst von der Volkswirtschaft erarbeitet werden, müßte die Steigerung der Arbeitsproduktivität sogar einen Vorlauf vor der Verbesserung des Lebensstandards haben, damit die dringend notwendigen Investitionen zur Erhöhung der Rentabilität der Wirtschaft getätigt werden können. Doch kann und will die derzeitige Partei- und Staatsführung eine solche Politik des zeitweiligen Konsumverzichts ihrer werktätigen Bevölkerung nicht zumuten. Sie würde damit eine wesentliche Voraussetzung für die Hinnahme ihrer Herrschaft untergraben. Die Arbeiter nehmen – zumal im zwischendeutschen Vergleich – die gewährten sozialpolitischen Gratifikationen als selbstverständlich hin und erwarten eigentlich mehr, um zu höherer Produktivität stimuliert zu werden. Noch laviert sich die Führung zwischen diesem Dilemma mit Maßnahme- und Produktivitätsappellen hindurch, doch das strukturelle Problem wird damit nicht behoben. Das System der sozialen Leistungen stößt in der DDR wie in allen Industriestaaten an die begrenzte volkswirtschaftliche Leistungsfähigkeit, an die ökonomischen »Grenzen des Wachstums«.

4. Frau und Familie

In welchem Maß Leistung in der Gesellschaft der DDR zu einer allgemeingültigen Maxime geworden ist, sowohl als das Recht auf sozialen Aufstieg durch Leistung wie auch als öffentliche Tugend einer universalen Leistungspflicht, zeigt sich an der Stellung der Frau in der DDR. Rechte und Pflichten der Frau sind in der DDR weitgehend identisch mit den umfassenden gesellschaftlichen Rechten und Pflichten, die für jeden werktätigen Bürger dieses Staates gelten. Gleichberechtigung heißt daher in der DDR nicht bloß formaljuristische Gleichbehandlung, sondern auch Chancengleichheit in einer Leistungsgesellschaft. Die Gleichstellung der Frau soll in der sozialistischen Gesellschaft der DDR nicht nur in passiver, sondern vor allem in aktiver Hinsicht erfolgen.

Von diesem Gesichtspunkt der Chancengleichheit der Frau aus hat die DDR im Vergleich zu anderen Staaten auf fast allen Gebieten des öffentlichen Lebens eine stolze Bilanz aufzuweisen: Von den 500 am 17. Oktober 1976 gewählten Volkskammerabgeordneten sind 168 Frauen, eine Zahl, die gut viermal über dem Anteil weiblicher Abgeordneter im Deutschen Bundestag liegt. Auch in zahlreichen anderen Führungspositionen des gesellschaftlichen und politischen Lebens finden sich Frauen. Gleichberechtigung der Geschlechter ist in der DDR von Anfang an nicht nur als verfassungsrechtlicher Programmsatz, sondern als gesellschaftspolitisches Postulat verstanden worden. Das gilt vor allem für den Sektor des Berufslebens. Von jeher spielte die Frauenerwerbstätigkeit in der DDR eine Rolle, die weit über der in vergleichbaren Industriestaaten liegt. Sie ist in den vergangenen Jahren ständig angestiegen und machte 1977 50 Prozent der Gesamtzahl der Beschäftigten aus; gegenwärtig sind in der DDR 85 Prozent aller Frauen und Mädchen im arbeitsfähigen Alter berufstätig. Ein Drittel der Industriearbeiter sind Frauen.

Alles in allem ergibt sich das Bild einer fast totalen Eingliederung der Frauen in die Arbeitsgesellschaft der DDR. Sie hat ihre Ursachen vor allem in der ökonomischen Situation, sowohl der einzelnen Familie wie auch der gesamten Volkswirtschaft. Sozialempirische Arbeiten aus der DDR haben gezeigt, daß in den meisten Ehen und Familien die Mitarbeit der Frau jenes zusätzliche Einkommen sichern muß, mit dem man sich erst die erstrebten Güter des gehobenen Lebensstandards wie Waschmaschinen, Autos, individuelle Ferienreisen und dergleichen mehr leisten kann. Diese individuelle Motivation kommt den allgemeinen volkswirtschaftlichen Erwägungen entgegen, für die angesichts der ungünstigen Altersstruktur und Geschlechterproportion die Berufstätigkeit mög-

lichst vieler Frauen eine ökonomische Notwendigkeit ist. Ohne die Mitarbeit der Frauen würde das kontinuierliche Wirtschaftswachstum der DDR schlicht am Arbeitskräftemangel gescheitert sein.
Doch wäre es verkürzt, in der Frauenerwerbstätigkeit in der DDR lediglich den Ausfluß einer Mangelsituation zu sehen. Die Berufstätigkeit von Frauen ist in der DDR zugleich eine fundamentale gesellschaftspolitische Forderung, die aus dem Prinzip der Gleichberechtigung abgeleitet wird. Nach Ansicht der marxistischen Klassiker, angefangen von Marx und Engels über August Bebel bis zu Clara Zetkin, wird die Frau erst dann gleichberechtigt sein, wenn sie auch ökonomisch dem Mann gleichgestellt ist. Die Gleichstellung von Mann und Frau heißt im sozialistischen System ihre Gleichstellung als Werktätige. Eine berufsfähige Frau wird nicht mehr aus bloßen Versorgungsgründen an die Ehe mit einem nicht mehr geliebten und gewollten Partner gebunden sein; sie kann in absoluter Freiwilligkeit eine eheliche Verbindung eingehen, sie aber auch lösen. Die Konsequenz einer solchen Konzeption ist unter anderem der Verzicht des Scheidungsrechts der DDR auf einen Unterhaltsanspruch von seiten der geschiedenen Frau, die ja nach der Scheidung wieder ihren Beruf aufnehmen kann, wenn sie ihn nicht schon während der Ehe ausgeübt hat.
Hinter dieser Vorstellung von Frauenemanzipation steht das sozialistische Menschenbild, das die eigentliche Verwirklichung der »sozialistischen Persönlichkeit« in der Arbeit sieht und alle kulturellen und sozialen Erscheinungen auf die Bedingungen der Arbeit zurückführt. Ein programmatischer Artikel der ZK-Sekretärin für Frauenfragen Inge Lange und der Hallenser Juristin Inge Hieblinger trägt daher den bezeichnenden Titel: »Die Rolle der Frau im Produktionsprozeß bestimmt ihre Stellung in der sozialistischen Gesellschaft« (in: Einheit 1969, S. 339–347). Die Gleichstellung der Frau bedeutet in der DDR nicht nur ihre Gleichberechtigung, sondern auch ihre Gleichverpflichtung. Emanzipation wird nicht bloß als Lösung aus überkommenen paternalistischen Abhängigkeiten, sondern auch als Übernahme der allgemeinen Bürgerpflichten verstanden. Der Staatsbürger aber ist in der DDR vor allem Werktätiger, ganz gleich welchen Geschlechts. Nun kann auch der Sozialismus an der biologischen Tatsache nicht vorbeigehen, daß den Frauen in der menschlichen Reproduktion eine Funktion zukommt, die nicht gleich, das heißt nicht identisch mit jener des anderen Geschlechts sein kann. Gerade ein Staat wie die DDR, dessen Altersstruktur die volkswirtschaftliche Produktivität empfindlich gefährdet, muß sich eine entschiedene Geburtenförderung zum Ziel setzen. Die Einbeziehung der Frauen in den Arbeitsprozeß und die Bevölkerungspolitik sind somit

zwei Ziele, die sowohl in der Gesellschaftspolitik des Staates wie auch für die einzelne Frau zu Spannungen führen.
Die Doppelrolle der Frau als Werktätige und Mutter führt leicht zu einer Überforderung, aus der heraus sich viele Frauen aus der Mutterschaft zurückziehen. So ist in der DDR die Geburtenrate von 1964 auf 1974 um gut ein Drittel gefallen. Dadurch kam es zu einem Bevölkerungsschrumpfungsprozeß, dem die Wirtschaftsplaner nicht tatenlos zusehen konnten. Die fast totale Ausschöpfung des weiblichen Arbeitskräftepotentials mochte auf kurze Frist gesehen ökonomisch notwendig sein, allerdings drohte sie für die Zukunft das gesamte Arbeitskräftepotential einzuschnüren. Der Staat reagierte auf diese Erkenntnis mit zahlreichen Maßnahmen zur Geburtenförderung und zum Mutterschutz. Auch im Mittelpunkt der sozialpolitischen Beschlüsse vom 27. Mai 1976 stand die, wie es heißt, »weitere Förderung berufstätiger Mütter«: Ihr Schwangerschafts- und Wochenurlaub bei vollem Nettoverdienst wurde auf ein halbes Jahr verlängert, für das folgende halbe Jahr können Mütter beim zweiten und jedem weiteren Kind bezahlte Freistellung in Anspruch nehmen. Müttern in der DDR wird also vom zweiten Kind an ein bezahltes »Babyjahr« gewährt. Diese Maßnahmen scheinen schon einen ersten Erfolg gezeitigt zu haben: 1976 ist die Zahl der Lebendgeborenen je 1000 Einwohner von 10,8 auf 11,6 und 1977 gar auf 13,3 gestiegen. In der Bundesrepublik wird in der verstärkt einsetzenden Diskussion um die Geburten- und Familienförderung, bei allen ideologischen Vorbehalten, häufig auf das Vorbild der Förderungsmaßnahmen in der DDR verwiesen.
Bei aller Betonung der Emanzipation der Frau durch ihre Berufstätigkeit hat die DDR in Ideologie wie Praxis nie beabsichtigt, die Institution der *Familie* aufzugeben. Sie hat ihr vielmehr eine zentrale Stellung in der sozialistischen Gemeinschaft zugesprochen und nennt sie in dem neuen Familiengesetzbuch vom 20. Dezember 1965 »die kleinste Zelle der Gesellschaft«. Darin wird deutlich, daß das Ziel der sozialistischen Familienpolitik nicht die Aufrechterhaltung der als bürgerlich verpönten Vorstellung von der Familie als einer Intimgruppe der Privatsphäre ist, sondern die Einbeziehung der Familie in das sozialistische System. Der Staat beläßt der Familie ihre Funktion vor allem auf dem Gebiet der Erziehung, gibt ihr aber eine eindeutige gesellschaftliche Zielrichtung. Prägnantester Ausdruck dieses Programms einer Vergesellschaftung der Familie ist das *Familiengesetzbuch* von 1965. Beschränken sich die familienrechtlichen Bestimmungen des bundesrepublikanischen Zivilrechts auf die Normierung von familiären Konfliktlösungen, so versteht sich das sozialistische Familienrecht als ein umfassender positiver Kata-

log einer neuen sozialistischen Familienmoral. Nach der offiziellen Ideologie der DDR ist die Familie kein von Politik und Gesellschaft abgegrenzter Freiraum mehr, sondern integrierter Teil der Gesellschaft. In einem doppelten Sinne soll die Familie in der DDR vergesellschaftet werden. Sie wird im Auftrage der Gesellschaft tätig und gibt zugleich an die Gesellschaft einen Teil ihrer herkömmlichen Funktionen ab. Auch diese Entwicklung hat sowohl einen pragmatisch wie einen ideologisch begründeten Aspekt. Auf der einen Seite kann eine Familie, in der beide Elternteile in den Arbeitsprozeß eingespannt sind – fast zwei Drittel aller Mütter in der DDR sind berufstätig –, nicht mehr die Vielfalt jener Aufgaben wahrnehmen, die früher den Familien auf den Gebieten der Daseinsvorsorge und Erziehung zukam. Auf der anderen Seite übernimmt die Gesellschaft Familienfunktionen in die öffentliche Sphäre, um sie dem sozialistischen Erziehungssystem noch eindeutiger unterordnen zu können. Heute stehen für mehr als die Hälfte aller Kinder unter sechs Jahren Plätze in Kinderkrippen, Kindergärten und Kinderwochenheimen zur Verfügung, und die DDR hat ein System der Vorschulerziehung geschaffen, das organisatorisch wie didaktisch Vorbild für entsprechende Bestrebungen in anderen – auch westlichen – Staaten sein kann. Wo die Plätze noch nicht ausreichen, soll in Nachbarschaftshilfe und vor allem durch Rentner die Betreuung der Kinder berufstätiger Mütter übernommen werden.

Die Forderung nach solidarischem Helfen und Handeln steht im Mittelpunkt aller erzieherischen und agitatorischen Bemühungen des Staates um eine neue, eine sozialistische Sozialmoral. Wenn man die entsprechenden Aufrufe liest, kann einem die DDR wie eine neue »Großfamilie« erscheinen: Alles Leben, auch das Familienleben, soll sich in der gesellschaftlichen Öffentlichkeit abspielen und mit ihr verklammern, die Öffentlichkeit soll ihrerseits quasi familiäre Züge annehmen. Alle Bürger der DDR werden als eine große und verschworene Gemeinschaft zur Errichtung einer neuen Lebens- und Sozialordnung verstanden. Wo der einzelne diese Aufgabe und Verpflichtung noch nicht erkennt, sollen weniger staatliche Gewalt als gesellschaftliche Aufklärung und Erziehung ihn zur Einsicht bringen. So haftet der Alltagsatmosphäre der DDR, wie sie sich in ihren Presseorganen und in dem Umgang der Mächtigen in Partei und Staat mit der Bevölkerung widerspiegelt, eine ganz eigentümliche Geruchsmischung von zukunftsweisender Utopie und traditionellem Paternalismus an. Unter den Augen wohlwollender Staatsväter soll eine Gemeinschaft gleichberechtigter Werktätiger zu einer großen Staatsfamilie zusammenwachsen.

Die Politisierung der Gesellschaft und die Vergesellschaftung der Pri-

vatsphäre sind allerdings längst nicht so erfolgreich gewesen, wie man aus dem offiziellen Selbstverständnis der DDR schließen könnte. Sie haben eher eine Gegenreaktion des Rückzugs auf die Familie als die privateste Einheit menschlicher Beziehungen hervorgerufen. Angesichts der raumgreifenden Permanenz der öffentlichen Ansprüche und Pflichten ist die Familie in der DDR zu einer Art »Schutzgemeinschaft« (Dietrich Storbeck) geworden, in die man sich aus dem anstrengenden Alltag des Berufs- und Gesellschaftslebens zurückzieht. Der Politisierung der Gesellschaft entspricht eine Entpolitisierung der Familie; hier will man frei vom leistungsbezogenen und moralisierenden Dauerstreß seinen privaten Wünschen und Neigungen nachkommen. Für diese Beobachtung eines neuen Funktionsgewinns der Familie als private und intime Kleingruppe sprechen Erscheinungen wie der Drang nach privater und nicht gesellschaftsbezogener Freizeitbeschäftigung, aber auch die Attraktivität der Institution Ehe, die man in der DDR beobachten kann. Die oft notierte hohe Scheidungsziffer in der DDR widerspricht dieser Feststellung nicht, sondern belegt sie, ist sie doch nur die Folge der Heiratsfreudigkeit, vor allem der großen Zahl von Frühehen. Mit der steigenden wirtschaftlichen Unabhängigkeit und dem zunehmenden Selbstbewußtsein der Frauen in der DDR wächst zwar die Zahl der aufgelösten, weil nicht mehr gewollten Bindungen, doch ein Großteil der Geschiedenen geht neue Ehen ein. Dabei mögen auch ökonomische Gründe eine Rolle spielen, doch ausschlaggebend ist die Sehnsucht nach einer privaten Lebensgemeinschaft.
Es wäre jedoch einseitig, in der großen Bedeutung, die die Bevölkerung der DDR der Familie als Refugium der Innerlichkeit zumißt, nur einen Rückzug vor den totalen Ansprüchen der sozialistischen Gesellschaft zu sehen. Gerade auf dem Gebiet des Privat- und Familienlebens überlagern sich auf eigentümliche Weise allgemeine industriegesellschaftliche Tendenzen, deutsche Sozialtraditionen und sozialistische Gesellschaftsumgestaltung. Die Reduzierung des Familienverbandes zu einer Kleinfamilie, ihr Funktionsverlust als umfassende Institution der Lebensgemeinschaft und Daseinsvorsorge, die Abgabe von wirtschaftlichen und kulturellen Familienaufgaben an Gesellschaft und Öffentlichkeit und die gleichzeitige Privatisierung und Intimisierung von Ehe und Familie sind Tendenzen, die wir in allen Industriegesellschaften beobachten können. Sie machen eine strikte Rollenteilung zwischen Mann und Frau, die Beschränkung des Mannes auf die außerhäusliche Produktionssphäre und der Frau auf die häusliche Gemeinschaft immer anachronistischer.
Ein neues Verständnis von Gleichberechtigung und Partnerschaft muß der Frau die Berufswelt als einen Raum echter Lebensverwirklichung

eröffnen, ohne damit Ehe und Familie als Institutionen in Frage zu stellen. Diese Emanzipationsbewegung stößt allerdings auf zählebige Sozialtraditionen, die auch in der DDR beobachtet und beklagt werden. Die Chancengleichheit der Frau ist in der DDR auf institutionellem Gebiet weitgehend gegeben, doch der Realisierung dieser Chancen stehen immer wieder noch Vorurteile wie die Fixierung von angeblich typischen Männerberufen und Männerfunktionen entgegen. Noch immer haftet der Frauenarbeit auch in der DDR der Charakter der Aushilfe und der notwendigen, doch insgeheim – vor allem vom Mann – nicht gewünschten Tätigkeit an. Wie groß diese Kluft zwischen offiziellem und tatsächlichem Bewußtsein auch in der DDR noch ist, zeigt sich daran, daß sich die Qualifikationsstruktur der weiblichen Berufstätigen zwar weitgehend dem männlichen Pendant angenähert hat, daß jedoch mittlere und leitende Funktionen in Wirtschaft, Gesellschaft und Staat noch überwiegend mit Männern besetzt sind. Erst seit kurzem befindet sich unter den zehn Sekretären des ZK auch ein weibliches Mitglied, die schon erwähnte Inge Lange, die bezeichnenderweise für Frauenfragen zuständig ist. Noch immer aber ist das Politbüro als das mächtigste Organ der SED ein reines Männergremium – Inge Lange ist bloß Kandidatin –, noch immer gibt es in der Volkswirtschaft der DDR kaum weibliche Direktoren, und im 39köpfigen Ministerrat der DDR sitzt zur Zeit ein weibliches Mitglied: als Minister für Volksbildung Margot Honecker-Feist (die mit dem Generalsekretär der SED verheiratet war). Diese Unterrepräsentanz der Frauen in leitenden Funktionen wird auch von den führenden Männern in Partei und Staat immer wieder beklagt, doch erweist sie sich im Gefolge älterer Sozialtraditionen als äußerst zählebig. Hinsichtlich der Berufsmöglichkeiten mögen die Frauen formell den Männern gleichgestellt sein, doch noch immer finden sie im Privat- und Familienleben keine entsprechende Entlastung und suchen sie zu einem Großteil wohl auch nicht. Untersuchungen zum Zeitaufwand für Hausarbeit in einem Mehr-Personen-Haushalt haben ergeben, daß bei einem Wochendurchschnitt von 37 Stunden für diese Arbeiten die Frauen noch immer drei Viertel der Lasten tragen. So bleibt ihnen kaum jene Zeit für Freizeit- und Fortbildungsaktivitäten, die für Männer selbstverständlich ist. Die staatliche Gesellschaftspolitik kann versuchen, diesem Mißstand durch manche öffentlichen Entlastungsangebote wie Betriebs- und Schulspeisung, Wäschereien und Reinigungen und die Ausstattung von Haushalten mit Kühlschränken und Waschmaschinen entgegenzuwirken, auch kann sie an die Frauen appellieren, sich nicht in der Hausarbeit überfordern zu lassen, doch das eigentliche Problem sind die hergebrachten Sozialgewohnheiten beider Geschlechter. Überwiegend wird die Berufstätigkeit der Frauen als ökonomischer Zwang verstanden, auf den man gern verzichten würde, wenn es das Familienbudget erlaubte. Immer noch wirkt die Vorstellung fort, daß der Mann sich vor allem im Beruf verwirkliche und die Frau ihre eigentliche Erfüllung in Familie und Haushalt finde.

Das Bild von der Emanzipation und Gleichberechtigung der Frau in der DDR ist also nicht so lupenrein, wie es im ideologischen Selbstverständnis erscheinen mag. Wie auf vielen anderen Gebieten zeigt sich auch hier, daß es leichter ist, das institutionelle Gehäuse als die tradierten Werte einer Gesellschaft umzuformen. Tatsächliche Chancengleichheit werden die Frauen in der DDR erst erreicht haben, wenn ihr Anteil an beruflichen und gesellschaftlichen Positionen nicht mehr das Ergebnis bloßen Arbeitskräftemangels oder eines von oben her stimulierten Proporzes, sondern selbstverständlicher Ausdruck des Selbstverständnisses der Gesamtgesellschaft ist. Solange die sozialistische Führung mehr die Pflicht als die Freiheit zur neuen Ordnung betont, wird vieles an dieser neuen sozialen Ordnung artifiziell bleiben und im Alltag unterlaufen werden. Trotz aller Bemühungen der DDR, ein Bild der Familie und der Frau zu schaffen, das den Bedingungen unserer industriellen Welt und der sozialen Gerechtigkeit entspricht, gilt auch für die DDR die Aussage von Karl Marx noch als eine Forderung: »Der gesellschaftliche Fortschritt läßt sich exakt messen an der gesellschaftlichen Stellung des schönen Geschlechts (die Häßlichen eingeschlossen).«

5. Jugend

Unter Jugend als gesellschaftlichem Phänomen wird in der westlichen Soziologie vielfach eine eigenständige soziale Gruppe verstanden, die sich nicht nur im Alter, sondern auch in den Verhaltensweisen und Normen deutlich von der übrigen Gesellschaft abhebt. Den 14- bis 25jährigen wird zugeschrieben und zugebilligt, daß sie sich erst nach einer Phase des Absetzens und Opponierens in die Erwachsenengesellschaft hineinfinden müssen, daß sie ihnen eigentümliche Gebräuche des Zusammenlebens und des Freizeit- und Konsumverhaltens, wenn nicht gar eine eigene »Subkultur« entwickeln. Mit diesen Vorstellungen hat das sozialistische Leitbild der Jugend nichts gemein. Hier soll die Jugend nicht nur fester Bestandteil der Gesellschaft, sondern der eigentliche Vorreiter der Entwicklung zum Sozialismus sein. Jugendliche gelten als junge Erwachsene und junge Sozialisten. Das Jugendalter soll eine Zeit der gewissenhaften und intensiven Vorbereitung auf die Rechte und

Pflichten eines Erwachsenen in der sozialistischen Gesellschaft und nicht ein Jahrzehnt des Austobens und Experimentierens sein. (Ob diese Vorstellung der Realität der westlichen Gesellschaften entspricht, sei dahingestellt.)

Die DDR bezeichnet sich immer wieder als den »Staat der Jugend« und fordert die Jugend nach einem früher sehr populären Schlagwort auf, nicht nur »Mitmacher«, sondern »Schrittmacher« des Sozialismus zu sein. Hinter der Jugendpolitik, wie sie sich in diesen Parolen manifestiert, steht die Überlegung, daß der Sozialismus in der Gesellschaft nur durchzusetzen sei, wenn es gelinge, die Jugend für ihn zu gewinnen. Die Jugend war die Hoffnung der Kommunisten und Sozialisten, die nach 1945 in der SBZ und DDR eine sozialistische Ordnung gegen die Vorbehalte und Vorurteile der älteren Generation durchzusetzen hatten. Es wundert nicht, daß die Jugendpolitik zu den zentralen Aufgabengebieten der sozialistischen Gesellschaftspolitik der DDR gezählt wird. In zahlreichen Gesetzen und Verordnungen hat sich das Ziel der Förderung und Integration der Jugend in die sozialistische Gesellschaft niedergeschlagen. An ihrer Spitze sind die Jugendgesetze zu nennen, in denen die Rechte und Pflichten der Jugendlichen umfassend normiert worden sind. Nach Vorläufern von 1950 und 1964 ist seit Anfang 1974 ein neues Jugendgesetz in Kraft, das den programmatischen Titel trägt: »Gesetz über die Teilnahme der Jugend an der Gestaltung der entwickelten sozialistischen Gesellschaft und ihre allseitige Förderung in der Deutschen Demokratischen Republik.« Dieses Gesetz regelt alle Lebensbereiche der Jugendlichen. Es stellt Grundsätze über Förderung, Ausbildung und Erziehung, über Arbeits- und Lebensbedingungen in Schule, Lehre und Studium auf, es erfaßt mit Kultur, Sport, Touristik den ganzen Freizeitbereich und stipuliert die Wehrpflicht als »das Recht und die Ehrenpflicht der Jugend zum Schutz des Sozialismus«.

Die aus den Maximen dieses Gesetzes sich ergebende Jugendpolitik auszuführen, ist Aufgabe eines staatlichen Amtes für Jugendfragen, vor allem aber der *Freien Deutschen Jugend.* Sie ist die einzige in der DDR zugelassene Jugendorganisation. Sie wurde 1946 gegründet und stand danach fast zehn Jahre unter der Leitung von Erich Honecker. Heute hat die FDJ fast 1,7 Millionen Mitglieder; in ihrer Pionierorganisation »Ernst Thälmann« sind über 1,8 Millionen Kinder zwischen 6 und 14 Jahren organisiert. Von den rund 2,5 Millionen Jugendlichen in der DDR zwischen 14 und 25 Jahren sind damit etwa zwei Drittel in der FDJ organisiert; doch schwankt die Mitgliederzahl zwischen den einzelnen Gruppen in bezeichnender Weise: Während bei den Studenten, Oberschülern und Soldaten der Nationalen Volksarmee (NVA) mindestens

80 % Mitglieder sind, liegt die entsprechende Zahl für junge Arbeiter bei 50 % und erreicht für junge Mitglieder der Landwirtschaftlichen Produktionsgenossenschaften (LPG) gar nur 20 %. An diesen Zahlen wird deutlich, in welchem Maße die FDJ-Mitgliedschaft Voraussetzung für den sozialen und beruflichen Aufstieg in der DDR ist. Die FDJ ist der offizielle Repräsentant der Jugend in der DDR, sie ist als solche in fast allen staatlichen und politischen Instanzen bis hinauf zur Volkskammer vertreten, in der sie eine eigene Fraktion mit 40 Mitgliedern stellt. Die Massenorganisation der FDJ soll die Mitwirkung der Jugendlichen auf allen gesellschaftlichen und politischen Bereichen garantieren und mobilisieren.

Die Mitwirkung der Jugend an der Gesellschaft wird in der DDR vor allem als Beitrag zur Erhöhung des materiellen und kulturellen Lebensniveaus verstanden. Der Jugendliche in der DDR ist primär jugendlicher Werktätiger, und als solchem sichert ihm das Gesetz gleichen Lohn, verstärkten Arbeitsschutz und spezielle Jugendförderungspläne in den Betrieben zu. Durch jugendspezifische Wettbewerbsbewegungen wie die Jugendbrigaden und die »Messe der Meister von morgen« (MMM) soll die Jugend zur Leistungs- und Produktivitätssteigerung der Gesamtwirtschaft beitragen. Durch die Einrichtung spezieller »Konten junger Sozialisten« in jedem Betrieb soll die volkswirtschaftliche Initiative der Jugendlichen stimuliert und gewürdigt werden. Zu dieser Konzeption der Jugendpolitik als »Förderung und Forderung« jugendlicher Werktätiger sind auch die umfangreichen Möglichkeiten des Bildungssystems und speziell der Berufsbildung zu rechnen, auf die wir im nächsten Kapitel eingehen werden. Alles in allem ergibt sich das Bild einer sozialistischen Arbeitsgesellschaft, die auch ihre jugendlichen Mitglieder schon ernst nimmt und ihnen vielfache Chancen des beruflichen und gesellschaftlichen Aufstiegs bietet. Die meisten Jugendlichen in der DDR wissen diese Möglichkeiten zu schätzen.

Bedeutet diese vorwiegend positive Einschätzung aber auch, daß die Jugendlichen sich zu »sozialistischen Persönlichkeiten« bilden? Von ihnen heißt es in § 1 Abs. 2 des neuen Jugendgesetzes: »Aufgabe jedes jungen Bürgers ist es, auf sozialistische Art zu arbeiten, zu lernen und zu leben, selbstlos und beharrlich zum Wohle seines sozialistischen Vaterlandes ... zu handeln, den Freundschaftsbund mit der Sowjetunion und den anderen sozialistischen Bruderländern zu stärken und für die allseitige Zusammenarbeit der sozialistischen Staatengemeinschaft zu wirken.« Wir können die Frage, ob in der DDR tatsächlich eine neue Generation von jungen Sozialisten heranwächst, nur beantworten, wenn wir uns nicht nur auf positive Bekundungen und skeptische Vermutun-

gen verlassen, sondern Daten der empirischen Sozialforschung sprechen lassen.
Die DDR hat 1966 in Leipzig ein eigenes Zentralinstitut für Jugendforschung unter der Leitung des angesehenen Soziologen Walter Friedrich installiert, das mit einer ganzen Reihe von jugendsoziologischen Forschungen hervorgetreten ist. Es kennzeichnet allerdings die Scheu der Offiziellen vor der öffentlichen Diskussion dieser Ergebnisse, daß die von diesem Institut herausgegebene Zeitschrift »Jugendforschung« vor einigen Jahren eingestellt wurde. Trotzdem liegt gerade für die Soziologie der Jugend in der DDR mehr empirisches Material vor als für andere gesellschaftliche Bereiche.
Wir wollen uns auf den Bereich der jugendlichen Freizeitgestaltung beschränken. Das Jugendgesetz erwartet, daß sich gerade in der Freizeit die »sozialistischen Persönlichkeiten« verwirklichen und widmet einen eigenen Abschnitt »der Entfaltung eines kulturellen Lebens der Jugend« (§§ 27–33). Diese Erwartungen können mit der empirischen Wirklichkeit kontrastiert werden, wie sie die Zeitbudgetforschung auch für die Freizeitbeschäftigung von Jugendlichen in der DDR erfaßt hat. Dabei zeigt sich, daß Sport, Lesen, Fernsehen zu den meistgenannten Freizeitwünschen gehören, während die Weiterbildung zwar einen wichtigen Teil der Freizeit einnimmt, aber kaum genannt wird, weil sie der Berufssphäre zugeordnet wird. In der Freizeit will man sich entspannen von der Arbeits- und Schulzeit. Auch in der Freizeitbeschäftigung von Jugendlichen der DDR ist der Rückzug in einen privaten und informellen Bereich unübersehbar. Das zeigt sich besonders an der gesellschaftspolitischen Betätigung. Sie steht im Freizeitbudget hintan und wird eher dem Betrieb und der Schule zugeordnet. Jugendliche sind gesellschaftspolitisch weit weniger aktiv als die nächste Generation der jungen Erwachsenen (25 bis 35 Jahre), die im beruflichen und sozialen Aufstieg begriffen ist. Fassen wir diese und die weiteren Ergebnisse der Freizeitforschung zusammen, so zeigt sich, daß sich das Freizeitverhalten von Jugendlichen in der DDR und der Bundesrepublik nur wenig voneinander unterscheidet. Lediglich in der für die Weiterbildung aufgewandten Zeit sind die Jugendlichen der DDR – und unter diesen aufgrund der nachwirkenden traditionellen Geschlechterrolle die Jungen mehr als die Mädchen – ihren Altersgenossen in der Bundesrepublik weit voraus.
Was läßt sich daraus für die Einstellung der Jugendlichen in der DDR zu ihrem System schließen? Das Wirtschafts- und Leistungssystem mit seiner starken Berufsorientierung wird weitgehend akzeptiert. Gleichzeitig immunisiert man sich gegen gesellschaftspolitische Überforderungen, indem man sich in der Freizeit auf den privaten und individuellen

Bereich zurückzieht, beispielsweise die Einzelreise der organisierten Touristik des FDGB und der FDJ, den informellen Freundeskreis dem FDJ-Jugendklub vorzieht. Gesellschaftspolitische Betätigung wird zwar nicht abgelehnt, aber als lästige Notwendigkeit hingenommen und weitgehend ritualisiert. Daraus zu schließen, die Jugendlichen in der DDR wären nun doch keine »Sozialisten«, gar Opponenten gegen das System, wäre voreilig. Die große Resonanz und breite Diskussion, die Ulrich Plenzdorfs Darstellung eines jugendlichen Einzelgängers und Zweiflers in seinem Stück »Die neuen Leiden des jungen W.« mit offizieller Billigung in der DDR gefunden hat, läßt erkennen, daß solche Alternativen zu pauschal wären. Der Jugend der DDR wird heute auch von offizieller Seite zugestanden, daß sie ihren eigenen Weg des skeptischen Zweifels und der fragenden Erfahrung zum Sozialismus sucht, während man ihn früher einfach verordnete.

Die Mehrheit der Jugend in der DDR zeichnet sich heute durch ein eigenes, gemäßigt kritisches Profil aus. Ihrem sozialistischen Staat bringt sie eine kritische Loyalität entgegen. Allerdings mehren sich in jüngster Zeit bei einzelnen Jugendlichen unter dem Anpassungs- und Leistungsdruck in Schule und Beruf Alkoholismus, Rowdytum und Zusammenstöße mit der Ordnungsmacht. Man sollte diese Ausfallerscheinungen nicht – wie es in der westlichen Presse oft geschieht – als Manifestationen politischer Unruhe oder Proteste überbewerten, sie sind mehr Ausdruck von Generationenkonflikten, die auch um die sozialistische Gesellschaft der DDR keinen Bogen machen.

6. Massenorganisationen

Die sozialistische Herrschafts- und Gesellschaftsordnung geht von der Einheit von Staat und Gesellschaft und der Identität von privaten, gesellschaftlichen und staatlichen Interessen aus. Nach dem Anspruch dieser umfassenden Ideologie kann es weder eine von der öffentlichen Sphäre abgehobene Privatsphäre noch einen von der Politik autonomen oder gar autarken Bereich der Gesellschaft geben. Gesellschaftliche Organisationen sind im sozialistischen System der DDR deshalb immer zugleich auch politische und staatliche Organisationen und werden von Staat und Partei in den Dienst ihrer Politik gestellt.

Mit dem System der gesellschaftlichen Organisationen oder Massenorganisationen, wie sie in der DDR heißen, versucht die politische Führung die gesamte Gesellschaft in den Griff ihrer Organisationsgewalt zu bekommen, an die spezifischen Lagen, Interessen und Aktivitäten der

verschiedenen Gruppen und Schichten anzuknüpfen und diese im Sinne der übergreifenden Ziele ihrer Gesellschaftspolitik einzusetzen. Die gesellschaftlichen Organisationen in der DDR sind daher nicht das Produkt einer freien gesellschaftlichen Initiative von unten, sondern Ergebnis einer planmäßigen Gesellschaftsgestaltung von oben. Es wundert daher nicht, wenn die Massenorganisationen sowohl organisatorisch wie personell aufs engste mit der politischen Führung und besonders mit der SED als der Staatspartei der DDR verknüpft und verzahnt sind. Sie sind die gesellschaftlichen Exekutivorgane der staatlich-politischen Instanzen, sie setzen deren Richtlinien- und Grundsatzbeschlüsse in die gesellschaftliche Praxis um. Lenins Bezeichnung der Massenorganisationen als »Transmissionsriemen« der Partei gibt ein plastisches Bild von ihrer Funktion.
Die erzieherische und agitatorische Arbeit der Massenorganisationen, die auch als »Schulen des Sozialismus« bezeichnet werden, kann nur erfolgreich sein, wenn sie nicht nur im Weitergeben von Parolen und Ausführungen von Anweisungen besteht, sondern diese in den jeweiligen sozialen Gruppen gemäße Formen umsetzt. Transmission heißt ja nicht bloß Weitergeben, sondern Umsetzen. Die Massenorganisationen der DDR können daher nicht bloß als Herrschaftsinstrumente der SED verstanden werden, wie es den älteren Totalitarismus-Vorstellungen geläufig war. Sie sind zugleich auch Interessenorganisationen ihrer Mitglieder. Sie müssen deren Interessen und Anliegen mitberücksichtigen, wenn sie in ihrer Herrschaftsfunktion erfolgreich sein wollen. Insofern ist der Kommunikationsfluß der Massenorganisationen durchaus nicht einlinig, sondern er gibt auch Informationen von unten nach oben, von der Mitgliederschaft zur politischen Führung weiter. Trotz des ausgebauten Staats- und Parteiapparats sind die Massenorganisationen daher nicht gut entbehrlich und können auch nicht in jenen aufgehen. Würde man sie abschaffen, so liefe die Partei Gefahr, sowohl durch die Organisierung der Gesellschaft überfordert zu werden als auch sich zu einer Herrschaftskaste bar jeder Information aus der Gesellschaft abzukapseln. Gerade wenn das Ziel der wirksamen Einheitlichkeit der sozialistischen Gesellschaftspolitik erreicht werden soll, dürfen die Massenorganisationen nicht mit der Partei identisch werden, sondern müssen ihr eigenes Profil neben und unterhalb der Partei behalten.
Wie sich auf diese scheinbar widersprüchliche Weise die Funktion des Herrschaftsinstruments der Partei und die der Interessenvertretung der Mitgliederschaft miteinander verknüpfen, zeigt ein Blick auf die einzelnen Massenorganisationen. Die größte unter ihnen ist der *Freie Deutsche Gewerkschaftsbund* (FDGB), der über 8,3 Millionen abhängig beschäf-

tigte Werktätige zu Mitgliedern hat. Das ist der überwiegende Teil der gut 8,5 Millionen Beschäftigten in der DDR; wenn man berücksichtigt, daß die Mitglieder von Genossenschaften nicht in den FDGB eintreten können, kann man von den Betrieben in der DDR als von »closed shops« sprechen: So gut wie jeder Arbeiter und Angestellte ist Mitglied der Gewerkschaft.

Im sozialistischen System der DDR vertreten die Gewerkschaften nicht die Interessen von Arbeitnehmern gegen die Arbeitgeber, sondern diese Arbeitgeber sind ja nach der Ideologie des Volkseigentums die Arbeiter selbst. Aus dieser Sicht wird es verständlich, warum es in der DDR kein Streikrecht geben kann und die Mitwirkung bei der Produktivitätssteigerung die Hauptaufgabe der Gewerkschaften ist. Nach offizieller Auffassung würde ein Streik in der sozialistischen Wirtschaft und Gesellschaft der DDR bedeuten, daß die Arbeiter gegen sich selbst und ihre Interessen protestieren, was unlogisch wäre. Die Hauptaufgabe der Gewerkschaften in der DDR ist daher die Vermittlung zwischen den zentralen Planungsinstanzen und die Umsetzung der staatlichen Beschlüsse und Direktiven im einzelnen Betrieb. Die Gewerkschaften und ihre Betriebsgewerkschaftsleitungen organisieren den sozialistischen Wettbewerb als umfassende Mobilisierung der Arbeiterschaft zur Erzielung höherer Leistungen. Diese Antreiberfunktion der Gewerkschaften hat ihnen während des ersten Jahrzehnts der DDR-Geschichte bei den Arbeitern den Ruf eingetragen, sie trügen mehr zu ihrer Ausbeutung denn zur wahren Vertretung ihrer Interessen bei. Es ist bezeichnend, daß gerade das Verhalten der Gewerkschaften wesentlich den Aufstand ostdeutscher Arbeiter am 17. Juni 1953 mitveranlaßt hat, der bekanntlich von einer Protestaktion gegen Normenerhöhungen seinen Ausgang nahm.

Die Führung der DDR und des FDGB haben aus diesen Ereignissen gelernt. Produktionssteigerung ist zwar nach wie vor eines der Hauptziele der Gewerkschaften, doch werden die Werktätigen dabei nicht mehr als Objekte behandelt, sondern als Subjekte in den Produktionsprozeß miteinbezogen. Die Gewerkschaften sorgen dafür, daß die Planziffern den Betrieben nicht nur vorgesetzt, sondern mit ihnen beraten und in einer Weise realisiert werden, die auf die physischen und psychischen Möglichkeiten der Arbeiter Rücksicht nimmt und sie fördert. Die Gewerkschaften organisieren und kontrollieren den Arbeitsschutz, die berufliche Qualifikation und vermitteln ein umfängliches Angebot an Sozialleistungen bis hin zu den Ferien.

1977 sind in den Ferienheimen des FDGB fast 120 000 Plätze angeboten und 1,6 Millionen Ferienreisen durch den FDGB organisiert worden (Statistisches Taschenbuch der DDR 77, S. 122). Auch die Verwaltung

der gesamten Sozialversicherung liegt in den Händen des FDGB. Diese vielfältigen Vergünstigungen der Mitgliedschaft im FDGB sind es, die den freiwilligen Eintritt in die Gewerkschaften zur Selbstverständlichkeit für fast jeden Arbeiter und Angestellten in der DDR machen.
Als eine Art Jugend-Gewerkschaft kann man die *Freie Deutsche Jugend* (FDJ) bezeichnen. Sie organisiert die Schülermitverwaltung, die inner- und zwischenschulischen Wettbewerbe wie z. B. die Olympiade junger Mathematiker, als auch Nachhilfezirkel für leistungsschwächere Schüler; sie führt Ferienlager durch und vermittelt Ferienreisen ins In- und Ausland. In Zusammenarbeit mit Familie, Schule und Betrieb übernimmt die FDJ ein Bündel von Funktionen, die man in der modernen Sozialwissenschaft unter dem Begriff der »politischen Sozialisation« zusammengefaßt hat. Die Vielfalt dieser Aufgaben, aber auch die Vielzahl der Interessen ihrer Mitglieder hat im übrigen dazu geführt, daß auch die FDJ nicht mehr ein einseitiges Herrschaftsinstrument der SED ist, sondern innerhalb des Verbandes sich die Anzeichen der Pluralität mehren. Nur so kann es der FDJ gelingen, in den Augen der Jugendlichen den Geruch eines Zwangsverbandes zu verlieren.
Unter den weiteren Massenorganisationen sind zu nennen: Der Deutsche Turn- und Sportbund (DTSB) mit etwa 2 Millionen Mitgliedern, die Gesellschaft für Deutsch-Sowjetische Freundschaft (3,5 Mio), der Deutsche Kulturbund (194 000) als Dachvereinigung der Intelligenz, zahlreiche Fachverbände wie z. B. der Schriftstellerverband, die Volkssolidarität (1,6 Mio), die sich vor allem der Altenbetreuung widmet, und schließlich der Verband der Kleingärtner, Siedler und Kleintierzüchter (1 Mio.). Alle diese Massenorganisationen und Verbände werden von der SED angeleitet und organisieren spezifische Interessen ihrer Mitglieder. Bei allen Massenorganisationen in der DDR zeichnet sich in den letzten Jahren eine Abschwächung ihres Charakters als monolithische Herrschaftsinstrumente der Partei zugunsten der Wahrnehmung von Gruppenfunktionen ab. Dieser Bedeutungswandel der Massenorganisationen hat bei einigen unter ihnen allerdings auch zu einem Bedeutungsverlust geführt. Die *Nationale Front* ist mit dem Verlust ihrer Funktion als Forum der gesamtdeutschen Agitation und dem immer stärker werdenden Primat der SED im System der Parteien und Organisationen in der DDR in den Schatten des politischen Lebens getreten; die *Gesellschaft für Sport und Technik* (GST), als Organisation zur vormilitärischen Ausbildung ins Leben gerufen, hat diese Aufgabe weitgehend an die Nationale Volksarmee abgeben müssen und rekrutiert ihre Mitgliederschaft heute vor allem aus Interessenten für spezielle Sportarten wie z. B. Segelfliegen; der *Demokratische Frauenbund* (DFD) schließlich leidet

unter dem Image eines Vereins von Frauenrechtlerinnen und hat seine Hauptaufgabe mit der zumindest formal realisierten Gleichberechtigung und Gleichverpflichtung der Frauen in der ostdeutschen Gesellschaft erfüllt. Was jetzt noch für die Emanzipation der Frau in der DDR zu tun ist, müßte sich weniger an die Frauen als an die Männer richten.
Die Massenorganisationen dienen also heute nicht mehr der totalen und starren Erfassung aller Gesellschaftsschichten, sondern sie strukturieren eine Gesellschaft, die auch nach dem offiziellen Selbstverständnis ihrer Mächtigen verschiedene Interessen und soziale Gruppierungen kennt. Diese Interessen werden von den Organisationen aufgenommen und der politischen Führung übermittelt, die sie berücksichtigen und zugleich dem Gesamtinteresse der sozialistischen Gesellschaft einordnen soll. An die Stelle der totalitären Gesellschaft ist damit zwar noch längst keine pluralistisch-freiheitliche Gesellschaft im westlichen Sinne getreten, doch der Spielraum gesellschaftlicher Aktivität ist – mit staatlicher Billigung – größer geworden. Man kann sagen, daß sich die Massenorganisationen von Unterabteilungen des politischen Systems zu relativ autonomen gesellschaftlichen Dienstleistungsträgern entwickeln.

7. Die Kirchen am Rande der Gesellschaft

In der sozialistischen Gesellschaftspolitik ist den christlichen Kirchen keine aktive Rolle zugedacht. Das Schicksal der Kirchen in der DDR läßt sich interpretieren als die sukzessive Verdrängung der religiösen Institutionen an den Rand der Gesellschaft. Ziel der sozialistischen Gesellschaftspolitik ist es, den privaten und öffentlichen Bereich soweit wie möglich miteinander zu verschmelzen, d. h. das Private und Individuelle im Öffentlichen und Kollektiven aufgehen zu lassen. Eine solche Politik kann nicht zulassen, daß andere als die politisch sanktionierten Institutionen gesellschaftliche Funktionen wahrnehmen. Darum nehmen in der DDR die Parteien und Massenorganisationen in wachsendem Maße Aufgaben wahr, die früher von der Familie und den nichtstaatlichen sozialen Organisationen, darunter auch den Kirchen, erfüllt wurden. Da die christlichen Kirchen in einer der materialistischen Weltanschauung verschriebenen Ordnung für eine Erfüllung der gesellschaftspolitischen Aufgaben des sozialistischen Staates nicht oder allenfalls subsidiär in Frage kommen, wurden sie systematisch ihrer nicht unmittelbar religiösen sozialen Funktionen entkleidet und auf einen rein religiösen Bereich abgedrängt. Eine entsprechende Veranstaltungsordnung läßt nur die eigentlichen Gottesdienste genehmigungsfrei und schränkt alle weiteren

Aktivitäten in der Gemeinde- und Jugendarbeit erheblich ein. Die Kirchen in der DDR haben sich unter dem Druck der staatlichen Gewalt zu kultischen Institutionen zurückbilden müssen, denen die Wahrnehmung allgemeiner sozialer Aufgaben (in Kindergärten, Schulen, Krankenhäusern etc.) beschnitten wurde. Dadurch verlieren die Kirchen ihren institutionellen Rückhalt in der Gesellschaft. Wo Religion zur reinen Privatsache wird, ohne in den Bereich der gesellschaftlichen Öffentlichkeit ausstrahlen zu können, ist der Kirchturm nur noch geographisch Mittelpunkt einer sozialen Lebenswelt.

Von den knapp 17 Millionen Einwohnern der DDR gehören zur Zeit fast 8,5 Millionen einer evangelischen Kirche an, während 1,3 Millionen katholischen Bekenntnisses sind. Diese Christen werden von 3740 evangelischen und 1450 katholischen Geistlichen betreut. Die Zahl der Kirchenmitglieder und Pfarrer ist in den letzten Jahren langsam aber kontinuierlich zurückgegangen; aus der vormaligen Volks- wenn nicht Staatskirche auf preußisch-deutschem Boden schält sich der Kern einer Bekenntniskirche im Sozialismus heraus. Das ungleiche Verhältnis der Konfessionen erklärt auch, warum die Auseinandersetzungen der SED mit den Kirchen vorwiegend Konflikte mit den protestantischen Kirchen waren.

Die Kirchenpolitik der SED verfolgte im wesentlichen zwei Ziele: Zum einen war sie bestrebt, die Kirche an den Rand der Gesellschaft abzudrängen und das kirchliche Leben auf den reinen Gottesdienst zu reduzieren, zum andern sollten die Kirchen, die bis Ende der 60er Jahre noch mit den Kirchen in Westdeutschland organisatorisch verklammert waren, ihre politisch unerwünschte gesamtdeutsche Brückenfunktion abbauen und schließlich ganz aufgeben. Anlaß zu einem resoluteren staatlichen Vorgehen in dieser Frage gegenüber den der SED in den fünziger Jahren vorwiegend ablehnend und reserviert gegenüberstehenden Kirchen bot der sogenannte Militärseelsorgevertrag von 1958, den die westdeutschen Kirchen, damals noch durch gemeinsame Institutionen mit Ostdeutschland verbunden, mit der Bundesregierung zum Zwecke der religiösen Betreuung der Bundeswehr abschlossen. Die evangelischen Kirchenführer in der DDR sahen sich daraufhin genötigt, in eine Loyalitätserklärung gegenüber dem SED-Regime einzuwilligen, derzufolge die Christen ebenso wie die anderen DDR-Bürger ihre staatsbürgerlichen Pflichten auf der Grundlage der sozialistischen Gesetzlichkeit zu erfüllen hätten; die Bischöfe erklärten, daß sie als Christen die Entwicklung zum Sozialismus respektierten und ihren Teil zum friedlichen Aufbau des neuen Staates beitragen wollten. Dafür erneuerte die DDR-Führung die Verfassungsgarantie der Religionsfreiheit, die auch in der DDR-Verfassung von 1968 verankert geblieben ist. Ulbricht selbst erklärte 1960 vor der Volkskammer, das Christentum und die humanistischen Ziele des Sozialismus seien keine Gegensätze.

Die Auseinandersetzungen zwischen Staat und Kirche in der DDR haben bis in die sechziger Jahre hinein im Westen große Publizität genossen, weil sie besonders geeignet erschienen, die Unfreiheit der Verhältnisse in der DDR anzuprangern. Von einem ausgesprochenen Kirchenkampf oder gar einer rücksichtslosen Kirchenverfolgung in der DDR kann jedoch nicht gesprochen werden, wohl aber von einer systematischen Zurückdrängung des Einflusses der christlichen Kirchen auf das öffentliche Leben. Beispielhaft für den Konflikt zwischen Kirche und Staat war die jahrelange Auseinandersetzung um die staatliche *Jugendweihe*, einer profanen Ersatzkonfirmation im Geiste der marxistischen Weltanschauung. Sie war beispielhaft, weil sie zeigt, wie die Partei bestrebt war, die Kirche aus den von ihr traditionell wahrgenommenen sozialen Funktionen herauszudrängen und den religiösen Kult der Kirche durch einen weltanschaulich inspirierten Kult der Partei (auch bei Eheschließungen, Taufen und Begräbnissen) zu ersetzen. Beispielhaft war dieser Konflikt aber auch deshalb, weil die evangelische Kirche in diesem Streit den kürzeren zog und im Interesse ihrer Glieder schließlich hat klein beigeben müssen. Während sie früher Jugendweihe und Konfirmation für unvereinbar erklärten, sind die evangelischen Pfarrer heute bereit, auch solche Kinder zu konfirmieren, die sich, vorwiegend aus Rücksicht auf ihr gesellschaftliches und berufliches Vorwärtskommen, zur Jugendweihe entschlossen haben.

Der Ausgang dieses Ringens zeigt, daß die Kirche in der DDR auf dem Rückzug begriffen ist und ihre oppositionelle Haltung gegenüber dem Regime hat lockern müssen. Sie hat unter dem Druck der politischen Verhältnisse lernen müssen, sich nicht mehr an den überlieferten Vorstellungen der Vergangenheit mit ihrer engen Verbindung von Staat und Kirche zu orientieren, und sie hat die Erfahrung gemacht, daß sie besser daran tut, ihren eigenen schwierigen Weg zu suchen und zu gehen, als sich an ihren »Brüdern im Westen« zu orientieren. Inzwischen haben auch die meisten protestantischen wie katholischen Kirchenführer der DDR eingesehen, daß es für die Erfüllung ihrer kirchlichen Aufgaben am vorteilhaftesten ist, wenn sie ihren Frieden mit dem Staat machen. Sie bekennen sich zum sozialistischen Staat als der ihnen gesetzten Obrigkeit. Der Vorsitzende des Bundes der Evangelischen Kirchen in der DDR, Bischof Schönherr, erklärte unumwunden: »Die Kirche wird sich allen Versuchen widersetzen, diesen Staat zu diskriminieren.« Die späte Folge dieses schwierigen und schmerzvollen Lernprozesses war die

Herauslösung der evangelischen Kirche der DDR aus ihrer organisatorischen Verklammerung mit der Evangelischen Kirche in Deutschland (EKD) und die anfangs der siebziger Jahre vollzogene Gründung eines von Westdeutschlands Kirchenorganisation völlig unabhängigen »Bundes der Evangelischen Kirchen in der DDR«. Die evangelische Kirche hat damit nach langen Jahren abwartender Skepsis und inneren Widerstandes den Weg zu einer kritischen Solidarität mit dem sozialistischen Staat gefunden. Diese Politik gestattet es ihr heute, in dem begrenzten Rahmen, der ihr durch das sozialistische Regime und seine Gesellschaftspolitik gesetzt worden ist, ihre religiöse und, soweit möglich, gesellschaftliche Funktion auszuüben und zu bewahren.
Nach den langen Jahren einer äußerst kritischen Distanz und Konfrontation zwischen Kirche und Staat, haben sich aufgrund einer gewissen, das Evangelium jedoch selten verleugnenden Anpassungsbereitschaft der Evangelischen Kirche an die konsolidierten politischen Verhältnisse jetzt sogar »Zeichen der Hoffnung« für die Kirche ergeben. Im März 1978 empfing SED-Chef Erich Honecker die führenden evangelischen Kirchenmänner der DDR. Die groß herausgestellte Zusammenkunft dokumentierte eine Verbesserung des Verhältnisses, wenn nicht gar eine Annäherung zwischen evangelischer Kirche und SED-Staat; sie wurde allgemein als Auftakt für einen »Dialog« gewertet, der nun der evangelischen Kirche mehr als bisher die Möglichkeit gibt, ihre Interessen, und das sind nicht zuletzt die Interessen ihrer Gemeindeglieder, öffentlich zur Geltung zu bringen. Der Kirche geht es dabei vor allem um die Beseitigung der jahrelang praktizierten Diskriminierung von Christen durch den SED-Staat, insbesondere im schulischen und beruflichen Sektor, sowie um die Anerkennung und Garantie ihrer begrenzten diakonischen und sozialen Tätigkeit seitens des Staates. Sie kann unter den gegebenen Voraussetzungen in der Tat stärker als bisher darauf dringen, daß der Staat der sozialistischen Gesellschaft »jedem Bürger, unabhängig von Alter und Geschlecht, Weltanschauung und religiösem Bekenntnis, Sicherheit und Geborgenheit bietet«, wie Honecker es in seiner Rede vor der Volkskammer am 26. November 1976 zugesichert hatte. Sie hat nach der Aufnahme des Dialogs mit der Spitze der SED darum auch nicht gezögert, solche Diskriminierungen und Beengungen ihrer Tätigkeit öffentlich zu benennen. Doch die Grenzen der Dialogbereitschaft des Staates wurden spätestens 1978 erkennbar, als die SED-Führung den neuen Wehrkundeunterricht auch gegen den massiven Einspruch der Kirchen in den Schulen verbindlich einführte.
Innerhalb der evangelischen Kirche war die Bereitschaft der Kirchenleitung, sich als »Kirche im Sozialismus« zu bekennen, nicht ohne Ein-

schränkung. Der Dorfpfarrer Brüsewitz machte durch seine spektakuläre Selbstverbrennung auf dem Marktplatz einer DDR-Kleinstadt den Versuch, ein Fanal zu setzen, um die weitere Erosion des kirchlichen Lebens in der DDR zu bremsen, aber dieser Akt konnte die Bereitschaft der Kirche zu einem gewissen Arrangement mit der politischen Führung nicht revidieren. »In den Leitungen hat man erkannt, daß die Kirche nur dann eine Überlebenschance hat, wenn sie sich als ›Kirche im Sozialismus‹ begreift und den politischen Führungsanspruch der SED akzeptiert. Die DDR wird heute von den meisten Protestanten als ihr Staat angesehen, für den man auch einstehen muß. Diese Neuorientierung, die zum ständigen Lavieren zwischen opportunistischer Anpassung und couragierter Verteidigung der geistigen Unabhängigkeit zwingt, hat stark zur Versachlichung des Verhältnisses zwischen Staat und Kirche beigetragen.« (P. Pragal, in Süddeutsche Zeitung vom 28. 5. 1976)

Die evangelischen Kirchen in der DDR haben jedoch nicht nur alle Hände voll zu tun, um in einer weitgehend atheistischen Gesellschaft christliche Lebenräume zu erhalten, ja, wenn möglich zu erweitern, sie sehen sich auch inneren Spannungen konfrontiert, die im Frühjahr 1978 ebenfalls in der Selbstverbrennung eines Pfarrers vor den Augen seiner Gemeinde ihren dramatischen Ausdruck fanden. Liberale Traditionen liegen heute mehr und mehr mit starken pietistischen Tendenzen im Streit, man spricht von einer »Welle religiöser Rigorosität« (P. Pragal), oder einer »charismatischen Bewegung« (so der offizielle Bund der Evangelischen Kirchen in der DDR), die vor allem junge Menschen angezogen hat. Doch diese religiöse Bewegung hat allenfalls insofern politischen Charakter, als sie sich in einer neu aufbrechenden Innerlichkeit gegen »die Welt« schlechthin richtet, mit der die meisten evangelischen Kirchenführer politisch ihr Auskommen suchen. Die Beendigung der Diskriminierung von Christen in der DDR ist allerdings nicht von heute auf morgen zu bewerkstelligen, auch wenn man der SED-Führung guten Willen bei der vereinbarten besseren Kooperation zwischen Kirche und Staat unterstellen möchte, denn der prinzipielle Widerspruch zwischen christlichem Glauben und kommunistisch-atheistischer Weltanschauung läßt sich auch durch eine Politik gegenseitigen Wohlverhaltens nicht völlig aufheben.

Die katholische Kirche in der DDR, die erheblich kleiner ist als die evangelische, hat sich unter der Leitung von Kardinal Bengsch politisch bewußt distanziert verhalten und auch nie von einer »Kirche im Sozialismus« gesprochen. Der DDR war vor allem daran gelegen, die Verflechtung der Organisation der Bistümer mit Westdeutschland ebenso zu beseitigen wie die frühere Verbindung der evangelischen Kirche in der

DDR zur westdeutschen EKD (Evangelische Kirche in Deutschland). Der Vatikan war im Zuge seiner Ostpolitik 1976 bereit, die bisherige Ostberliner Ordinarienkonferenz in den Rang einer selbständigen Bischofskonferenz zu erheben, wie die DDR es wünschte, aber es gibt gleichwohl keine diplomatische Vertretung des Vatikans (Nuntius) in der Hauptstadt der DDR. Das Bistum Berlin, dem Kardinal Bengsch vorsteht, umschließt nach wie vor beide Teile der Stadt, und in dieser Eigenschaft ist der Kardinal auch Mitglied der Fuldaer Bischofskonferenz, also eine Art Klammer zwischen West- und Ostkirche in Deutschland. Die DDR-Führung konnte ihre diesbezüglichen Pläne also nicht ganz durchsetzen, wie andererseits auch die katholische Kirche in der DDR sich freizuhalten versucht hat von der Tendenz der Protestanten, mit dem SED-Staat in ein mehr kooperatives Verhältnis zu kommen. Dabei spielen sowohl die unterschiedlichen Größenverhältnisse wie auch die stärkere geistliche Einheit unter den Katholiken eine Rolle.

7. Kapitel

Das Bildungssystem

1. Die sozialistische Bildungskonzeption

Bildung und Ausbildung, Wissenschaft und Forschung gewinnen in allen Staaten unseres industriellen Zeitalters, ganz gleich welcher Herrschafts- und Gesellschaftsordnung, eminente Bedeutung für die wirtschaftliche, gesellschaftliche und politische Entwicklung. Das Wachstum der nationalen Volkswirtschaften hängt immer mehr davon ab, in welchem Umfang es gelingt, neue wissenschaftliche und technische Erkenntnisse zu gewinnen und baldmöglichst im Produktionsprozeß umsetzen zu können. Auch in der DDR ist diese universale Erscheinung industriellen Wandels als »wissenschaftlich-technische Revolution« zum Schlüsselbegriff der Gesellschaftsanalyse, zum zentralen Programmpunkt der politischen Agitation und der staatlichen Planungs- und Leitungstätigkeit geworden.
Wissenschaft und Technik sind nicht nur der bestimmende Faktor der wirtschaftlichen Entwicklung, sie haben auch einschneidende Veränderungen der gesellschaftlichen Struktur zur Voraussetzung und zur Folge. Die modernen Industriegesellschaften gewinnen eine gesellschaftliche Mobilität, die entscheidend von dem jeweiligen Bildungssystem abhängt. Berufliche und wirtschaftliche Zukunft, sozialer Auf- und Abstieg des einzelnen Menschen hängen mehr denn je von seiner Qualifikation durch das Bildungssystem ab. Die Bildungschancen und ihre Verwirklichung in den einzelnen Gesellschaften werden zum Motor der gesellschaftlichen Entwicklung und zum Kriterium der gesellschaftlichen Stellung des einzelnen.
Auch für das politische System haben Wissenschaft und Bildung heute eine zentrale Bedeutung erlangt, sie sind zu einer der wichtigsten Aufgaben des modernen Staates geworden. Dies gilt auch für die politische Ordnung im engeren Sinne, denn das Verhältnis der Bürger zu ihrem Gemeinwesen, der Grad ihrer Loyalität und ihres politischen Einflusses hängen entscheidend von dem Stellenwert ab, der der Bildung im Verfassungssystem und in der politischen Realität zugemessen wird. Im industriellen Zeitalter ist das Bildungssystem somit zur wichtigsten Voraussetzung der wirtschaftlichen, gesellschaftlichen und demokratischen Leistungsfähigkeit aller Staaten geworden.

Die Allgemeingültigkeit dieser Zusammenhänge schlägt sich in universalen Umschreibungen der modernen Gesellschaften als Bildungsgesellschaften, als Lerngesellschaften, als Leistungsgesellschaften nieder. Diese Schlagworte sagen noch wenig über die Gemeinsamkeiten oder die Unterschiede der Gesellschaftssysteme, umreißen sie doch nur Aufgaben und Fragen, die sich allen Industriestaaten in Ost und West stellen. Ob Konvergenzen vorhanden sind, können wir erst feststellen, wenn wir die Antworten der jeweiligen Gesellschaften auf diese Herausforderungen des industriellen Zeitalters in Betracht ziehen. Das Bildungssystem der DDR wird sich als ein Gegenstand erweisen, der sich durch viele Gemeinsamkeiten mit dem Bildungssystem westlicher Industriestaaten und auch der Bundesrepublik, aber auch durch charakteristische Unterschiede auszeichnet.
Zu den wesentlichen Unterschieden wird man zählen müssen, daß die DDR und ihre politische Führung früher und intensiver den Zusammenhang von wissenschaftlicher und wirtschaftlicher Entwicklung und von Bildungs- und Gesellschaftssystem nicht nur erkannt, sondern bewußt in den Dienst ihrer Politik gestellt hat. Bildungspolitik ist in der DDR stets als Gesellschaftspolitik verstanden worden und muß auch von uns als solche begriffen werden. Der Wandel des Wissenschafts- und Bildungssystems in der DDR spiegelt daher die allgemeine politische und gesellschaftliche Geschichte dieses Staates wider und ist wesentlicher Bestandteil dieser allgemeinen Entwicklung.
Das wird schon deutlich an den grundlegenden Bildungsgesetzen, die die DDR in den fast 30 Jahren ihrer staatlichen Existenz verabschiedet hat. Schon während der sowjetischen Ära trat am 12. Juni 1946 ein »Gesetz zur Demokratisierung der Schule« in allen Ländern der damaligen Sowjetischen Besatzungszone in Kraft, das in Parallele zu den wirtschaftlichen und politischen Reformen – Enteignung, Landreform, Entnazifizierung – einschneidende Veränderungen im Personal wie in der Organisation des gesamten Schulwesens bewirkte. Dieses Gesetz erstreckte sich entsprechend dem programmatischen Titel dieser ersten Phase der DDR-Geschichte auf antifaschistische Maßnahmen (Säuberung und Neurekrutierung der Lehrerschaft) und auf demokratische Reformen (Aufhebung der vertikalen Gliederung der überkommenen deutschen Schulorganisation durch Einführung der achtjährigen allgemeinen Grundschule). Abgelöst wurde dieses Gesetz durch das Gesetz vom 2. Dezember 1959, das der »sozialistischen Entwicklung des Schulwesens in der Deutschen Demokratischen Republik« diente und vor allem die polytechnische Erziehung als zentralen Bestandteil des sozialistischen Unterrichts verankerte. War dieses Gesetz Ausdruck der Epo-

che des »Übergangs zum Sozialismus«, so wurde in der 1963 proklamierten Phase der »Entwicklung des Sozialismus« das »Gesetz über das einheitliche sozialistische Bildungssystem der DDR« vom 25. Februar 1965 zur legislativen Grundlage der weiteren Gestaltung des gesamten Bildungssystems. Dieses Bildungsgesetz von 1965 wurde dann noch in der neuen Verfassung von 1968, insbesondere in den Artikeln 17 und 25, konstitutionell abgesichert und in zahlreichen Erlassen und Beschlüssen für Schule und Hochschule, Berufsausbildung und Erwachsenenqualifizierung ausgeführt. Als das primäre Ziel des gesamten Bildungssystems der DDR nennt die Präambel dieses Gesetzes die Schaffung einer »gebildeten Nation«.

Der Titel des Bildungsgesetzes von 1965 postuliert das bestimmende Merkmal des Bildungssystems der DDR: seine *Einheitlichkeit*. Einheitlich ist dieses Bildungssystem zunächst im Hinblick auf seine Organisation, Planung und Durchführung. Es zeichnet sich durch die Zusammenfassung aller Bildungsinstitutionen – von der Vorschulerziehung, der allgemeinen polytechnischen Oberschule, den Einrichtungen der Berufsausbildung und der Erwachsenenbildung, den Hoch- und Fachschulen bis hin zu den kulturellen Institutionen wie Bibliotheken und Kulturhäusern – zu einem System aufeinander abgestimmter Bildungsträger aus. Die Bildungsinstitutionen in ihren pädagogischen Zielen, Lehrinhalten und Übergangsmöglichkeiten aufeinander abzustimmen, ist Aufgabe einer einheitlichen und zentralen Bildungsverwaltung. Schon wenige Monate nach der Kapitulation des Nazireiches wurde im Juli 1945 für die Sowjetische Besatzungszone eine »Deutsche Zentralverwaltung für Volksbildung« gegründet, die die Einheitlichkeit der Bildungspolitik trotz der Kultuskompetenzen der damals noch bestehenden Länder gewährleisten sollte. Heute ist in der DDR die für die Bundesrepublik so prägende föderale Gliederung des Bildungswesens längst beseitigt, alle Bildungsinstitutionen sind nach dem Prinzip des demokratischen Zentralismus der Planung und Leitung durch die zentralen staatlichen Organe unterworfen (vgl. §§ 69 bis 76 des Bildungsgesetzes von 1965).

Die organisatorische Einheitlichkeit des Bildungssystems soll die Einheitlichkeit seiner Bildungsinhalte und -ziele gewährleisten. Im Vergleich zur Bundesrepublik ist das System staatlicher Lehrpläne und Lehrmittel in der DDR wesentlich standardisierter und detaillierter, sind andererseits die Möglichkeiten der Lehrer zu divergierender Unterrichtsgestaltung wesentlich beschränkter. Die Lehrpläne der Bildungseinrichtungen der DDR gehen von einer Einheit von intellektuell-wissenschaftlicher Bildung und moralisch-gesellschaftlicher Erziehung, von theoretischer Kenntnisvermittlung und praktischer Arbeitserfah-

rung, von Allgemeinbildung und Spezialausbildung aus. Sie stellen die naturwissenschaftlichen und gesellschaftswissenschaftlichen Fächer in den Mittelpunkt des Unterrichts und behaupten den engen Zusammenhang, wenn nicht die Identität dieser beiden Fächergruppen. Bei beiden geht es um die Einsicht in die »Gesetzmäßigkeit«, die eine zentrale Kategorie der marxistischen Wissenschaftslehre und Pädagogik ist. Die Naturwissenschaften basieren auf den Gesetzen der wissenschaftlich-technischen Revolution, die Gesellschaftswissenschaften haben die Gesetze der sozialistischen Revolution zum Gegenstand; beide Revolutionen stehen nach offizieller Ansicht nicht nur in einem engen Wirkungszusammenhang, sie sind auch wesentlich identisch.
Die Einheitlichkeit der Lehr- und Bildungskonzeption der DDR gründet auf einem einheitlichen Menschenbild. Es ist das Menschenbild des Marxismus-Leninismus, das alle politischen und gesellschaftlichen, alle öffentlichen und privaten Bereiche der DDR-Gesellschaft durchdringen soll. Dieses Bild eines »neuen Menschen« ist Richtschnur einer umfassenden Erziehungsarbeit, die sich nicht auf die eigentlichen Bildungsinstitutionen beschränkt, sondern die schulische Ausbildung aller Stufen, die kulturelle Arbeit der Massenorganisationen und alle Massenmedien durchdringt und auch das Familienleben erfassen soll. Die ganze DDR wird als umfassende *Erziehungsgesellschaft* verstanden: alle gesellschaftlichen Institutionen und Beziehungen sollen pädagogisiert und alle pädagogischen Beziehungen vergesellschaftet werden. Die Gesellschaft der DDR ist nach dem Willen ihrer politischen und ideologischen Führung eine gewaltige Schule, eine Schule der Erziehung zum Sozialismus und zur »sozialistischen Persönlichkeit«.
§1 Abs. 2 des Bildungsgesetzes von 1965 definiert dieses umfassende Bildungsziel der sozialistischen Gesellschaft der DDR: »Das sozialistische Bildungssystem trägt wesentlich dazu bei, die Bürger zu befähigen, die sozialistische Gesellschaft zu gestalten, die technische Revolution zu meistern und an der Entwicklung der sozialistischen Demokratie mitzuwirken. Es vermittelt den Menschen eine moderne Allgemeinbildung und eine hohe Spezialbildung und bildet in ihnen zugleich Charakterzüge im Sinne der Grundsätze der sozialistischen Moral heraus. Das sozialistische Bildungssystem befähigt sie, als gute Staatsbürger wertvolle Arbeit zu leisten, ständig weiter zu lernen, sich gesellschaftlich zu betätigen, mitzuplanen und Verantwortung zu übernehmen, gesund zu leben, die Freizeit sinnvoll zu nutzen, Sport zu treiben und die Künste zu pflegen.«
Der »neue Mensch« als das Grundaxiom der marxistischen Bildungs- und Gesellschaftskonzeption ist vor allem ein *werktätiger* Mensch. Er

soll seine wahre Existenz und Selbstverwirklichung in der Arbeit finden, in einer Arbeit, die im Vergleich zur Arbeit unter kapitalistischen Produktionsverhältnissen eine völlig neue Qualität gewinnt. Manuelle und geistige Arbeit, planende und ausführende Tätigkeiten sollen sich immer mehr annähern und schließlich zusammenfallen. Das Endziel der kommunistischen Gesellschaft ist eine Gesellschaft der hochqualifizierten Werktätigen, eine Gesellschaft der »Arbeiterforscher«, wie es gelegentlich in der DDR heißt. Dieses Endziel ist auch nach offiziellem Eingeständnis der DDR noch längst nicht in Sicht, doch an ihm sollen sich die Maßnahmen der Gegenwart orientieren. Für das sozialistische Bildungssystem heißt dies, daß es auf ein wachsendes Bildungsniveau *aller* Werktätigen gerichtet sein muß, nicht auf die Formierung von hochqualifizierten Technikern und Wissenschaftlern, die sich von der breiten Masse der Arbeiterschaft in Qualifikation, kulturellem Selbstverständnis und Lebensstil abheben.

Arbeit als Möglichkeit der Selbstverwirklichung setzt nach marxistischer Lehre nicht nur eine allgemeine Hebung und Verwissenschaftlichung des Qualifikationsniveaus voraus, sie erfordert auch neue Verhaltensweisen, die Arbeit erst zu einer gesellschaftlichen Produktivität machen. Individuelles Arbeits- und Leistungsstreben sollen überwunden werden und in kollektiver Arbeitsmoral aufgehen. Sozialistische Bildung in der DDR versteht sich daher nicht nur als eine dem neuesten wissenschaftlichen Stand entsprechende Allgemein- und Berufsbildung, sondern auch als Erziehung zu sozialistischem Verhalten und speziell zu sozialistischem Arbeitsverhalten. Bildung und Erziehung zur Arbeit als einer gesellschaftlichen Tätigkeit stehen darum im Mittelpunkt der Lehrinhalte aller Bildungsinstitutionen, nicht nur der speziellen Einrichtungen der Berufsausbildung. So fordert § 5 Abs. 3 des Bildungsgesetzes von 1965 für alle Schüler, Lehrlinge und Studenten: Sie »sind zur Liebe zur Arbeit, zur Achtung der Arbeit und der arbeitenden Menschen zu erziehen. Sie sollen darauf vorbereitet werden, körperliche und geistige Arbeit zu leisten, sich im gesellschaftlichen Leben zu betätigen, Verantwortung zu übernehmen und sich in der Arbeit und dem Leben zu bewähren«. Hohe fachliche Qualifikation, politische und gesellschaftliche Aktivität und eine Harmonie von individueller und gesellschaftlicher Entwicklung sollen die sozialistische Persönlichkeit auszeichnen. Weder darf sich Pädagogik auf die Bildung und Erziehung des Menschen »als solchen«, noch die Wissenschaft auf die Erforschung rein immanenter Fragestellungen beschränken. Pädagogik in der DDR, das ist die Erziehung zum sozialistischen Menschen; Wissenschaft in der DDR, das ist Mitarbeit an der Entwicklung der sozialistischen Technik, Wirtschaft und Gesellschaft. Bildung und Wissenschaft in der DDR haben somit instrumentalen Charakter, sie müssen die Normen und Ziele verwirklichen, welche die sozialistische Gesellschaft und ihre führende Klasse, faktisch also die SED als die organisierte Führung der Arbeiterklasse, an sie stellen.

2. Das Schulsystem

Das Bildungssystem der DDR gliedert sich in zahlreiche, aufeinander aufbauende und abgestimmte Institutionen (vgl. das Schaubild 3 auf S. 182). Ein heranwachsendes Kind in der DDR-Gesellschaft tritt nicht erst mit dem Schuleintritt, also mit dem sechsten Lebensjahr, in das System der schulischen Erziehung ein. Schon die vorschulischen Bildungseinrichtungen, die Kinderkrippen und -gärten, sind fester Bestandteil des einheitlichen Bildungssystems und bereiten die Drei- bis Sechsjährigen systematisch auf den eigentlichen Schuleintritt vor. Während in der Bundesrepublik nur für ein Drittel der über zweijährigen Kinder Plätze in Kindergärten zur Verfügung stehen, hat dieser Anteil in der DDR schon die Zweidrittelgrenze erreicht. Der Grund für dieses hohe Angebot an Kindergartenplätzen ist offensichtlich und wird auch im Bildungsgesetz angegeben: Die Kindergärten sollen vor allem Kinder von berufstätigen und studierenden Müttern aufnehmen (§ 11). Doch über der schlichten wirtschaftspolitischen Notwendigkeit soll der gesellschaftspolitische Effekt des ausgebauten Systems der Vorschulerziehung nicht übersehen werden: Die Kinder werden früh auf das Arbeiten und Lernen in der Schule vorbereitet, aber auch im Geiste der sozialistischen Gesellschaft erzogen.
Im Mittelpunkt des Schulsystems der DDR steht die Einheitsschule. Die traditionelle Teilung des deutschen Schulsystems nach der gemeinsamen Grundschule von vier Jahren in eine Hauptschule als Stätte der Vermittlung volkstümlicher Elementarbildung, eine Realschule als Vorbereitung auf kaufmännische und technische Berufe und das Gymnasium als Bildungsstätte zur Vorbereitung auf das Universitätsstudium wurde in der SBZ schon durch das »Gesetz zur Demokratisierung der deutschen Schule« von 1946 beseitigt. An ihre Stelle trat eine für alle Schüler verbindliche und gemeinsame achtjährige Grundschule, die in den fünfziger Jahren in eine zehnjährige Oberschule als Pflichtschule umgewandelt wurde. Heute ist die zehnklassige *allgemeinbildende polytechnische Oberschule* (PTO) »der grundlegende Schultyp im einheitlichen sozialistischen Bildungssystem« (§ 13 des Bildungsgesetzes von 1965).
Die Einführung und der Ausbau der polytechnischen Oberschule wurde

Bildungsinstitutionen in der DDR

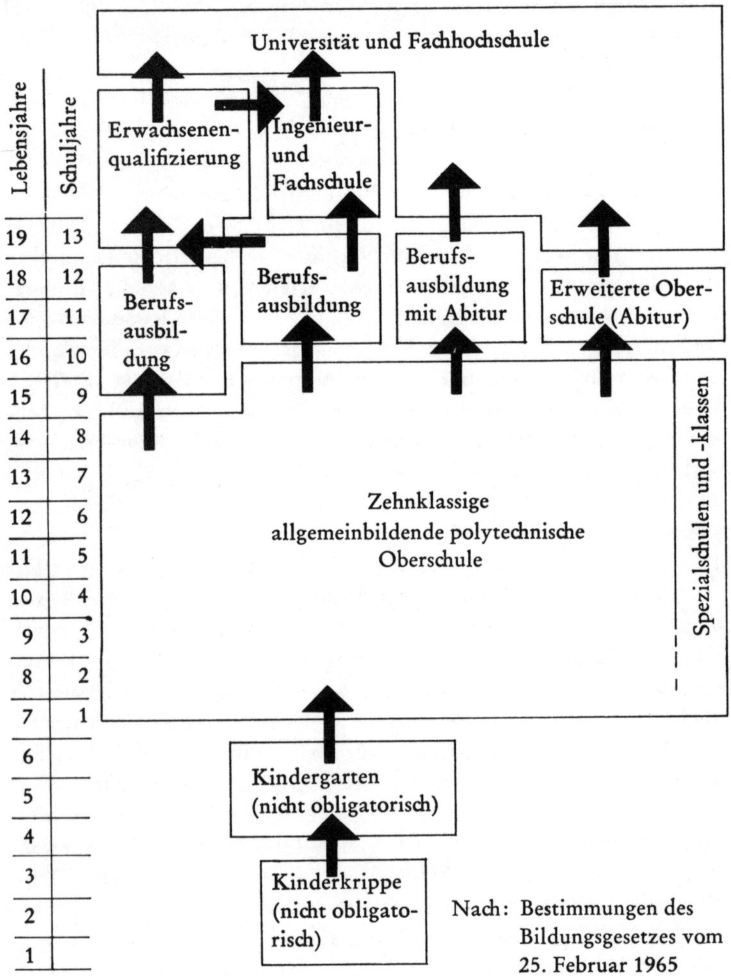

Nach: Bestimmungen des Bildungsgesetzes vom 25. Februar 1965

in der DDR als bewußte Gesellschaftsveränderung verstanden. Sie sollte das traditionelle Schulsystem als ein System von »Klassenschulen« überwinden. Die Einheitsschule in der DDR wurde als bewußte Brechung des bürgerlichen Bildungsprivilegs verstanden, als Demokratisierung des Bildungssystems im Sinne einer nicht nur formalen, sondern auch materialen Gleichheit der Bildungschancen aller Kinder. In dieser Hinsicht kann man die polytechnische Oberschule der DDR als eine echte Volksschule bezeichnen, eine Schule für das Volk, das hier nicht mehr als Oberbegriff für die niederen und weniger bedarften Klassen und Schichten verstanden wird, sondern als die Gesamtheit aller Staatsbürger. In ihr verwirklicht sich am deutlichsten das sozialistische Bildungsziel einer allgemeinen Hebung des Bildungsniveaus.
Die zehnklassige Oberschule der DDR gibt in ihren Adjektiven »allgemeinbildend« und »polytechnisch« auch ihre zentralen Bildungsinhalte an. Sie sind Ausfluß des sozialistischen Bildes vom Menschen als eines in gesellschaftlicher Arbeit sich verwirklichenden Individuums. Allgemeinbildung wird daher im Bildungssystem der DDR im Gegensatz zum geisteswissenschaftlich-humanistischen Inhalt des traditionellen deutschen Bildungsideals vor allem als polytechnische Bildung verstanden. Der polytechnische Unterricht in der DDR versteht sich als Einführung in den sozialistischen Arbeits- und Wirtschaftsprozeß. Aufbauend auf den vorhergehenden Werkunterricht absolvieren die Schüler ab der 7. Klasse drei polytechnische Fächer, einen Lehrgang »technisches Zeichnen«, ein Unterrichtsfach »Einführung in die sozialistische Produktion« und einen »Unterrichtstag in der Produktion«. Diese Fächer sind seit Einführung des polytechnischen Unterrichts seine tragenden Säulen, doch ihre inhaltliche Ausgestaltung ist einem für die Wirtschaftsentwicklung der DDR charakteristischen Wandel unterworfen gewesen. Wurde das polytechnische Prinzip in Anknüpfung an die marxistischen Klassiker zunächst als eine gesellschaftliche und technische Allgemeinbildung verstanden, so verengte es sich anfangs der sechziger Jahre auf die Grundausbildung in speziellen, für die industrielle Entwicklung strukturbestimmenden Berufen. Die Schüler absolvierten in der Oberschule die erste Phase der Facharbeiterausbildung. Wer anschließend die zweijährige Erweiterte Oberschule besuchte, konnte mit der Hochschulreife gleichzeitig den Facharbeiterbrief erwerben. Die polytechnische Ausbildung sollte alle Heranwachsenden, auch und gerade die zukünftigen Mitglieder der Intelligenz, der Arbeiterklasse und ihren Berufserfahrungen nahebringen. Diese »Professionalisierung« des polytechnischen Unterrichts spiegelte das Dilemma der ostdeutschen Arbeitskräftepolitik Ende der fünfziger Jahre wider, die einerseits auf den sofortigen Einsatz

aller berufsfähigen Jugendlichen nicht verzichten konnte, andererseits auch die gleichzeitige Qualifizierung des Nachwuchses anstreben mußte. Sie widersprach mit ihrem Schwergewicht auf der vorgezogenen Spezialausbildung dem polytechnischen, das heißt dem allgemein-technischen Prinzip und ist seit 1967 wieder rückgängig gemacht worden. Heute ist der polytechnische Unterricht wieder ein allgemeinbildendes Fach, das eine technische, ökonomische und gesellschaftliche Grundausbildung vermittelt und als Unterrichtsprinzip auch auf die anderen Fächer ausstrahlen soll. Das Interesse auch westlicher Erziehungswissenschaftler für dieses Fach und Unterrichtsprinzip zeigt, daß die DDR hier einen für sozialistische wie bürgerliche Erziehungswissenschaften originalen und vorbildhaften Beitrag zur Unterrichtsgestaltung und -forschung industrieller Staaten geliefert hat.

Polytechnische Ausbildung kann allerdings nach dem Selbstverständnis der DDR keine gesellschaftspolitisch neutrale technisch-industrielle Allgemeinbildung sein, sondern ist eng mit der Erziehung zu »bewußten sozialistischen Staatsbürgern, die aktiv am gesellschaftlichen Leben teilnehmen« verknüpft (§ 13 Abs. 2 des Bildungsgesetzes von 1965). Das neue Parteiprogramm der SED von 1976 nennt als Ziel des polytechnischen Charakters der Schulen in der DDR »die Herausbildung der kommunistischen Arbeitsmoral«. Diese ideologische Absichtserklärung macht in den Augen der DDR die Unvergleichbarkeit ihrer polytechnischen Bildung mit der bürgerlichen »Arbeitslehre« und in den Augen der bürgerlichen Pädagogik ihre politische Fragwürdigkeit aus.

Die gesellschaftspolitische Bildung ist in der DDR nicht nur staatsbürgerliche Aufklärung über gesellschaftliche und politische Zusammenhänge, sie ist vor allem eine sozialistische Verhaltens- und Morallehre. Sie soll die Heranwachsenden von klein auf in die sozialistischen Tugenden einführen und vor allem die sozialistischen Arbeitstugenden einüben. Auf diesem Feld der sozialistischen Erziehung soll die Schule eng mit den Elternhäusern und vor allem mit den Jugendorganisationen, der FDJ und ihrer Kinderorganisation, den Ernst-Thälmann-Pionieren, zusammenarbeiten (§ 7 des Bildungsgesetzes von 1965). In der sozialistischen Erziehungsgesellschaft soll es nach dem einheitlichen und umfassenden Menschenbild des Marxismus-Leninismus keine Scheidung von öffentlicher und privater Sphäre, von familiärem, schulischem und außerschulischem Bereich geben. Alle stehen unter dem Gebot der Erziehung eines »neuen Menschen«.

In dieser Hinsicht ist das Erziehungs- und Schulsystem der DDR total, das heißt: umfassend. Ob es als »totalitär« zu qualifizieren ist, bestimmt sich weniger an der Reichweite als am Inhalt der Erziehungsziele. Sind sie tatsächlich auf die Selbstverwirklichung aller Menschen gerichtet, und werden sie von diesen selbst bestimmt? Die apodiktische Sprache, in der die führende Partei die Ziele der sozialistischen Erziehung festlegt, die Selbstverständlichkeit, mit der von vornherein die Identität von individuellen und gesellschaftlichen Interessen postuliert wird, und schließlich der Eindruck, daß die Arbeitserziehung eher Erziehung zu kollektiver Leistungsfähigkeit als zu selbstbestimmtem Tätigwerden ist, legen die Vermutung nahe, daß es sich bei der gesellschaftspolitischen Erziehung der DDR mehr um eine affirmative Verhaltenslehre als um eine kritische Aufklärung über die politischen und ökonomischen Zusammenhänge auch des eigenen Systems handelt.

Den Alltag des schulischen Unterrichts in der DDR als permanente Indoktrination abzuqualifizieren, hieße, den ideologischen Anspruch für die bare Wirklichkeit zu nehmen und zugleich die undifferenzierten Klischees früherer Forschungen über die SBZ aufzuwärmen. Die politische Forderung nach einer umfassenden sozialistischen Bildung und Erziehung besteht zwar, und man genügt ihr als einer selbstverständlichen und lästigen Pflicht; für den Schulalltag indessen ist seine naturwissenschaftlich-mathematische Ausrichtung mindestens ebenso wichtig, wenn nicht bedeutsamer als die gesellschaftspolitische. Zeichnen sich in der Bundesrepublik die Lernziele und Lehrmittel noch durch vielfache Vorbehalte gegenüber der modernen industriellen Arbeitswelt aus und wird das Wesen der Allgemeinbildung vor allem in der Vermittlung von klassischen, ästhetischen und vergeistigten Kulturwerten gesehen, so beinhaltet die Allgemeinbildung in der DDR vor allem eine naturwissenschaftliche und technische Grundlagenbildung. Mathematik und Naturwissenschaften nehmen in den letzten Klassen der Oberschule 40 % des Stundenvolumens ein, hinzu kommt noch der polytechnische Unterricht mit 13 %.

Die zehnklassige allgemeinbildende polytechnische Oberschule ist diejenige Institution im Bildungssystem der DDR, in der sich der demokratische Anspruch auf Heranbildung umfassend gebildeter Persönlichkeiten am deutlichsten umsetzt. Als Einheitsschule zielt sie auf eine Breitenwirkung und wendet sich gegen die Elitenbildung. Innerhalb des Schulsystems der DDR sind aber in den vergangenen Jahren Entwicklungen zu beobachten, die dieser gesellschaftspolitischen Maxime widersprechen und auf eine Differenzierung des Schulsystems hinauszulaufen scheinen, eine Differenzierung, die man in der DDR als »bürgerlich« verpönt hat. Während in den ersten Jahren der DDR der Unterricht in der acht- und später zehnklassigen Einheitsschule für die Schüler einer Jahrgangsklasse tatsächlich einheitlich ablief, hat sich heute eine vielfältige Differenzierung der Unterrichtsorganisation und des Unterrichtsangebots herausgebildet. Eine Differenzierung mit selektiver Wirkung liegt eindeutig bei den *besonderen* Klassen vor, die innerhalb der Polytechnischen Oberschule ab dem 8. Schuljahr zur Vorbereitung des Übergangs auf die anschließende Erweiterte Oberschule gebildet werden. Noch einschneidender sind die Spezialklassen und Spezialschulen, die 1958 auf dem V. Parteitag vorgeschlagen wurden und den »besonderen Erfordernissen der Nachwuchsentwicklung für die Wirtschaft, die Wissenschaft, den Sport und die Kultur« dienen (§ 18 Abs. I des Bildungsgesetzes von 1965). Mit diesen Einrichtungen ist man am deutlichsten von dem gesellschaftspolitischen Konzept einer einheitlichen Allgemeinbildung aller Jugendlichen zugunsten der Heranbildung von hochqualifizierten Eliten abgegangen. Das Unbehagen, das man in der DDR über diese Entwicklung empfindet, drückt sich in der Bestimmung des Bildungsgesetzes aus, daß die Spezialklassen und -schulen nur in sehr begrenzter Zahl zu errichten seien.

Vor allem aus volkswirtschaftlichen Gründen kann die DDR, will sie die für die Aufgaben der »wissenschaftlich-technischen Revolution« benötigte Intelligenz heranziehen, auf eine Differenzierung des Bildungssystems nach individueller Begabung und Leistungsvermögen nicht verzichten. Die Erfordernisse des wirtschaftlichen und industriellen Fortschritts und der gesellschaftlichen Entwicklung mögen nach offizieller Ideologie identisch sein; an der Frage der »Einheitlichkeit und Differenzierung im Bildungswesen« (so der Titel einer entsprechenden Veröffentlichung der Akademie der Pädagogischen Wissenschaften Berlin, 1971, Verlag Volk und Wissen) zeigt sich aber, daß beide Momente in Wirklichkeit auseinandertreten und in Widerspruch zueinander geraten können. Die Führung der DDR versucht, diese beiden Elemente der volkswirtschaftlich-technischen und der gesellschaftlich-demokratischen Entwicklung immer wieder auszupendeln und ideologisch zu harmonisieren, doch das Ergebnis solcher Bemühungen bleibt zweideutig. Am Beispiel der gesellschaftspolitisch notwendigen Vereinheitlichung und der volkswirtschaftlich begründeten Differenzierung des Schulwesens in der DDR erweist sich einmal mehr, daß die DDR weder ein von allgemeinen industriestaatlichen Entwicklungen abgehobener Staat des Sozialismus noch ein dem Sozialismus entfremdeter Industriestaat ist. Seine Wirklichkeit ist komplexer und fragiler, als es die Ideologen der sozialistischen Eigenart im Osten und die Propagandisten der Konvergenztheorie im Westen glauben machen wollen.

Vom Bildungssystem in der Bundesrepublik unterscheidet sich das Schulsystem in der DDR mit seiner einheitlichen Grundbildung und differenzierten Weiterbildung auch dadurch, daß es bereits eine Flexibilität und Durchlässigkeit zwischen den verschiedenen Bildungsinstitutionen durchgesetzt hat, die in der Bundesrepublik noch Programm sind. Das zeigt sich besonders deutlich an den verschiedenen Möglichkeiten, die zur Hochschulreife führen (vgl. das Schaubild 3 auf S. 182). Neben dem Weg über die an die zehnklassige Oberschule anschließende Erweiterte Oberschule gibt es die Abiturklassen an den Berufsschulen, die in einem dreijährigen Kurs sowohl zum Facharbeiterbrief als auch zum Abitur führen. Die Hochschulreife kann auch durch Lehrgänge in den Volkshochschulen und Betriebsakademien erworben werden.

3. Hochschule und Wissenschaft

Das Hochschulstudium stellt in allen modernen Industriegesellschaften die wichtigste Qualifikation zu Führungspositionen in Staat, Wirtschaft, Gesellschaft und Kultur dar. Der sozialistischen Politik mußte daher daran gelegen sein, zunächst die personelle Zusammensetzung der Hochschulen zu ändern, das Übergewicht von Studenten und Professoren aus den bürgerlichen Schichten zugunsten der Arbeiter-und-Bauern-Klasse zu verschieben. Die erste der drei Hochschulreformen, von denen man in der DDR spricht, ging zwischen 1945 und 1949 vonstatten und konzentrierte sich auf den personellen Aspekt. Nach Wiedereröffnung der Universitäten der Sowjetischen Besatzungszone zum Wintersemester 1945/46 wurde von den Verantwortlichen die Parole ausgegeben, das »bürgerliche Bildungsprivileg« zu brechen. Für fachlich begabte und politisch zuverlässige Kinder von Industriearbeitern und Kleinbauern wurden Vorstudienanstalten eingerichtet, die später als »Arbeiter-und-Bauern-Fakultäten« in die Universitäten eingegliedert wurden und zur Hochschulreife führten. Doch nicht nur spezielle Vorbereitungsmöglichkeiten, auch die direkte Privilegierung der Arbeiter- und Bauernkinder sollte das bisherige Übergewicht von Bürgerkindern in den weiterführenden Bildungseinrichtungen kompensieren. So sollten in die Klassen der weiterführenden Mittel- und Oberschulen mindestens fünfzig Prozent Arbeiter- und Bauernkinder aufgenommen werden, und auch bei der Zulassung zum Hochschulstudium erhielten sie eine Präferenz. Die Berücksichtigung der sozialen Herkunft hatte bis in die fünfziger Jahre zur Folge, daß viele höher qualifizierte Kinder aus bürgerlichen Familien hinter leistungsschwächeren Arbeiterkindern zurückstehen mußten; dies war übrigens auch ein Grund für die hohen Flüchtlingszahlen gerade unter Jugendlichen.

Die Politik der bewußten Gegen-Privilegierung konnte zu Beginn der sechziger Jahre aufgegeben werden, nachdem sich die soziale Zusammensetzung der Studentenschaft weitgehend der Sozialstruktur der Gesamtbevölkerung angenähert hatte und es für die ökonomische Entwicklung der DDR wichtig wurde, alle, auch die bürgerlichen Bildungsreserven auszuschöpfen. Heute wird bei der Zulassung wieder größeres Gewicht auf die individuelle Leistung gelegt; die »gesellschaftliche Bewährung« spielt nur dann eine Rolle, wenn in einer Fachrichtung mehr geeignete Bewerber als Studienplätze vorhanden sind. Die Förderung der Arbeiterstudenten erfolgt mehr indirekt durch ihre Besserstellung in dem umfassenden System der Stipendien und Studienbeihilfen, die in der DDR über 90 Prozent der Studenten erhalten. Die Folgen dieser Umorientierung der Zulassungspolitik von gesellschaftspolitischen Kriterien zu Maßstäben der individuellen Leistung und Bewährung sind in der Sozialstatistik so deutlich abzulesen, daß sie Anlaß für einige kritische Bemerkungen auf dem VIII. Parteitag der SED von 1971 waren: Der Anteil der Arbeiterkinder an den zum Direktstudium eingetragenen Studenten sank zwischen 1960 und 1967 von knapp 50 auf 38 Prozent, die Zahl der Kinder aus der Schicht der »Intelligenz« hingegen stieg um 5 Prozent auf etwas über 20 Prozent und liegt damit weit über dem entsprechenden Anteil an der Gesamtbevölkerung. Im freien Wettbewerb der individuellen Leistung zeigt sich, daß auch in der DDR das Erwartungsniveau von Kindern der mittleren und gehobenen Schichten über denen aus der einfachen Arbeiterschaft liegt. Auch in der DDR rekrutiert sich die Intelligenz zu einem wesentlichen Teil aus sich selbst: An der Spitze der Skala des Sozialprestiges scheint sich eine neue »Bildungsoberschicht« (Horst Siebert) herauszubilden. Wie unterschiedlich bei allen Anzeichen der Konvergenz noch immer die tatsächliche Chancengleichheit in beiden deutschen Staaten ist, zeigt ein Blick auf die soziale Zusammensetzung der Studentenschaft in der Bundesrepublik: Dort kommen nach Angaben des Bildungsberichts '70 der Bundesregierung trotz der intensiven Bildungswerbung der vergangenen Jahre immer noch nur 6 Prozent der Studenten aus Arbeiterfamilien, während über 35 Prozent der Studenten einen Akademiker zum Vater haben.

Das zweite Ziel der ersten Hochschulreform in der DDR war die Veränderung des Lehrkörpers. Nach dem Zusammenbruch des Faschismus mußte es für die sowjetische Besatzungsmacht und die deutschen Kommunisten zunächst darauf ankommen, sowohl die Nationalsozialisten unter den Professoren aus ihrem Lehramt zu entfernen als auch genügend bürgerliche und »antifaschistische« Professoren zu behalten, mit denen der Universitätsbetrieb wieder aufgenommen werden konnte. Erst nach Heranbildung einer fachlich qualifizierten wie politisch zuverlässigen »neuen Intelligenz« konnte man die gesellschaftspolitischen Anforderungen gegenüber der »alten Intelligenz« verstärken und diese ersetzen.

Die Transformation der Hochschulen der DDR in sozialistische Universitäten war Gegenstand der *zweiten* Hochschulreform in den Jahren nach 1951. Sie betraf weniger das Personal als den Inhalt der Lehre und Forschung an den Hochschulen. Nach sowjetischem Vorbild wurde das Studium einer straffen Reglementierung unterworfen, es wurde ein Studienjahr von zehn Monaten und ein abgestuftes System von Studienabschnitten und Zwischenprüfungen eingeführt. Das Hochschulstudium in der DDR setzte sich aus einem ein- bis zweijährigen Grundstudium, einem in der Regel zweijährigen Fachstudium, das schon zur Berufsausübung qualifiziert, einem meist einjährigen Spezialstudium bis zum Diplomexamen und einem Forschungsstudium für den wissenschaftlichen Nachwuchs zusammen. In dem für alle Studienrichtungen verbindlichen Grundstudium spiegelt sich das sozialistische Verständnis von Allgemeinbildung wider: Es soll allgemeine naturwissenschaftliche, gesellschaftswissenschaftliche und fachspezifische Grundlagenkenntnisse vermitteln; außerdem müssen alle Studenten ihre Russisch-Kenntnisse erweitern, Sport betreiben und an Maßnahmen der Wehrerziehung teilnehmen.

Lehre und Forschung des Marxismus-Leninismus nehmen an allen Hochschulen der DDR eine zentrale Stellung ein. Ihrer besonderen Pflege dienen spezielle Lehr- und Forschungsstätten wie das ZK-Institut für Gesellschaftswissenschaften, die Karl-Marx-Parteihochschule oder die Akademie für Staats- und Rechtswissenschaft der DDR in Potsdam-Babelsberg, die Führungskräfte für Staats- und Rechtspflegeorgane und insbesondere den diplomatischen Nachwuchs der DDR ausbildet. Diese Akademie firmierte lange Zeit als »Deutsche Akademie für Staats- und Rechtswissenschaft ›Walter Ulbricht‹«; der neue Name illustriert auf doppelte Weise den personal- wie deutschlandpolitischen Wandel zu Beginn der 70er Jahre.

Die Berücksichtigung des Marxismus-Leninismus wird aber nicht nur von den gesellschaftswissenschaftlichen Einrichtungen gefordert, sie soll alle akademischen Disziplinen durchwirken. Nach Ansicht der Hüter der marxistisch-leninistischen Wahrheit im Partei- und Wissenschaftsapparat hat sie nicht nur eine wichtige, sondern die grundlegende Funktion für alle Fachwissenschaften. Der Marxismus-Leninismus gilt als die Wissenschaft der Wissenschaften, als die Basis alles politischen, gesellschaftlichen und intellektuellen Bemühens. Mit dieser totalen Wissenschaftskonzeption ist ein bürgerliches Wissenschaftsverständnis, das von der Autonomie der Fachwissenschaft, der Selbständigkeit ihrer Gegenstände und der Pluralität ihrer Fragestellungen und Methoden ausgeht, nicht vereinbar. Die Konflikte und Pressionen im Wissenschafts- und Hochschulbetrieb der DDR beschränkten sich aber nicht auf die Auseinandersetzung und schließliche Ausschaltung der bürgerlichen Wissenschaft, sie drehten sich vor allem um die Frage, was denn der Inhalt der wahren Lehre des Marxismus-Leninismus sei und wer die Kompetenz habe, die »Wahrheit« festzustellen. Im Zeichen der dogmatischen Verhärtung der Parteiführung der SED in den 50er Jahren wurde der Revisionismus-Vorwurf gegen zahlreiche Wissenschaftler erhoben, die sich selbst als Marxisten-Leninisten verstanden: gegen die philosophischen Schulen Ernst Blochs und Georg Lukács', gegen die Reformvorschläge der Ökonomen Behrens, Benary und Kohlmey, gegen den Wirtschafts- und Sozialhistoriker Kuczynski; der Bloch-Schüler Wolfgang Harich hat seinen Versuch, das polnische »Tauwetter« im Jahre 1956 auf die DDR zu übertragen, mit einer langjährigen Freiheitsstrafe büßen müssen. Was es heißt, den Anspruch der Parteiführung auf das Primat der Auslegung der marxistisch-leninistischen Gesellschaftslehre zu verletzen, mußte noch ein knappes Jahrzehnt später der Physiker Robert Havemann erfahren, der über seiner Forderung nach kritischer Reflexion der marxistisch-leninistischen Dogmen sein Lehramt und seinen Platz in der Akademie der Wissenschaften verlor und inzwischen unter einer Art Hausarrest steht.

Doch insgesamt lockerte die Parteiführung in den sechziger Jahren die Gängelung der Hochschulen und Wissenschaften in der DDR. Das Verhältnis von Politik und Wissenschaft veränderte sich aus der vormaligen eindeutigen Unterordnung in Richtung auf ein Verhältnis gleichberechtigter, wenn auch labiler Kooperation. Das war zum einen darin begründet, daß sich die SED-Führung jetzt der politischen und gesellschaftlichen Zuverlässigkeit ihrer Wissenschaftler gewisser sein konnte, zum andern lag es an den neuen Forderungen, die eine Dynamisierung des Wirtschaftsprozesses und des volkswirtschaftlichen Wachstums an die Wissenschaften stellte. Die neuen Aufgaben der Fundierung der Planung im Neuen Ökonomischen System mittels wissenschaftlicher Prognosen über die technischen, ökonomischen und gesellschaftlichen Trends waren nur erfüllbar, wenn man neue Methoden wie die *operations research*, die Kybernetik und die Systemtheorie einführte, vor allem in den Gesellschafts- und Wirtschaftswissenschaften. Gleichzeitig mit den ökonomischen Reformen nach 1963 blühten auch einige bis dahin ver-

pönte Wissenschaften wie die empirische Soziologie etwas auf.
Nach dem Überschwang dieser neuen Forschungsansätze und Wissenschaftsdisziplinen in den letzten Jahren der Ära Ulbricht – »System« ist in jenen Jahren geradezu zum Inbegriff aller Erscheinungen und ihrer Erklärung geworden – hat die Parteiführung seit der Übernahme des Amtes des Ersten Sekretärs durch Erich Honecker diese Entwicklung wieder unter das eindeutige Primat des Marxismus-Leninismus gestellt und ist allen Tendenzen zur »Versachlichung« der Wissenschaften mittels »Entideologisierung« entgegengetreten.
Die Wissenschaftler der DDR liefern heute auf vielen Gebieten international beachtete Beiträge; es sei nur auf die kybernetischen und sprachtheoretischen Arbeiten des Philosophen Georg Klaus († 1974), auf den Physiker Manfred von Ardenne, auf den Logiker Karl Schroeter, auf den Gerichtsmediziner Prokop und den Pädagogen Robert Alt verwiesen. Diese Männer sind überragende Fachgelehrte und überzeugte Sozialisten. Nicht *daß* dem Marxismus-Leninismus im Wirtschaftssystem der DDR eine zentrale Rolle zugewiesen wird, sondern *wie* sie aufrechterhalten und eingemahnt wird, macht jene dem Westen so steril erscheinende wissenschaftliche Atmosphäre aus, in der mit vielen Worten so wenig und scheinbar immer wieder gleiches gesagt wird. Nicht der Marxismus-Leninismus als solcher, sondern das Monopol der Partei auf seine Interpretation und auf die Anwendung seiner Lehren machen die Lektüre und Analyse von wissenschaftlichen Publikationen aus der DDR für Außenstehende zu einem oft mühsamen, ja erschöpfenden Geschäft.
Vor lauter ideologischem Zuckerguß, der alle Äußerungen der DDR-Wissenschaft garniert, übersieht man allzu leicht die einschneidenden Veränderungen, die das Hochschul- und Wissenschaftssystem der DDR seit einigen Jahren durchmacht und an denen auch der Übergang von Ulbricht auf Honecker nichts geändert hat: die fortschreitende Verflechtung von Wissenschaft und Wirtschaft, von Hochschule und Betrieb, von universitärer Theorie und volkswirtschaftlich-industrieller Praxis. Diese Entwicklung ist Gegenstand der *dritten* Hochschulreform, die 1966 eingeleitet worden ist.
Die dritte Reform der Hochschulen der DDR ist vor allem eine Struktur- und Organisationsreform. An die Stelle der Fakultäten und Institute sind Sektionen als kleinere Forschungs- und Lehreinheiten getreten, eine Entwicklung, die auch im westdeutschen Hochschulwesen mit der Einteilung in Fachbereiche und Abteilungen zu beobachten ist. Diese Sektionen sollen im Gegensatz zu den oft unüberschaubar gewordenen Fakultäten echte Arbeitskollektive sein. Sie werden von Sektionsdirek-

toren geleitet, denen zwei kollektive Gremien, die Versammlung der Sektion und der Rat der Sektion, beigeordnet sind. Entsprechend ist die Leitung der Hochschule strukturiert: Sie besteht aus dem Rektor, dem Konzil, dem Wissenschaftlichen und dem Gesellschaftlichen Rat. Die Vielzahl dieser kollektiven Gremien erweckt den Eindruck eines ausgebauten Mitbestimmungsmodells, doch der Eindruck trügt. Auch für die Organisation der Hochschulen und ihrer Untergliederung gilt das Prinzip des »demokratischen Zentralismus«, der Einzelleitung und Einzelverantwortung und der bloß beratenden Funktion der kollektiven Organe. Das Konzil setzt sich aus Vertretern der Hochschulgruppen zusammen und hat über Studienfragen und die allgemeine Entwicklung der Hochschule zu beraten; der Wissenschaftliche Rat legt das Forschungsprogramm der Hochschule fest und reguliert die Verleihung akademischer Grade und der Lehrbefugnis; dem Gesellschaftlichen Rat obliegt die Kontrolle über die politisch-gesellschaftlichen Aufgaben der Hochschule und die Personalpolitik. Beiden Räten gehören neben Hochschullehrern auch Vertreter der Studenten und der mit der Hochschule kooperierenden Betriebe an. Werden die letztgenannten von den Betriebsleitern vorgeschlagen und vom Minister für Hoch- und Fachschulwesen ernannt, so liegen die entsprechenden Kompetenzen hinsichtlich der studentischen Vertreter bei den jeweiligen FDJ-Hochschulgruppen und dem Rektor.

War die »Demokratisierung« die Kernforderung der ersten Hochschulreform, die Schaffung einer »sozialistischen Hochschule« das Ziel der zweiten Reform, so steht im Mittelpunkt der dritten Hochschulreform die »Profilierung«. Sie zielt auf eine Schwerpunktbildung der einzelnen Hochschulen im ökonomischen Produktionsprozeß und seinen wissenschaftlichen und technischen Vorarbeiten. Die einzelnen Hochschulen spezialisieren sich auf Forschungskomplexe, die der Wirtschaftsstruktur ihres Standortes entsprechen. Die Universität Jena zum Beispiel, an der die dritte Hochschulreform eingeleitet worden ist, hat sich auf den wissenschaftlichen Gerätebau in Zusammenarbeit und im Auftrag der dortigen Zeiss-Werke konzentriert. Ein Großteil der Forschung der ostdeutschen Hochschulen – man spricht von über achtzig Prozent – ist Auftragsforschung für Industriebetriebe. Über Ziel und Finanzierung dieser Forschungsprojekte werden Kooperationsverträge zwischen den Betrieben und Sektionen geschlossen. Betriebe und Sektionen sollen auf längere Sicht zu Großforschungsverbänden zusammengeschlossen werden.

Die Hochschulen und ihre Forschung sind als »Produktivkraft Wissenschaft« in den unmittelbaren Dienst an der technischen und volkswirtschaftlichen Entwicklung genommen worden. Sie sollen den »Vorlauf« an wissenschaftlichen Innovationen gewährleisten, den der technische und ökonomische Fortschritt im Industriezeitalter erfordert. Für die Entwicklung der Hochschulen als Universitäten, als Stätten universaler Forschung und Lehre, birgt das die Gefahr in sich, daß sich jedes Fach an seinem kurzfristigen Beitrag zur volkswirtschaftlichen Produktivität messen lassen muß. Leidtragende einer solchen Entwicklung sind sowohl die akademische Lehre, die hinter der Forschung zurücktritt, als auch die Grundlagenforschung und die fächerübergreifenden Fragestellungen.

Diese Gefahren sind nicht unerkannt geblieben. Heute bemüht man sich wieder stärker um die Förderung der Grundlagenforschung und hat manche Einseitigkeit der Produktionsorientierung der 3. Hochschulreform korrigiert. Das rigide Vierjahresschema der Studienzeit ist den unterschiedlichen Anforderungen der verschiedenen Fachstudiengänge angepaßt worden, die Forderung nach Marxismus-Leninismus-Durchdringung aller Fächer ist als Aufruf zum gesellschaftswissenschaftlichen und ideologischen Dilettantismus erkannt und entsprechend modifiziert worden. Auf dem Gebiet der Studienreform experimentiert man mit verschiedenen Modellen und Varianten, die mit den Schlagworten »wissenschaftlich-produktives Studium« und »forschungsbezogenes Lehren« nur oberflächlich umrissen werden. Die Zeit der umfassenden Hochschulreformen scheint einer mehr nüchternen und pragmatischen Weiterentwicklung des Hochschulwesens gewichen zu sein. Es paßt in dieses Bild einer veränderten Hochschulpolitik, wenn auch in der DDR die Steigerung der Zahl der Hochschulabsolventen nicht mehr das selbstverständliche Ziel ist. Durch eine an den prognostizierten Bedürfnissen der Volkswirtschaft orientierte Berufsplanung und Studienzulassung versucht man, den individuellen Wunsch nach Berufsqualifizierung mit den Bedürfnissen der Gesellschaft in Einklang zu bringen. Hier wie dort mag es leicht sein, diese Politik als Reglementierung und Einschränkung der Studien- und Berufsfreiheit zu denunzieren, doch sollte man bei solchem pauschalen Verdikt die Alternative bedenken, daß hochqualifizierte Akademiker an der Bedarfsstruktur der Gesellschaft vorbei studiert haben und keine ihrer Ausbildung adäquate Berufsstellung finden, wenn nicht gar arbeitslos bleiben. Studien- und Berufszulassungen werden dieses Problem allerdings nur administrativ, d. h. an der Oberfläche lösen können, solange man nicht das Prestigegefälle zwischen akademischer und nichtakademischer Qualifikation beseitigt. Das sollte gerade in einem »Staat der Werktätigen« selbstverständlich sein.

4. Berufs- und Erwachsenenqualifizierung

Die Geschwindigkeit, mit der sich in den modernen Industriegesellschaften die technischen und wissenschaftlichen Voraussetzungen der Volkswirtschaft, die Produktionsmethoden und die Berufsbilder wandeln, lassen es immer weniger zu, Berufsausbildung und Berufsausübung als zwei Lebensphasen voneinander abzuheben. Der Fundus an wissenschaftlich-technischem »know-how« und das Berufssystem erlangen eine Mobilität, die »lebenslanges Lernen« nicht nur zu einer Forderung aufklärerischer Bildungspolitiker, sondern zu schlichter ökonomischer Notwendigkeit machen. Ob ein Bildungssystem auf der Höhe der industriellen und gesellschaftlichen Entwicklung bleibt, hängt immer mehr von den Einrichtungen und Planungen ab, die es auf dem Sektor der Berufsausbildung, der Weiterbildung und der Umschulung trifft.
Die DDR hat ein System der Berufs- und Erwachsenenqualifizierung geschaffen, das fester Bestandteil des gesamten Bildungs- und Wirtschaftssystems ist. Wie eng die Berufs- und Erwachsenenqualifizierung mit den volkswirtschaftlichen Erfordernissen und ihrem Wandel verbunden ist, zeigt sich zum Beispiel an den Möglichkeiten des Fernstudiums an Hoch- und Fachschulen in der DDR. Der Mangel an qualifizierten Arbeitskräften, in der Sozialstruktur der DDR angelegt und durch Fluchtbewegung in den fünfziger Jahren noch verstärkt, konnte es ihr zunächst nicht erlauben, einen beträchtlichen Teil des Arbeitskräftepotentials über Jahre als Direktstudenten aus dem Arbeitsprozess herauszunehmen. Für viele Absolventen der Erweiterten Oberschule führte daher das parallel zur Berufspraxis laufende Fernstudium zum Hochschulabschluß. Heute sind ein Viertel aller an den Hochschulen der DDR eingeschriebenen Studenten Fernstudenten, und bei den Fachschülern beträgt der Anteil der »fern« immatrikulierten sogar 40 Prozent. Die Vorteile dieser Einrichtungen liegen auf der Hand: Die Hochschulen werden entlastet, Studium und Berufstätigkeit können einander befruchten, die Fernstudenten bleiben dem Produktionsprozeß erhalten. Gegenüber diesen gesellschaftlichen Vorteilen treffen die Nachteile vor allem den einzelnen Fernstudenten: Die Doppelbelastung kann an die Grenze der psychischen und physischen Kräfte führen. Durch ein über lange Jahre ausgearbeitetes und bewährtes methodisch-didaktisches System der Verknüpfung von Fern- und Direktstudium und die Möglichkeit der bezahlten Freistellung vom Betrieb versucht man, diese Gefahr zu mindern.
Die Betriebsleiter werden durch das Arbeitsgesetzbuch vom 16. Juni 1977 (§§ 145–159) verpflichtet, für ihren Betrieb Qualifizierungsplätze

auszuarbeiten und auf deren Grundlage mit dem einzelnen Werktätigen einen Qualifizierungsvertrag abzuschließen. Die Qualifizierung erfolgt sowohl innerhalb wie außerhalb des Betriebs, in Betriebsakademien und in den *Volkshochschulen*. Verstehen sich die Volkshochschulen in der Bundesrepublik in Bewahrung ihrer älteren Tradition der Weimarer Zeit noch vorzugsweise als »freie« Bildungsstätten, die mehr der allgemeinen, kulturellen, ästhetischen und staatsbürgerlichen Bildung und weniger der leistungsorientierten und zertifikatsbezogenen Vermittlung beruflicher Fähigkeiten dienen, so hat sich die sozialistische Erwachsenenbildung der DDR eindeutig für die zweckorientierte, schulische und systematische Berufsfortbildung entschieden. Das kommt schon im Sprachgebrauch zum Ausdruck: Man spricht von Erwachsenen*qualifizierung*, nicht von Erwachsenen*bildung*. Die Volkshochschulen in der DDR bieten heute vor allem Oberschullehrgänge an, die zum Erwerb der Hochschulreife führen. Die Möglichkeiten des »Zweiten Bildungsweges« sind in der DDR wesentlich differenzierter und frequentierter als in der Bundesrepublik: Werden bei uns nur 4 % der Abiturzeugnisse an Abendgymnasien und Kollegs erworben, so machen in der DDR die Berufstätigen, die Abendkurse an Volkshochschulen besuchen, ein knappes Fünftel der »Erweiterten Oberschüler« aus (vgl. Horst Siebert, Bildungspraxis in Deutschland. BRD und DDR im Vergleich, Düsseldorf 1970, S. 121).

Ein Großteil der Aufgaben der Erwachsenenbildung ist in der DDR in die Betriebe verlagert worden. Dort bieten die *Betriebsakademien* vielfältige Möglichkeiten der Weiterqualifizierung von der Facharbeiterausbildung bis hin zum Erwerb der Hoch- und Fachschulreife. In den vergangenen Jahren qualifizierte sich etwa jeder vierte in der Industrie Beschäftigte neben der Berufsarbeit an einer der 1200 Betriebsakademien und 1000 ländlichen Dorfakademien. Knapp ein Viertel der Hochschul- und gut die Hälfte der Fachschulabsolventen schließen ihre Ausbildung durch ein Fern- oder Abendstudium im Rahmen der Erwachsenenqualifikation ab.

Dieses umfassende System einer arbeitsplatznahen Qualifizierung ist natürlich nur in einem Wirtschaftssystem möglich, das sich die Konzentration der Arbeitsstätten zu Großbetrieben zum Programm gesetzt hat und in dem der einzelne Betrieb einer einheitlichen Planung und Leitung durch die vorgesetzten staatlichen und gesellschaftlichen Organe unterworfen ist. Die Planung des Bildungs- und Qualifizierungssystems kann auf diese Weise zum festen Bestandteil der volkswirtschaftlichen Planung werden. Sie hat sich wie diese oft in bürokratischer Reglementierung erschöpft, doch sind seit einigen Jahren in der DDR auch auf diesem

Sektor die Bemühungen verstärkt worden, die Planung auf den Boden einer langfristigen und wissenschaftlich fundierten Prognose zu stellen. Gerade die pädagogische Forschung hat sich in den vergangenen Jahren aus ihrem Schattendasein, im Rahmen der marxistisch-leninistischen Gesellschaftswissenschaft gelöst und moderne sozialwissenschaftliche Methoden der Felduntersuchung und der Bildungsprognostik übernommen.

Beispielhaft für dieses Zusammenwirken von volkswirtschaftlicher Planung und pädagogischer Forschung ist die Umgestaltung des Systems der *Berufsausbildung* in der DDR seit 1967. Die Vielzahl der Ausbildungsgänge für Lehrlinge wird auf einen neuen Kanon von Grundberufen reduziert, der nicht nur den gegenwärtigen Stand beruflicher Qualifikationserfordernisse berücksichtigen, sondern auch seine Entwicklung antizipieren soll. Für diese Grundberufe in wachstumsorientierten Industriezweigen werden neue, für die gesamte Volkswirtschaft verbindliche Ausbildungsordnungen erarbeitet, die auf eine Synthese von allgemeinen und beruflichen Kenntnissen, von berufstheoretischen und berufspraktischen Bildungsinhalten, von Erstausbildung und Berufsweiterbildung abzielen. In der Lehrlingsausbildung der DDR wird – verglichen mit der Bundesrepublik – ein größeres Gewicht auf die Vermittlung von Grundlagenkenntnissen in der schulischen Berufsausbildung gelegt, wobei die Einführung in Grundlagen der Elektronik und Datenverarbeitung und eine allgemeine polytechnische Bildung im Mittelpunkt stehen. Es schließt sich die Ausbildung für einen Grundberuf an, der auf einem ganzen Berufsfeld, z. B. Facharbeiter im Bauwesen, beruht. Erst anschließend erhält der Lehrling die berufliche Spezialausbildung, die ihn zur Ausübung eines bestimmten Berufes befähigt. Der Sinn dieser abgestuften Regelung besteht in der Möglichkeit und dem Anreiz für den einzelnen Facharbeiter, im Laufe seines Berufslebens noch weitere und neue Berufsqualifikationen zu erwerben, auf der Basis einer Grundausbildung, die ihn zu solchem lebenslangen Lernen motiviert und befähigt hat.

Dieses anspruchsvolle Konzept der Berufsausbildung, das Erst- wie Weiterbildung umfaßt und mehr an den industriellen Berufen der Zukunft als an den traditionellen Handwerkerberufen orientiert ist, läßt sich nur mit großem organisatorischen und finanziellen Aufwand verwirklichen. Auch hier geht die DDR neue Wege, indem sie das herkömmliche »duale System« der deutschen Berufsausbildung, die Trennung von theoretischer Ausbildung in der Berufsschule und praktischer Ausbildung am Arbeitsplatz, durch die Einrichtung von Betriebsberufsschulen zu überwinden sucht. Heute absolvieren schon über zwei Drittel aller

Berufsschüler ihre gesamte Berufsausbildung im Betrieb. Dieser Prozentsatz wächst stetig.
Der Betrieb ist in der DDR zur zentralen Einrichtung nicht nur des volkswirtschaftlichen und gesellschaftlichen Lebens, sondern auch des Systems von Bildung und Erziehung geworden. Er eröffnet seinen Werktätigen vielfältige Möglichkeiten, die sich aber auch als Abhängigkeiten erweisen können. Die in der sozialistischen Ideologie und Verfassungslehre grundlegende Verschränkung von Rechten und Pflichten gilt insbesondere auch für das Bildungssystem: Wem der Staat das Recht auf Bildung gibt, der hat auch die gesellschaftliche Pflicht, dieses Recht wahrzunehmen. Speziell für die Berufsqualifikation heißt das: »Alle Jugendlichen haben das Recht und die Pflicht, einen Beruf zu erlernen.« (Art. 25 Abs. 4 der Verfassung von 1968.) Diese Sozialpflichtigkeit und Sozialkontrolle realisiert sich in der DDR vor allem im Betrieb.

5. Die sozialistische Leistungs- und Erziehungsgesellschaft

Analysieren wir die Einrichtungen des sozialistischen Bildungssystems der DDR unter den Gesichtspunkten der ökonomischen, der gesellschaftlichen und der demokratischen Leistungsfähigkeit, so fällt das Urteil aus der Sicht des ökonomischen Fortschritts und der organisatorischen Effizienz am positivsten aus. Das Bildungssystem bleibt als Teil des zentralistisch geplanten und gelenkten Wirtschafts- und Gesellschaftsprozesses zwar von den bürokratischen Entartungen und Insuffizienzen des planwirtschaftlichen Systems nicht verschont, doch zeichnet es sich durch ein hohes Maß an Synchronisierung zwischen den einzelnen Bildungsträgern aus, wie es im kulturföderalistischen System der Bundesrepublik kaum je erreicht werden kann. In der DDR gibt es weder jene föderale Heterogenität der Bildungseinrichtungen noch eine Konkurrenz von staatlichen, kirchlichen, gesellschaftlichen und privaten Bildungsstätten, die in Westdeutschland die Integration des Bildungssystems zu einer staats- und verbandspolitischen Sisyphusarbeit macht. Während in der Bundesrepublik der Übergang von einer Schule zur anderen Schule gleichen Typs zum familiären Problem werden kann, nur weil die beiden Schulen den unterschiedlichen Organisationsformen und Lehrplänen verschiedener Bundesländer unterliegen, hat die DDR ein einheitliches Bildungssystem geschaffen, das auch zwischen den Bildungsinstitutionen verschiedenen Typs vielfache Übergangs- und Anschlußmöglichkeiten eröffnet. Ohne Zweifel trägt das Bildungssystem mehr als andere Faktoren dazu bei, daß die DDR »zu einem leistungsfähi-

gen, modernen Industriestaat« wird, wie es in der Präambel des Bildungsgesetzes von 1965 heißt.
Die enge Verzahnung von volkswirtschaftlicher Planung, Arbeitskräfteprognostik und Lenkung der Studien- wie der Berufswahl sichert nicht nur den für die einzelnen Berufssparten notwendigen Nachwuchs, sie ermöglicht es auch, jedem Studenten schon während seines letzten Studienjahres einen festen Arbeitsplatz nach erfolgreichem Studienabschluß anzubieten. Das mag nach unserem Empfinden zu Beschränkungen individueller Bildungs- und Entfaltungsmöglichkeiten führen, wie sie auch der Bildungsbericht '70 der Bundesrepublik für die DDR konstatierte. Doch ein objektives Urteil müßte berücksichtigen, daß in der DDR niemand zu einem bestimmten Studium und Beruf gezwungen wird, daß allein bestimmte Studien und Berufsmöglichkeiten wegen Überbesetzung verschlossen werden. Das Grundrecht der Freiheit der Berufswahl wird dadurch sicherlich eingeschränkt, doch damit auch die problematische Freiheit zur Wahl einer Ausbildung, die möglicherweise zu Arbeitslosigkeit oder sozialer Deklassierung führt. Die Kanalisierung der beruflichen Ausbildung durch den Staat darf deshalb nicht nur unter dem Gesichtspunkt gesamtwirtschaftlicher Produktivitätssteigerung gesehen werden, sie hat auch einen für den einzelnen nicht unerheblichen sozialen Sicherungsaspekt. Er kann im System der Planung seine Berufs- und damit seine Lebenschancen wesentlich besser kalkulieren und organisieren als in einer kapitalistischen Gesellschaft, in der möglicherweise die Wechselhaftigkeit des Marktes über Erfolg und Nichterfolg seiner Bildungs- und Ausbildungsinvestitionen entscheidet.
Insgesamt genügt die DDR den Anforderungen, die die volkswirtschaftliche und technische Entwicklung an ihr Bildungssystem stellt, in einem Ausmaß, das sie an die Spitze der vergleichbaren Industriestaaten rückt. Weniger positiv muß das Urteil ausfallen, wenn man den vom Regime intendierten gesellschaftlich-demokratischen Aspekt untersucht. Die DDR ist durch ihr Bildungssystem zwar eine in hohem Maße mobile Gesellschaft geworden, in der in erster Linie Bildung und Leistung über den sozialen Aufstieg wie Abstieg entscheiden. Ob diese Demokratisierung des Bildungs- und Qualifikationssystems allerdings zur Verwirklichung des offiziellen Programms der Einheit von Arbeit und Leben aller Werktätigen führt, muß sehr bezweifelt werden. Viele Nachrichten und Eindrücke aus dem gesellschaftlichen Alltag der DDR scheinen dafür zu sprechen, daß sich in der DDR zwar die Chancen sozialen Auf- und Abstiegs, nicht aber die Arbeits- und Lebensgewohnheiten egalisiert haben. Die Möglichkeiten des Bildungssystems verleihen der Gesellschaft der DDR zwar eine erstaunliche Mobilität, doch gleichzeitig

fördern sie wieder die Entstehung und Abkapselung neuer Leistungseliten und Bildungsoberschichten. Das große Gewicht, das seit dem VIII. Parteitag auf bildungs- und sozialpolitische Förderungsmaßnahmen für die Arbeiterschaft gelegt wird, zeigt an, daß dieses Problem der faktischen Benachteiligung vieler Arbeiter inzwischen auch von der Partei- und Staatsspitze gesehen wird.

Der »neue Mensch«, die »allseitig gebildete sozialistische Persönlichkeit«, dieses Leitbild der Gesellschafts- und Bildungspolitik der DDR, ist mehr ideologische Fassade als gesellschaftliche Wirklichkeit. Nicht hochqualifizierte Technokraten, sondern fachlich hochgebildete Sozialisten und sozialistische Fachleute sollen nach offiziellem Anspruch aus der sozialistischen Bildung und Erziehung hervorgehen. Doch was die marxistisch-leninistische Gesellschaftslehre und ihre Gralshüter in der DDR als eine schon weitgehend realisierte Einheit einer neuen Qualität menschlicher Fähigkeiten und menschlichen Verhaltens ausgeben, ist in der DDR oft nur eine Scheineinheit, die unter dem Druck der gesellschaftspolitischen Agitation in Lippenbekenntnissen vollzogen wird. Wer in der DDR was werden will, wer die zahlreichen Bildungs- und Berufschancen ergreifen will, die sie bietet, muß sich als getreuer Sozialist bekennen. So demonstrieren viele ein gesellschaftliches und politisches Bewußtsein, das sie gar nicht haben.

So widersprüchlich es klingen mag: daß sozialistisches Bewußtsein in der DDR nicht weiter verbreitet ist, liegt auch an der Realität sozialistischer Erziehung in der DDR. Solange diese Erziehung im politischen Bereich vorwiegend Verkündung der von oben dekretierten »Gesetzmäßigkeiten« statt Aufklärung über die politischen und gesellschaftlichen Verhältnisse ist, solange sie im beruflichen Sektor mehr auf Steigerung der Arbeitsmoral und -produktivität denn auf die Selbstbestimmung der Werktätigen abzielt, so lange wird der Sozialismus einem Großteil der Bevölkerung zwar nicht fremd, aber auch nicht anvertraut und damit vertraut und eigen sein.

So erweist sich das Bildungs- und Erziehungssystem der DDR als ebenso janusköpfig wie viele anderen Sozialbereiche dieser Gesellschaft: Es eröffnet seinen Bürgern Möglichkeiten, die unbestreitbar zu den *essentials* einer demokratischen Gesellschaft gehören, es verbindet deren Realisierung aber mit Formen der Erziehung, die nicht emanzipativ, sondern affirmativ und einseitig gesinnungsbildend wirken. Der beruflichen Offenheit und gesellschaftlichen Mobilität, wie sie das Bildungswesen der DDR in gewissem Maße gewährleistet, entspricht keine geistige Mobilität und politische Offenheit, wie sie das Ziel eines Erziehungssystems sein müßten, das demokratisch zu sein beansprucht.

8. Kapitel
Das Wirtschaftssystem

1. Die Ausgangslage

Das Gebiet der DDR ist mit seinen 108 173 Quadratkilometern um mehr als die Hälfte kleiner als das Territorium der Bundesrepublik, die Zahl seiner Bewohner (1977: 16,7 Mill.) macht weniger als ein Drittel der Bevölkerungsziffer der Bundesrepublik aus. Alle Vergleiche mit der Wirtschaft der Bundesrepublik müssen nicht nur diese Zahlen in Rechnung stellen, sondern auch die Tatsache, daß die DDR noch viel rohstoffärmer ist als die Bundesrepublik und insbesondere durch die Teilung Deutschlands in seiner wirtschaftlichen Struktur weitaus empfindlicher getroffen wurde als Deutschlands westliche Hälfte. Die Wirtschaft Mitteldeutschlands war vor dem Kriegsende aufs engste mit der Wirtschaft des übrigen Reiches verflochten und auch ganz unterschiedlich stark entwickelt und industrialisiert. Während Mecklenburg und Pommern vorwiegend Agrarländer waren, befanden sich Länder wie Sachsen und Thüringen sowie die Umgebung Berlins in einem Stadium überdurchschnittlicher industrieller Entwicklung. Insgesamt gesehen war die Zahl der in Industrie und Handwerk Beschäftigten im Jahre 1939 in Mitteldeutschland sogar etwas höher als in Westdeutschland (51 % zu 48 %), aber die mitteldeutsche Industriewirtschaft lieferte fast zwei Drittel ihrer Erzeugnisse ins übrige Deutschland bzw. ins Ausland, und die Region bezog ihrerseits über die Hälfte der benötigten Industriegüter aus anderen deutschen Gebieten, was den hohen Verflechtungsgrad unterstreicht.
Die wirtschaftliche Trennung des Gebietes der DDR von den früheren deutschen Gebieten im Osten und insbesondere vom deutschen Westen stellte darum die Wirtschaft des Landes vor völlig neue Aufgaben. Die DDR hatte nicht nur das Problem der unausgewogenen Wirtschaftsstruktur zu lösen, die Loslösung ihres Wirtschaftsraumes von den wirtschaftlichen Verbindungen zu Westdeutschland, die sich im Laufe von Jahrhunderten organisch entwickelt hatten, stellte sie auch vor weitaus größere Schwierigkeiten als die westdeutsche Wirtschaft, welche die wirtschaftlichen Folgen der Trennung durch Verbindungen zum westli-

chen Ausland leichter kompensieren konnte. Die Strukturschwäche der auf sich gestellten DDR-Wirtschaft zeigt sich besonders augenfällig an den Verkehrsverbindungen, deren wichtigste im Deutschen Reich von West nach Ost verliefen, während das heutige Wirtschaftsgebiet der DDR viel größeren Wert auf die Nord-Süd-Verbindungen legen muß. Alle großen Wasserwege, ob Elbe oder Oder, münden entweder in westdeutschem oder in polnischem Gebiet, und auch das Kanalsystem entspricht nur begrenzt den verkehrspolitischen Interessen der DDR.

Die strukturellen Nachteile der ostdeutschen Wirtschaft, die durch die Spaltung Deutschlands in zwei Staaten hervorgerufen wurden, deren Wirtschaftsräume kaum mehr miteinander kommunizieren konnten, wurden noch zusätzlich verschlimmert durch die Reparationspolitik der Sowjetunion in den ersten Jahren des Wiederaufbaus. Zwar ist die Wirtschaft Mitteldeutschlands durch den Krieg selbst im ganzen nicht stärker in Mitleidenschaft gezogen worden als die westdeutsche Wirtschaft, aber die sowjetischen Reparationsforderungen haben die mitteldeutsche Wirtschaft in einem Ausmaß geschwächt, das die Demontageverluste der westdeutschen Industrie um ein Vielfaches übertrifft. Insgesamt ist die DDR-Wirtschaft durch Kriegseinwirkungen und Demontagen um fast die Hälfte ihres Vorkriegspotentials (45 %) reduziert worden.

Wie im ersten Kapitel näher ausgeführt, hatten die Westalliierten die Sowjets zur Erfüllung ihrer berechtigten Reparationsansprüche im wesentlichen auf ihre eigene Zone verwiesen. Die Russen ließen komplette Betriebs- und Verkehrsanlagen abbauen und nach Osten verladen. In vielen Fällen wurden auch hochqualifizierte Arbeitskräfte in die Sowjetunion zwangsverschickt. Außerdem mußten die noch verbliebenen deutschen Fabriken einen großen Teil ihrer laufenden Produktion direkt an die Sowjetunion liefern. Schließlich produzierten die in sowjetischen Besitz überführten ca. 200 sowjetischen Aktiengesellschaften (SAG) ausschließlich für sowjetische Rechnung. Diese Betriebe mußte die DDR 1950 zum Teil wieder von der Sowjetunion zurückkaufen.

Die Höhe der von der Ostzone geleisteten Reparationen läßt sich schwerlich genau ermitteln. Die Russen hatten 10 Milliarden Dollar verlangt, und man nimmt an, daß sie diese Summe auch tatsächlich erhalten haben. Westliche Schätzungen liegen bei 40 bis 70 Milliarden Mark (= 10 bis 17 Milliarden Dollar), selbst die SED sprach 1965 von Reparationsleistungen in Höhe von 25 Milliarden Mark. Während die westdeutsche Wirtschaft ab 1948 durch die Marshall-Plan-Hilfe eine kräftige und vitalisierende Injektion erhielt, die in Verbindung mit der Währungsreform die Starthilfe für das »Wirtschaftswunder« war, durfte

die ostzonale Wirtschaft das amerikanische Angebot nicht annehmen, noch konnte die Ostzone auf vergleichbare Hilfsangebote der Sowjetunion rechnen. Man muß im Gegenteil davon ausgehen, daß die DDR bis in die sechziger Jahre hinein auch einer Preisdiskriminierung durch ihren wichtigsten Handelspartner, die Sowjetunion, ausgesetzt war und im übrigen alle von der Sowjetunion erhaltenen Kredite samt Zinsen pünktlich zurückzuzahlen hatte.
Ungünstige Strukturbedingungen im Gefolge der Teilung, exzessive Reparationsleistungen und das Ausbleiben großzügiger wirtschaftlicher Unterstützung charakterisieren somit die ungünstige Ausgangslage der DDR-Wirtschaft nach 1945. Gemessen an dieser Ausgangssituation ist das inzwischen Erreichte mehr als beachtlich: Die DDR gehört unter die zehn größten Industrienationen der Welt, ihr Lebensstandard, wenn auch noch deutlich unter dem der Bundesrepublik liegend, ist der weitaus höchste im gesamten Ostblock, das Sozialprodukt, das die DDR jährlich erwirtschaftet, hat sich zwischen 1949 und 1973 versechsfacht. Es erstaunt darum nicht, daß die DDR die Bezeichnung »Wirtschaftswunder«, einst geprägt, um den phänomenalen Wiederaufstieg der westdeutschen Wirtschaft zu kennzeichnen, neuerdings mit Vorliebe auf sich bezieht. Sie ist sogar der Überzeugung, daß angesichts der viel schlechteren Ausgangsbedingungen der DDR-Wirtschaft gegenüber der westdeutschen Wirtschaft das Erreichte noch höher zu bewerten sei als das westdeutsche Wirtschaftswunder. Nicht von ungefähr sieht die DDR-Führung in ihren wirtschaftlichen Erfolgen auch eine Bestätigung des von ihr aufgebauten sozialistischen Wirtschaftssystems.
Die schwierigen Ausgangsbedingungen für den Wiederaufbau der DDR-Wirtschaft wurden am Anfang noch zusätzlich verschärft durch die politisch bedingte Umwandlung des überkommenen Wirtschaftssystems in eine zentral gelenkte Verwaltungswirtschaft. Zwar bestanden die Sowjets 1945 keineswegs auf der totalen Beseitigung der kapitalistischen Wirtschaftsstruktur ihrer Zone und ihrer sofortigen Umwandlung in eine sozialistische Wirtschaft, aber die Entwicklung ging doch Schritt für Schritt auf eine sozialistische Wirtschaftsordnung nach sowjetischem Muster zu, in der Elemente des kapitalistischen Wirtschaftssystems zwar nicht überall und vollständig verschwinden mußten, aber doch so geschwächt und reglementiert wurden, daß sie keine bestimmende Funktion innerhalb des Wirtschaftssystems mehr einnehmen konnten. Diese Übernahme des sowjetischen Modells der Wirtschaftsordnung brachte für die DDR-Wirtschaft noch zusätzliche Schwierigkeiten: Die Enteignung des Großgrundbesitzes und eines großen Teils der Industrie und die mit diesen Maßnahmen verbundene Vertreibung von Grundbesitzern

und Unternehmern bewirkte vorübergehend einen Schwund qualifizierter Führungskräfte. Das Problem unzureichender Qualifikation stellte sich auch für den Aufbau der im Rahmen einer Planwirtschaft notwendigen Lenkungsapparate, die jahrelang von zahlreichen unzulänglich ausgebildeten Funktionären durchsetzt waren; schließlich hat – und dies fällt besonders ins Gewicht – die massive Fluchtbewegung in das westliche Deutschland, vor allem durch das Schlupfloch West-Berlin, zu einer starken Schwächung und qualitativen Beeinträchtigung des Arbeitskräftepotentials der DDR beigetragen. Zwischen 1952 und 1961, dem Jahr des Baus der Berliner Mauer, flohen nicht weniger als zwei Millionen zweihunderttausend DDR-Bürger in den Westen; davon waren etwa zwei Drittel Erwerbstätige, wobei bestimmte hochqualifizierte Berufsgruppen überdurchschnittlich stark unter den Flüchtlingen vertreten waren. Anhand der Flüchtlingszahlen, die ausgerechnet in Jahren wirtschaftlicher Schwierigkeiten in der DDR jeweils besonders hoch waren, läßt sich auch nachweisen, daß es nicht nur politische, sondern in vielen Fällen ökonomische Motive waren, die viele DDR-Bürger zur Flucht nach Westdeutschland bewogen haben. Die Massenflucht aus der DDR nach der Bundesrepublik hat sich erst in den fünfziger Jahren zu einem gravierenden ökonomischen Problem entwickelt, in den ersten Nachkriegsjahren gab es noch einen Überschuß an Arbeitskräften. Die starke, nicht kalkulierbare Flüchtlingsbewegung machte die Wirtschaftsplanung über das normale Maß hinaus schwierig und hat die Produktionskapazität der DDR zweifellos beeinträchtigt. Die DDR-Wirtschaft ist deshalb seit dem Bau der Berliner Mauer von einem ihrer schlimmsten »Störfaktoren« befreit worden. Darum wird der Mauerbau, so inhuman er unter dem liberalen Gesichtspunkt der Freiheit und Freizügigkeit erscheint, mit gutem Grund als ein wichtiger Einschnitt für die Konsolidierung, das Wachstum und die qualitative Verbesserung der DDR-Wirtschaft erachtet.

2. Etappen der Wirtschaftspolitik

Die Sowjets verfolgten während der Besatzungszeit (1945–1949) in Übereinstimmung mit den deutschen Kommunisten die Absicht, die sozio-ökonomische Struktur zu ändern. Diesem Ziel dienten die Bodenreform und die Industriereform, durch die der Entwicklung privatkapitalistischer Produktionsformen in der Zone der Boden entzogen wurde. Der nächste Schritt war der 1947 begonnene Aufbau einer zentralen Verwaltungswirtschaft nach sowjetischem Vorbild, die trotz zahlreicher

interner Umorganisationen für das Wirtschaftssystem der DDR bis heute bestimmend geblieben ist.
Beide Zielrichtungen: die immer weitergehende Sozialisierung der Produktionsmittel bis zum vollständigen »Sieg der sozialistischen Produktionsverhältnisse« sowie die stetige Vervollkommnung der Planwirtschaft haben die Entwicklung der DDR-Wirtschaft in den letzten 25 Jahren geprägt. Im Verfolg dieser beiden Ziele gab es selbstverständlich mehr oder weniger schwierige Probleme zu lösen, die die DDR-Führung zwangen, ihre allgemeinen wirtschaftspolitischen Zielsetzungen den besonderen Bedingungen der politischen und ökonomischen Lage anzupassen. Es kann jedoch kein Zweifel daran bestehen, daß die Perfektion des zentralen wirtschaftlichen Lenkungsmechanismus und die immer vollständigere Sozialisierung die durchgängigen wirtschaftspolitischen Ziele der SED waren. Auf diesem Wege der Umgestaltung wurde die DDR-Wirtschaft nicht nur in ihrer inneren Struktur dem Wirtschaftssystem der Sowjetunion und der anderen Länder des Ostblocks angepaßt, sie wurde auch in ihren Außenbeziehungen fest in das von der Sowjetunion beherrschte sozialistische Wirtschaftssystem eingegliedert. Sie hat auch in ihrer Wirtschaftspolitik weitgehend die Zielsetzungen und Methoden sowjetischer Wirtschaftspolitik übernommen. Erst heute ist sie aufgrund ihrer eigenen wirtschaftlichen Erfolge in der Lage, eine stärker ihren eigenen Interessen dienende nationale Wirtschaftspolitik zu verfolgen, ohne freilich einen ernsthaften Interessenkonflikt mit der Sowjetunion riskieren zu wollen. Im einzelnen vollzog sich die Entwicklung der DDR-Wirtschaft in den folgenden zeitlichen Etappen:
Die erste Etappe von 1945 bis 1949 galt dem Wiederaufbau der Wirtschaft unter gleichzeitiger Veränderung ihrer Machtgrundlagen mittels der Boden- und Industriereform. Die SED nennt sie die Etappe der »Eroberung der politischen und wirtschaftlichen Kommandohöhen«, durch welche ein Übergewicht sozialistischen Eigentums an den Produktionsmitteln geschaffen und damit die Entmachtung der privatwirtschaftlich organisierten Wirtschaft erreicht wurden. Nach der Gründung der DDR im Jahre 1949 wurde dieser Prozeß der Sozialisierung zielstrebig fortgesetzt. Diese zweite Phase, die man bis ins Jahr 1962 datieren kann, galt der Entwicklung der sozialistischen Produktionsweise; sie ist die Phase des Übergangs aus dem Kapitalismus in das entwickelte sozialistische System. Mit dem Jahr 1962 wird die Phase des Übergangs als abgeschlossen betrachtet. Seither spricht man vom »Sieg der sozialistischen Produktionsverhältnisse« in der DDR. Erst seit diesem Zeitpunkt, so heißt es, können sich die ökonomischen Gesetze des Sozialismus in der DDR voll zur Wirkung bringen.

Betrachtet man die Entwicklung der DDR-Wirtschaft seit 1945, ohne diese ideologischen Erklärungsmuster zu bemühen, so ergibt sich folgendes Bild: Nach den bereits geschilderten außerordentlichen Schwierigkeiten des Anfangs konzentriert sich die DDR in den fünfziger Jahren darauf, die strukturellen Schwächen ihrer Volkswirtschaft auszugleichen durch den planmäßigen Wiederaufbau und Ausbau ihrer Industrieanlagen, insbesondere durch die Entwicklung von Grundstoffindustrien unter besonderer Berücksichtigung der elektrotechnischen, chemischen und Maschinenbauindustrie. Dadurch sollten die schlimmsten Auswirkungen der Demontagen und der strukturellen »Disproportionen« in der DDR-Wirtschaft beseitigt werden. Dieses Ziel ist in einem gewissen Umfang erreicht, allerdings durch einen rigorosen Verzicht auf die Befriedigung der Konsuminteressen der Bürger erkauft worden.
In dieser Etappe ist der Wirtschaftsplan das Instrument der Wirtschaftslenkung, die auf selbstregulatorische marktwirtschaftliche Elemente völlig verzichtet. Er wird von der staatlichen Plankommission aufgestellt, durch die politischen Instanzen gebilligt und festgesetzt und mit Hilfe eines umfangreichen Steuerungsapparates vollzogen. Die DDR hat im Laufe ihrer Geschichte mit solchen Plänen viel experimentiert. Es gab zwei Fünfjahrespläne, einen Siebenjahresplan, daneben die jeweiligen Jahrespläne. Heute steht neben einem langfristigen Perspektivplan für in der Regel fünf Jahre der jeweilige Jahresplan, der faktisch, wenn auch nicht formal, mit einem Haushaltsplan des Staates identisch ist. Der langfristige Perspektivplan, der im Gegensatz zu früheren Planungsperioden auf intensiven wissenschaftlichen Prognosen beruhen soll, ist in Verbindung mit den Jahresplänen das entscheidende Lenkungsinstrument der DDR-Wirtschaftspolitik.
Das von der sowjetischen Wirtschaft übernommene zentrale Planungssystem, das bis zur Entwicklung des ab 1963 eingeführten Neuen Ökonomischen Systems den Wirtschaftsprozeß in der DDR lenkte, war auf folgenden Prinzipien aufgebaut:
1. Die wirtschaftliche Produktion wurde nach Mengen geplant, die von der zentralen Behörde festgesetzt wurden.
2. Die Preise wurden ebenfalls durch die zentralen Instanzen auf längere Zeiträume hin festgelegt, also festgeschrieben.
3. Die einzelnen Produktionseinheiten waren verpflichtet, die ihnen auferlegten Mengen zu produzieren, d. h. ihr Plansoll zu erfüllen, wenn möglich überzuerfüllen.
4. Die außenwirtschaftliche Tätigkeit wurde völlig vom Staat kontrolliert, sie war insbesondere auf das von der Sowjetunion kontrollierte Wirtschaftssystem des Ostblocks ausgerichtet.

Mit diesen planwirtschaftlichen Methoden hat die DDR zwar einige ihrer Ziele: Umstrukturierung der Wirtschaft, Ausbau neuer Produktionsbereiche, Steigerung der Arbeitsproduktivität und wirtschaftliche Integration in den Ostblock erreichen können, gleichzeitig jedoch, vor allem im Vergleich zur marktwirtschaftlich orientierten Wirtschaftspolitik westlicher Länder, insbesondere der Bundesrepublik, gravierende Mängel ihres Wirtschaftssystems in Kauf nehmen müssen. Als Hauptmangel der zentral gelenkten Planwirtschaft erwies sich, daß vielfach am realen Bedarf der Volkswirtschaft vorbeigeplant wurde, daß die Pläne selbst nicht flexibel genug waren, um neuen Lagen angepaßt zu werden, daß anstelle von Prinzipien ökonomischer Rentabilität der Gesichtspunkt der Planerfüllung ohne Rücksicht auf die Qualität der Produkte und ohne Orientierung am wirklichen Bedarf die Oberhand gewann.
Es ist der DDR gelungen, überdurchschnittliche jährliche Wachstumsraten (zwischen 5 und 10%, die höchsten in den Jahren 1958 und 1959) zu erzielen, doch diese Erfolge haben die politische Führung Ende der fünfziger Jahre dazu verführt, in einem ehrgeizigen Siebenjahresplan die Leistungen ihrer Volkswirtschaft mit aller Macht noch mehr steigern zu wollen mit dem Ziel, den Lebensstandard der Bevölkerung der Bundesrepublik nicht nur zu erreichen, sondern sogar zu übertreffen. Das eklatante Scheitern des Siebenjahresplanes, dessen hochgesteckte Ziele auch nicht annähernd erreicht werden konnten, stürzte die DDR zu Beginn der sechziger Jahre in eine wirtschaftliche Krise, zumindest in eine Rezession oder Wachstumsabschwächung, die schließlich nur durch die Einführung des Neuen Ökonomischen Systems überwunden werden konnte. Erst seither gibt es wieder eine kontinuierlichere Aufwärtsentwicklung der DDR-Wirtschaft mit einer durchschnittlichen Wachstumsrate von 5%.
Die auf die quantitative Mengenproduktion ausgerichtete Planwirtschaft (»Tonnen-Ideologie«), zu deren Symbol der Arbeiter (dem Stachanow der UdSSR entsprach in der DDR der Genosse Hennecke) wurde, der sein Soll übererfüllte, konnte Gütererzeugung und Bedarf nicht richtig aufeinander abstimmen. In dem strengen Planungssystem, in dem Initiativen von unten nur dann willkommen waren, wenn sie den zentralen Planerfordernissen entsprachen, wurde deshalb in vielen Bereichen unrentabel, auf jeden Fall ohne die ausreichende Berücksichtigung ökonomischer Gesichtspunkte produziert. Außerdem machte die angestrebte und auch erreichte kräftige Expansion der Volkswirtschaft eine durchgehende und effektive Planung des immer komplizierter werdenden Wirtschaftsprozesses von Jahr zu Jahr schwieriger.

3. Das Neue Ökonomische System

Die DDR-Führung kam aufgrund der Schwächeperiode ihrer Wirtschaft zu Anfang der sechziger Jahre zu der Erkenntnis, daß die alten Planungsmethoden und die ihnen entsprechende Organisation der wirtschaftlichen Prozesse den Erfordernissen einer hochentwickelten Industriewirtschaft nicht mehr adäquat waren. Der ambitiöse Siebenjahresplan wurde wieder fallengelassen und durch kurzfristige, von Perspektivplanungen ergänzte Jahrespläne ersetzt. Das Ergebnis des Umdenkungsprozesses war das Neue Ökonomische System der Planung und Leitung, das 1963 von Ulbricht offiziell verkündet und eingeführt wurde.

Der Kern des Neuen Ökonomischen Systems ist darin zu sehen, daß die zentrale staatliche Planungsmaschinerie sich auf die Formulierung langfristiger wirtschaftspolitischer Ziele (Perspektivpläne) beschränkt und den Betriebseinheiten eine größere Eigenverantwortlichkeit, orientiert an ökonomischen Prinzipien der Rentabilität und Effizienz, gewährt. Konkret ging es für die DDR-Wirtschaft um eine bessere Entsprechung der Angebots- und der Nachfragestrukturen, um einen konsequenten Ausbau ihrer produktivsten Wirtschaftszweige und um eine Förderung der Forschung und Entwicklung jener Technologien, die für das künftige Wachstum der Wirtschaft von besonderem Gewicht sind. Die volkswirtschaftliche Effizienz des ökonomischen Systems sollte außerdem erhöht werden durch eine größere Flexibilität und Anpassungsfähigkeit der Planung, durch die Einführung des Kosten-Nutzen-Prinzips anstelle des Denkens in Quantitäten und durch einen besseren Einblick in den wirtschaftlichen Kreislauf auf allen Stufen, um verläßlichere Informationen für die jeweils zu treffenden Entscheidungen zu erhalten. Die Planung der Wirtschaft wurde zwar keineswegs aufgegeben, aber stärker auf die sogenannte Perspektive (flexible Planziele) hin orientiert, während das Wirtschaftssystem innerhalb dieses breiten Rahmens durch ein »in sich geschlossenes System ökonomischer Hebel« funktionieren sollte. Kurz: das Neue Ökonomische System bedeutete ein Abrücken von den alten Planungspraktiken, es enthielt gewisse Konzessionen an marktwirtschaftliche Prinzipien, die jedoch nicht so weit gingen, daß man einer »Selbstregulierung der Wirtschaft« freien Lauf lassen wollte. Planung und sich selbst regulierender wirtschaftlicher Prozeß standen sich in dem neuen System zunächst mehr oder weniger gleichberechtigt gegenüber.

Die Durchführung der Reform erwies sich als außerordentlich schwierig und langwierig. Zunächst mußte das völlig veraltete Preissystem neu gestaltet werden, damit die echten Kosten eines Produktes und damit auch die Leistung eines Betriebes besser berechenbar wurden. Dazu bedurfte es dreier Preisreformen. Außerdem mußte der jeweilige Wert der einzelnen Industrieanlagen (Grundmittel) neu festgelegt werden, um eine Bemessungsgrundlage für die Rentabilität der Betriebe zu gewinnen, schließlich mußte man neue Organisationsformen der Betriebsführung und der Zusammenarbeit mit den staatlichen Stellen entwickeln, um den höchstmöglichen volkswirtschaftlichen Effekt sicherstellen zu können. Im Zuge dieser Entwicklung hat sich vor allem das staatliche Lenkungssystem der Wirtschaft verändert. Es nennt sich heute das »System der Leitung und Planung der Wirtschaft«.

Es liegt auf der Hand, daß die Umstellung der DDR-Planwirtschaft von einem System straffer Zentralisierung auf ein System mit stärkerer Dezentralisierung und Eigenverantwortlichkeit der Produktionseinheiten nicht in so kurzer Zeit optimale Erfolge erzielen kann. Die betriebswissenschaftliche Forschung und Lehre, die für das Management westlicher Industrien eine unentbehrliche Voraussetzung ist, erscheint in der DDR noch stark unterentwickelt. Auch besteht keine grundsätzliche Klarheit über die Methoden zur Gewinnung einer produktiven Balance zwischen zentraler Leitung von oben und eigenverantwortlicher Tätigkeit an der betrieblichen Basis. Die Manager der Volkseigenen Betriebe erwarten von der Zentrale eine klare Formulierung des gesellschaftlichen Grundinteresses, um ihre spezifischen betrieblichen Interessen mit diesem Interesse abstimmen zu können, aber die Koordination ist schwierig. Im übrigen waren auch in der DDR systemtheoretische Modelle eine Zeitlang ziemlich populär, um diese Beziehungen zu illustrieren, sie sind jedoch durch die Parteiführung nach dem VIII. Parteitag wieder auf einen minderen wissenschaftlich-theoretischen Rang verwiesen worden.

Noch zu Walter Ulbrichts Zeiten wurde das ursprüngliche Neue Ökonomische System wesentlich abgewandelt, um der längerfristigen Strukturentwicklung und der Effektivität der Volkswirtschaft besser Rechnung zu tragen. 1968 wurde das Reformmodell in »Ökonomisches System des Sozialismus« umbenannt und stärker auf die Förderung von Wachstumsbranchen wie der Erdölchemie und Automatisierungs- und EDV-Anlagen abgestellt. Diese Spezialisierung und die Auswirkungen extrem ungünstiger Witterungsbedingungen – z. B. auf den für die DDR-Energieversorgung zentralen Braunkohlenabbau – führten Anfang der 70er Jahre zu erneuten Wachstumsstörungen. Die Partei- und Staatsspitze hat seit dem VIII. Parteitag mit einer stärkeren Zentralisierung reagiert: der Entscheidungsspielraum der Betriebe und VVB ist wieder eingeschränkt, die direkte staatliche Leitung verstärkt und die Ansätze zu einer Dezentralisierung wirtschaftlicher Entscheidungen und zur Berücksichtigung gewisser marktwirtschaftlicher Prinzipien, wie z. B. die Festlegung halbwegs kostengerechter Preise, sind wieder zurückgenommen worden. Der XI. Parteitag der SED (1976) hat diese Tendenz weiter verstärkt, so daß vom einst so gefeierten Neuen Ökonomischen System nicht mehr allzu viel übrig geblieben ist.

Auffallend ist immerhin, daß die DDR in der Aufstellung ihrer Volkswirtschaftspläne jetzt etwas nüchterner und realistischer verfährt. Die Planziffern des zur Zeit gültigen Fünfjahresplanes, der 1976 vom IX. Parteitag verabschiedet wurde und bis ins Jahr 1980 gilt, waren geringfügig niedriger angesetzt als die des vorausgehenden Perspektivplans, doch schon nach zwei Jahren Laufzeit gab das Zentralkomitee der SED auf seiner 8. Sitzung im Mai 1978 seiner großen Sorge Ausdruck, daß das gesteckte Planziel nicht erreicht werde, weil man bereits in den ersten beiden Jahren seiner Laufzeit die Planvorgaben nicht erzielt hatte. Die SED-Verantwortlichen rügten »Planungsfehler, Disproportionen und Schludereien«, Willi Stoph, der Vorsitzende des Ministerrats, sprach sogar »von Vergeudung von Arbeitskraft und Bummelantentum in den Betrieben«, aber man sucht eine Verbesserung der Verhältnisse typischerweise nicht in einer stärkeren Dezentralisation und Eigenverantwortung aller am Wirtschaftsprozeß Beteiligten als vielmehr in weiterer Zentralisierung der Entscheidungsbefugnisse, verstärkter Konzentration der Produktion, rationellerem Einsatz der Mittel und – wie gewohnt – in unablässigen Appellen an die Werktätigen, die Arbeitsproduktivität zu steigern. Die arbeitende Bevölkerung wird stets von neuem aufgefordert, mehr zu leisten und effektiver zu arbeiten und die »Plandisziplin« zu wahren. Warum diese Appelle nur begrenzte Wirkungen zeitigen, hat der Regimekritiker Rudolf Bahro, wie uns scheint, überzeugend nachgewiesen.

Offensichtlich lebt die DDR-Bevölkerung zur Zeit etwas über ihre wirtschaftlichen Verhältnisse. Honecker hatte sich nicht ganz ohne Erfolg bemüht, den steigenden Konsumerwartungen der DDR-Bürger Rechnung zu tragen; er hatte die Arbeitszeit verkürzt, die Mindestlöhne und Renten angehoben und auf dem Parteitag erneut die Stabilität der Preise für die wichtigsten Güter des täglichen Bedarfs versprochen, aber die Parteiführung war sich wohl bewußt, daß dies eine gesteigerte Arbeitsproduktivität verlangte. Sie machte deutlich, daß die Verbesserung sozialer Leistungen, die sie im Prinzip weiter anstrebt, nur durch eine erhebliche Steigerung der volkswirtschaftlichen Gesamtleistung zu erreichen sei, doch gerade in diesem Punkt bleibt die DDR-Wirtschaft aufgrund der dem planwirtschaftlichen System innewohnenden strukturellen Mängel etwas hinter den im Plan fixierten Erwartungen zurück.

Mit ihrer seit 1976 ausgegebenen Devise von der »Einheit der Wirtschafts- und Sozialpolitik« will die politische Führung auf den zweifellos existierenden Zusammenhang zwischen Wirtschaftsproduktivität und sozialer Leistungsfähigkeit aufmerksam machen.
In seiner jetzigen Verfassung ist das Wirtschaftssystem der DDR auf etwas unsicherem Kurs, denn Honeckers Versuch, die steigenden sozialen Wünsche der Bevölkerung mit den wirtschaftlichen Gegebenheiten in Deckung zu bringen, zwingt zu immer neuen Dispositionen, zu immer neuen Bemühungen, »die staatliche Leitungstätigkeit weiter ernsthaft zu verbessern« (Honecker), etc., so daß eine klare Linie der Wirtschaftspolitik, die über die permanenten Aufforderungen zur Leistungssteigerung hinausgeht, schwer erkennbar wird. Unter einigen ökonomischen Fachleuten der SED ist man über diese Tendenz, die einer Politik des »Sich-Durchwurstelns« nahekommt, nicht besonders glücklich. Dies ist auch einer der Hintergründe für die Spannungen innerhalb der Parteielite, auf die wir im Abschnitt über die Sozialstruktur der SED hingewiesen haben.

4. Das Leitungssystem der DDR-Wirtschaft

Die Leitung der Volkswirtschaft ist in der DDR-Verfassung als die Hauptaufgabe des Ministerrats bestimmt worden. Der Ministerrat bedient sich zur Durchführung dieser Aufgabe eines weitgefächerten Instrumentariums verschiedenartiger Institutionen. Dabei steht an vorderster Stelle die »Staatliche Plankommission« (SPK), die man als den »ökonomischen Generalstab« des Ministerrates bezeichnet hat. Aufgabe der Plankommission ist es, die vom Ministerrat und der hinter ihm agierenden Einheitspartei getroffenen wirtschaftspolitischen Entscheidungen im einzelnen zu konkretisieren. Die Plankommission ist sowohl für die Erstellung des mehrjährigen Perspektivplanes verantwortlich wie auch für die einzelnen volkswirtschaftlichen Jahrespläne.
Die Entstehung eines Planes ist ein komplizierter Prozeß, an dem zahlreiche Institutionen bis hinunter zu den Betrieben beteiligt sind. Die Staatliche Plankommission legt für den Bereich der einzelnen Industrieministerien global die jeweiligen Planungsaufgaben fest. Die Ministerien haben dann die ihnen zugewiesenen Aufgaben in konkrete Planforderungen an die ihnen unterstellten Vereinigungen Volkseigener Betriebe (VVB) und Kombinate umzusetzen, die ihrerseits wiederum den ihnen unterstellten Betrieben (VEB) die Planungsaufgaben im einzelnen zuweisen. Die Vereinigungen Volkseigener Betriebe, eine Art sozialistischer Konzern, sind die Zusammenfassung einer größeren Zahl von

Betrieben einer bestimmten Branche, z. B. der pharmazeutischen Industrie, deren Aufgabe es ist, die Produktion innerhalb eines bestimmten Bereiches zu planen, anzuleiten, zu koordinieren und wirtschaftlich rentabel zu gestalten. An ihrer Spitze stehen Generaldirektoren, die Wirtschaftsbosse der DDR. Die VEBs führen bei der Aufstellung des Planes die wichtige Arbeit der detaillierten Aufschlüsselung der Planaufgaben auf die einzelnen Produktionseinheiten durch. Auf der Grundlage dieser Ergebnisse erarbeiten die einzelnen Betriebe dann ihren Jahresproduktionsplan und führen die notwendigen Verhandlungen mit den Zulieferungsbetrieben, den Absatzorganisationen etc., um eine Realisierung der konkreten Planaufgaben durch entsprechende Verträge sicherzustellen. Dies ist ein kompliziertes Verfahren, an dem, wie man sieht, zahlreiche Instanzen beteiligt sind.
Der so entstandene Plan läuft dann auf denselben Stationen wieder an die Plankommission bis zum Ministerrat zurück, der ihn schließlich bestätigt und durch die Volkskammer als Gesetz beschließen läßt, wobei auf allen Ebenen Korrekturen möglich sind. Am Ende steht dann ein verbindlicher Volkswirtschaftsplan für in der Regel ein Jahr mit genauen Planaufgaben für die einzelnen Betriebseinheiten. Die von der Staatlichen Plankommission jeweils festgelegten Planaufgaben kommen natürlich nicht willkürlich zustande, sondern beruhen auf der Planungsarbeit sowohl der Plankommissionen der einzelnen Betriebe wie auch der VVBs, die eigene Perspektivplanungsabteilungen besitzen. Außerdem wird die Plankommission der Zentrale durch das Ministerium für Wissenschaft und Technik unterstützt, dessen Forschungsrat für die Prognose der wissenschaftlich-technischen Entwicklung zuständig ist. Die Plankommission verfügt auch über ein eigenes Ökonomisches Forschungsinstitut sowie einen Beirat für Ökonomische Forschung, in dem Probleme der Planung wissenschaftlich verarbeitet und dessen Ergebnisse in die jeweilige Plangestaltung einbezogen werden.
Für die Lenkung größerer Industriebereiche sind die einzelnen Industrieministerien verantwortlich, die in erster Linie Plan- und Plankontrollaufgaben für den ihnen unterstehenden Bereich der Industrieproduktion wahrzunehmen haben. Den einzelnen Industrieministerien sind die in sich noch weiter untergliederten Vereinigungen Volkseigener Betriebe unterstellt, die im Rahmen des Neuen Ökonomischen Systems eine zentrale Funktion einnahmen, inzwischen jedoch einen Teil ihres anfangs gewährten Selbständigkeitsspielraums wieder an die Industrieministerien zurückgeben mußten. Die VVBs, von denen es rund 80 gibt, waren das Kernstück der Wirtschaftsreform, weil durch sie die geforderten neuen Kriterien ökonomischer Effektivität im wesentlichen durchgesetzt werden sollten.

Parallel zu dieser zentralistischen Struktur der Produktion verläuft noch ein *regionales* Gliederungsprinzip. Etwa drei Viertel der Industrieproduktion der DDR wird zentral gelenkt, der Rest fällt in den Kompetenzbereich der »bezirksgeleiteten Industrie«, die durch die Bezirkswirtschaftsräte gesteuert wird. In Verbindung mit den Bezirksplankommissionen sorgen die Bezirkswirtschaftsräte vor allem für die Planung und Durchführung infrastruktureller Maßnahmen, die für die Planerfüllung notwendig sind. Auch Fragen des Standorts von Industrien sowie der Bereitstellung von Arbeitskräften und Dienstleistungen für die zentral geleiteten Betriebe gehören zum Aufgabenbereich der Bezirke.
Innerhalb der industriellen Struktur der DDR spielt das *Kombinat* eine wachsende Rolle. In einem Kombinat sind größere Industriekomplexe wie z. B. das Chemiewerk Leuna in Merseburg unter einer einheitlichen Leitung zusammengefaßt, während die Vereinigungen Volkseigener Betriebe aus einzelnen Volkseigenen Betrieben, die selbständig bleiben, gebildet worden sind. Große Kombinate sind direkt einem Ministerium unterstellt, andere gehören einer VVB an oder unterstehen einem Bezirkswirtschaftsrat.
Das Neue Ökonomische System von 1963 hatte, wie erwähnt, den Vereinigungen Volkseigener Betriebe eine Schlüsselstellung zugewiesen und ihren Direktoren eine große Eigenverantwortung für die Wirtschaftlichkeit der Produktion übertragen. Im Vollzug der Reform hat die staatliche Leitung sich jedoch veranlaßt gesehen, die den Generaldirektoren der VVB und den Leitern der Betriebe gewährte Autonomie wieder stärker zu beschneiden. Seit 1967 sind gewisse Tendenzen der Rückkehr zur alten Form der zentralen Verwaltungswirtschaft in der DDR unverkennbar. Die Ziele, welche die Reform des Wirtschaftssystems sich gesteckt hatte, sind, nach übereinstimmendem Urteil der kompetenten Beobachter, nur teilweise erreicht worden. Die Reform ist nach 1967 steckengeblieben, insbesondere ist es nicht gelungen, das proklamierte System »in sich geschlossener ökonomischer Hebel«, zu denen vor allem leistungsabhängige Löhne und Gehälter, Preise, Kosten, Gewinne, Zins und Kredit gerechnet werden, wirksam zu gestalten. Die Banken, denen im neuen System eine wichtige volkswirtschaftliche Funktion vor allem im Bereich der Investitionen und der Leistungskontrolle zukommen sollte, erwiesen sich als nicht genügend gerüstet, die neuen Aufgaben wahrzunehmen.
Die ökonomischen Hebel, welche im Zeitpunkt des Anlaufens der Reform als besonders wichtiges Steuerungsinstrument angesehen wurden, gelten inzwischen nur noch als *ein* Instrument unter vielen und keineswegs als das wichtigste. Zwar handelt es sich in der Wirtschaftsent-

wicklung der letzten Jahre nicht um eine einfache Rückkehr zum System einer straff gelenkten Verwaltungswirtschaft, jedoch um eine neuerliche Verstärkung administrativer Lenkungsmethoden und eine entsprechende Verringerung des freien Handlungsspielraums der Wirtschaftseinheiten, was die wesentliche Errungenschaft der Wirtschaftsreform von 1963 gewesen war.

Gleichwohl bietet sich die Wirtschaftsordnung der DDR heute viel günstiger dar als in den fünfziger Jahren, in denen ein allzu straffer staatlicher Lenkungsmechanismus alle Spontaneität und Eigenverantwortung der Wirtschaftspartner unterdrückte. Zwar wird die DDR auf lange Sicht nicht in der Lage sein, die Bundesrepublik in bezug auf Produktivität und Lebensstandard zu überholen, wie sie es einst verkündet hatte, denn trotz aller Erfolge beträgt der Abstand der Produktivität zwischen der BRD und der DDR mindestens 25 %, und der Unterschied im Lebensstandard wird gar auf 30 % beziffert. Dies kann jedoch nicht den Wert der Feststellung schmälern, daß die DDR *innerhalb* eines sozialistischen Wirtschaftssystems die vergleichsweise größten Erfolge aufzuweisen hat. Der Lebensstandard der Bürger der DDR ist innerhalb des Ostblocks der höchste, die Produktion der DDR ist moderner als in ihren sozialistischen Bruderländern. Es ist unstreitig, daß sich im Falle Ostdeutschlands deutscher Fleiß und deutsche Tüchtigkeit in Verbindung mit den vorhandenen Traditionen eines entwickelten Industrielandes glücklich verbunden haben, um trotz permanenter, aus dem Planungsmechanismus resultierender Schwierigkeiten ein so günstiges Ergebnis zu erzielen.

Man kann jedoch nicht behaupten, die DDR habe für ihr Wirtschaftssystem einen dauerhaften institutionellen Rahmen bereits gefunden und sei von nun an in der Lage, kontinuierlich auf dem Erreichten aufzubauen. Gerade die immer neuen Experimente, die eine günstigere Entwicklung der wirtschaftlichen Effektivität bezwecken, lassen erkennen, daß man noch weit davon entfernt ist, eine relativ vollkommene Organisation und Methodik der Leitung und Planung der Wirtschaft im System des Sozialismus gefunden zu haben.

5. Die Wirtschaft der Bundesrepublik und der DDR im Vergleich

Mit den umfangreichen »Materialien zur Lage der Nation«, die in der Bundesrepublik in Verbindung mit dem jährlichen Bericht der Bundesregierung zur Lage der Nation 1971, 1972 und 1974 vorgelegt wurden, liegen jetzt erstmals wissenschaftliche Untersuchungen zum Vergleich der beiden politischen Systeme auf zahlreichen Lebensbereichen vor. Aus diesen Untersuchungen geht einesteils hervor, daß die beiden so unterschiedlichen politischen Systeme auf deutschem Boden zahlreiche Charakteristika hochentwickelter industrieller Gesellschaften gemeinsam haben und insofern wenigstens in Teilbereichen der Wirtschafts- und Sozialordnung eine Konvergenz der Systeme erkennbar wird – zum anderen machen diese Untersuchungen auch signifikante Unterschiede, vor allem im politischen und rechtlichen Bereich, erkennbar. Vor allem aber zeigt sich beim Studium der »Materialien«, daß die isolierte Verwendung statistischer Vergleichszahlen ohne Rückbezug auf den Stellenwert solcher Daten im Rahmen des jeweiligen Gesamtsystems relativ unergiebig bleibt. So läßt sich beispielsweise für den Zeitraum der sechziger Jahre ein annähernd gleiches Wachstum des realen Sozialprodukts in beiden Staaten feststellen, aber dieses Wachstum verteilt sich auf die verschiedenen Produktionsbereiche ganz unterschiedlich. In der Bundesrepublik entfällt ein viel höherer Anteil des Sozialprodukts auf die Sektoren des Handels, des Verkehrs und der Dienstleistungen, während in der DDR der Anteil der Industrie und der Landwirtschaft am Bruttosozialprodukt vergleichsweise höher ist als in der Bundesrepublik. Daraus ergibt sich, daß die DDR als Konsumgesellschaft noch weit hinter der Bundesrepublik zurückbleibt.

Bemerkenswert an den Vergleichszahlen für die Wirtschaft beider Staaten ist vor allem, daß sowohl im Bereich der Kapitalintensität wie bei der Arbeitsproduktivität und der Kapitalproduktivität die Bundesrepublik einen deutlichen Vorsprung gegenüber der DDR-Wirtschaft besitzt. Außerdem sind in der Bundesrepublik nach den vorliegenden Berechnungen die Produktionskapazitäten im Durchschnitt besser genutzt worden als in der DDR. Man spricht hinsichtlich der Kapitalintensität von einem Rückstand der DDR gegenüber der Bundesrepublik von drei Jahren, in bezug auf die Arbeitsproduktivität von einem Rückstand von sieben bis acht Jahren. Vor allem in der Landwirtschaft ist die Produktivität noch erheblich geringer als in der Bundesrepublik, aber dies wird sich in den nächsten Jahren mit Sicherheit etwas zugunsten der DDR verschieben.

Aus derartigen Vergleichen läßt sich zwar ohne weiteres folgern, daß die DDR ihr oft proklamiertes Ziel, die vergleichbare Wirtschaftskraft der Bundesrepublik und den Lebensstandard der westdeutschen Bevölkerung in absehbarer Zeit zu erreichen, wenn nicht gar zu übertreffen, vorerst nicht wird erreichen können. Gleichzeitig wird jedoch erkennbar, daß die DDR-Wirtschaft noch beträchtliche Möglichkeiten der optimaleren Nutzung ihrer wirtschaftlichen Möglichkeiten besitzt. Es bleibt abzuwarten, ob sie diese Möglichkeiten zu nutzen versteht. Dies ist sowohl eine Frage der effizienteren Organisation wie des Wirtschaftssystems generell.

Da das Gesamtwachstum des Bruttosozialprodukts in den beiden Staaten annähernd gleich ist, verschieben sich natürlich gewisse Proportionen laufend zugunsten der westdeutschen Wirtschafts- und Konsumgesellschaft. Aufgrund des jeweils größeren Wachstums des privaten Verbrauchs und der Kapitalersparnisse in der Bundesrepublik gegenüber der DDR vergrößert sich z. B. der Abstand im Lebensstandard der beiden Bevölkerungen von Jahr zu Jahr etwas mehr. Die nominalen Nettoeinkommen aller Haushalte liegen in der Bundesrepublik um etwa ein Drittel höher als in der DDR. Gleichwohl sagen derartige Zahlen noch nicht viel über die konkrete Lage einzelner Haushalte in den beiden Staaten aus. Denn nicht nur sind die Einkommen in der Bundesrepublik viel weniger gleichmäßig verteilt als in der DDR, d. h., es gibt im Westen weit beträchtlichere Unterschiede in der Höhe der Einkommen als im Osten Deutschlands mit seiner relativ egalitären Einkommensstruktur, auch die Verbraucherpreise für verschiedene Warengruppen sind verschieden hoch. So liegen in der DDR die Preise im Bereich der Dienstleistungen für den täglichen Bedarf wie z. B. für Wohnung, Verkehrsmittel, Friseur etc. erheblich niedriger als in der Bundesrepublik; dasselbe gilt für die Grundnahrungsmittel; andererseits sind die Preise für hochwertige Waren und Luxusgüter in der Bundesrepublik viel niedriger als in der DDR. Dies bedeutet, daß das geringere Durchschnittseinkommen der Haushalte in der DDR wenigstens zum Teil wettgemacht wird durch geringere Kosten für die Grundbedürfnisse der Lebenshaltung.

Im Gesamtvergleich gesehen rangiert die Wirtschaftskraft der DDR wie auch der Lebensstandard ihrer Bevölkerung deutlich hinter den entsprechenden Werten der Bundesrepublik, aber auch deutlich vor den übrigen sozialistischen Staaten Osteuropas. Seit dem VIII. Parteitag hat sich die SED aber die Verbesserung der Konsumgüterversorgung in Quantität und Qualität und allgemein die Hebung des Lebensstandards der breiten Bevölkerung zur »Hauptaufgabe« gesetzt. Die bisher vergleichsweise sehr niedrigen Renten sind aufgebessert, der Wohnungsbau besonders für kinderreiche Arbeiterfamilien ist angekurbelt worden, und das Durchschnittseinkommen hat sich bei stabil bleibenden Preisen um jährlich 3–4 % erhöht. Die Auswirkungen der Weltwirtschaftskrise in der Mitte der siebziger Jahre und interne Wachstumsschwierigkeiten in der eigenen Wirtschaft haben jedoch den Bemühungen Honeckers, die DDR-Bevölkerung durch eine spürbare Verbesserung ihres Lebensstandards und der allgemeinen Lebensqualität stärker für sich zu gewinnen,

einen gewissen Dämpfer aufgesetzt. Zunächst hatte der SED-Staat triumphiert, daß die Wirtschaftssysteme der sozialistischen Länder von der weltweiten Wirtschaftskrise nicht tangiert wären, und darin einen neuerlichen Beweis für die Überlegenheit des sozialistischen Wirtschaftssystems über das kapitalistische gesehen, aber es währte nicht lange, da mußte auch die (ähnlich wie die Bundesrepublik) äußerst rohstoffarme DDR ihre notwendigen Rohstoffeinfuhren (auch gegenüber der Sowjetunion) teuer bezahlen und außerdem vermehrte Anstrengungen unternehmen, die eigenen Roh- und Brennstoffvorkommen noch wirksamer als bisher auszubeuten. Außerdem ist die DDR, wie alle Ostblockländer, arm an Devisen, die sie jedoch dringend benötigt, um sowohl hochwertigere Konsumgüter wie die zur Rationalisierung der Wirtschaft notwendigen modernen Technologien im Westen einkaufen zu können. Es kann darum nicht überraschen, daß die DDR-Führung seit langem alle Möglichkeiten ausschöpft, um an die begehrten Devisen heranzukommen. Sie hat es zugelassen, daß ihre Bürger über westdeutsche D-Mark-Beträge verfügen dürfen und ein Netz von »intershop-Läden« im ganzen Land aufgebaut, in dem DDR-Bürger, die im Besitz harter Währungen sind, ihre gesteigerten und sich ganz an den westlichen Normen orientierenden Konsumbedürfnisse decken können. Die D-Mark ist, wenn man so will, zu einer zweiten DDR-Währung geworden, deren Besitz eine neue Schicht von Privilegierten von der Masse der Nichtprivilegierten trennt. Trotz der nicht geringen politischen und ideologischen Probleme, die sich daraus für die SED ergeben, hat bislang das ökonomische Interesse an der Erlangung möglichst großer Devisenbestände die Oberhand behalten.
Aus dem gleichen Grund des chronischen Devisenmangels bemüht sich die DDR-Wirtschaft so weit wie irgend möglich um sogenannte Kompensationsgeschäfte mit westlichen Lieferfirmen. Dabei wird nicht mit hartem Geld, sondern mit Lieferungen aus der eigenen Produktion bezahlt. Die spektakuläre Lieferung von 10 000 Volkswagen des Typs Golf in die DDR (1977) soll aufgrund eines solchen Kompensationsgeschäfts ermöglicht worden sein. Doch diese Praxis stößt naturgemäß an enge Grenzen, da für die von der DDR angebotenen Kompensationsprodukte im Westen nur ein begrenzter Bedarf besteht. So kam es in den letzten Jahren zu einer relativ hohen Verschuldung der DDR im Außenhandel mit dem Westen, insbesondere mit der Bundesrepublik. Auch dadurch sind einer starken Expansion des Handels zwischen der Bundesrepublik und der DDR gewisse Grenzen gesetzt, und dies erklärt auch, warum die DDR sich die zwischen den Regierungen vereinbarte Verbesserung der Verkehrswege zwischen West- und Ostdeutschland (u. a. den

Bau einer Autobahn von Berlin nach Hamburg) so teuer wie möglich bezahlen läßt. Es ist nicht recht zu sehen, wie die DDR-Wirtschaft aus dieser Klemme auf Dauer herauskommen könnte.
Man wird jedoch ein ökonomisches System nicht ausschließlich nach seinen Leistungen in der Produktion und in der optimalen Ausnutzung seiner Kapazitäten sowie der individuellen Bedürfnisbefriedigung beurteilen dürfen, sondern muß auch den Maßstab sozialer Gerechtigkeit und Sicherheit mit anlegen. Nimmt man diese Kriterien hinzu, die man in ein statistisches Vergleichsverfahren nur schwer einbeziehen kann, so fällt der Vergleich zwischen den beiden Wirtschaftssystemen für die DDR nicht ganz so nachteilig aus, wie die statistischen Produktivitätswerte und die konventionellen Berechnungen des Lebensstandards es ausweisen. Andererseits kann nicht übersehen werden, daß die DDR-Führung sich in ihrem permanenten Drängen nach vermehrter und verbesserter wirtschaftlicher Leistung nicht minder als die kapitalistisch organisierten Wirtschaftsgesellschaften vorrangig an Wachstums- und Produktivitätsziffern orientiert. Der Umweltschutz stand trotz der sozialistischen Ordnung in der DDR bis vor kurzem nicht im Blickfeld der Wirtschaftsplaner. Auch für die Bevölkerung gilt, daß sie in ihrem Verlangen nach einer kontinuierlichen Verbesserung ihres Lebensstandards in erster Linie an den Verhältnissen im Westen, insbesondere in Westdeutschland, orientiert bleibt und dabei, dem sozialistischen Bewußtsein zum Trotz, in erster Linie den Maßstab des privaten Konsums zugrunde legt. Gerade die besseren wirtschaftlichen Lebensbedingungen des Westens waren für viele DDR-Bürger bis 1961 ein Anreiz, in die Bundesrepublik zu fliehen, und auch heute noch orientiert sich der Durchschnittsbürger der DDR in seinen Erwartungen an den Konsumstandards und dem Lebenszuschnitt der westlichen Gesellschaften, ohne mit der ideologischen Versicherung allzuviel anfangen zu können, daß die Wirtschaft auch sein Eigentum sei.
Da die DDR angetreten ist, ein soziales System aufzubauen, das den wirklichen Interessen *aller* dienen soll, wird es sich letzten Endes auch danach beurteilen lassen müssen, wie die Gesamtheit des Volkes dazu steht. Ein Regime jedoch, in dem allein die führende Partei die Interessen der Gesamtheit des Volkes bestimmen kann, wird sich einem echten demokratischen Test seiner Leistungsfähigkeit nicht unterziehen. Darum läßt sich weder für die Gegenwart noch für die Zukunft zweifelsfrei feststellen, welches der beiden politischen Systeme Deutschlands von der DDR-Bevölkerung selbst für das bessere gehalten wird, das sozialistische der DDR oder das kapitalistisch-sozialstaatliche der Bundesrepublik. Einiges spricht dafür, daß die Mehrheit der Menschen in Ostdeutschland am liebsten die relativen Vorzüge beider Systeme miteinan-

der kombiniert sähe. Es ist das Dilemma des »Wettkampfs der Systeme«, daß gerade dies unmöglich ist.

6. Die sozialistische Landwirtschaft

Innerhalb des Wirtschaftssystems der DDR ist kein Bereich so einschneidenden Strukturveränderungen und gesellschaftlichen Wandlungen unterworfen worden wie die Landwirtschaft. Die DDR hat den schwierigen und noch längst nicht abgeschlossenen Versuch unternommen, »auf der Grundlage einer sozialistischen Wirtschafts- und Agrarverfassung eine moderne, industriemäßig organisierte und produzierende Landwirtschaft aufzubauen« (H. Immler, in: DDR-Landwirtschaft in der Diskussion, hrsg. von K. Merkel und H. Immler, Köln 1972, S. 7). Schwierig war dieser Versuch nicht zuletzt deshalb, weil, wie schon Engels und Lenin erkannt hatten, die Verhältnisse auf dem Lande und das politische Bewußtsein der Bauern einer radikalen Änderung der ökonomischen Grundlagen und der jeweiligen Produktionsformen besonders großen Widerstand bieten, schwierig aber auch, weil das Problem der Landwirtschaft heute in allen modernen Industriestaaten akut ist und überzeugende, nachahmungsfähige Vorbilder für eine leistungsfähige, voll in das industriewirtschaftliche System integrierte Landwirtschaft in kaum einem der bestehenden Wirtschaftssysteme zu finden sind. Unter dem Gesichtspunkt der Integration der Landwirtschaft in die moderne Industriewirtschaft ist die Entwicklung der Landwirtschaft der DDR ein bemerkenswertes Experiment, dessen Gelingen von gewisser exemplarischer Bedeutung für die Lösung des Agrarproblems in vergleichbaren Industriegesellschaften sein kann. Schon heute hat die DDR-Landwirtschaft innerhalb des Ostblocks eine führende Position errungen, was ihre Produktivität und Organisation betrifft.

Die Veränderung des Landwirtschaftssystems der DDR hat sich in mehreren Etappen vollzogen. Grundlegend war die Beseitigung der überlieferten privaten Eigentumsstruktur zugunsten des genossenschaftlichen Kollektiveigentums an den Produktionsmitteln. Durch die Bodenreform von 1945 wurde zunächst der Großgrundbesitz von über 100 Hektar Größe enteignet und eine relativ gleichmäßige, aber überwiegend noch auf Privatbesitz beruhende Agrarstruktur auf der Basis von zahlreichen bäuerlichen Klein- und Mittelbetrieben geschaffen. Die 1952 einsetzende, z. T. durchaus freiwillig eingegangene Kollektivierung der Landwirtschaft in Gestalt der Bildung Landwirtschaftlicher Produktionsgenossenschaften (LPG), die unter massivem staatlichen Druck

1960 abgeschlossen wurde, hatte sowohl die Sozialisierung von Grund und Boden wie die Schaffung größerer und leistungsfähigerer Betriebseinheiten zum Ziel. Heute sind 86% der landwirtschaftlichen Nutzfläche der DDR im Eigentum der Landwirtschaftlichen Produktionsgenossenschaften, 7% werden durch große Volkseigene Güter (VEG) bewirtschaftet, der Rest verteilt sich auf Landwirtschaftsbetriebe, die im Besitz von öffentlichen Körperschaften, z. B. den Kirchen, sind, sowie auf wenige verstreute Höfe, die wegen ihrer geographischen Lage kaum zu einem Kollektiv zusammengeschlossen werden können. Die DDR-Führung hat den damals zum Teil widerstrebenden Bauern drei verschiedene Typen von LPGs zur Auswahl gestellt. Typ I sieht lediglich die kollektive Nutzung des Ackerlandes vor, während alle anderen Produktionsmittel in Privathand bleiben. Typ II sieht die gemeinsame Nutzung von Acker- und Grünland einschließlich der Maschinen und Geräte vor. Typ III schließlich ist durch die gemeinsame Nutzung *aller* Produktionsmittel einschließlich des lebenden und toten Inventars definiert. In allen drei LPG-Varianten hat eine Familie Anspruch auf die private Nutzung von bis zu 0,5 Hektar Ackerland, im Typ III auf eine beschränkte Viehhaltung. Es handelt sich also in keinem der drei Typen um eine Totalkollektivierung, überall können die Bauern einen Teil der Produktionsmittel privat nutzen. Gerade bei der Versorgung der Bevölkerung mit Obst und Gemüse haben die privaten Belieferer einen beachtlichen Marktanteil. Der Grundbesitz ist juristisch nicht enteignet worden, allerdings ist die private Verfügungsgewalt beschränkt.
Nachdem 1960 die weniger stark sozialisierten Genossenschaften vom Typ I und II noch ein gutes Drittel der Gesamtzahl der LPGs ausmachten, verringert sich ihr Anteil mehr und mehr zugunsten der vollgenossenschaftlichen Betriebe des dritten Typs. Heute gibt es etwa fünfmal soviel LPGs vom Typ III wie solche vom Typ I oder II. LPGs vom Typ III bewirtschaften an die 80% der landwirtschaftlichen Nutzfläche. Der Grund dafür liegt nicht in staatlichen Zwangsmaßnahmen, sondern in den ökonomischen und sozialen Nachteilen, die die stärker privatisierten Genossenschaftsformen im Rahmen der DDR-Wirtschaftsstruktur in Kauf nehmen müssen. Da das Einkommen sowohl von der individuellen Leistung wie vom Gesamtertrag der LPG abhängt, wirkt sich das Prinzip der materiellen Interessiertheit zugunsten ökonomischer Betriebsstrukturen aus. Auch die Gesamtzahl der Genossenschaften verringert sich ständig. Zwischen 1960 und 1973 ist sie auf ein Drittel zurückgegangen. Heute gibt es ungefähr 6500 LPGs mit einer durchschnittlichen Betriebsgröße von 900 Hektar landwirtschaftlicher Nutzfläche. Man kann sie als landwirtschaftliche Großbetriebe bezeichnen.

Die LPGs und VEGs sind zum Zwecke weiterer Rationalisierung zu gemeinsamen Kooperationsformen verbunden, in die zum Teil auch die Nahrungsgüterindustrie und der Handel einbezogen sind. Die kooperativen Abteilungen zur Pflanzenproduktion (KAP) haben eine Richtgröße von 5000–6000 ha; bei den einzelnen Tierzuchtkooperationen (KIM = Kombinat für industrielle Mast) sollen Kuhställe mit bis zu 2000 Stallplätzen und Mastanlagen für jeweils 20 000–40 000 Schweine eingerichtet werden. Aus diesen Zahlen wird das zweite Ziel der SED-Agrarpolitik nach der Kollektivierung deutlich: die Schaffung von leistungsfähigen landwirtschaftlichen Betriebseinheiten, die in der Lage sind, nach industriewirtschaftlichen Gesichtspunkten zu produzieren. Im Gegensatz zur Übergangsphase nach der Bodenreform mit ihrem Schwerpunkt auf der Kollektivierung konzentriert sich die DDR-Agrarpolitik heute ganz auf die Schaffung landwirtschaftlicher Großbetriebe mit spezialisierter Produktion, durch die eine sinnvolle Konzentration der Produktionsmittel und eine Rationalisierung der Arbeitsprozesse erreicht werden soll.
Der wirtschaftliche Erfolg der Umstrukturierung der DDR-Landwirtschaft ist gegenüber der ungünstigen Situation der fünfziger Jahre auch statistisch deutlich nachweisbar. Verglichen mit der Bundesrepublik ist allerdings, ähnlich wie auf dem industriellen Sektor, noch ein gewisser Rückstand festzustellen. Der Produktivitätsrückstand der DDR-Landwirtschaft (das Produktionsergebnis für die bebaute Fläche Weizen zum Beispiel) gegenüber der Landwirtschaft Westdeutschlands beträgt etwa 15 %. Auch die Arbeitsproduktivität scheint in der DDR geringer zu sein als in der Landwirtschaft der Bundesrepublik, die im Vergleich erheblich weniger Arbeitskräfte beschäftigt als die DDR, weil sie ungleich besser mechanisiert ist. Doch sobald es nicht um Hektarerträge von Getreide oder Zuckerrüben, sondern um menschliche und soziale Bezüge und Aktivitäten geht, wird jeder Vergleich zwischen den beiden Systemen nahezu unmöglich. Vieles spricht dafür, daß die sozialpolitischen Auswirkungen der DDR-Landwirtschaftspolitik höher einzuschätzen sind als die sozialen Auswirkungen der Agrarpolitik im Westen. Die SED-Agrarpolitik ist nicht nur auf die Verbesserung der landwirtschaftlichen Produktivität und die Anpassung der Landwirtschaft an die Industriegesellschaft, sondern in vielleicht noch höherem Maße auf die Verwirklichung gesellschaftspolitischer Ziele gerichtet. In diesem Bereich hat sie umwälzende Veränderungen bewirkt, die im großen und ganzen, auch aus westlicher Perspektive, als positiv bezeichnet werden können.
Die Agrarpolitik der DDR hat den traditionellen Unterschied zwischen Stadt und Land abzubauen vermocht. Die Einkommen der Mitglieder

der Genossenschaften liegen, nicht zuletzt dank dem verbliebenen Rest privater Nutzung, im Durchschnitt sogar etwas günstiger als in der Gesamtbevölkerung. Im Bereich der Gesundheitsfürsorge und der sozialen Sicherung gibt es so gut wie keine Unterschiede mehr zur übrigen Bevölkerung. Nicht zuletzt auf dem Bildungssektor ist es gelungen, das traditionelle Gefälle zwischen Stadt und Land wirksam abzubauen. Über die Hälfte der in der Landwirtschaft Beschäftigten verfügt bereits über eine landwirtschaftliche Fachausbildung, der Anteil qualifizierter Facharbeiter und Hochschulabsolventen in den LPGs wird sich noch weiter erhöhen. Die Werktätigen auf dem Lande haben in der DDR nicht nur weitgehend gleiche Bildungs- und Einkommenschancen, sie haben ebenso Anspruch auf geregelte Arbeitszeit, Urlaub, Gesundheitsfürsorge wie die Arbeitnehmer in den Städten. Das Ergebnis ist, daß es den DDR-Bürgern auf dem Lande keineswegs schlechter, sondern eher besser geht als den Städtern. Längst ist bei der Mehrzahl derer, die Ende der fünfziger Jahre mehr oder weniger unwillig in die LPGs gegangen sind, die Überzeugung verbreitet, daß sie der Landwirtschaftspolitik ihres Staates eine Reihe handfester Vorteile zu danken haben. Vergleicht man das Klima relativer Zufriedenheit der Landbevölkerung in der DDR mit den ständigen Klagen der Bauern in der Europäischen Gemeinschaft, die sich als die chronisch Benachteiligten der Industriegesellschaft empfinden, so kann man zumindest in dieser Hinsicht von einem echten und bleibenden Erfolg der DDR-Agrarpolitik sprechen.
Am Beispiel dieser Politik läßt sich feststellen, was für andere Bereiche der DDR-Gesellschaft zum Teil ebenso gilt: Die herrschende Minderheit der Partei hat gegen den Willen der Mehrheit der Betroffenen Maßnahmen durchgesetzt, die nach einer gewissen Zeit soziale Vorteile für die Betroffenen erbrachten, auf die sie mittlerweile nicht mehr verzichten möchten. Auf diesem Wege ist das sozialistische System der Landwirtschaft zu einem Element der politischen wie ökonomischen Stabilisierung des DDR-Regimes geworden.
In keiner offiziellen Verlautbarung fehlt der Hinweis auf das Bündnis der Arbeiterklasse mit der Klasse der Genossenschaftsbauern: »Die gemeinsamen Interessen der Arbeiterklasse und der Klasse der Genossenschaftsbauern realisieren sich bei der Gestaltung der entwickelten sozialistischen Gesellschaft dadurch, daß immer umfassender von den Bedürfnissen der Menschen ausgegangen, ihrem komplexen Charakter in der Leitung und Planung immer besser entsprochen wird, um auf diese Weise die kontinuierliche und qualitätsgerechte Versorgung der Bevölkerung mit Nahrungsmitteln und der Industrie mit Rohstoffen als grundlegendes Erfordernis unserer Gesellschaft zu verwirklichen.« Die von der

Agrarpolitik der DDR verfolgte »sozialistische Intensivierung der landwirtschaftlichen Produktion« ist darauf gerichtet, industrieförmige Produktionsmethoden zu entwickeln, die eine immer vollständigere Integration des landwirtschaftlichen Produktionsbereichs in die sozialistische Industriegesellschaft der DDR herbeiführen sollen. (Vgl. Gerhard Grüneberg: Die gegenwärtigen Aufgaben bei der weiteren Verwirklichung der vom VIII. Parteitag beschlossenen Agrarpolitik der SED, Dietz Verlag, Berlin 1974.)
Die Agrarpolitik der SED hat sich in den letzten Jahren intensiv bemüht, die Landwirtschaft weiter zu industrialisieren. Diese Politik orientiert sich sowohl an der ideologischen Devise der Beseitigung des Unterschieds von Stadt und Land, womit der Unterschied von Arbeitern und Bauern künftig hinfällig werden könnte, wie vor allem an der Idee ökonomisch bedingter Rationalisierung der landwirtschaftlichen Erzeugung. Die Konzentration der Landwirtschaftlichen Produktionsgenossenschaften schreitet weiter fort, Fernziel ist die Schaffung leistungsfähiger »agrar-industrieller Vereinigungen«, d. h. großer Produktionseinheiten, in denen die landwirtschaftlichen Produkte nicht nur erzeugt, sondern auch industriell verarbeitet werden. Der »Arbeiter- und Bauernstaat« DDR arbeitet im Vorgriff auf den Kommunismus zielbewußt an der Aufhebung seines eigenen Etiketts.

7. Außenwirtschaftsbeziehungen und innerdeutscher Handel

Die Wirtschaft der DDR ist im Rahmen der politischen Blockbildung unter Führung der Sowjetunion aufs engste mit dem Wirtschaftssystem der sozialistischen Welt verflochten. Institutioneller Ausdruck dieser internationalen wirtschaftlichen Zusammenarbeit ist der Rat für gegenseitige Wirtschaftshilfe (RGW), bei uns im allgemeinen nach der englischen Abkürzung COMECON benannt, der 1950 in Warschau gegründet wurde. Der RGW ist nur entfernt mit der Europäischen Gemeinschaft vergleichbar. Während die EG eine supranationale Institution mit gewissen Vollmachten ist, handelt es sich bei der RGW lediglich um ein Koordinationsorgan zwischen den Volkswirtschaften des sozialistischen Blocks, das der »internationalen sozialistischen Arbeitsteilung« dienen soll. Da sie keine supranationale Kompetenz haben, können die Organe der RGW nur Empfehlungen an die einzelnen Regierungen aussprechen, nicht aber selbst bindende Beschlüsse für ihre Mitglieder fassen. Seit 1971 versuchen die Mitgliedsländer des RGW, durch bi- und multilaterale Verträge und Vereinbarungen die wissenschaftlich-techni-

sche und wirtschaftliche Zusammenarbeit zu stärken. Vor allem sollen die nächsten Fünfjahrespläne für den Zeitraum 1976–80 koordiniert werden. Doch noch immer erweisen sich die divergierenden Interessen der einzelnen Staaten und der Mangel an Gemeinschaftsinstitutionen und -rechten als Hürden auf dem Weg zur angestrebten »sozialistischen Integration«.
Dementsprechend vollziehen sich die Wirtschaftsbeziehungen zwischen den sozialistischen Ländern in der Regel auf der Basis bilateraler Abkommen. Für die DDR am wichtigsten sind dabei die Wirtschafts- und Handelsabkommen mit der Sowjetunion, denn mit ihr vollzieht die DDR den größten Anteil ihres Außenhandels und von ihr ist sie für die Lieferung ihrer wichtigsten Rohstoffe abhängig. Im Bereich des RGW hat die DDR hinter der Sowjetunion das größte Außenhandelsvolumen. Innerhalb dieses Wirtschaftsraumes verfügt die DDR über eine Stellung, die der Lage der Bundesrepublik im westlichen Außenhandel vergleichbar ist. Im Weltmaßstab, in dem die Bundesrepublik hinter den USA und Japan an dritter Stelle rangiert, nimmt die DDR jedoch erst den 12. bis 15. Platz ein, da sie nur mit etwa zwei Prozent am gesamten Welthandel beteiligt ist. Die DDR wickelt den weitaus größten Teil ihres Außenhandels mit den Ländern des RGW ab. Von einem Gesamtaußenhandelsumsatz von 91 Milliarden »Valuta-Mark« entfielen im Jahr 1977 rund 65 % auf die RGW-Länder, davon allein die Hälfte auf die Sowjetunion. Mit den Entwicklungsländern wickelt die DDR 5 % und mit den westlichen Industriestaaten 25 % ihres Außenhandels ab, wobei der innerdeutsche Handel mit der Bundesrepublik und Berlin mit 8 % zu Buche schlägt.
Am DDR-Export haben Erzeugnisse der metallverarbeitenden Industrie wie Maschinen und Ausrüstungen mit 54 % den größten Anteil, während Produkte der Grundstoffindustrie wie Brennstoffe, Nahrungsmittel u. ä. nur knapp 20 % ausmachen und tendenziell rückläufig sind. Umgekehrt sind 52 % der Einfuhren Erzeugnisse der Grundstoffindustrie (vor allem aus der Sowjetunion) und lediglich 33 % Investitionsgüter der metallverarbeitenden Industrie. Die DDR hat lange Jahre wie die Bundesrepublik einen erheblichen Außenhandelsüberschuß erwirtschaftet, doch die steigenden Weltmarktpreise für Öl und andere Rohstoffe, die sie auch und gerade an die Sowjetunion bezahlen muß, verzehren ihre Devisenüberschüsse und lassen den Welthandel, vor allem den innerdeutschen Handel stagnieren. Große Geschäfte mit dem Westen kann die DDR daher fast nur noch auf Kompensationsbasis abschließen wie den spektakulären Kauf von 10000 Volkswagen des Typs »Golf« im Jahr 1977/78.
Die bedeutsame Rolle der DDR innerhalb des RGW liegt sowohl in ihrem technisch-qualitativen Vorsprung gegenüber anderen sozialisti-

schen Ländern, für die sie gewissermaßen als eine Art Entwicklungshelfer auf industriell-technischem Gebiet fungiert, wie in der Tatsache begründet, daß sie dank ihrer wachsenden Industrialisierung und der Steigerung des Lebensstandards für den Bereich des RGW ein zunehmend wichtiger werdender Handelspartner ist. Die DDR nimmt im Außenhandel von RGW-Staaten wie Ungarn, ČSSR stets den zweiten Platz hinter der Sowjetunion ein. Es war und ist die besondere Funktion der DDR, im industriellen Bereich jene Güter zu liefern, die weniger entwickelte sozialistische Länder nicht selbst produzieren und wegen Devisenmangels nicht auf dem Weltmarkt kaufen konnten. Außerdem hat sie ihren sozialistischen Vertragspartnern vielfach Lizenzen zur Verfügung gestellt und damit ihren wissenschaftlich-technischen Fortschritt im Rahmen des östlichen Wirtschaftsverbundes zur Geltung bringen können.

Die Handelsbeziehungen zwischen den einzelnen Ländern des RGW werden in der Regel auf der Basis von fünfjährigen Handelsverträgen abgewickelt, in denen feste Vereinbarungen über Liefermengen und -zeiten etc. getroffen werden. Außerdem steigt das Ausmaß an Kooperationen, d. h. projektgebundener Zusammenarbeit zwischen den RGW-Ländern immer mehr an, weil auf diesem Wege innerhalb des östlichen Wirtschaftsraums rationeller gewirtschaftet werden kann.

Eine echte Integration des sozialistischen Wirtschaftsraums unter dem Dach der RGW hat trotz gegenteiliger Proklamationen bisher nicht stattgefunden. Dies liegt einmal an der Unterschiedlichkeit im Entwicklungsgrad der Volkswirtschaften in den einzelnen, dem RGW angeschlossenen Ländern, zum anderen an der mangelnden internationalen Konvertibilität des Rubels als der sozialistischen Leitwährung. So bezieht sich die Tätigkeit der RGW in erster Linie auf die gegenseitige Abstimmung der nationalen Wirtschaftspläne und die Vereinbarung von Produktionsschwerpunkten, um dem Ziel einer den gesamten sozialistischen Block umfassenden Wirtschaftsplanung näherzukommen. Doch die Plankoordinierung vollzieht sich bislang vorwiegend noch auf der Ebene bilateraler Kontakte, ist also noch weit entfernt von einer umfassenden Wirtschaftsplanung für den gesamten sozialistischen Wirtschaftsblock.

Die bedeutsame wirtschaftliche Position der DDR innerhalb des Ostblocks hat ihr politisches Gewicht erhöht und zur Stabilisierung des Systems auch im Inneren beigetragen. Die sozialistischen Länder sind für die DDR-Wirtschaft auch in der absehbaren Zukunft der wichtigste Außenhandelspartner. Sie besitzen aufnahmefähige Märkte, die den ehrgeizigen Plänen der DDR, ihre Wirtschaftskraft stetig zu erhöhen,

entgegenkommen und ernsthafte Wachstumsschwierigkeiten der DDR-Wirtschaft vorerst nicht erwarten lassen.
Die dominierende Orientierung des Außenhandels der DDR auf die RGW-Länder (1977: 66%) sichert dieser zwar einen soliden Markt, wirkt sich aber nachteilig auf die Wirtschaftsbeziehungen mit anderen Staaten, insbesondere den westlichen Industrieländern (20%) und der Bundesrepublik (8%) aus. Die DDR kann auf den Außenhandel mit diesen Ländern nicht verzichten, weil sie nur durch ihn die zur weiteren industriellen Entwicklung notwendigen Importe an Investitionsgütern, Patenten und dergleichen erhält. Auf der anderen Seite besitzt die DDR-Wirtschaft nicht genügend Kapazitäten und auch Qualitäten zum Export in den Westen. Die Folge ist ein wachsendes Passivsaldo im Außenhandel mit den westlichen Industrieländern und die zunehmende Finanzierung von Importen durch Kredite. Die weltweite Anerkennung der DDR hat zwar manches politische Hindernis beiseite geräumt, doch um so deutlicher werden jetzt die wirtschaftlichen und technischen Restriktionen der Ausweitung des Außenhandels sichtbar.
Die innerdeutschen Handelsbeziehungen zwischen der Bundesrepublik und der DDR sind quantitativ nicht bedeutsam. Durch die Teilung Deutschlands und die Einbeziehung der beiden deutschen Staaten in jeweils verschiedene Wirtschaftsräume und -blöcke ist die vor 1945 extrem enge Verflechtung des westdeutschen und mitteldeutschen Wirtschaftsraums zerstört worden. Heute wickelt die DDR nur 8 % ihres gesamten Außenhandels mit der Bundesrepublik ab, und für die Bundesrepublik beträgt der Anteil des Handels mit der DDR am gesamten Außenhandelsvolumen der Bundesrepublik gar nur magere zwei Prozent.
Da es zwei Jahrzehnte lang keine formellen Beziehungen zwischen den beiden deutschen Staaten gab, wurde der Handel zwischen den beiden Teilen Deutschlands westlicherseits durch eine »Treuhandstelle für Interzonenhandel« in West-Berlin abgewickelt. Rechtliche Basis für die innerdeutschen Handelsbeziehungen ist das »Berliner Abkommen« von 1951 in seiner erweiterten Fassung aus dem Jahre 1960. Zuständig für den innerdeutschen Handel ist in der DDR das Ministerium für Außenwirtschaft, in der Bundesrepublik jetzt das Bundeswirtschaftsministerium mit seiner Dienststelle für innerdeutschen Handel in West-Berlin. Als Währung dient eine »Verrechnungseinheit« (VE), die praktisch der D-Mark entspricht. Die DDR bezieht aus der Bundesrepublik in erster Linie Grundstoffe und Investitionsgüter, vor allem im Bereich des Maschinenbaus, ihre Ausfuhr liegt schwerpunktmäßig bei Verbrauchsgütern (Textilien und Nahrungsmitteln), Grundstoffen und Halbfabri-

katen. Die DDR-Produkte sind in der Bundesrepublik schwerer absetzbar als umgekehrt, so daß ein reibungsloser Export in die Bundesrepublik aufgrund der sich in einer Marktwirtschaft so schnell wandelnden Bedürfnisstruktur nicht immer garantiert werden kann. Die DDR ist ungleich stärker auf Importe aus Westdeutschland angewiesen als umgekehrt und kann laut Vereinbarung zwischen den Regierungen ihr Konto in Höhe von 25 % ihrer Lieferungen überziehen (sog. »Swing«), wofür seit Ende 1974 ein zinsfreier Kredit von höchstens 850 Millionen VE pro Jahr zur Verfügung steht, sofern sie ihre Einfuhren nicht durch entsprechende Ausfuhren in die Bundesrepublik ausgleichen kann. Davon macht sie in der Regel Gebrauch.

Die innerdeutschen Handelsbeziehungen werden aus der Sicht der Bundesrepublik nach Grundsätzen des Binnenhandels abgewickelt, während für die DDR der innerdeutsche Handel unter der Rubrik Außenhandel ressortiert (was er faktisch auch ist). Immerhin hat die DDR dadurch auch gewisse Vorteile, da sie ihre Waren in die Bundesrepublik und damit in die Europäische Gemeinschaft zollfrei liefern kann.

Die Beibehaltung des Binnencharakters des innerdeutschen Handels gilt für die Bundesrepublik im Rahmen des Grundlagenvertrages als ein zwar nicht uneigennütziges, aber bemerkenswertes Zugeständnis der DDR an die nationale Gemeinsamkeit wenigstens auf handelspolitischem Gebiet. Diese Regelung wurde von der DDR zugestanden, weil sie davon wirtschaftliche Vorteile hat, doch sind diese Vorteile angesichts des begrenzten Handelsvolumens nicht so bedeutsam, daß sich der innerdeutsche Handel und seine Abwicklung als ein wirksames politisches Druckmittel von seiten der Bundesrepublik gegenüber der DDR gebrauchen ließe.

Unter wirtschaftsgeographischen Gesichtspunkten bestehen zwar enorm günstige Voraussetzungen für eine stärkere Intensivierung des innerdeutschen Handels in der Zukunft, aber die politischen Bedingungen und die Unterschiedlichkeit der Wirtschaftsordnungen lassen keine massiven Veränderungen des innerdeutschen Handels für die Zukunft erwarten. Deutschland bleibt wirtschaftlich geteilt, auch wenn es die wirtschaftliche Kommunikation zwischen seinen Teilen nicht abbricht. Daran ist offensichtlich keiner der beiden deutschen Staaten interessiert, die Bundesrepublik aus politischen Gründen, die DDR aus eher ökonomischen Motiven.

9. Kapitel

Außenbeziehungen und Sicherheitspolitik

1. Die Prinzipien sozialistischer Außenpolitik

Die DDR bezeichnet es als das Hauptziel ihrer Außenpolitik, günstige internationale Bedingungen für den Aufbau des Sozialismus zu schaffen. In der offiziellen außenpolitischen Terminologie der DDR, die sich engstens an die der Sowjetunion anlehnt, dominieren eine Reihe von Formeln, die jeweils bestimmte Zielrichtungen der Außenpolitik umschreiben sollen. Im Verhältnis zu ihren sozialistischen Bruderländern gilt das Prinzip des *sozialistischen Internationalismus* und die Praxis einer »koordinierten Außenpolitik«. Dieser zentrale Aspekt der DDR-Außenpolitik zielt auf Integration, Annäherung und Angleichung der sozialistischen Systeme unter der Führung der Sowjetunion sowohl auf wirtschaftlichem, allgemein politischem wie militärischem Gebiet. Faktisch bedeutet dieses Prinzip die Anerkennung der Führungsrolle der UdSSR und die Unterordnung der DDR-Außenpolitik unter die weltpolitischen Interessen und die Imperative der Sowjetunion.
Im Blick auf die außerhalb des sozialistischen Internationalismus und außerhalb des kapitalistischen Imperialismus stehende Welt spricht die außenpolitische Sprachregelung vom *proletarischen Internationalismus.* »Die Deutsche Demokratische Republik unterstützt die Staaten und Völker, die gegen den Imperialismus und sein Kolonialregime, für nationale Freiheit und Unabhängigkeit kämpfen, in ihrem Ringen um gesellschaftlichen Fortschritt.« (Art. 6 der DDR-Verfassung) Der proletarische Internationalismus findet seinen Ausdruck im »antiimperialistischen Bündnis« und in einer Politik »solidarischer Hilfe« für die fortschrittlichen Entwicklungsländer und die nationalen Befreiungsbewegungen.
Im Blick auf die kapitalistischen Länder, die dem Block des Imperialismus zugeschlagen werden, vertritt die DDR-Außenpolitik das Prinzip *friedlicher Koexistenz.* Es gilt ausschließlich für die Regelung der Beziehungen zwischen Staaten unterschiedlicher Gesellschaftssysteme. Einerseits bedeutet dieses Prinzip, daß die zwischenstaatlichen Beziehungen »auf der Grundlage der Gleichberechtigung der Staaten, der gegen-

seitigen Achtung ihrer Souveränität, der territorialen Integrität, der Nichteinmischung in ihre inneren Angelegenheiten« beruhen sollen, andererseits schließt das Prinzip der friedlichen Koexistenz die Konfrontation mit den kapitalistischen Ländern auf nichtstaatlicher Ebene keineswegs aus, denn die friedliche Koexistenz ist »eine spezifische Form des Klassenkampfes zwischen Sozialismus und Kapitalismus auf internationaler Ebene«.
Friedliche Koexistenz bedeutet also sowohl Kooperation wie Konfrontation, und es ist für die DDR-Außenpolitik ganz natürlich, in ihren konkreten Beziehungen zu den kapitalistischen Ländern oft gleichzeitig auf beiden Ebenen zu argumentieren und aktiv zu sein. Das spezifische Mittel, mit dem die Politik der friedlichen Koexistenz arbeitet, ist der völkerrechtliche Vertrag. Diese Politik wurde und wird praktiziert in der Entspannung zwischen West und Ost, von der die DDR-Ideologie meint, sie sei allein durch die wachsende Stärkung des sozialistischen Lagers, durch die Verbesserung des weltpolitischen Kräfteverhältnisses zugunsten des Sozialismus überhaupt möglich geworden. Der Imperialismus, der nach der DDR-Ideologie in seinem Wesen aggressiv sei, habe sich der Linie der sozialistischen Staatengemeinschaft anpassen müssen, und es gelte, die Errungenschaften der Politik der friedlichen Koexistenz stets von neuem gegen die Widersacher der Politik der Entspannung zu verteidigen und zu sichern. Doch »solange Sozialismus und Kapitalismus nebeneinander bestehen, bleibt der Klassenkampf zwischen ihnen unvermeidlich«.
Das Prinzip des sozialistischen Internationalismus wird in der außenpolitischen Terminologie mit gutem Grund stets als erstes genannt, denn im Mittelpunkt der DDR-Außenpolitik steht »die Stärkung der sozialistischen Staatengemeinschaft« unter der Führung der Sowjetunion.

2. Die Deutschlandpolitik der DDR

Grundlegend für das Verständnis der Außenpolitik der DDR ist ihr Verhältnis zur Sowjetunion. Nicht nur ist die DDR historisch ein Geschöpf der Sowjetmacht, sie ist auch als souveräner Staat weitgehend von der sowjetischen Politik abhängig und noch heute, wenn auch nicht mehr so ausschließlich wie früher, in gewissem Grade ein Instrument der Außenpolitik der Sowjetunion. Die immer wieder hervorgehobene Gemeinsamkeit der Außenpolitik beider Staaten wird mit ihrer »unzertrennlichen Freundschaft« begründet, die als »ewig und unverbrüchlich« gilt (Freundschaftsvertrag von 1975, Art. 1).

Im historischen Ablauf stellt sich das Verhältnis zwischen DDR und Sowjetunion wie folgt dar: Nach der Gründung der DDR trat an die Stelle der Sowjetischen Militäradministration (SMAD) eine Sowjetische Kontrollkommission (SKK), die für die Durchführung der Potsdamer Beschlüsse und anderer Entscheidungen der vier Mächte über Deutschland zuständig blieb; sie wurde vier Jahre später in eine Hohe Kommission umgewandelt. Die DDR selbst datiert ihre Zuständigkeit für die auswärtigen Beziehungen zwar schon in die Zeit der Gründung der Republik, doch erhielt sie ihre volle außenpolitische Souveränität erst am 25. März 1954, als die Sowjetunion der DDR gegenüber feierlich erkärte, sie wolle mit ihr die gleichen Beziehungen aufnehmen wie mit anderen souveränen Staaten. Allerdings behielten sich die Sowjets auch damals noch jene Funktionen vor, die sich aus dem Viermächteabkommen ergaben. Die Hohe Kommission wurde 1954 in eine reguläre Botschaft umgewandelt.

Die DDR interpretiert die Gewährung der Souveränität durch die Sowjetunion als eine Folge der Tatsache, daß sie in ihrem Territorium alle Verpflichtungen erfüllt habe, die im Potsdamer Abkommen ganz Deutschland auferlegt worden seien. Die Souveränität der DDR in allen Fragen der Innen- und Außenpolitik einschließlich der Beziehungen zur Bundesrepublik Deutschland wurde in einem im September 1955 abgeschlossenen Vertrag zwischen der UdSSR und der DDR völkerrechtlich bekräftigt. Diesem Staatsvertrag von 1955 folgte neun Jahre später (1964) noch ein Freundschaftsvertrag, den die DDR als ein besonders wichtiges Ereignis in der positiven Entwicklung ihrer auswärtigen Beziehungen feiert. Der Freundschaftsvertrag mit der Sowjetunion, der 1975 erneuert wurde, gilt als völkerrechtlich wirksamer Ausdruck der engen und brüderlichen Beziehungen zwischen den beiden Völkern und Staaten.

Brüderliche Beziehungen, das bedeutete angesichts der Machtlage freilich nichts anderes, als daß die DDR in den grundlegenden Fragen ihrer außenpolitischen Orientierung an die Zielsetzungen der sowjetischen Außenpolitik gebunden blieb und sie jeweils unterstützte. Da die sowjetische Politik in Mitteleuropa auf die Sicherstellung der Ergebnisse des Zweiten Weltkrieges und die Garantie der territorialen Integrität des sowjetisch beherrschten Raumes ausgerichtet war, ergaben sich zwar keine grundsätzlichen Konflikte mit der politischen Führung der DDR, aber die DDR mußte jeweils auch die einzelnen Wendungen der sowjetischen Politik gegenüber dem Westen und der Bundesrepublik mitvollziehen und verschiedentlich gewisse Abstriche von dem von ihr gewünschten außenpolitischen Maximalprogramm hinnehmen. Die im folgenden darzustellende DDR-Politik gegenüber dem Westen und dem

westdeutschen Staat im besonderen war aufgrund der gegebenen Machtlage notwendig Außenpolitik im Schlepptau der Sowjetunion.
Die Entstehung der Bundesrepublik und unmittelbar darauf der DDR war die historische Folge des Machtkampfes der aus dem Zweiten Weltkrieg als Supermächte hervorgegangenen USA und Sowjetunion um die Sicherung und Abgrenzung ihrer neuen Machtsphären. Der Westen hat dabei angesichts der von ihm befürchteten weiteren Expansion des sowjetischen Machtbereichs die Teilung Deutschlands für unvermeidlich gehalten. In der Phase bis zur Gründung der Bundesrepublik haben die deutschen Politiker in der sowjetischen Besatzungszone die Bemühungen der Sowjets um Einflußnahme auf die Gestaltung Westdeutschlands unter dem Banner der deutschen Einheit und des Kampfes gegen die »Spalter« Deutschlands in allen Phasen massiv unterstützt.
Als die deutsche Teilung durch die 1949 erfolgte Gründung von zwei deutschen Staaten perfekt war, gab es noch eine etwa sechs Jahre dauernde Periode, in der die Sowjets, jeweils unterstützt durch ihre deutschen Statthalter in Ostberlin, den Versuch machten, die völlige militärische Integration Westdeutschlands und seines wirtschaftlichen Potentials in das 1949 ins Leben gerufene westliche Verteidigungsbündnis der NATO zu verhindern. In dieser Phase machten die Sowjets sogar verlockende Angebote für eine Wiedervereinigung Deutschlands mittels Abhaltung freier Wahlen. Das erste derartige Angebot wurde 1951 vom Ministerpräsidenten der DDR, Otto Grotewohl, dem Deutschen Bundestag unterbreitet. Es sah in der Tat eine deutsche Wiedervereinigung, die bekanntlich das programmatische Hauptziel der westdeutschen Politik war, auf der Grundlage gesamtdeutscher Wahlen vor, doch die DDR war nicht bereit, einer vom Westen geforderten Kommission der Vereinten Nationen die Einreise zu gestatten, die in beiden Teilen Deutschlands prüfen sollte, ob die Abhaltung wirklich freier Wahlen gewährleistet sei.
Im März 1952 folgte dann Stalin mit seiner berühmten Note an den Westen, in der er die Bildung einer gesamtdeutschen Regierung anbot, freilich ohne näher darauf einzugehen, wie sie zustande kommen sollte. Das wiedervereinigte Deutschland, dem Stalin eine Nationalarmee von 100 000 Mann zugestehen wollte, sollte sich keinem Bündnis anschließen dürfen, das gegen eine der ehemaligen Siegermächte gerichtet sei, also militärisch neutralisiert werden. Stalins Note, über deren Ernsthaftigkeit vor allem nachträglich eine heftige Diskussion in Westdeutschland geführt wurde, ist weder von Adenauer noch von den Westmächten gründlich auf ihre konkreten Chancen hin geprüft worden. Statt dessen wurde im Vertrauen auf die »Politik der Stärke« der Prozeß der Integra-

tion Westdeutschlands in das westliche Bündnissystem durch die Unterzeichnung der Verträge von Paris und Bonn vorangetrieben. Solange diese Verträge von den Parlamenten noch nicht ratifiziert waren, versuchte die Sowjetunion in Übereinstimmung mit der DDR noch immer, die Ratifizierung der Verträge zu verhindern. Die Ablehnung des Vertrags über die Europäische Verteidigungsgemeinschaft durch das französische Parlament im Jahre 1954 wird darum auch als ein großer Sieg der sowjetischen und ostdeutschen Friedenspolitik zur Abwehr des Wiederauflebens des deutschen Militarismus gefeiert. Auf der Berliner Deutschlandkonferenz, die noch vor der zu erwartenden Ablehnung des EVG-Vertrags durch die Franzosen Anfang 1954 in Berlin stattfand, kam es zu keinem Ergebnis, da die Westmächte auf der Bündnisfreiheit für ein wiedervereinigtes Deutschland beharrten, was die Sowjetunion nicht zugestehen konnte, da dies die Herauslösung der DDR aus ihrem Machtbereich bedeuten mußte.

Doch der entschiedene Versuch der sowjetischen Politik, die deutsche Wiederaufrüstung zu verhindern, war nur vorübergehend erfolgreich. Ein Jahr nach Ablehnung der EVG erfolgte bereits die direkte Eingliederung der Bundesrepublik in die NATO. Die Sowjets versuchten zwar, die militärische Integration Westdeutschlands noch ein letztes Mal aufzuhalten, indem sie im Bunde mit den anderen sozialistischen Ländern ihres Blocks Beratungen zur Schaffung eines kollektiven Sicherheitssystems in Europa anboten, aber – so die Sicht der DDR – »alle diese Warnungen, alle diese Angebote zur Verständigung über die dringendsten Probleme wurden von der imperialistischen Seite mißachtet« (Geschichte der Außenpolitik der DDR, Dietz Verlag, Berlin – DDR 1968, S. 194).

Durch die nun vollzogene Integration Westdeutschlands in das gegen den Sowjetblock gerichtete Bündnissystem der NATO war für die Sowjetunion und die DDR eine neue außenpolitische Lage entstanden. Sie beantworteten sie mit der Gründung des *Warschauer Paktes*, eines Verteidigungsbündnisses der sozialistischen Länder mit einem vereinten, von den Sowjets befehligten Kommando aller Streitkräfte der Teilnehmerstaaten. Von einer Wiedervereinigung Deutschlands war in der Außenpolitik des Ostblocks seither nicht mehr die Rede. Die Genfer Gipfelkonferenz 1955 scheiterte hinsichtlich des Deutschlandproblems bereits an Verfahrensfragen.

Seither ist die sowjetische und ostdeutsche Linie in der Deutschlandpolitik unmißverständlich: Über die Zukunft der DDR im Rahmen einer wie auch immer gearteten Wiedervereinigung ist die Sowjetunion nicht mehr zu verhandeln bereit. Sie hat derartige Verhandlungen ganz in die

Kompetenz der Deutschen selbst verwiesen, die allein für die Fragen der Wiedervereinigung und der nationalen Selbstbestimmung zuständig seien. Die DDR verwies seither unablässig auf die gegebene reale Existenz zweier deutscher Staaten und erklärte, daß eine Vereinigung der beiden deutschen Staaten »nur unter der Voraussetzung der Annäherung zwischen der Deutschen Demokratischen Republik und der Bundesrepublik Deutschland und unter voller Berücksichtigung der Interessen der DDR, ihrer inneren und äußeren Position möglich« sei. (Geschichte der Außenpolitik, op. cit. S. 199.)
Von dieser Position aus führte die DDR seit 1955 einen hartnäckigen und schließlich auch relativ erfolgreichen Kampf gegen die Auffassung der Bundesregierung, sie allein sei legitimiert, die Interessen des ganzen deutschen Volkes zu vertreten, was von der DDR als *Alleinvertretungsanmaßung* bezeichnet wurde, ebenso wie gegen die *Hallstein-Doktrin*, die vorsah, daß die Bundesrepublik nur zu jenen Ländern diplomatische Beziehungen unterhalten würde, die nicht gleichzeitig solche Beziehungen zur DDR aufnähmen. Eine Ausnahme von dieser Regel betraf allein die Sowjetunion selbst, mit der die Bundesrepublik 1955 diplomatische Beziehungen anknüpfte, weil die Sowjetunion zu den vier Mächten zählte, die bis zum Abschluß eines Friedensvertrages völkerrechtlich eine Verantwortung für Gesamtdeutschland übernommen hätten. Die Herstellung diplomatischer Kontakte zwischen Bonn und Moskau hat indes zu keiner Erleichterung für die westdeutsche Wiedervereinigungspolitik geführt; im Gegenteil. Im Vertrag zwischen der DDR und der Sowjetunion vom September 1955 übertrug die Sowjetunion der DDR ausdrücklich auch das Recht auf freie Gestaltung ihrer Beziehungen zur Bundesrepublik. Sie unterstrich damit ihre Auffassung, daß die Frage der deutschen Einheit allein eine Angelegenheit der Deutschen selbst sei. Doch die Westdeutschen waren zunächst nicht bereit, die von der DDR errichtete Schwelle der staatlichen Anerkennung im Sinne des Völkerrechts zu überschreiten.
Die DDR hat im Zuge dieser Neuorientierung ihrer Deutschlandpolitik 1957 durch Grotewohl die Schaffung einer *Konföderation* zwischen den beiden deutschen Staaten vorgeschlagen, jedoch das vorherige Ausscheiden der beiden Staaten aus den respektiven Verteidigungsbündnissen sowie die Zurückziehung der Truppen der vier Mächte aus Deutschland zur Bedingung gemacht. Solche Vorschläge hatten ebensosehr nur deklamatorischen Wert wie umgekehrt die stereotype Bekräftigung der westdeutschen Regierung, die nationale Wiedervereinigung in Frieden und Freiheit auf der Basis freier Wahlen anstreben zu wollen.
Die Genfer Konferenz der Außenminister der vier für Deutschland

verantwortlichen Großmächte (1959) brachte die erste internationale Aufwertung der DDR. Zum ersten Mal waren Delegationen beider deutscher Staaten auf einer internationalen Deutschland-Konferenz vertreten. Wenngleich die deutschen Delegationen keine vollberechtigten Konferenzpartner waren und deshalb an »Katzentischen« abseits der Verhandlungsrunde placiert wurden, konnte die DDR dies als eine De-facto-Anerkennung für sich verbuchen. In Genf wurde das letzte Mal über die Wiederherstellung der staatlichen Einheit Deutschlands verhandelt. Ein Ergebnis zeichnete sich ebensowenig ab wie bei früheren Konferenzen, da die westliche und die sowjetische Position unvereinbar waren. Mit dem Bau der Mauer im August 1961 begann eine ruhigere Phase der DDR-Außenpolitik, in der die DDR nach ihren eigenen Verlautbarungen unter »günstigeren Bedingungen und mit größerer Ruhe und Sicherheit« ihre Bemühungen um Anerkennung und um Durchsetzung der Politik der friedlichen Koexistenz fortsetzen konnte. Die DDR schlug der Bundesrepublik in den sechziger Jahren bei verschiedenen Anlässen eine gewisse Normalisierung der Beziehungen vor, jedoch stets unter der Voraussetzung der gegenseitigen völkerrechtlichen Anerkennung, in deren Gefolge dann auch die allgemeine internationale Anerkennung der DDR möglich werden würde. Dieser Forderung wollte die Bundesregierung trotz ihres Interesses an menschlichen Erleichterungen für die Bevölkerung nicht entsprechen.

Mittlerweile hatte jedoch die Position der Bundesregierung im Hinblick auf das von ihr deklamatorisch verfolgte Ziel der deutschen Wiedervereinigung in Westdeutschlands öffentlicher Meinung an Überzeugungskraft eingebüßt und war auch den uns verbündeten Westmächten uninteressant, wenn nicht gar lästig geworden. Im Zuge der Bemühungen beider Supermächte, auf der Grundlage des territorialen Status quo und damit auch der Aufrechterhaltung der deutschen Teilung zu einer Entspannung zwischen den Machtblöcken zu gelangen, erwies sich das traditionelle Insistieren der Bundesrepublik auf der Viermächteverantwortung für Gesamtdeutschland als politisch unfruchtbar und wenig konstruktiv. Dies änderte sich, als nach der Bildung der Großen Koalition mit dem SPD-Außenminister Willy Brandt auch in Bonn ernsthaft der Versuch gemacht wurde, überholte Positionen zu räumen und sich einer realistischeren Politik des Gewaltverzichts und der Respektierung bzw. Anerkennung des territorialen Status quo gegenüber dem Ostblock und damit einer Anerkennung auch der staatlichen Realität der DDR zu öffnen.

Mit der bewaffneten Intervention der Truppen des Warschauer Vertrages in die ČSSR, die u. a. durch »subversive Aktivitäten der westdeut-

schen Imperialisten« gerechtfertigt wurde, kam der in der Großen Koalition 1966–69 entschiedener als bisher unternommene Versuch der Bundesregierung, verbesserte Beziehungen zu den osteuropäischen Ländern bei fortwährender Nichtanerkennung des Staates DDR zu schaffen, an ein vorläufiges Ende. Erst in der Phase nach Prag und nach den Bundestagswahlen von 1969 war dann für beide Seiten der Weg frei für eine Verbesserung der Beziehungen: a) von seiten der Bundesregierung durch eine Ostpolitik, die bereit war, die bestehenden Grenzen in Osteuropa vertraglich anzuerkennen, b) durch eine flexiblere Haltung der Sowjetunion, die nach der erfolgreichen Sicherung ihres Herrschaftsanspruchs über ganz Osteuropa vermittels der Breschnew-Doktrin ihr Interesse an einer globalen Entspannung verstärkte und die DDR-Außenpolitik entsprechend beeinflußte, so daß erste Kontakte zwischen den beiden deutschen Regierungen möglich wurden.
Bundeskanzler Brandt bot in seiner Regierungserklärung vom 28. Oktober 1969 dem Ministerrat der DDR erstmals Verhandlungen auf Regierungsebene an und sprach in Abweichung von der bisherigen Sprachregelung von »zwei Staaten in Deutschland«. Das Motiv der westdeutschen Deutschlandpolitik war freilich dem der DDR völlig entgegengesetzt. Bonn wollte das weitere Auseinanderleben der deutschen Nation verhindern und ein »geregeltes Nebeneinander« beider deutschen Staaten auf vertraglicher Grundlage anstreben, um schließlich zu einem »friedlichen Miteinander« zu finden. Die Einheit der Nation schloß nach Bonner Auffassung eine völkerrechtliche Anerkennung der DDR aus, da die zwei deutschen Staaten füreinander nicht Ausland sein könnten und als zwei Staaten einer Nation »Beziehungen besonderer Art« miteinander pflegen sollten. Die DDR hingegen war an einer Erhaltung von Restsubstanz der deutschen Nation nicht im geringsten interessiert. Im Gegenteil: Sie drängte ausschließlich auf die volle völkerrechtliche Anerkennung und die Aufnahme in die Vereinten Nationen, die seit vielen Jahren das maßgebliche Ziel ihrer Außenpolitik gewesen war. Gleichwohl fand sich die DDR jetzt bereit, einen Meinungsaustausch mit der Bundesregierung zu beginnen. Es kam zu den spektakulären Begegnungen Willy Brandts mit Willi Stoph in Erfurt und Kassel (19. 3. und 21. 5. 1970). Da die DDR indes von ihrer Maximalforderung nicht abging, andererseits jedoch die Bundesregierung aus politischen und auch aus verfassungsrechtlichen Gründen diesem Verlangen nicht glaubte entsprechen zu können, blieben die beiden Begegnungen von Erfurt und Kassel noch ohne greifbares Ergebnis.
In der ersten Phase der Regierung Brandt/Scheel wurden in einem zeitlich gut abgestimmten Verfahren der Vertrag von Moskau, das

Abkommen der vier Mächte über die Sicherung und den Status Westberlins sowie der Warschauer Vertrag mit Polen abgeschlossen. Damit waren außenpolitisch die Grundlagen auch für die Vereinbarung vertraglicher Beziehungen der Bundesrepublik mit der DDR gelegt worden. Der Druck auf die DDR, auch von seiten der eigenen Partner im sozialistischen Bündnis und besonders der Sowjetunion, sich den allgemeinen Bemühungen um Entspannung und Sicherheit nicht zu verschließen, wurde größer. Insbesondere das Berlin-Abkommen, das die in langen Jahren in Westberlin entstandene De-facto-Situation durch einen internationalen Vertrag bestätigte und damit völkerrechtlich absicherte, war für die DDR eine delikate Angelegenheit, weil sie durch die Sicherung freien Zugangs nach Westberlin eine Einbuße an Souveränität auf ihrem Territorium in Kauf zu nehmen hatte. Andererseits war die Absicherung Berlins, das auch im Viermächteabkommen als nicht direkt zur Bundesrepublik gehörig bezeichnet wird, die notwendige Bedingung für die Bereitschaft der Bundesrepublik, die DDR in ihren Grenzen als Staat anzuerkennen und ihr den Weg zur allgemeinen internationalen Anerkennung und zur Aufnahme in die UNO zu öffnen.
Ministerpräsident Stoph, der nach Kassel eine »Denkpause« für angebracht gehalten hatte, teilte der Bundesregierung nach dem Abschluß des Moskauer Vertrages mit, die Regierung der DDR sei nun zu einem Meinungsaustausch bereit, ohne daß von seiner Seite damit die alte Forderung nach völkerrechtlicher Anerkennung verknüpft wurde. In den dann beginnenden Verhandlungen zwischen den Staatssekretären Bahr (BRD) und Kohl (DDR) ging es zunächst um Fragen des innerdeutschen Verkehrs. In Verbindung mit dem Abschluß des Viermächteabkommens über Berlin am 3. September 1971 wurde im Dezember 1971 auch ein Transit- und Besuchsabkommen zwischen den beiden deutschen Staaten geschlossen. Mit dem am 26. Mai 1972 unterzeichneten Verkehrsvertrag zwischen der Bundesrepublik und der Deutschen Demokratischen Republik wurde erstmals ein selbständiger, völkerrechtlich bindender Vertrag zwischen den beiden aus der Teilung Deutschlands hervorgegangenen Staaten geschlossen.
Das weitaus wichtigere Vertragswerk war jedoch der Grundvertrag, genauer: »Vertrag über die Grundlagen der Beziehungen zwischen der Bundesrepublik Deutschland und der Deutschen Demokratischen Republik«, der am 21. Dezember 1972 von den Chef-Unterhändlern Bahr und Kohl unterzeichnet wurde. Der Unterzeichnung gingen mühsame Verhandlungen voraus, die bereits deutlich machten, daß die bloße Anknüpfung von diplomatischen Beziehungen nach so vielen Jahren der Entfremdung, Ignorierung und Feindschaft noch keine Normalisierung

der beiderseitigen Beziehungen bedeuten würde. Zwar gelang es der Bundesrepublik, den Vertrag so abzufassen, daß das in der Präambel des Grundgesetzes ausgesprochene Wiedervereinigungsgebot nicht gerade verletzt zu sein schien, so daß die zwischenstaatlichen Beziehungen, welche die Bundesrepublik und die DDR gegenseitig aufnahmen, von gewissen völkerrechtlichen Regularien etwas abwichen. Im Endeffekt aber hatte die DDR-Außenpolitik ihr langjähriges Ziel, die Anerkennung durch die Bundesrepublik und durch die internationale Staatengemeinschaft, mit dem Grundvertrag schließlich erreicht. Ein neues Kapitel in den so schwierigen Beziehungen zwischen den beiden Teilen Deutschlands konnte nun beginnen. (Vgl. dazu das letzte Kapitel dieses Buches.)
Die Einheit Deutschlands ist vorerst nicht wiederherstellbar, weder im ursprünglich kommunistischen Sinne, nämlich durch Ausdehnung des »fortschrittlichen« sozialistischen Systems auf ganz Deutschland, noch durch eine Form des Anschlusses der DDR an die Bundesrepublik: »Die deutsche Teilung wird in jedem Falle dauern, solange das sowjetische Imperium in Osteuropa besteht. Und selbst wenn eines Tages die sowjetische Präsenz in Osteuropa unter dem Zwang neuer Probleme verschwände und die Deutschen der DDR zusammen mit anderen Osteuropäern ihre Freiheit wiedererlangten, so wäre die Wiedervereinigung aller Deutschen in einem Staat keineswegs gewiß. Denn weder läßt sich voraussehen, ob die Menschen, die in zwei so radikal verschiedenen Teilstaaten gelebt haben, dann einen Weg zum Zusammenleben in *einer* staatlichen Ordnung finden würden – noch ob die Nachbarvölker dann zusammen mit ihnen ein neues europäisches System schaffen könnten, das stabil genug wäre, ein ungeteiltes Deutschland wirksam zu integrieren.« (Richard Löwenthal, Europa und die deutsche Teilung, in: Europa und die Einheit Deutschlands, hrsg. von W. Hofer, Köln 1971, S. 329.)

3. Die Stellung der DDR in der internationalen Politik

Verglichen mit den Beziehungen zur Sowjetunion sind die Außenbeziehungen der DDR zu den anderen Ländern des Sowjetblocks von untergeordneter Bedeutung. Sie sind dank der Führungsrolle der Sowjetunion relativ spannungsfrei, ohne besonders eng und herzlich genannt werden zu können. Die DDR unterhält diplomatische Beziehungen zu allen anderen Staaten des Ostblocks, die nach dem Muster der Beziehungen zur UdSSR durch spezielle Freundschaftsverträge mit Polen, der ČSSR, Ungarn und Bulgarien vertieft wurden. Bereits im Jahre 1959 hatte die

DDR in dem Görlitzer Abkommen mit Polen die Oder-Neiße-Linie zur »unantastbaren Friedens- und Freundschaftsgrenze« zwischen den beiden Staaten erklärt. Gleichwohl waren die Grenzen zwischen der DDR, Polen und der Tschechoslowakei bis zum Jahre 1971, dem Zeitpunkt der Einführung eines visumfreien Grenzverkehrs, kaum weniger hermetisch abgeriegelt wie gegenüber dem Westen. Die außen- und militärpolitischen Beziehungen der DDR zu den anderen Ländern des von der Sowjetunion beherrschten Machtbereichs in Osteuropa sind zusätzlich durch wirtschaftspolitische Abkommen im Rahmen des Rates für gegenseitige Wirtschaftshilfe (COMECON) untermauert worden. Die Erstarkung der Wirtschaftsmacht der DDR hat dem SED-Staat im Rahmen des Ostblocks zweifellos auch politisch etwas mehr Gewicht verschafft, was nicht unbedingt gleichbedeutend mit einem hohen Ansehen der DDR in den sozialistischen Nachbarländern ist. Während des Reformexperiments in der ČSSR waren die Beziehungen zum südlichen Nachbarn der DDR sogar empfindlich abgekühlt. Die DDR hat in ihrer Bündnistreue auch nicht gezögert, sich an der Besetzung der ČSSR durch Truppen des Warschauer Paktes mit einem Truppenkontingent zu beteiligen, obwohl ihr Einmarsch unheilvolle Erinnerungen an die Besetzung der Tschechoslowakei durch Hitlers Truppen im Jahre 1939 wachrufen mußte.

Im Gefolge der vertraglichen Regelung zwischenstaatlicher Beziehungen zwischen der Bundesrepublik und der DDR haben mittlerweile über 120 Staaten der Erde die DDR anerkannt und diplomatische Vertretungen in »Berlin, Hauptstadt der DDR« installiert. Die DDR ist – wie die Bundesrepublik – im September 1973 in die UNO und in andere Weltorganisationen aufgenommen worden und nahm an internationalen Entspannungsbemühungen wie der Konferenz für Sicherheit und Zusammenarbeit in Europa (KSZE) teil.

Zwei Jahrzehnte lang war die Außenpolitik der DDR in enger Anlehnung an die Politik der Sowjetunion von der Zielsetzung bestimmt, die internationale Zurücksetzung der DDR aufgrund des Defizits an internationaler Anerkennung wettzumachen und die Isolierung zu durchbrechen, in der sie durch die mit den Westmächten koordinierte Deutschlandpolitik der Bundesrepublik gehalten wurde. Durch die Verträge von Moskau und Warschau sowie durch den Grundvertrag ist im Rahmen der weltpolitischen Entspannung für die DDR jetzt eine außenpolitisch differenziertere Interessenlage gegeben. Dieser Umorientierungsprozeß vollzieht sich auf vielen Ebenen. Innerhalb des Ostblocks muß die DDR sich darauf einrichten, daß die durch die Deutschlandfrage lange Jahre gegebene Sondersituation, die ihr zeitweilig eine Veto-Position einräumte, jetzt der Vergangenheit angehört. Sie wird bemüht sein, zu ihrem Teil an einer gemeinsamen Außenpolitik des »sozialistischen Internationalismus« mitzuwirken. Im Rahmen der Ost-West-Bemühungen um die europäische Sicherheit kann die DDR nicht mehr wie bisher die Bundesrepublik als die eigentliche Gefahr für eine militärische Entspannung und Abrüstung in Europa hinstellen, sondern muß in einem größeren Bezugsrahmen argumentieren. In ihren bilateralen Beziehungen zu den einzelnen Ländern wird sie prüfen müssen, inwieweit diese jeweils ihren spezifischen Interessen nützlich sind. Im Rahmen der UNO muß die DDR sich auf eine Situation einstellen, die nicht mehr vorwiegend durch den bislang dort vorherrschenden Ost-West-Konflikt charakterisiert ist, sondern durch die Bestrebungen von Ländern der Dritten Welt überlagert wird, gegenüber den industrialisierten Großmächten des Nordens besser zur Geltung zu kommen. Die Außenpolitik der DDR war viele Jahre ausschließlich Kampf um die Anerkennung. Jetzt, da sie endlich erreicht war, mußte sich zeigen, welche eigene und aktive Rolle die DDR als Staat unter und mit den Staaten der übrigen Welt spielen kann.

Die vergangenen fünf Jahre erlauben eine erste vorsichtige Beurteilung der Rolle, die die DDR heute auf dem Parkett der internationalen Diplomatie spielt. Es hat sich von neuem bestätigt, daß die Außenpolitik der DDR auch im Rahmen des erweiterten diplomatischen Aktionsfeldes, das sich ihr eröffnet hat, völlig im Schlepptau der sowjetischen Politik segelt. Ihre Aktivität in der UNO ist keineswegs so intensiv gewesen, wie der Drang der DDR, in die Weltorganisation aufgenommen zu werden, es hatte vermuten lassen. Wie die Analyse von W. Bruns zeigt, hat sich die DDR vor allem im Bereich der »forumsorientierten« (propagandistisch-deklamatorischen) Mitarbeit hervorgetan, jedoch nur wenig in den Bereichen der personellen und der finanziellen und materiellen Mitarbeit. Es ist auffällig, daß die DDR in sechs der insgesamt vierzehn Sonderorganisationen der UNO bis heute nicht vertreten ist und ihre Mitarbeit in einer eher selektiven Form betreibt. Im übrigen bemüht sie die Tribüne der Weltorganisation gern, wenn es darum geht, sich deutlich von der Bundesrepublik abzugrenzen und sich als den wahren Förderer der Interessen der Entwicklungsländer anzupreisen.

Zu diesen Bekenntnissen steht die tatsächliche Entwicklungshilfe, die von der DDR geleistet wird, in argem Widerspruch. Die DDR-Entwicklungshilfe ist, verglichen etwa mit der Bundesrepublik, äußerst bescheiden. Die DDR leitet ihre Entwicklungshilfe auch nicht über die dafür eingerichteten internationalen Organisationen, sondern direkt an die dafür ausersehenen Länder, wobei die Hilfe meist als ein direktes außenpolitisches Mittel eingesetzt wird. Im einzelnen konzentrieren sich die ohnehin geringen Bemühungen der DDR um Hilfe an Entwicklungsländer fast ganz auf den Bereich des Militärischen und der Bildung. Die Bilanz ist also eher mager, doch wird die DDR sich auf die Dauer einer gewissen Verantwortung für die Situation in der Dritten Welt nicht entziehen können, die ihre Ideologie so ausschließlich den »imperialistischen Ausbeutern« zur Last legt.

4. Die Nationale Volksarmee

Die DDR verfügt über nationale, in das militärische Bündnissystem des Warschauer Paktes integrierte bewaffnete Streitkräfte. Als ihre Aufgabe gilt der Schutz und die Sicherung der sozialistischen Gesellschaftsordnung.

Die DDR behauptet von sich, sie habe in schöpferischer Anwendung der marxistisch-leninistischen Lehre von der Verteidigung des sozialistischen Vaterlandes eine Militärpolitik entwickelt, die sowohl der weltweiten Auseinandersetzung zwischen Imperialismus und Sozialismus wie auch den besonderen Bedingungen des Klassenkampfes mit den reaktionären Kräften der Bundesrepublik entspreche. In der Tat ist die Wiederaufrüstung in der DDR jahrelang mit der akuten militärischen Bedrohung durch die imperialistische Bundesrepublik begründet worden. Dem amerikanischen Imperialismus und den mit ihm verbündeten herrschenden Kreisen Westdeutschlands wurden bis zum Anfang der siebziger Jahre aggressive Ziele gegenüber der DDR und den anderen sozialistischen Ländern unterstellt. Nur durch die Verteidigungskraft der sozialistischen Militärkoalition im Rahmen des Warschauer Paktes sei es möglich gewesen, diesen aggressiven Plänen einen Riegel vorzuschieben. Erst das neue Verteidigungsgesetz von 1978 verzichtet auf die Erwähnung der aggressiven Rolle der BRD.

Kern der sozialistischen Landesverteidigung der DDR ist die Nationale Volksarmee (NVA), aber man rechnet zu den Organen der Landesverteidigung auch die sogenannten Grenztruppen, die den Schutz der Staatsgrenze wahrnehmen, den Staatssicherheitsdienst sowie die Deutsche Volkspolizei, insoweit sie Aufgaben der Landesverteidigung wahrnimmt. Schließlich gehören dazu die Einrichtungen der Zivilverteidigung, die jedoch nicht sonderlich entwickelt sind, sowie die »Kampfgruppen« der SED in Betrieben und Behörden und alle Institutionen, die der Wehrerziehung und Wehrertüchtigung dienen. Hier ist an erster Stelle die »Gesellschaft für Sport und Technik« zu nennen.

Offizielle Statistiken über die zahlenmäßige Größe der DDR-Streitkräfte gibt es nicht, geschweige denn über ihre militärische Ausrüstung. Zählt man, was berechtigt ist, auch die Grenztruppen zur DDR-Armee, da sie dem Oberbefehl der NVA unterstehen, so kommt man auf eine Stärke von ca. 180 000 Mann. Davon sind nahezu ein Drittel Grenztruppen; das Heer wird auf eine Stärke von etwa 85 000 Mann geschätzt, die Luftstreitkräfte auf 25 000, die Seestreitkräfte auf 15 000. Die Zahl der in den Kampfgruppen der SED organisierten Parteimitglieder, deren Kampfstärke man nicht sonderlich hoch veranschlagen darf, liegt bei 300 000 bis 400 000, die Zahl der von der Gesellschaft für Sport und Technik erfaßten Mitglieder sogar noch etwas darüber. Insgesamt schätzt man die Gesamtzahl der Reservisten, die im Krisenfall mobilisiert werden können, auf über 700 000.

Die Nationale Volksarmee ist aus der Kasernierten Volkspolizei (KVP) hervorgegangen und existiert unter jenem Namen erst seit Januar 1956, also wenige Monate nach dem Abschluß des Warschauer Verteidigungspaktes. Der Aufbau der Kasernierten Volkspolizei als militärisch ausgebildeter und bewaffneter Teil der allgemeinen Volkspolizei, die bewußt als Keimzelle der späteren Armee konzipiert war, geht bereits in das Jahr 1948 zurück und wurde von der sowjetischen Besatzungsmacht angeordnet. Die ostdeutschen Politiker haben seinerzeit zwar immer wieder versichert, daß die Volkspolizei, auch die kasernierte, keinerlei militärischen Charakter habe. Die Wiederaufrüstung der Bundesrepublik ist dessenungeachtet gerade auch unter Berufung auf die bereits erfolgte Schaffung militärischer Polizei-Einheiten in der Ostzone betrieben worden. An ihrer »pazifistischen«, den Aufbau von eigenen Streitkräften verleugnenden Linie hat die DDR-Führung bis in die Mitte der fünfziger Jahre hinein festzuhalten versucht, bis schließlich die militärische Integration der Bundesrepublik in die NATO ihr auch auf diesem Gebiet ein gutes Gewissen verschaffte und die Möglichkeit gab, die eigene Wiederaufrüstung offen zu betreiben. Schon zwischen 1952 und 1955 sprach die SED-Führung ziemlich unverblümt von der Notwendigkeit der Schaffung nationaler Streitkräfte zur Verteidigung der sozialistischen Errungenschaften.

Ähnlich wie in der Bundesrepublik, in der gerade die jüngere Generation wenig Interesse an der Wiedererrichtung einer nationalen Armee zeigte, hatte es die DDR-Führung in den Jahren des Aufbaus der Kasernierten Volkspolizei und der späteren Volksarmee nicht leicht, in der Jugend das Interesse an der Landesverteidigung zu wecken. Die allgemeine Wehrpflicht ist bemerkenswerterweise erst im Jahre 1962 eingeführt worden, offensichtlich weil befürchtet wurde, daß ihre Einführung für einen Teil der Betroffenen Grund zur Republikflucht werden könnte. Vor 1962 war

es darum eine besondere Aufgabe des Jugendverbandes (FDJ) und vor allem der Gesellschaft für Sport und Technik, wehrwillige junge Männer zu mobilisieren, wobei es mit der »Freiwilligkeit« nicht immer sehr genau genommen wurde. Nach dem Beitritt zum Warschauer Pakt hatte die Volkskammer im September 1955 eine Ergänzung der Verfassung beschlossen, die den Dienst für die Verteidigung des Landes zur »nationalen Ehrenpflicht« erklärte. Die allgemeine Wehrpflicht wurde dann erst im Januar 1962, ein halbes Jahr nach dem Bau der Berliner Mauer, durch Gesetz eingeführt. Im September 1961, also ebenfalls nach dem Mauerbau, wurde das »Gesetz zur Verteidigung der DDR« verabschiedet, das die rechtliche Grundlage für die Organisation der Landesverteidigung bildet und 1978 neugefaßt wurde.
So hat auch im Bereich der Militärpolitik erst der »zuverlässige Schutz der Staatsgrenze« die Voraussetzungen für eine ungestörtere Entwicklung und militärische Verbesserung der Nationalen Volksarmee geschaffen. In einer Grußbotschaft des Zentralkomitees der SED und des Staatsrates aus Anlaß des 10jährigen Bestehens der NVA im Jahre 1966 hieß es: »Die Nationale Volksarmee hat in den vergangenen zehn Jahren ihre vaterländische Pflicht ehrenvoll erfüllt. In historisch kurzer Frist wurde unsere Armee ein schlagkräftiges modernes Machtinstrument des ersten deutschen Arbeiter-und-Bauern-Staates, das von unseren sozialistischen Waffenbrüdern, den Völkern der sozialistischen Gemeinschaft und auch von den patriotischen Kräften Westdeutschlands als zuverlässiger Verbündeter geachtet und von den Feinden des Volkes gefürchtet und gehaßt wird.«
Die Armee der DDR war von Anfang an fest in die Militärorganisation des Warschauer Pakts integriert. Die militärische Führerrolle der Sowjetunion wird im offiziellen Schrifttum der DDR immer wieder hervorgehoben. Die Entwicklung in der Sowjetunion habe Maßstäbe für die Gestaltung der Verteidigungsorganisation in den anderen sozialistischen Staaten gesetzt.
Die DDR-Soldaten dienen 18 Monate. Sie werden in der Regel durch die Gesellschaft für Sport und Technik einer vormilitärischen Ausbildung unterzogen. Entsprechend der fortlaufenden Modernisierung der Waffensysteme hat die technisch-fachliche Ausbildung der Soldaten inzwischen wachsende Bedeutung im Wehrdienst erlangt und die alten, vorwiegend auf Drill beruhenden Ausbildungsmethoden in den Hintergrund gedrängt. Besonders intensiv hat sich die Staatsleitung um die politische Erziehung der Soldaten gekümmert. Zu ihrem Zweck sind eigens sogenannte Politoffiziere tätig, und die politisch-ideologische Schulung der Offiziere und Soldaten nimmt im Ausbildungsprogramm

einen breiten Raum ein. Aufgabe der ideologischen Erziehung ist es, die Soldaten von der Notwendigkeit der unbedingten Verteidigungsbereitschaft für das »sozialistische Vaterland der Werktätigen« zu überzeugen. Darüber hinaus ist auch die Partei aufgerufen, im Volke das Verständnis für die Notwendigkeit der Verteidigung der sozialistischen Errungenschaften beständig zu vertiefen. Dies konnte bis zur Ost-West-Entspannung und zu dem von der Bundesrepublik initiierten »Wandel durch Annäherung« um so nachdrücklicher geschehen, je schwärzer und bedrohlicher man die aus dem Westen Deutschlands und seiner erneuten Militarisierung drohende Gefahr an die Wand malen konnte. Es galt insbesondere das Bewußtsein dafür zu wecken, daß Militärdienst und Landesverteidigung in einem sozialistischen Staat etwas grundsätzlich anderes seien als in einem bürgerlich-kapitalistischen System und daß die in der DDR vorgenommenen revolutionären Veränderungen in den gesellschaftlichen Beziehungen der Menschen auch zu einer positiven Einstellung zum »patriotischen Wehrdienst« führen müßten.

Es ist empirisch schwer nachzuprüfen, wieweit es dem DDR-Regime tatsächlich gelungen ist, echte Verteidigungsbereitschaft unter seinen Bürgern und Soldaten zu wecken. Partei- und Armeeführung haben jedenfalls keine Mühe gescheut, positiv interpretierbare Traditionen, z. B. in Anknüpfung an das Zeitalter der preußischen Heeresform, in den Dienst dieser Sache zu stellen. Bezeichnend für die äußerliche Anknüpfung an die alte militärische Tradition war der Entschluß, die Nationale Volksarmee mit den nur geringfügig veränderten traditionellen Uniformen der früheren deutschen Wehrmacht auszustatten. Dadurch wurden die den Sowjetsoldaten nachempfundenen Uniformen der Kasernierten Volkspolizei, die alles andere als populär waren, aus dem Verkehr gezogen.

Die politische Arbeit in den Streitkräften liegt sowohl in den Händen ausgewählter Führungskader wie der Parteiorganisationen innerhalb der Streitkräfte selbst. Die ideologische Arbeit dient dem Ziel, über das rein technische Training hinaus die Moral, die Effektivität und die Kampfstärke der Truppen zu erhöhen. Während die DDR-Truppeneinheiten vor dem Bau der Berliner Mauer möglicherweise nicht auf allen Posten unbedingt verläßlich waren, hat die Konsolidierung des DDR-Staates in den sechziger Jahren den militärischen Wert der DDR-Truppen im Rahmen des Warschauer-Pakt-Systems zunehmend erhöht. Man darf heute davon ausgehen, daß die Nationale Volksarmee im Rahmen des Warschauer Paktes kein schlechterer Bündnispartner ist als die westdeutsche Bundeswehr im Rahmen der NATO.

Für die Nationale Volksarmee war die Problematik ihrer inneren Verfas-

sung, des sogenannten »inneren Gefüges«, nicht von derselben Bedeutung wie in der Bundeswehr. Auf der einen Seite gab es hinsichtlich der althergebrachten Priorität von Befehl und Gehorsam im militärischen Bereich in der NVA überhaupt keine Diskussion; zum andern versuchte die militärische Führung der DDR im Verein mit der herrschenden Partei Soldaten und Bürgern immer wieder glaubhaft zu machen, daß die militärische Verteidigung eines sozialistischen Staates nicht nur staatsbürgerliche Ehrenpflicht sei, sondern auch mit dem reaktionären Phänomen des Militarismus nichts zu tun habe. Im Gegensatz zur Bundesrepublik mit ihren »faschistischen Generälen« werde die DDR von der Gefahr des Militarismus überhaupt nicht bedroht. Deshalb hat man unbekümmerter als im Westen auf äußerliche, nationalmilitärische Traditionen zurückgegriffen. Bei der Zusammensetzung des Offizierskorps hingegen hat man streng auf die richtige Klassenauslese und die ideologische Zuverlässigkeit geachtet. Man griff nur auf diejenigen Offiziere der früheren Wehrmacht zurück, die sich, zum Teil schon seit den Tagen des Nationalkomitees Freies Deutschland, offen zum Sozialismus bekannten; im übrigen hat man konsequent versucht, einen neuen volksverbundenen Typ des Offiziers zu schaffen. 80% aller Offiziere der NVA stammen nach DDR-Angaben aus den Reihen der Arbeiterklasse, 98% aller Offiziere sind gleichzeitig Mitglieder der SED. Damit ist in der Tat ausgeschlossen, daß die NVA eine von der politischen Führung der SED abweichende politische Richtung einschlagen könnte. Die militärischen Traditionen, einschließlich des traditionellen preußischen Stechschrittes bei Parademärschen, erscheinen deshalb heute fest in die herrschenden politischen Verhaltensmuster des sozialistischen Staates einbezogen. Sie haben keinen Wert an sich mehr.
Auch das Verhältnis zwischen Offizieren und Mannschaften ist durch das beiden Gruppen aufgegebene »sozialistische Bewußtsein« der früher in Deutschland herrschenden sozialen Distanz beraubt worden. Es erscheint stärker demokratisiert als in der alten Wehrmacht. Es wäre jedenfalls unzutreffend, die Nationale Volksarmee als eine zeitgenössische Fortsetzung des preußischen Militarismus und des Kommißgeistes unter roten Standarten zu charakterisieren. Trotz einiger äußerlicher Ähnlichkeiten mit dem Stil und dem Auftreten der alten deutschen Wehrmacht scheint es dem DDR-Regime gründlicher gelungen zu sein, sich eine Armee zu schaffen, die in ihrem politischen Bewußtsein und in ihren äußeren Verhaltensformen dem besonderen Charakter des politischen Systems entspricht, das zu verteidigen sie berufen ist. Auf diese Weise verfügt die Staatsführung über einen zuverlässigen Militärapparat, der sich kaum zu einem »Staat im Staate« entwickeln kann. Ähnlich wie

für die Bundeswehr scheint auch für die Nationale Volksarmee zu gelten, daß sie dank ihrer festen Integration in das jeweilige Militärbündnis nicht zu einem Instrument rein nationaler Macht- und Interessenpolitik werden kann, noch in der Lage oder willens ist, sich selbst zu einer eigenmächtigen politischen Rolle im sozialistischen Staat aufzuschwingen.
Aufgabe und Organisation der Landesverteidigung sind in einem neuen Verteidigungsgesetz zusammengefaßt worden, welches die Volkskammer im Oktober 1978 ohne Diskussion verabschiedet hat. Außer der Erweiterung der Kompetenzen des Nationalen Verteidigungsrates, der gewisse Notstandsbefugnisse zugesprochen erhielt, hat sich an der Struktur und der allgemeinen Aufgabenstellung der Volksarmee jedoch nichts Wesentliches geändert. Bemerkenswert ist der Grundsatz, daß die Leitung und Planung der Wirtschaft sich an den Interessen der Landesverteidigung zu orientieren hat.
Auch die im Herbst 1978 erfolgte Einführung einer Wehrkunde bzw. Wehrerziehung in den Schulen, die mit praktischen militärischen Übungen verbunden ist, unterstreicht die Entschlossenheit des Systems, alle Vorkehrungen zum Schutz und zur Verteidigung des »deutschen Arbeiter- und Bauernstaates« zu treffen. Die evangelische Kirche hatte vergeblich versucht, die »Militarisierung der Schule« zu verhindern. Immerhin legt die SED-Führung Wert auf die Feststellung, daß alle Anstrengungen auf dem Gebiet der Landesverteidigung vom »Geist des sozialistischen Humanismus geprägt« seien.

10. Kapitel

Zwei deutsche Staaten – eine deutsche Nation?

1. Eine neue Phase innerdeutscher Beziehungen

Die beiden deutschen Staaten verdanken ihre Entstehung der weltpolitischen Konfrontation zwischen Ost und West nach Beendigung des Zweiten Weltkrieges. Im Rahmen der seit den sechziger Jahren in Gang gekommenen, durch die Verträge von Moskau und Warschau und die KSZE stark geförderten Entspannung zwischen den beiden Machtblöcken, stehen die Bundesrepublik und die DDR heute vor der Aufgabe, die Konfrontation in friedliche Koexistenz und Kooperation zu überführen, schlichter gesagt: »normale gutnachbarliche Beziehungen zueinander zu entwickeln, wie sie zwischen voneinander unabhängigen Staaten üblich sind« (so die Formel im Verkehrsvertrag vom Mai 1972 zwischen der BRD und der DDR).

Grundlage für die neue Phase innerdeutscher Beziehungen ist der Grundlagenvertrag, bei dessen Formulierung beide Seiten Abstriche von ihren ursprünglich vertretenen Positionen machen mußten. Die DDR konnte ihr Konzept der völkerrechtlichen Anerkennung nicht voll durchsetzen, der Bundesrepublik gelang es ebenfalls nicht, ihr Konzept von den Beziehungen besonderer Art zwischen zwei Staaten, die füreinander nicht Ausland sein dürfen, voll zur Geltung zu bringen. Es erwies sich als unmöglich, das vertragliche Verhältnis zwischen BRD und DDR auf die gemeinsame Grundlage eines von beiden Seiten akzeptierten Verständnisses der deutschen Nation zu stellen. Dementsprechend ist in der Präambel auch vermerkt, daß über die Frage der deutschen Nation zwischen den Vertragspartnern verschiedenartige Auffassungen bestehen. Dies erlaubt es der Bundesrepublik wie der DDR, ihr besonderes Verständnis von der deutschen Nation bei der Interpretation des Grundvertrages heranzuziehen.

Der Grundvertrag erkennt die DDR als gleichberechtigten Staat an (= Aufgabe des Alleinvertretungsanspruchs durch die Bundesrepublik), d. h., er respektiert die Unabhängigkeit beider Vertragspartner in ihren inneren und äußeren Angelegenheiten. Die Bundesrepublik konnte durchsetzen, daß anstelle von Botschaften, wie die international übliche Bezeichnung wäre, »ständige Vertretungen« die Interessen ihrer Staaten im anderen Land wahrnehmen. Auch gelang es der DDR nicht, die im Grundgesetz implizit enthaltene Bestimmung zu beseitigen, daß jeder Bürger der DDR als Deutscher das Recht hat, Bürger der Bundesrepublik zu werden. (Diese Bestimmung ist wohl eines der Haupthindernisse für eine Lockerung des innerdeutschen Reiseverkehrs zugunsten der DDR-Bürger.) Schließlich sieht der Vertrag eine Reihe von zusätzlichen Abkommen zur Regelung praktischer und humanitärer Fragen auf vielen Gebieten vor. Verhandlungen auf solchen Gebieten wie Post- und Fernmeldewesen, Gesundheit, Sportaustausch, Rechtshilfeverkehr, wirtschaftliche Zusammenarbeit usw. finden laufend statt. Einige haben bereits zu Einzelabmachungen geführt, die zur Normalisierung des Verhältnisses zwischen beiden Staaten beitragen. Bei anderen sind noch technische und finanzielle Detailfragen zu lösen oder sind die politischen Interessen- und Meinungsunterschiede noch so groß, daß ein für beide Seiten akzeptierbarer Kompromiß auf sich warten läßt (z. B. beim Kulturabkommen). Im Herbst 1978 kam es nach langen Verhandlungen zwischen dem Ständigen Vertreter der Bundesrepublik in der DDR, Günter Gaus, und seinem Gesprächspartner im DDR-Außenministerium, Kurt Nier, zum Abschluß eines Verkehrsabkommens, das u. a. den Bau einer neuen Autobahn zwischen Hamburg und Berlin vorsieht und damit, wenn auch unter starkem finanziellen Engagement der Bundesrepublik, die für Westberlin lebensnotwendigen Verbindungen mit dem Bundesgebiet kräftigt.

Der Grundvertrag wurde zur Zeit seiner Vorbereitung und bei seiner Ratifizierung von der Bundesregierung als Auftakt für eine völlig neue Entwicklung der Beziehungen zwischen den beiden deutschen Staaten gedeutet. Solche euphorischen Erwartungen erscheinen sechs Jahre nach der Unterzeichnung des Vertrages kaum gerechtfertigt. Es zeigt sich, daß der Grundvertrag zwar die Voraussetzung für Beziehungen überhaupt ist und damit auch für ihre Normalisierung, doch die Normalisierung selbst ist abhängig von der konkreten Politik des Alltags, von der allgemeinen Entwicklung der internationalen Entspannung, insbesondere von der Fähigkeit und Bereitschaft beider Vertragspartner, aufeinander Rücksicht zu nehmen, anstatt auf der Basis der neuen Vereinbarungen die alte Politik mit anderen Mitteln einfach fortsetzen zu wollen. Auf den Beziehungen zwischen der Bundesrepublik und der DDR lastet die Hypothek einer jahrzehntelangen gegenseitigen Diffamierung und Verteufelung, die es unmöglich erscheinen läßt, aus der bislang praktizierten Politik des militanten Gegeneinander rasch zu einer Politik des friedlichen Nebeneinander oder gar des versöhnlichen Miteinander zu finden.

Die neue Deutschlandpolitik mit dem Ziel eines geregelten Verhältnisses der beiden deutschen Staaten zueinander ist aus den Trümmern der Wiedervereinigungspolitik erwachsen, der beide deutsche Seiten bis in die letzten Jahre hinein verbal ihren Tribut gezollt haben. Die Wiedervereinigung des in zwei Staaten zertrennten Deutschland in einem neuen Nationalstaat erscheint unter den gegebenen Bedingungen der weltpolitischen Konstellation als eine Utopie, die auch bei einer (derzeit unmöglich erscheinenden) Konzentration aller nationalen Energien der Deutschen nicht genug Ausstrahlungskraft entwickeln könnte, um die verfestigten Machtverhältnisse zwischen Ost und West in Europa in Bewegung zu bringen. Im übrigen waren die Wiedervereinigungsvorstellungen beider Seiten ohnehin wechselseitig unannehmbar: der deutsche Westen verstand unter Wiedervereinigung prinzipiell die allenfalls mit gewissen gegenseitigen Anpassungen verbundene Einbeziehung Ostdeutschlands in das politische System der Bundesrepublik, der deutsche Osten konnte sich eine Wiedervereinigung Deutschlands stets nur als eine Ausdehnung der in der DDR bereits bestehenden sozialistischen Demokratie auf das Territorium und das Volk der Bundesrepublik vorstellen.
Nach den Jahren harter Konfrontation begannen nun die beiden deutschen Staaten auf der Basis innerer Konsolidierung und ihrer irreversiblen politischen und militärischen Integration den schwierigen und sicherlich langwierigen Prozeß der innerdeutschen Entspannung, aus dem die nationale Wiedervereinigung vorerst ausgeklammert bleiben muß. Dieser Prozeß hat zur unabdingbaren Voraussetzung, zu der sich die Bundesregierung seit 1969 auch offiziell bekannt hat, daß es zwei souveräne Staaten auf deutschem Boden gibt und daß die Beziehungen zwischen diesen Staaten sich auf der Basis der Gleichberechtigung und der völkerrechtlichen Verbindlichkeit der zwischen ihnen vereinbarten Abmachungen bewegen müssen. Umstritten ist jedoch die Frage, ob es sich um zwei Staaten *deutscher Nation* handelt. Hierüber bestehen diesseits und jenseits der Elbe grundverschiedene Auffassungen.

2. Die deutsche Nation in der Sicht der DDR

Die Verfassung von 1968 bezeichnete die DDR noch als »sozialistischen Staat deutscher Nation«. Die SED ging noch wie selbstverständlich von der Einheit der deutschen Nation aus und forderte über die Herstellung normaler Beziehungen zwischen den beiden Staaten hinaus »die Überwindung der vom Imperialismus der deutschen Nation aufgezwungenen

Spaltung Deutschlands, die schrittweise Annäherung der beiden deutschen Staaten bis zu ihrer Vereinigung auf der Grundlage der Demokratie und des Sozialismus« (Art. 8 Abs. 2). Der Kampf für ein einheitliches, demokratisches und friedliebendes Deutschland, so hieß es im SED-Programm von 1963, gehöre seit jeher zu den guten Traditionen der revolutionären deutschen Arbeiterbewegung.

In der Sprachregelung der 50er und 60er Jahre machte die nationale Einheit nur die Ausschaltung der Imperialisten und Militaristen in Westdeutschland erforderlich. Diese würden zwar – so hieß es – heuchlerisch von nationaler Einheit reden, legten aber durch ihre Ablehnung jeglicher Verständigung zwischen den beiden deutschen Staaten der Wiedervereinigung immer nur Hindernisse in den Weg.

Als die Bundesregierung seit 1969 daranging, ihren eigenen Beitrag zur weltpolitischen und, daran anschließend, auch zur innerdeutschen Entspannung zu leisten, sah sich die politische Führung der DDR veranlaßt, ihre Vorstellungen von der deutschen Nation zu revidieren. Hatte sie zuvor von einem sozialistischen Staat deutscher Nation gesprochen, so bezeichnet sich die DDR seit 1970 als den *sozialistischen deutschen Nationalstaat.* Die DDR ist die *sozialistische deutsche Nation* im Gegensatz zur Bundesrepublik, die nach ihrer Auffassung eine *bürgerliche deutsche Nation* ist, wobei der Zusatz deutsch neuerdings ganz entfällt. Für die sozialistische DDR als Nation ist nämlich nicht eine etwaige historische Rückerinnerung oder gar Bindung an die deutsche Gesamtnation entscheidend, sondern die »immer engere Zusammenarbeit und Wechselwirkung mit den anderen sozialistischen Nationen« (Kurt Hager, Die entwickelte sozialistische Gesellschaft, Dietz Verlag, Berlin 1971, S. 55). Sozialistische Nationen stellten einen historisch völlig neuen Typus von Nationen dar, deshalb könne man an die mit der Entwicklung sozialistischer Nationen verbundenen Probleme nur richtig herangehen, wenn man sie in den großen internationalen Zusammenhang einordne und mit dem weltweiten Kampf zwischen Sozialismus und Imperialismus verbinde (ebenda).

Nach Hermann Axen, dem für internationale Fragen zuständigen ZK-Sekretär, ist die Herausbildung der sozialistischen Nation in der DDR etwas qualitativ völlig Neues auf deutschem Boden. »Die ausschlaggebenden ökonomischen, klassenmäßigen und politischen Grundlagen für die Entwicklung der sozialistischen Nation in der DDR schließen jedwede Annäherung oder Gemeinsamkeit mit der sozial entgegengesetzten kapitalistischen Nation in der BRD aus . . .« (H. Axen: Zur Entwicklung der sozialistischen Nation in der DDR, Dietz Verlag, Berlin 1973, S. 22) Nicht durch rudimentäre Gemeinsamkeiten also, sondern durch »unüberbrückbare Gegensätze« ist nach derzeitiger Auffassung der SED das Verhältnis zwischen den beiden Teilen Deutschlands bestimmt. Da dieses Verhältnis aus dem »unversöhnlichen Gegensatz« von Kapitalismus und Sozialismus heraus interpretiert wird, sei auch keine »besondere Beziehung« zwischen diesen beiden Staaten möglich, wie dies die Bundesrepublik angestrebt hat, sondern nur jene Art von Beziehungen, die auf den völkerrechtlichen Prinzipien der friedlichen Koexistenz beruhen. Diesen Prinzipien trage der Grundlagenvertrag Rechnung. Doch der Prozeß der Abgrenzung der DDR von der BRD werde »gesetzmäßig weitergehen«.

Die neue Linie der DDR-Politik in Fragen der Nation war unverkennbar die Reaktion auf die Entspannungspolitik der Bundesrepublik unter Willy Brandt, die der Forderung der DDR nach staatlicher Anerkennung zwar entgegenkam, jedoch noch immer an der Idee der Einheit der deutschen Nation festhielt, zumal diese Idee bis 1969 von der DDR selbst, wenn auch in einer andersartigen politischen Deutung, akzeptiert worden war. Seither ist es um die *deutsche* Nation in der DDR still geworden. Das angebliche Fortbestehen der deutschen Nation, auf das die Bundesregierung Wert legt, wird von der DDR als »nationalistische Demagogie« bezeichnet, es sei nichts anderes als ein erneuter Versuch, die »bisher gescheiterten Pläne der Diversion und Expansion gegen die sozialistische DDR ... doch noch zu verwirklichen.« (Hager, op. cit., S. 57) Die Geschichte habe jedoch über die Einheit der deutschen Nation bereits entschieden: es gebe sie nicht mehr. Statt dessen gibt es nach gegenwärtiger Auffassung der DDR-Ideologie die bürgerliche Nation Westdeutschlands einerseits, die durch Klassenzerrissenheit, Ausbeutung und Aggression charakterisiert sei, und die sozialistische Nation der DDR andererseits, für welche die planmäßige Entwicklung der Produktivkräfte und der ganzen Gesellschaft auf der Grundlage der sozialistischen Produktionsverhältnisse sowie eine systematische Verbreitung und Durchsetzung sozialistischen Denkens und Handelns kennzeichnend sei.

Im Zuge dieser systematischen Abkehr von der Einheit der deutschen Nation hat die DDR Namen von Organisationen und Institutionen geändert (Streichung von »Deutschland« und »deutsch«) und läßt auch nicht mehr den Text ihrer Nationalhymne (»... Deutschland, einig Vaterland«) singen. Zum 25. Jahrestag ist dieser Eliminierungsprozeß in der Verfassungsänderung zum Abschluß gekommen: alle erwähnten Bekenntnisse der Verfassung von 1968 zur Einheit der Nation und zu ihrer staatlichen Wiederherstellung auf der Grundlage von Demokratie und Sozialismus sind gestrichen worden. Die DDR stellt sich heute auch in ihrer Verfassung als ein Staat dar, den alles mit dem sozialistischen Lager unter Führung der UdSSR, aber nichts außer der Respektierung des Prinzips der friedlichen Koexistenz mit der Bundesrepublik verbindet.

Die Zielrichtung dieser Argumentation, der auch in jüngster Zeit immer neue Begründungen und Differenzierungen eingefügt werden, ist klar: die DDR will sich von dem gemeinsamen Band lösen, welches der Begriff der deutschen Nation noch immer um beide Staaten schlingt. Sie erklärt den Begriff der Nation für historisch wandelbar: Wie alle gesellschaftlichen Kategorien, so sei auch der Begriff der Nation nicht zeitlos und nicht unabhängig von konkreten gesellschaftlichen Zuständen. Die Nation sei heutzutage ein Produkt des Klassenkampfes. Der Klassenkampf in Deutschland habe nach 1945 zur Herausbildung einer sozialistischen und einer bürgerlichen deutschen Nation geführt. Diese beiden Nationen ließen sich um so strenger gegeneinander abgrenzen, weil es gerade nicht auf eine vergangene historische Gemeinsamkeit, sondern allein auf den Klasseninhalt ankäme. Von einer ungeteilten deutschen Nation als einem beiden Staaten gemeinsamen Substrat kann darum nach heutiger DDR-Auffassung nicht mehr die Rede sein.

Mit der Leugnung einer gemeinsamen deutschen Nation als einer besonderen Grundlage für die Beziehungen zwischen den beiden deutschen Staaten ist für die DDR auch die »deutsche Frage« endgültig erledigt: »Es gibt keine deutsche Frage mehr, sondern es gibt eben zwei sozial entgegengesetzte, voneinander unabhängige deutsche Staaten und Nationen, wie auf dem VIII. Parteitag der SED nachgewiesen worden ist.« (H. Axen: Fragen der internationalen Lage und der internationalen Beziehungen der SED, Dietz Verlag, Berlin 1974, S. 75) Mit dieser eindeutigen Bestimmung der DDR als einer sozialistischen Nation, die mit der bürgerlichen Nation der Bundesrepublik nichts mehr gemein habe, will die DDR alle Ansprüche der Bundesregierung auf besondere Beziehungen abwehren. Sie sieht darin nur den Versuch, den in den Ostverträgen eingegangenen völkerrechtlichen Verpflichtungen den nur zeitweiligen Charakter eines *modus vivendi* zu verleihen; durch das »Offenhalten der deutschen Frage« sollten die mittlerweile zerschlagenen Fronten gegen die DDR erneut aufgebaut werden. Als Beweis dafür gilt der SED das Urteil des Bundesverfassungsgerichts über den Grundlagenvertrag, das zwar den Grundvertrag als verfassungskonform bestätigte, jedoch die Verpflichtung zur Wiedervereinigung so sehr im traditionellen Verständnis der bundesdeutschen Wiedervereinigungspolitik seit Adenauer interpretierte, daß diese höchstrichterliche Auslegung in der Tat eine Erschwerung für eine unbefangene Politik der Bundesrepu-

blik gegenüber der DDR unter dem Grundvertrag bedeutet.
Andererseits ist es fraglich, ob die SED mit ihrem Abrücken von aller nationalen Gemeinsamkeit auf deutschem Boden bei ihren Bürgern volle Zustimmung findet. Die SED hat es zwar verstanden, den Nationsbegriff für ihre Zwecke neu und unmißverständlich zu bestimmen, aber es ist nicht sicher, ob ihr darin auch die Bevölkerung zu folgen bereit ist, für die der Begriff der Nation als Ausdruck für das »Zusammengehörigkeitsgefühl der Menschen eines Volkes« noch nicht völlig gegenstandslos geworden ist, vielmehr gerade durch eine Politik menschlicher Erleichterungen und vermehrter innerdeutscher Begegnungen sogar noch an Relevanz gewonnen hat. Freilich kann die DDR als zweiter deutscher Staat sich nur entwickeln, wenn ihr als eigenständiger Staat auch eine eigene, von »Zusammengehörigkeitsgefühlen« freie Entwicklung zugestanden wird. Je mehr ihre Führung dieses Ziel realisieren kann, desto eher wird sie auch ihren Bürgern Zugeständnisse im Sinne einer rein privat praktizierten nationalen Gemeinsamkeit machen können.

3. Die deutsche Nation in der Sicht der Bundesregierung

Die Position der Bundesregierung zur Frage der deutschen Nation ist von Bundeskanzler Willy Brandt am 14. 1. 1970 in seinem »Bericht zur Lage der Nation im geteilten Deutschland« mit folgenden Worten umrissen worden: »25 Jahre nach der bedingungslosen Kapitulation des Hitler-Reiches bildet der Begriff der Nation das Band um das gespaltene Deutschland. Im Begriff der Nation sind geschichtliche Wirklichkeit und politischer Wille vereint. Nation umfaßt und bedeutet mehr als gemeinsame Sprache und Kultur, als Staat und Gesellschaftsordnung. Die Nation gründet sich auf das fortdauernde Zusammengehörigkeitsgefühl der Menschen eines Volkes. Niemand kann leugnen, daß es in diesem Sinne eine deutsche Nation gibt und geben wird, soweit wir vorauszudenken vermögen.«
Auf die These, daß es für beide deutschen Staaten noch das gemeinsame Band der deutschen Nation gebe, gründet die Bundesregierung ihren Anspruch, mit der DDR eine besondere Art von völkerrechtlich verbindlichen Beziehungen anzuknüpfen, durch die gewährleistet bleibt, daß der Staat Westdeutschlands für die Ostdeutschen nicht zum Ausland wird und umgekehrt. Auf die These vom Fortbestand der deutschen Nation stützt die Bundesregierung ihre politische Absicht, mittels der Normalisierung und Formalisierung der Beziehungen zwischen den beiden deutschen Staaten den Zusammenhalt der Nation fördern zu

wollen, hatte sich doch gezeigt, daß die alte Deutschlandpolitik der Negierung und Nichtanerkennung der DDR das Band nationaler Zusammengehörigkeit der Deutschen in Ost und West erst recht zu zerschneiden drohte. Auf die These vom Fortbestand der deutschen Nation gründet die Bundesregierung schließlich die nach wie vor bestehende Zielsetzung ihrer Deutschlandpolitik, die innerdeutschen Beziehungen so zu gestalten, daß eine künftige Wiedervereinigung der beiden getrennten Teile Deutschlands dadurch nicht verhindert wird.
Die Position der Bundesregierung kann sich auf keinen so klaren und eindeutigen Nationsbegriff stützen, wie ihn die DDR für ihre besondere Situation entwickelt hat. Zwar gibt es sicherlich für die beiden Teile Deutschlands noch das Erbe einer gemeinsamen Sprache, Kultur und Geschichte, aber das Bestimmende der Entwicklung seit 1945 war ja gerade, daß diese nationalen Gemeinsamkeiten einem permanenten und systematischen Erosionsprozeß ausgesetzt waren, der durch die entschiedene Politik der Abgrenzung von seiten der DDR noch verstärkt wurde.
Ein Hauptziel der neuen Deutschlandpolitik war es darum, diesem rapiden Abnutzungsprozeß nationaler Gemeinsamkeiten einen gewissen Einhalt zu gebieten durch die Ermöglichung menschlicher Begegnungen. In der menschlichen Begegnung von Deutschen aus der Bundesrepublik und der DDR kann sich in der Tat noch so etwas wie nationale Gemeinsamkeit auf privater Ebene herstellen. Die politischen Auswirkungen solcher Begegnungen auf das Verhältnis der Systeme in beiden Teilen Deutschlands sind äußerst schwer kalkulierbar. Die SED hat deshalb ein gewisses Interesse daran, die menschlichen Begegnungen nicht über das für ihr internationales Ansehen notwendige Maß hinaus zu fördern. Durch die Erhöhung des Zwangsumtausches bei Besuchen in der DDR und durch die Anweisung an ihre Funktionäre, von ihren verwandtschaftlichen Westbeziehungen möglichst keinen Gebrauch zu machen, hat die SED versucht, die Kommunikationschancen zu kanalisieren und einzuschränken. An solchen Maßnahmen wird erkennbar, daß in der Normalisierung der Beziehungen und den sich daraus ergebenden häufigen Kontaktmöglichkeiten zwischen Bürgern der Bundesrepublik und der DDR in der Tat ein dynamisches Element steckt, dessen Wirkungen für die künftigen Beziehungen der zwei Staaten zueinander nur schwer abzuschätzen sind. Denn – was immer sie sonst voneinander unterscheiden mag – die Bürger der Bundesrepublik und der DDR begegnen sich noch immer als *Deutsche*. Dies ist gerade in der internationalen, von außen an das innerdeutsche Verhältnis herangetragenen Perspektive der Rest an Gemeinsamkeit, den sie miteinander tragen. »Na-

tion ist für diese Politik nicht in erster Linie eine Formel für die komplexe Substanz der Geschichte; vielmehr soll dieser ebenso vielfältig historisch belastete wie vage Begriff sich an den ›Erfahrungen der neuen Begegnungen‹ erproben«. (P. C. Ludz: Deutschlands doppelte Zukunft, München 1974, S. 101)

4. Gibt es noch eine deutsche Nation?

Diese Frage scheint theoretisch der Angelpunkt des deutschen Problems zu sein. Die Bundesrepublik bejaht sie und stützt ihre Politik der innerdeutschen Normalisierung auf diese Annahme. Die DDR verneint sie und stützt ihre Politik der Abgrenzung gegenüber Westdeutschland auf die entgegengesetzte Annahme der vorerst nicht zu behebenden Klassenspaltung der deutschen Nation in eine bürgerliche der BRD und eine sozialistische der DDR.

Die Beantwortung der Frage nach dem Fortbestand der deutschen Nation hängt natürlich davon ab, wie man den Begriff Nation definiert. Angefangen von der berühmten Formel des Franzosen Renan, die Nation sei ein täglich zu erneuerndes Plebiszit, bis hin zur bekannten Unterscheidung Friedrich Meineckes zwischen einer *Staatsnation*, die mit den politischen Grenzen zusammenfällt, und einer *Kulturnation*, welche die Staatsgrenzen überschreitet, ohne politisch geeint zu sein, gibt es eine Fülle von Begriffsbestimmungen, ohne daß sich bis heute ein wissenschaftlicher Konsensus über den schillernden Begriff der Nation herausgeschält hätte. Wenn die Nation tatsächlich ein alltägliches Plebiszit ist, wie Renan sagt, dann läßt sich im Falle der Deutschen nicht verläßlich nachprüfen, ob sie noch eine Nation bilden, denn ein offenes Bekenntnis zur politischen Zusammengehörigkeit der Deutschen bleibt hüben wie drüben an die jeweiligen Voraussetzungen des politischen Systems gebunden. Wenige Westdeutsche interessieren sich für eine mögliche Einheit der deutschen Nation unter sozialistischen Vorzeichen; die politische Führung der DDR hingegen erklärt nur das, was sozialistisch ist, zum Inbegriff der wahren deutschen Nation und läßt andersartigen Bekundungen des nationalen Willens überhaupt keinen Raum, auch wenn sie latent vorhanden sind. Verwendet man Meineckes Unterscheidung, so muß man feststellen, daß es eine einheitliche deutsche Staatsnation aufgrund der Teilung gewiß nicht mehr gibt, daß aber auch die deutsche Kulturnation wegen des eklatanten Unterschieds der beiden Gesellschaftssysteme kaum mehr existiert oder nur noch sehr schwach ausgebildet ist.

Die Tatsache, daß das deutsche Volk heute in zwei Staaten mit verschiedenen Gesellschaftssystemen leben muß, schwächt naturgemäß den nationalen Zusammenhalt. Faktisch werden die politischen Elemente, die ein Volk zu einer Nation formen, in den beiden deutschen Staaten auf völlig verschiedene Weise wirksam. Die Deutschen in Ost und West besitzen zwar noch starke Rudimente einer nationalen Zusammengehörigkeit, und sie verfügen, vor allem in der älteren Generation, noch über fortwirkende Erinnerungen an die historische Gemeinsamkeit der alten deutschen Nation, doch die prägende Kraft des politischen Systems und der durch dieses System geschaffenen sozialen Umwelt führen zu einer wachsenden gegenseitigen Entfremdung der deutschen Bevölkerung in Ost und West. So bestehen heute in Deutschland auf der Grundlage einer gemeinsamen Volkszugehörigkeit zwei sich national immer stärker differenzierende Staatsvölker, die sich dank der sozialen Prägekraft ihrer unterschiedlichen Wirtschafts- und Gesellschaftssysteme immer mehr voneinander entfernen. Der Spaltungsprozeß hat nicht nur Deutschland in zwei Staaten zertrennt, er hat auch die deutsche Nation ergriffen.
Die Tatsache, daß es nur mehr wenige Anhaltspunkte gibt, die es erlauben würden, vom Fortbestehen einer deutschen Nation im geteilten Deutschland zu sprechen, ist allerdings kein Einwand gegen die Politik der Bundesregierung, die sich in ihrer Deutschlandpolitik ausdrücklich auf das Interesse an der Erhaltung der Nation berufen hat. Die Bundesregierung ist auch gehalten, jährlich einen »Bericht zur Lage der Nation im geteilten Deutschland« zu geben, dem der Nationsbegriff unmittelbar zugrunde liegt und bei dem die Gestaltung der gegenseitigen Beziehungen und die Entwicklungen in beiden Teilen Deutschlands im Mittelpunkt stehen. Natürlich ist auch der Bundesregierung nicht verborgen geblieben, daß es nicht ganz einfach ist, den Fortbestand der deutschen Nation angesichts der die nationale Gemeinsamkeit weithin zerstörenden Entwicklung der letzten 25 Jahre zu behaupten, aber sie verweist mit gutem Grund auf die Tatsache, daß im Begriff der Nation »geschichtliche Wirklichkeit und politischer Wille vereint« (Brandt) sind. In der Idee der Nation steckt von ihrem Ursprung her auch ein voluntaristisches, willensbezogenes Element, das gerade die Politik nicht zu negieren braucht. Ebenso wie es der erklärte Wille der SED ist, die Epoche nationaler Gemeinsamkeiten in Deutschland zu beenden, ist es der erklärte Wille der Bundesrepublik, die deutsche Nation nicht untergehen zu lassen, sondern zu bewahren, was unter den gegebenen politischen und gesellschaftlichen Verhältnissen noch bewahrt werden kann. Es ist zu vermuten, daß diese voluntaristische Argumentation für unsere eher pragmatisch orientierte Politik des Nebeneinander künftig an Kraft verliert,

zumal die DDR ihr noch in ihrer Verfassung von 1968 zum Ausdruck gebrachtes Bekenntnis zur deutschen Nation inzwischen aufgegeben hat. Für die angestrebte Politik gutnachbarlicher Beziehungen zur DDR bedarf es auch nicht unbedingt des historisch problematisch gewordenen Begriffs der Nation. Wichtig ist vor allem, daß zwischen den beiden deutschen Staaten Beziehungen sich entwickeln können, die den Interessen der Menschen entgegenkommen und die nicht mehr belastet sind durch den Anspruch beider Seiten, das bessere, demokratischere und friedliebendere Deutschland zu verkörpern. Die Beziehungen zwischen der Bundesrepublik und der DDR müssen sich an der konkreten Existenz der beiden Staaten orientieren, die wechselseitig nicht in Legitimitätszweifel gezogen wird. Nur auf dieser Grundlage ist eine langsame Verbesserung, eine Normalisierung der innerdeutschen Beziehungen möglich. Das Verhältnis zwischen Bundesrepublik und DDR wird, wie sich nach dem Abschluß des Grundvertrages relativ schnell gezeigt hat, alles andere als konfliktfrei sein, aber es birgt auch neue Möglichkeiten der Kooperation in sich, die den Menschen auf beiden Seiten zugute kommen können. Diese gilt es zu nutzen.

Nation hin oder her: es wäre eine Illusion anzunehmen, die Beziehungen der beiden deutschen Staaten zueinander ließen sich jemals so betrachten wie die Beziehungen dieser Staaten zu irgendwelchen anderen. Auch in ihrer Abgrenzung voneinander bleiben die Bundesrepublik und die DDR in besonderer Weise aufeinander bezogen. Die DDR mag im übrigen noch heftiger als bisher in Abrede stellen, daß es noch einen Rest an deutscher Nation gibt, ihr ständiges Sichbeziehen auf die Bundesrepublik, ihr unablässiges Pochen auf ihre großen politischen, ökonomischen und sozialen Errungenschaften im Vergleich zu Westdeutschland, all dies offenbart unbeabsichtigt, wie stark das östliche Deutschland auf seine westliche Hälfte fixiert ist. Umgekehrt ist das viel weniger der Fall. Darin zeigt sich ungewollt eine, wenn auch vorwiegend negative Bindung der DDR an die Idee der deutschen Nation. So wenig wie die Bundesrepublik kann sich darum auch die DDR dem durch die gemeinsame Geschichte gegebenen nationalen Zusammenhang entziehen. Es bleibt darum das historische Schicksal der Deutschen in der Bundesrepublik und der DDR, auch in Zukunft nicht wie »normale« Staaten und Völker miteinander umgehen zu können.

Im übrigen müssen wir uns von der Vorstellung frei machen, es könnte ein Volk nur in *einem* Staat glücklich leben. Das 20. Jahrhundert ist im Begriff, neue politische Formen jenseits des traditionellen Nationalstaats zu entwickeln. Es ist sehr wohl denkbar, daß die deutsche Frage im Rahmen einer allerdings noch nicht erkennbaren europäischen Friedensordnung ihre politische Virulenz und ihre traditionelle Problematik verliert. Doch bevor sich solche Möglichkeiten abzeichnen, wird das Deutschland der Bundesrepublik mit dem Deutschland der DDR sein schwieriges Auskommen zu suchen und Stück für Stück zu gestalten haben.

Auf der Basis der Anerkennung der deutschen Teilung hat mit dem Grundvertrag eine neue, die schwierige Periode gegenseitiger Nichtanerkennung und Feindseligkeit hinter sich lassende Ära deutscher Geschichte begonnen. Das ist angesichts der Unmöglichkeit, die deutsche Nation politisch zu einen, zweifellos ein Schritt nach vorn.

Staats- und Parteiführung der DDR

(Stand: 1. 10. 78)

Politbüro der SED

Mitglieder:

Axen, Hermann	Mittag, Günter
Ebert, Friedrich	Mückenberger, Erich
Felfe, Werner	Naumann, Konrad
Grüneberg, Gerhard	Neumann, Alfred
Hager, Kurt	Norden, Albert
Hermann, Joachim	Sindermann, Horst
Hoffmann, Heinz	Stoph, Willi
Honecker, Erich	Tisch, Harry
Krolikowski, Werner	Verner, Paul
Mielke, Erich	

Kandidaten:

Dohlus, Horst	Lange, Inge
Jarowinsky, Werner	Müller, Margarete
Kleiber, Günther	Schürer, Gerhard
Krenz, Egon	Walde, Werner

Sekretariat des Zentralkomitees

Honecker, Erich	Generalsekretär

Sekretäre:

Axen, Hermann	Internationale Verbindungen
Dohlus, Horst	Parteiorgane
Grüneberg, Gerhard	Landwirtschaft
Hager, Kurt	Kultur, Wissenschaft
Hermann, Joachim	Agitation
Jarowinsky, Werner	Handel und Versorgung
Mittag, Günter	Wirtschaft
Lange, Ingeburg	Frauen
Norden, Albert	Propaganda
Verner, Paul	Sicherheit

Volkskammer

Präsident:	Sindermann, Horst

Staatsrat

Vorsitzender:	Honecker, Erich

Nationaler Verteidigungsrat

Vorsitzender:	Honecker, Erich

Ministerrat

Vorsitzender:	Stoph, Willi
1. stellv. Vorsitzende:	Krolikowski, Werner Neumann, Alfred

Nationale Front

Präsident:	Correns, Erich

Freier Deutscher Gewerkschaftsbund (FDGB)

Vorsitzender:	Tisch, Harry

Freie Deutsche Jugend (FDJ)

1. Sekretär	Krenz, Egon

Weiterführende Literatur

Die im folgenden gegebenen Literaturhinweise sind als Anleitung für ein intensiveres Studium gedacht und erheben nicht den Anspruch, erschöpfend zu sein. Wir hielten es für sinnvoll, die in der DDR erschienenen Werke jeweils am Anfang zu zitieren. Ein wesentlicher Teil des DDR-Schrifttums erscheint im übrigen unselbständig in den einschlägigen Zeitschriften der DDR, auf die wir besonders hinweisen möchten. Titel von Büchern, die uns zur Weiterarbeit am ehesten geeignet erscheinen, haben wir hervorgehoben (+).

Allgemeines

DDR. Werden und Wachsen. Zur Geschichte der Deutschen Demokratischen Republik, von einem Autorenkollektiv unter Leitung von Heinz Heitzer, Dietz Verlag, Berlin-DDR 1974

Doernberg, Stefan, Kurze Geschichte der DDR, Dietz Verlag, Berlin-DDR, 4. Aufl., 1969

Klassenkampf / Tradition / Sozialismus. Von den Anfängen der Geschichte des deutschen Volkes bis zur Gestaltung der entwickelten sozialistischen Gesellschaft in der Deutschen Demokratischen Republik. Grundriß, VEB Dt. Verlag der Wissenschaften, Berlin-DDR 1974

+ *Kleines politisches Wörterbuch,* Dietz Verlag, Berlin-DDR, 2. Aufl. 1973

+ *Bericht der Bundesregierung und Materialien zum Bericht zur Lage der Nation 1971, 1972, 1974,* hrsg. vom Bundesmin. für innerdeutsche Beziehungen, verfaßt von einer Wissenschaftlichen Arbeitsgruppe unter Leitung von P. C. Ludz, 3 Bände, Bonn 1971, 1972, 1974

BRD / DDR. Vergleich der Gesellschaftssysteme, von Anne Hartmann u. a., Pahl-Rugenstein Verlag, Köln 1971

Buch, Günther, Namen und Daten. Biographien wichtiger Personen der DDR, Verlag J. H. W. Dietz Nachf., Berlin, Bonn-Bad Godesberg 1973

+ *DDR-Handbuch.* Wissenschaftliche Leitung: Peter Christian Ludz unter Mitwirkung von Johannes Kuppe, Verlag Wissenschaft und Politik, Köln 1975; Neubearbeitung 1979

Deuerlein, Ernst, DDR, 1945–1970. Geschichte und Bestandsaufnahme (= dtv 347), München, 4. Aufl. 1972

Deutschland Archiv. Zeitschrift für Fragen der DDR und der Deutschlandpolitik, Verlag Wissenschaft und Politik, Köln 1968 ff.

Erbe, Günter u. a., Politik, Wirtschaft und Gesellschaft in der DDR, Opladen-Wiesbaden 1979

Ludz, Peter C., Die DDR zwischen Ost und West. Politische Analysen 1961–1976, C. H. Beck Verlag, München 1977
Pfeiler, Wolfgang, DDR-Lehrbuch, Neue Verlagsgesellschaft Werge & Co., Bonn 1974
Rausch, Heinz / *Stammen*, Theo (Hrsg.), DDR. Das politische, wirtschaftliche und soziale System, C. H. Beck Verlag, München, 4. Aufl. 1978
Steele, Jonathan, Socialism with a German Face, Jonathan Cape, London 1978
Thomas, Rüdiger, Modell DDR. Die Kalkulierte Emanzipation (= Reihe Hanser 108), Carl Hanser Verlag, München 1972; Neubearbeitung 1977
Weber, Hermann, DDR – Grundriß der Geschichte, Fackelträger-Verlag, Hannover 1976

1. Die Teilung Deutschlands und die Entstehung der DDR

Badstübner, Rolf / *Thomas*, Siegfried, Die Spaltung Deutschlands 1945–1949, Dietz Verlag, Berlin-DDR 1966
Dokumente aus den Jahren 1945–1949. Um ein antifaschistisch-demokratisches Deutschland, Staatsverlag der DDR, Berlin-DDR 1968
Geschichte der deutschen Arbeiterbewegung, hrsg. vom Institut für Marxismus-Leninismus beim ZK der SED, Bd. 6: Von 1945 bis 1949, Bd. 7: Von 1949 bis 1955, Bd. 8: Von 1956 bis Anfang 1963, Dietz Verlag, Berlin-DDR 1966
Keiderling, Gerhard / *Stulz*, Percy, Berlin 1945–1968, Dietz Verlag, Berlin-DDR 1970
Schöneburg, Karl Heinz u. a.: Vom Werden unseres Staates. Eine Chronik, 2 Bde., Staatsverlag der DDR, Berlin-DDR 1966

Baring, Arnulf, Der 17. Juni 1953, Kiepenheuer & Witsch, Köln 1965
+ *Balfour*, Michael, Vier-Mächte-Kontrolle in Deutschland 1945–1946, Droste Verlag, Düsseldorf 1959
Deuerlein, Ernst, Die Einheit Deutschlands, A. Metzner Verlag, Frankfurt/M. 1957
Leonhard, Wolfgang, Die Revolution entläßt ihre Kinder, Kiepenheuer & Witsch, Köln 1955
Meissner, Boris, Rußland, die Westmächte und Deutschland, Hamburg 1953
Moraw, Frank, Die Parole der »Einheit« und die Sozialdemokratie, Verlag Neue Gesellschaft, Bonn-Bad Godesberg 1973
Nettl, Peter, Die deutsche Sowjetzone bis heute. Politik, Wirtschaft, Gesellschaft, Verlag Frankfurter Hefte, Frankfurt/M. 1953
+ *Staritz*, Dieter, Sozialismus in einem halben Land. Zur Programmatik und Politik der KPD/SED in der Phase der antifaschistisch-demokratischen Umwälzung in der DDR, Wagenbach Verlag, Berlin (West) 1976
Sywottek, Arnold, Deutsche Volksdemokratie. Studien zur politischen Konzeption der KPD 1935–1946, Droste Verlag, Düsseldorf 1971
Thilenius, Richard, Die Teilung Deutschlands, Rowohlts Deutsche Enzyklopädie, Hamburg 1957

2. Das Selbstverständnis der DDR in Ideologie und gesellschaftlicher Wirklichkeit

Einheit. Zeitschrift für Theorie und Praxis des wissenschaftlichen Sozialismus, hrsg. vom ZK der SED, Dietz Verlag, Berlin-DDR 1946 ff.
Freiheit und Gesellschaft. Die Freiheitsauffassung im Marxismus-Leninismus, Dietz Verlag, Berlin-DDR 1973
+ *Hager,* Kurt, Die entwickelte sozialistische Gesellschaft, Dietz Verlag, Berlin-DDR 1971
Haney, Gerhard, Die Demokratie – Wahrheit, Illusionen, Verfälschungen, Staatsverlag der DDR, Berlin-DDR 1971
Honecker, Erich, Reden und Aufsätze, bisher 4 Bände, Dietz Verlag, Berlin-DDR 1976 ff.
Kleines Wörterbuch der marxistisch-leninistischen Philosophie, hrsg. von Manfred Buhr und Alfred Kosing, Dietz Verlag, Berlin-DDR, 2. Aufl. 1974
Neues Deutschland. Organ des Zentralkomitees der SED, Berlin-DDR 1946 ff.
Politisches Grundwissen, ausgearbeitet von einem Autorenkollektiv der Parteihochschule »Karl Marx«, Dietz Verlag, Berlin-DDR, 2. Aufl. 1972
Stoph, Willi, Zur weiteren Entwicklung der sozialistischen Gesellschaft in der DDR, Reden und Aufsätze, Dietz Verlag, Berlin-DDR 1974

Bahro, Rudolf, Die Alternative. Zur Kritik des real existierenden Sozialismus, Europäische Verlagsanstalt, Köln-Frankfurt a. M. 1977
Baumgart, Hildegard (Hrsg.), Briefe aus einem anderen Land. Briefe aus der DDR, Hoffmann und Campe, Hamburg 1971
Grunert-Bronnen, Barbara (Hrsg.), Ich bin Bürger der DDR und lebe in der Bundesrepublik, Piper Verlag, München 1970
Havemann, Robert, Fragen – Antworten – Fragen, Piper Verlag, München 1970
Havemann, Robert, Rückantworten an die Hauptverwaltung »Ewige Wahrheiten«, Piper Verlag, München 1971
Havemann, Robert, Ein deutscher Kommunist. Rückblick und Perspektiven aus der Isolation, Rowohlt, Reinbek bei Hamburg 1978
Jänicke, Martin, Der dritte Weg. Die antistalinistische Opposition gegen Ulbricht seit 1953, Neuer deutscher Verlag, Köln 1964
+ *Rudolph,* Hermann, Die Gesellschaft der DDR – eine deutsche Möglichkeit?, Piper Verlag, München 1972
Wirth, Margeret, Kapitalismustheorie in der DDR, edition suhrkamp, Frankfurt/Main 1972

3. Die SED und die Nationale Front

Agsten, Rudolf / *Bogisch,* Manfred, Bürgertum am Wendepunkt, Buchverlag Der Morgen, Berlin-DDR 1970
Dokumente der Sozialistischen Einheitspartei Deutschlands. Beschlüsse und Er-

klärungen des Zentralkomitees sowie seines Politbüros und seines Sekretariats, Dietz Verlag, Berlin-DDR 1950 ff., bisher 15 Bände
Dohlus, Horst, Der demokratische Zentralismus. Grundprinzipien der Führungstätigkeit der SED bei der Verwirklichung der Beschlüsse des Zentralkomitees, Dietz Verlag, Berlin-DDR 1965
Gemeinsam zum Sozialismus. Zur Geschichte der Bündnispolitik der SED, Berlin-DDR 1969
+ *Geschichte der Sozialistischen Einheitspartei Deutschlands.* Abriß, Dietz Verlag, Berlin-DDR 1978
Gramann, Werner, Nationale Front und Bürgerinitiative, Staatsverlag der DDR, Berlin-DDR 1973
Nationale Front des demokratischen Deutschland. Handbuch, Dietz Verlag, Berlin-DDR 1969
Steiniger, Alfons, Das Blocksystem, Akademie-Verlag, Berlin-DDR 1949
Ulbricht, Walter, Zur Geschichte der deutschen Arbeiterbewegung. Aus Reden und Aufsätzen, Dietz Verlag, Berlin-DDR, Bd. 1–10, 1953–1966

Förtsch, Eckart, Die SED, Kohlhammer Verlag, Stuttgart 1969
Fricke, Karl Wilhelm (Hrsg.), Programm und Statut der SED vom 22. Mai 1976, Verlag Wissenschaft und Politik, Köln 1976
Gniffke, Erich, Jahre mit Ulbricht, Verlag Wissenschaft und Politik, Köln 1966
Glaeßner, Gert-Joachim, Herrschaft durch Kader. Leitung der Gesellschaft und Kaderpolitik in der DDR, Westdeutscher Verlag, Köln 1977
Kulbach, Roderich / *Weber,* Helmut, Parteien im Blocksystem der DDR. Funktion und Aufbau der LDPD und der NDPD, Verlag Wissenschaft und Politik, Köln 1969
Lippmann, Heinz, Honecker. Portrait eines Nachfolgers, Verlag Wissenschaft und Politik, Köln 1971
Ludz, Peter Christian, Parteielite im Wandel. Funktionsaufbau, Sozialstruktur und Ideologie der SED-Führung, Westdeutscher Verlag, 3. Aufl., Köln und Opladen 1970
Stern, Carola, Portrait einer bolschewistischen Partei. Entwicklung, Funktion und Situation der SED, Verlag Wissenschaft und Politik, Köln 1957
Stern, Carola, Ulbricht, Kiepenheuer & Witsch, Köln 1963
+ *Weber,* Hermann, Die SED 1946–1971, Verlag für Literatur und Zeitgeschehen, Hannover 1971
Weber, Hermann / *Oldenburg,* Fred, 25 Jahre SED. Chronik einer Partei, Verlag Wissenschaft und Politik, Köln 1971
Weber, Hermann, Die SED nach Ulbricht, Fackelträger Verlag, Hannover 1974
Weber, Hermann, SED – Chronik einer Partei 1971–1976, Verlag Wissenschaft und Politik, Köln 1976

4. Der Staatsaufbau

Assmann, Walter / *Liebe*, Günther, Kaderarbeit als Voraussetzung qualifizierter staatlicher Leitung, Staatsverlag der DDR, Berlin-DDR 1972
Benjamin, Michael u.a., Funktion, Aufgaben und Arbeitsweise der Ministerien, Staatsverlag der DDR, Berlin-DDR 1973
Der Staatsrat der Deutschen Demokratischen Republik 1960–1970. Dokumentation, Staatsverlag der DDR, Berlin-DDR 1970
Das System der sozialistischen Gesellschafts- und Staatsordnung in der Deutschen Demokratischen Republik. Dokumente, Staatsverlag der DDR, Berlin-DDR 1970
Die Volkskammer der Deutschen Demokratischen Republik. 7. Wahlperiode, Staatsverlag der DDR, Berlin-DDR 1977
Staat und Recht (Zeitschrift), hrsg. von der Akademie für Staats- und Rechtswissenschaft der DDR, Staatsverlag der DDR, Berlin-DDR 1952 ff.
\+ *Staatsrecht der DDR.* Lehrbuch, Staatsverlag der DDR, Berlin-DDR 1977
Verfassung der Deutschen Demokratischen Republik, Dokumente – Kommentar, 2 Bände, hrsg. von Klaus Sorgenicht u. a., Staatsverlag der DDR, Berlin-DDR 1969
Wörterbuch zum sozialistischen Staat. Hrsg.: Akademie für Staats- und Rechtswissenschaft der DDR und Institut für Staats- und Rechtstheorie der Akad. der Wissenschaften der DDR, Dietz Verlag, Berlin-DDR 1974

Brunner, Georg, Kontrolle in Deutschland. Eine Untersuchung zur Verfassungsordnung in beiden Teilen Deutschlands, Markus-Verlag, Köln 1972
Die Staatsordnung der DDR. Eingeleitet und bearbeitet von Herwig Roggemann, Berlin Verlag, Berlin, 2. Aufl. 1974
Feddersen, Dieter, Die Rolle der Volksvertretungen in der Deutschen Demokratischen Republik, Hansischer Gildenverlag, Hamburg 1965
Hoffmann, Ursula, Die Veränderungen in der Sozialstruktur des Ministerrats der DDR 1949–1969, Droste Verlag, Düsseldorf 1971
Lapp, Peter Joachim, Der Staatsrat im politischen System der DDR. 1960–1971, Westdeutscher Verlag, Opladen 1972
Lapp, Peter Joachim, Die Volkskammer in der DDR, Westdeutscher Verlag, Opladen 1975
Leissner, Gustav, Verwaltung und öffentlicher Dienst in der sowjetischen Besatzungszone, Kohlhammer Verlag, Stuttgart und Köln 1961
Mampel, Siegfried, Herrschaftssystem und Verfassungsstruktur in Mitteldeutschland, Verlag Wissenschaft und Politik, Köln 1968
\+ *Mampel*, Siegfried, Die sozialistische Verfassung der Deutschen Demokratischen Republik. Text und Kommentar, A. Metzner Verlag, Frankfurt/M. 1972
Materialien zum Bericht zur Lage der Nation 1974, Anhang: *Die öffentliche Verwaltung in der Bundesrepublik Deutschland und in der DDR*
Müller-Römer, Dietrich, Die neue Verfassung der DDR, Verlag Wissenschaft und Politik, Köln 1974

Neugebauer, Gero, Partei und Staatsapparat in der DDR. Aspekte der Instrumentalisierung des Staatsapparates durch die SED, Westdeutscher Verlag, Opladen 1978
Richert, Ernst, Macht ohne Mandat, Westdeutscher Verlag, Köln und Opladen, 2. Aufl. 1963
+ *Roggemann*, Herwig, Die Verfassung der DDR. Entstehung, Analyse, Vergleich, Text, Leske Verlag, Opladen 1970
Schwarzenbach, Rudolf, Die Kaderpolitik der SED in der Staatsverwaltung, Verlag Wissenschaft und Politik, Köln 1976

5. Das Rechtssystem

Arbeitsgesetzbuch der Deutschen Demokratischen Republik mit Einführungsgesetz, hrsg. vom Bundesvorstand des FDGB und Staatssekretariat für Arbeit und Löhne, Staatsverlag der DDR, Berlin-DDR 1978
Arlt, Reiner / *Stiller*, Gerhard, Entwicklung der sozialistischen Rechtsordnung in der DDR, Staatsverlag der DDR, Berlin-DDR 1973
Beyer, Karl-Heinz u.a., Das Familienrecht der DDR. Kommentar, 3. Aufl., Staatsverlag der DDR, Berlin-DDR 1970
Beyer, Karl-Heinz u. a., Strafprozeß der DDR. Lehrkommentar, Staatsverlag der DDR, Berlin-DDR 1968
Klenner, Helmut, Studien über die Grundrechte, Staatsverlag der DDR, Berlin-DDR 1964
Michas, Joachim u. a., Arbeitsrecht der DDR, 2. Aufl., Staatsverlag der DDR, Berlin-DDR 1970
Neue Justiz (Zeitschrift für Recht und Rechtswissenschaft), hrsg. vom Obersten Gericht der DDR, 1947 ff.
Staat und Recht (Zeitschrift), hrsg. von der Akademie für Staats- und Rechtswissenschaft der DDR, 1952 ff.
Die Konfliktkommissionen. Arbeitsmaterialien für die Tätigkeit der gesellschaftlichen Gerichte in Betrieben, Verlag Tribüne, Berlin-DDR 1971
Oberstes Gericht der DDR. Höchstes Organ wahrhaft demokratischer Rechtsprechung, Staatsverlag der DDR, Berlin-DDR 1970
Schöneburg, K.-H., Staat und Recht in der Geschichte der DDR, Staatsverlag der DDR, Berlin-DDR 1973
Strafgesetzbuch der Deutschen Demokratischen Republik – StGB – sowie angrenzende Gesetze und Bestimmungen, Staatsverlag der DDR, Berlin-DDR, 4. Aufl. 1978
Strafrecht der Deutschen Demokratischen Republik, Lehrkommentar, 2 Bände, Staatsverlag der DDR, Berlin-DDR 1970
Zivilgesetzbuch der Deutschen Demokratischen Republik, hrsg. vom Ministerium der Justiz, Staatsverlag der DDR, Berlin-DDR 1978

Böckenförde, Ernst-Wolfgang, Die Rechtsauffassung im kommunistischen Staat, Kösel, München 1967

+ *Brunner,* Georg, Einführung in das Recht der DDR, C. H. Beck Verlag, München 1975
Bruhn, Hans-Henning, Die Rechtsanwaltschaft in der DDR, Verlag Wissenschaft und Politik, Köln 1972
Lange, Richard u. a. (Hrsg.), Probleme des DDR-Rechts, Verlag Wissenschaft und Politik, Köln 1973
Markovits, Inga, Sozialistisches und bürgerliches Zivilrechtsdenken in der DDR, Verlag Wissenschaft und Politik, Köln 1969
+ *Materialien zur Lage der Nation 1972* (Vergleich der Rechtsordnungen)
Müller-Römer, Dietrich, Die Grundrechte in Mitteldeutschland, Verlag Wissenschaft und Politik, Köln 1965
Müller-Römer, Dietrich (Hrsg.), DDR-Gesetze. Textausgabe, Verlag Wissenschaft und Politik, Köln 1970
Pleyer, Klemens / *Lieser,* Joachim, Zentralplanung und Recht, Gustav Fischer Verlag, Stuttgart 1969
Sieveking, Klaus, Die Entwicklung des sozialistischen Rechtsstaatsbegriffs in der DDR, Nomos Verlagsgesellschaft, Baden-Baden 1975
Westen, Klaus (Hrsg.), Das neue Zivilrecht der DDR, Berlin (West) 1977

6. Sozialstruktur und Gesellschaftspolitik

Arbeitsgesetzbuch der Deutschen Demokratischen Republik (vom 16. Juni 1977), Staatsverlag der DDR, Berlin-DDR 1978
Familiengesetzbuch der Deutschen Demokratischen Republik (vom 20. Dezember 1965) mit wichtigen Nebengesetzen, 3. Aufl., Staatsverlag der DDR, Berlin-DDR 1970
Friedrich, Walter (Hrsg.), Jugend – FDJ – Gesellschaft. Beiträge zur sozialistischen Persönlichkeitsentwicklung junger Arbeiter und Studenten in der DDR, Verlag Neues Leben, Berlin-DDR 1977
Grundmann, Siegfried u. a., Zur Entwicklung der Arbeiterklasse und ihrer Struktur in der DDR, Dietz Verlag, Berlin-DDR 1977
Grundlagen der marxistisch-leninistischen Soziologie, herausgegeben von Georg Aßmann und Rudhard Stollberg, Dietz Verlag, Berlin-DDR 1977
Hager, Kurt, Die entwickelte sozialistische Gesellschaft. Aufgaben der Gesellschaftswissenschaften nach dem VIII. Parteitag der SED, Dietz Verlag, Berlin-DDR 1971
Hörz, Helga, Die Frau als Persönlichkeit (= Taschenbuchreihe Unser Weltbild, Bd. 53), VEB Deutscher Verlag der Wissenschaften, Berlin-DDR 1971
Honecker, Erich, Zur Jugendpolitik der SED. Reden und Aufsätze von 1945 bis zur Gegenwart, Verlag Neues Leben, Berlin-DDR 1977
Lungwitz, Kurt, Über die Klassenstruktur in der Deutschen Demokratischen Republik, Verlag Die Wirtschaft, Berlin-DDR 1962
Mannschatz, Eberhard, Einführung in die sozialistische Familienerziehung, Verlag Volk und Wissen, Berlin-DDR 1971

Soziologische Probleme der Klassenentwicklung in der DDR. Materialien vom II. Kongreß der marxistisch-leninistischen Soziologie in der DDR 1974, Dietz Verlag, Berlin-DDR 1975
Statistisches Jahrbuch der Deutschen Demokratischen Republik 1978, hrsg. von der Staatlichen Zentralverwaltung für Statistik, Staatsverlag der DDR, Berlin-DDR 1978
Statistisches Taschenbuch der Deutschen Demokratischen Republik 1978, hrsg. von der Staatlichen Zentralverwaltung für Statistik, Staatsverlag der DDR, Berlin-DDR 1978
+ *Wörterbuch der marxistisch-leninistischen Soziologie,* herausgegeben von Georg Aßmann u. a., 2. Aufl., Dietz Verlag, Berlin-DDR 1977
Zur gesellschaftlichen Rolle der Frau in der DDR, Verlag für die Frau, Leipzig 1978
Zur Sozialstruktur der sozialistischen Gesellschaft (Referate und Diskussionsbeiträge eines wissenschaftlichen Kolloquiums), Dietz Verlag, Berlin-DDR 1974

Blank, Karl, Beiträge zum innerdeutschen Gewerkschaftsdialog, Verlag Neue Gesellschaft, Bonn-Bad Godesberg 1971
Busch, Friedrich W., Familienerziehung in der sozialistischen Pädagogik der DDR, Schwann Verlag, Düsseldorf 1972
Gast, Gabriele, Die politische Rolle der Frau in der DDR, Bertelsmann Universitätsverlag, Düsseldorf 1973
Helwig, Gisela, Zwischen Familie und Beruf. Die Stellung der Frau in beiden deutschen Staaten, Verlag Wissenschaft und Politik, Köln 1974
Jaide, Walter und Barbara *Hille* (Hrsg.), Jugend im doppelten Deutschland, Westdeutscher Verlag, Opladen 1977
Koch, Hans Gerhard, Staat und Kirche in der DDR. Zur Entwicklung ihrer Beziehungen zwischen 1945 und 1974, Quell Verlag, Stuttgart 1974
+ *Materialien zum Bericht zur Lage der Nation 1971* (Vergleich der Lebensbereiche)
Miksch, Jürgen, Jugend und Freizeit in der DDR, Westdeutscher Verlag, Opladen 1972
Mitzscherling, Peter, Zweimal deutsche Sozialpolitik (= Dt. Institut für Wirtschaftsforschung, Sonderheft 123), Duncker & Humblot, Berlin (West) 1978
Sozialstruktur und Sozialplanung in der DDR. (= Deutschland Archiv Sonderheft 1975), Köln 1975
Soziologie der DDR, hrsg. von Peter Christian Ludz (= Sonderheft 8/1964 der Kölner Zeitschrift für Soziologie und Sozialpsychologie), Westdeutscher Verlag, Köln und Opladen 1964
+ *Storbeck,* Dietrich, Soziale Strukturen in Mitteldeutschland, Duncker & Humblot, Berlin 1964
Voigt, Dieter, Montagearbeiter in der DDR, Luchterhand Verlag, Neuwied und Berlin 1973
Voigt, Dieter, Soziologie in der DDR, Verlag Wissenschaft und Politik, Köln 1975

7. Das Bildungssystem

Allgemeinbildung – Lehrplanwerk – Unterricht. Interpretation des Lehrplanwerks unter dem Gesichtspunkt der Gestaltung eines wissenschaftlichen parteilichen Unterrichts, Verlag Volk und Wissen, Berlin-DDR 1972
Beiträge zur Theorie der sozialistischen Erziehung, hrsg. von H. Stolz, A. Hermann, W. Müller, Verlag Volk und Wissen, Berlin-DDR 1971
Einheitlichkeit und Differenzierung im Bildungswesen, Verlag Volk und Wissen, Berlin-DDR 1971
Frankiewicz, Heinz, Technik und Bildung in der Schule der DDR, Verlag Volk und Wissen, Berlin-DDR 1969
Gesetz über das einheitliche sozialistische Bildungssystem der DDR (vom 25. Februar 1965), Staatsverlag der DDR, Berlin-DDR 1971
+ *Günther,* Karl-Heinz / *Uhlig,* Gottfried, Geschichte der Schule in der Deutschen Demokratischen Republik 1945 bis 1971, Verlag Volk und Wissen, Berlin-DDR 1974
Hager, Kurt, Aufgaben von Wissenschaft und Bildung nach dem IX. Parteitag der SED, Dietz Verlag, Berlin-DDR 1977
Knauer, Arnold u. a. (Hrsg.), Sozialistische Bildungsökonomie. Grundfragen, Verlag Die Wirtschaft, Berlin-DDR 1972
Pädagogik. Zeitschrift für Theorie und Praxis der sozialistischen Erziehung, Verlag Volk und Wissen, Berlin-DDR
Psychologische Untersuchungen zur Entwicklung sozialistischer Persönlichkeiten, hrsg. von Adolf Kossakowski und Karlheinz Otto, Verlag Volk und Wissen, Berlin-DDR 1971
Schwertner, Adwin, Zur Wissenschafts- und Hochschulpolitik der SED. 1945/46–1966, Dietz Verlag, Berlin-DDR 1967

Baske, Siegfried / *Engelbert,* Martha, Zwei Jahrzehnte Bildungspolitik in der Sowjetzone Deutschlands. Dokumente, Quelle & Meyer, Berlin-Heidelberg 1966
Bode, Dirk, Polytechnischer Unterricht in der DDR, Campus, Frankfurt/M. 1978
Glaeßner, Gert-Joachim u. a., Student und Studium in der DDR (= studentische politik 7/8-1971), Forschungsinstitut der Friedrich-Ebert-Stiftung, Bonn-Bad Godesberg 1971
Görlich, Wolfgang J., Geist und Macht in der DDR. Die Integration der kommunistischen Ideologie, Walter Verlag, Freiburg/Br. und Olten 1968
Hearnden, Arthur, Bildungspolitik in der BRD und DDR, Pädagogischer Verlag Schwann, Düsseldorf, 2. Aufl. 1977
Hegelheimer, Armin, Berufsausbildung in Deutschland. Ein Struktur-, System- und Reformvergleich der Berufsausbildung in der Bundesrepublik und der DDR, Europäische Verlagsanstalt, 2. Aufl., Frankfurt/M. 1973
Klein, Helmut, Bildung in der DDR. Grundlagen, Entwicklung, Probleme (= rororo sachbuch 6861) Reinbek 1974

Kruppa, Adolf, Wirtschafts- und Bildungsplanung in der DDR, Hoffmann und Campe, Hamburg 1976
Lades, Hans / *Burrichter,* Clemens (Hrsg.), Produktivkraft Wissenschaft. Sozialistische Sozialwissenschaft in der DDR, Drei Mohren Verlag, Hamburg 1970
Mende, Klaus-Dieter / *Thomas,* Helga, Die Schulsysteme der DDR und der Bundesrepublik, in: Kursbuch 24, Juni 1971, S. 83–110
Niermann, Johannes, Wörterbuch der DDR-Pädagogik, Quelle & Meyer Verlag, Heidelberg 1974
Richert, Ernst, Sozialistische Universität. Die Hochschulpolitik der DDR, Colloquium Verlag, Berlin 1967
Robinsohn, Saul B. u. a., Schulreform im gesellschaftlichen Prozeß, Bd. I: BRD, DDR, UdSSR, Klett Verlag, Stuttgart 1970
+ *Siebert,* Horst, Bildungspraxis in Deutschland. Schule und Erwachsenenbildung der BRD und der DDR im Vergleich, Bertelsmann Universitätsverlag, Düsseldorf 1970
Siebert, Horst, Erwachsenenbildung in der Erziehungsgesellschaft der DDR, Bertelsmann Universitätsverlag, Düsseldorf 1970
Vogt, Hartmut, Vorschulerziehung und Schulvorbereitung in der DDR, Verlag Wissenschaft und Politik, Köln 1972
Weymann, Ansgar, Gesellschaftswissenschaften und Marxismus. Zur methodologischen Entwicklung der marxistisch-leninistischen Gesellschaftswissenschaften in der DDR, Bertelsmann Universitätsverlag, Düsseldorf 1972
+ *Wissenschaft und Gesellschaft in der DDR,* eingeleitet von Peter Christian Ludz, Hanser Verlag, München 1971

8. Das Wirtschaftssystem

+ *Auf dem Weg zur Wirtschaft des entwickelten Sozialismus,* von einem Autorenkollektiv, Dietz Verlag, Berlin-DDR 1978
Ellinger, Johannes / *Scholz,* Werner, Sozialistische Demokratie im Industriebetrieb, Staatsverlag der DDR, Berlin-DDR 1972
Graichen, Dieter / *Rouscik,* Lothar, Zur Sozialistischen Wirtschaftsorganisation, Verlag Die Wirtschaft, Berlin-DDR 1971
Kohlmey, G., 25 Jahre DDR im RGW, Berlin-DDR 1974
Mensch und Arbeit im sozialistischen Betrieb, VEB Fachbuchverlag, Leipzig 1967
Müller, H. / *Reißig,* K., Wirtschaftswunder DDR, Dietz Verlag, Berlin DDR 1968
Nick, Harry, Gesellschaft und Betrieb im Sozialismus, Verlag Die Wirtschaft, Berlin-DDR 1970
Politische Ökonomie des Sozialismus und ihre Anwendung in der DDR, 1. Aufl., Dietz Verlag, Berlin-DDR 1969
Steeger, Horst u. a., Planung der Volkswirtschaft in der DDR, Verlag Die Wirtschaft, Berlin-DDR 1970
+ *Wörterbuch der Ökonomie / Sozialismus,* Dietz Verlag, Berlin-DDR, 3. Aufl. 1973

Biermann, Wolfgang, Demokratisierung in der DDR? Ökonomische Notwendigkeiten, Herrschaftsstrukturen, Rolle der Gewerkschaften 1961–1977, Verlag Wissenschaft und Politik, Köln 1978

Bress, Ludwig und Karl Paul *Hensel* (Hrsg.), Wirtschaftssysteme des Sozialismus im Experiment – Plan oder Markt, Fischer Athenäum Taschenbücher, Frankfurt am Main 1972

Bröll, Werner, Die Wirtschaft der DDR, Olzog Verlag, München-Wien, 3. Aufl. 1974

Damus, Renate, Entscheidungsstrukturen und Funktionsprobleme in der DDR-Wirtschaft, edition suhrkamp, Frankfurt/M. 1973

Ehlermann, Claus Dieter – Siegfried *Kupper* – Horst *Lambrecht* – Gerhard *Ollig,* Handelspartner DDR – Innerdeutsche Wirtschaftsbeziehungen, Nomos Verlagsgesellschaft, Baden-Baden 1975

Franz, Marie-Luise, Die zwischenbetriebliche Kooperation in der Landwirtschaft der DDR, Verlag Wissenschaft und Politik, Köln 1976

Hamel, Hannelore (Hrsg.), BRD-DDR, die Wirtschaftssysteme; Soziale Marktwirtschaft und Sozialistische Planwirtschaft im Systemvergleich, C. H. Beck Verlag, München 1977

\+ *Handbuch DDR-Wirtschaft,* aktualisierte Ausgabe, herausgegeben vom Deutschen Institut für Wirtschaftsforschung, Rowohlt Taschenbuch-Verlag, Reinbek bei Hamburg 1977

Immler, Hans, Agrarpolitik in der DDR, Verlag Wissenschaft und Politik, Köln 1971

Krol, Gerhard-Jan, Die Wirtschaftsreform in der DDR und ihre Ursachen, J. C. B. Mohr, Tübingen 1972

Merkel, Konrad / *Immler,* Hans (Hrsg.), DDR-Landwirtschaft in der Diskussion, Verlag Wissenschaft und Politik, Köln 1972

Scharpf, Peter, Europäische Wirtschaftsgemeinschaft und Deutsche Demokratische Republik, J. C. B. Mohr, Tübingen 1973

9. Außenbeziehungen und Sicherheitspolitik

Außenpolitik der DDR – für Sozialismus und Frieden. Hrsg. vom Institut für Internationale Beziehungen an der Akademie für Staats- und Rechtswissenschaft der DDR, Staatsverlag der DDR, Berlin-DDR 1974

Axen, Hermann, Die Beschlüsse des IX. Parteitages über die internationale Politik der SED, Dietz Verlag, Berlin-DDR 1977

Beziehungen der DDR-UdSSR 1949–1955. Dokumentensammlung, Staatsverlag der DDR 1975

Deutsche Außenpolitik (Zeitschrift), hrsg. vom Institut für Internationale Beziehungen der Akademie für Staats- und Rechtswissenschaft der DDR

Dokumente zur Außenpolitik der Deutschen Demokratischen Republik, Bd. 1–22 Staatsverlag der DDR, Berlin-DDR 1954–1977

Dokumente zur Deutschlandpolitik der Sowjetunion, Bd. I, II, Berlin-DDR 1957 und 1963

Friedliche Koexistenz in Europa. Entwicklungstendenzen der Auseinandersetzung zwischen Sozialismus und Imperialismus, Staatsverlag der DDR, Berlin-DDR 1977
Geschichte der Außenpolitik der Deutschen Demokratischen Republik. Abriß, Dietz Verlag, Berlin-DDR 1968
Geschichte der sowjetischen Außenpolitik, Bd. 2, 1945–1970, Berlin-DDR 1971
Hänisch, W., Außenpolitik und internationale Beziehungen der DDR, Bd. I: 1949–1955, Staatsverlag der DDR, Berlin-DDR 1972
Honecker, Erich, Zuverlässiger Schutz des Sozialismus. Ausgewählte Reden und Schriften zur Militärpolitik der SED, Militärverlag der DDR, 2. Aufl., Berlin-DDR 1977
Winzer, Otto, Deutsche Außenpolitik des Friedens und des Sozialismus, Staatsverlag der DDR, Berlin-DDR 1968
+ *20 Jahre DDR – 20 Jahre Deutsche Politik.* Dokumente zur Politik der DDR im Kampf um Frieden und Sicherheit in Europa, Berlin-DDR 1969

Bruns, Wilhelm, Die UNO-Politik der DDR, Verlag Bonn Aktuell, Stuttgart 1978
+ *Dasbach-Mallinckrodt,* Anita, Wer macht die Außenpolitik der DDR? Apparat, Methoden, Ziele, Droste Verlag, Düsseldorf 1972
Forster, Thomas M., Die NVA. Kernstück der Landesverteidigung der DDR, 4. Aufl. Markus Verlag, Köln 1972
Lamm, Hans Siegfried und Siegfried *Kupper,* DDR und Dritte Welt, Oldenbourg Verlag, München 1976
Lindemann, Hans / *Müller,* Kurt, Auswärtige Kulturpolitik der DDR, Verlag Neue Gesellschaft, Bonn-Bad Godesberg 1975
Radde, Jürgen, Die außenpolitische Führungselite der DDR. Veränderungen der sozialen Struktur außenpolitischer Führungsgruppen, Verlag Wissenschaft und Politik, Köln 1975
Die Rolle der DDR in Osteuropa. Hrsg. von Gert Leptin im Auftrag der Dt. Gesellschaft für Osteuropakunde, Duncker & Humblot, Berlin 1974
Weck, Jörg, Wehrverfassung und Wehrrecht der DDR, Verlag Wissenschaft und Politik, Köln 1970

10. Zwei deutsche Staaten – eine deutsche Nation?

Axen, Hermann, Zur Entwicklung der sozialistischen Nation in der DDR, Dietz Verlag, Berlin-DDR 1973
DDR-BRD – friedliche Koexistenz auf völkerrechtlicher Basis. Hrsg. von W. Poeggel, Berlin-DDR 1974
+ *Kosing,* Alfred, Nation in Geschichte und Gegenwart. Studie zur historisch-materialistischen Theorie der Nation, Dietz Verlag, Berlin-DDR 1976
Norden, Albert, Die Nation und wir, 2 Bände, Dietz Verlag, Berlin-DDR 1965
Norden, Albert u. a., Zwei deutsche Staaten. Die nationale Politik der DDR, Europa Verlag, Wien 1967

Peck, Joachim, Die Völkerrechtssubjektivität der Deutschen Demokratischen Republik, Akademie-Verlag, Berlin-DDR 1960

Bender, Peter, Zehn Gründe für die Anerkennung der DDR, Fischer-Bücherei, Frankfurt/M. 1968
Bredow, Wilfried von, Vom Antagonismus zur Konvergenz? Studien zum Ost-West-Problem, Alfred Metzner Verlag, Frankfurt/M. 1972
+ *Bruns*, Wilhelm, Deutsch-deutsche Beziehungen. Prämissen, Probleme und Perspektiven, Leske Verlag, Opladen 1978
End, Heinrich, Zweimal deutsche Außenpolitik. Internationale Dimensionen des innerdeutschen Konflikts 1949–1972, Verlag Wissenschaft und Politik, Köln 1973
Gasteyger, Curt, Die beiden deutschen Staaten in der Weltpolitik, Piper Verlag, München 1976
Hacker, Jens, Der Rechtsstatus Deutschlands aus der Sicht der DDR, Verlag Wissenschaft und Politik, Köln 1974
Ludz, Peter Christian, Deutschlands doppelte Zukunft. Bundesrepublik und DDR in der Welt von morgen, Carl Hanser Verlag, München 1974
+ *Materialien zum Bericht zur Lage der Nation 1974*, Kapitel I: *Nation*
Portisch, Hugo, Die deutsche Konfrontation. Gegenwart und Zukunft der beiden deutschen Staaten, Verlag Fritz Molden, Wien – München – Zürich 1974
Schütz, Wilhelm Wolfgang (Hrsg.), Deutsche Nation – Schwerpunkt Berlin. Eine Dokumentation des Kuratoriums Unteilbares Deutschland, 1972
Schütz, Wilhelm Wolfgang, Modelle der Deutschlandpolitik, 2. Aufl., Kiepenheuer & Witsch, Köln 1967
Schweigler, Gebhard, Nationalbewußtsein in der BRD und der DDR, Bertelsmann Universitätsverlag, Düsseldorf 1973
Schweitzer, Carl Christoph (Hrsg.), Die deutsche Nation. Aussagen von Bismarck bis Honecker, Verlag Wissenschaft und Politik, Köln 1976
Tudyka, Kurt P. (Hrsg.), Das geteilte Deutschland, Kohlhammer Verlag, Stuttgart 1965
Wilke, Kay-Michael, Bundesrepublik Deutschland und Deutsche Demokratische Republik – Grundlagen und ausgewählte Probleme des gegenseitigen Verhältnisses der beiden deutschen Staaten, Verlag Duncker und Humblot, Berlin (West) 1976

Register

Personenregister

Sachregister

Realistische Literatur

Roderich Feldes

Die Reise an den Rand des Willens

Erzählungen
160 Seiten, Linson

Eine neue Stimme in der jungen deutschen Prosa: Vom Alter, von unangenehmen Mietverhältnissen, von der Bundeswehr, von der Wirkung der Werbung auf die Familie, vom Kriegsspiel der Kinder, das plötzlich Ernst wird.

Franz Fühmann

Der Geliebte der Morgenröte

84 Seiten, Linson

Franz Fühmann, neben Christa Wolf und Anna Seghers der renommierteste DDR-Schriftsteller, erzählt hier vier der griechischen Mythologie zugehörende Episoden, die zeitlos und gegenwärtig zugleich von tragischer Liebe, von der Willkür der Götter und von Problemen zwischen Kunst und Macht berichten.

Erich Loest

Pistole mit sechzehn

Erzählungen
264 Seiten, Linson

Der DDR-Autor wird hier mit einer Auswahl z. T. unveröffentlichter und meist autobiographischer Erzählungen vorgestellt. Er berichtet u. a. aus seiner Zeit als Hitlerjunge in Mittweida (Sachsen) und über den Alltag in der DDR.